광무제 光武帝와 이십팔장 二十八將

◉ 증산도상생문화연구총서 002

광무제와 이십팔장

글쓴이 : 이재석

발행일 : 2010년 6월 6일 초판 1쇄

2010년 9월 29일 2쇄

발행인 : 안중건

발행처 : 상생출판

전화 : 070-8644-3161

팩스 : 042-254-9308

E-mail : sangsaengbooks@sangsaengbooks.co.kr

출판등록 : 2005년 3월 11일(제175호)

배본 대행처 / 대원출판

ⓒ 2010 상생출판

ISBN 978-89-94295-06-0

ISBN 978-89-94295-05-3(세트)

광무제 光武帝 와

이십팔장 二十八將

◉ 이재석

■ 글 순서 ■

프롤로그 : 증산도와 이십팔장二十八將 ·········· 12

제1부 광무제와 이십팔장 ················ 31

1. 광무제光武帝는 누구인가 ················33

2. 광무제와 이십팔장·····················45

 ◆ 이십팔장이 유수를 따르게 된 경로 ·········47

 ◆ 이십팔장 중에는 유학을 공부한 장수들이 많았다

 ·······································56

 ◆ 이십팔장의 성격과 풍모 ···············60

 ◆ 주군에 대한 충성을 지키기 위해 가족을 희생시키다

 ·······································65

 ◆ 광무제를 만나지 못했다면 이십팔장의 운명은? 68

3. 이십팔수와 이십팔장······················71

4. 이십팔장의 순서·························91

제2부 이십팔장의 생애 ·················· 99

1. 역사에 이름을 남기겠다고 큰 포부를 밝힌 등우 101

2. 북방을 안정시킨 마성 ·················· 119

3. 불리한 싸움에서도 평상심을 잃지 않은 오한······ 125

4. 싸우면 싸울수록 더욱 힘이 나는 왕량············ 145

5. 장수의 절개를 가진 장상의 재목 가복············ 151

6. 싸우지 않고도 적을 섬멸하는 책략가 진준········ 161

7. 뜻이 있으면 일은 마침내 이루어지는 법 경감 ··· 167

8. 둔전을 정비하여 흉노의 침략에 대비한 두무····· 191

9. 문무를 겸비한 전략가 구순 ····················· 197

10. 정벌에 항상 따라간 부준 ····················· 217

11. 득롱망촉의 뜻을 실현시킨 잠팽 ·············· 221

12. 앞장서서 돌과 화살을 막은 견담 ·············· 241

13. 겸손하여 자신의 공을 자랑하지 않은 풍이 ····· 245

14. 변경의 일에 밝은 왕패 ······················ 269

15. 사병들의 약탈과 방종을 엄금한 주우 ·········· 281

16. 유수를 따라 다니면서 수많은 격문을 쓴 임광··· 289

17. 자신의 사욕을 억제하고 남을 위한 체준 ········ 295

18. 학교를 세우고 예의를 가르친 이충 ············ 307

19. 중병의 몸으로 전장에 나간 경단 ·············· 313

20. 하북을 평정하고 군영에서 세상을 뜬 만수 ····· 319

21. 8척의 키에 힘이 장사였던 갑연···················· 323

22. 군주를 섬기기 위해 사사로운 생각을 버린 비동 331

23. 효성이 지극하고 신의를 중시한 요기 ········· 337

24. 적을 토벌하다 전쟁터에서 세상을 떠난 유식 ··· 345

25. 일가친척의 집을 모두 불태워 뒤돌아볼 생각을 끊은
경순 ···································· 349

26. 신중하고 믿음성 있게 행동한 장궁 ············ 363

27. 서강을 물리친 마무 ······················ 373

28. 마원을 도와 베트남 북부를 평정한 유릉 ········ 381

제3부 부록 ······················· 387

[부록1] 이십팔장의 주요 연표 ·················· 388

[부록2] 이십팔장의 순서와 명칭 ·············· 392

[부록3] 후한시대의 관직 설명 ················ 396

[부록4] 이십팔장의 『후한서』 열전 원문 ········· 417

■ 본문에 수록된 그림 목록 ■

만법교주, 동화교주····················16

홍제구천사 ·····················16

대법천사, 신공묘제허진군··················16

정양허진군 ·····················16

비첩장천군, 월패주천군 ···············17

해경백진인, 낙양살진인··················17

주뢰등천군, 판부신천군···············17

동현교주신조사 ·················17

청미교주조원군, 청미교주위원군 ···········17

동현전교마원군 ·················18

혼원교주노진군, 혼원교주갈진군 ···········18

옥부유천군, 영대천군, 임대천군 ···········18

신소전교종리진선,신소전교여진선, 화덕사천군 ·····18

뇌문구원수, 뇌문필원수···················18

뇌관마원수, 도독조원수···················19

인성강원수, 태세은원수···················19

호구왕원수, 호구고원수 ···············19

혼원방원수 ·····················19

고교당원수, 풍도맹원수···················19

익령온원수, 규찰왕부수···················20

풍륜주원수, 지기양원수···················20

선봉이원수, 맹렬철원수···················20

낭령관원수, 충익장원수·····················20

동신유원수, 활락왕원수·····················21

신뢰석원수, 감생고원수·····················21

후한을 개창한 광무제 유수 ···············32

신新나라를 개창한 왕망王莽 ···············34

24년말, 중국의 혼란 ·······················40

65년, 후한의 낙양성 ·······················46

청룡도 ·····································77

현무도 ·····································77

백호도 ·····································77

주작도 ·····································77

오늘날의 남경 현무호·······················78

증후을묘에서 나온 칠기상자에서 발견된 사신도 ······81

후한 명제 유장 ·····························90

『통감절요』에 보이는 이십팔장 관련 기록 ·········97

이십팔장의 수장 등우·······················100

한 왕조를 개창한 고조 유방 ···············104

27년, 등우와 풍이가 적미군에게 대패함 ·········114

29년, 후한이 회북의 독립정권을 평정함 ·········135

36년, 오한이 성도를 함락시킴 ···············139

전한 무제 유철·····························147

29년, 후한이 회북을 소탕함 ·················· 156

후한 장제 유달 ······························· 158

경감 ··· 168

경감이 장보를 평정함 ······················· 188

구순 ··· 198

마원 ··· 211

25년, 후한의 수도 낙양 ······················ 225

28년, 장강과 한수 일대 ······················ 232

전한 선제 유순 ······························· 251

25년, 후한이 탈취한 경시제의 영토 ··········· 253

27년, 풍이가 관중을 평정함 ·················· 257

29년, 후한이 수혜를 함락시킴 ················ 275

27년, 진풍과 연잠의 도주 ···················· 283

28년, 유수의 남하 ··························· 284

28년의 하북 형세 ··························· 299

27년, 오한과 갑연이 저양으로 진격함 ········· 325

한대의 강노 ································· 353

전한 문제 유항 ······························· 359

후한이 서강부락으로 진격함 ·················· 379

순서	이름	출신지	현대지명
0	유수劉秀	남양군南陽郡 채양현蔡陽縣	호북성 조양시棗陽市
1	등우鄧禹	남양군南陽郡 신야현新野縣	하남성 신야현新野縣
2	마성馬成	남양군南陽郡 극양현棘陽縣	하남성 남양시南陽市
3	오한吳漢	남양군南陽郡 완현宛縣	하남성 남양시南陽市
4	왕량王梁	어양군漁陽郡 요양현要陽縣	하북성 난평현灤平縣 서북
5	가복賈復	남양군南陽郡 관군현冠軍縣	하남성 등현鄧縣 서북
6	진준陳俊	남양군南陽郡 서악현西鄂縣	하남성 남양시南陽市 북쪽
7	경감耿弇	우부풍右扶風 무릉현茂陵縣	섬서성 흥평시興平市 동북
8	두무杜茂	남양군南陽郡 관군현冠軍縣	하남성 등현鄧縣 서북
9	구순寇恂	상곡군上谷郡 창평현昌平縣	북경시北京市
10	부준傅俊	영천군潁川郡 양성현襄城縣	하남성 양성현襄城縣
11	잠팽岑彭	남양군南陽郡 극양현棘陽縣	하남성 남양시南陽市
12	견담堅鐔	영천군潁川郡 양성현襄城縣	하남성 양성현襄城縣
13	풍이馮異	영천군潁川郡 부성현父城縣	하남성 보풍현寶豐縣
14	왕패王霸	영천군潁川郡 영양현潁陽縣	하남성 허창시許昌市
15	주우朱祐	남양군南陽郡 완현宛縣	하남성 남양시南陽市
16	임광任光	남양군南陽郡 완현宛縣	하남성 남양시南陽市
17	체준祭遵	영천군潁川郡 영양현潁陽縣	하남성 허창시許昌市
18	이충李忠	동래군東萊郡 황현黃縣	산동성 용구시龍口市
19	경단景丹	좌풍익左馮翊 역양현櫟陽縣	섬서성 임동현臨潼縣 북쪽
20	만수萬脩	우풍군右扶風 무릉현茂陵縣	섬서성 흥평시興平市 동북
21	갑연蓋延	어양군漁陽郡 요양현要陽縣	하북성 난평현灤平縣 서북
22	비동邳肜	신도信都	하북성 기현冀縣
23	요기銚期	영천군潁川郡 겹현郟縣	하남성 겹현郟縣
24	유식劉植	거록군鉅鹿郡 창성현昌成縣	하북성 속록현束鹿縣 남쪽
25	경순耿純	거록군鉅鹿郡 송자현宋子縣	하북성 조현趙縣
26	장궁臧宮	영천군潁川郡 겹현郟縣	하남성 겹현郟縣
27	마무馬武	남양군南陽郡 호양현湖陽縣	하남성 당하현唐河縣
28	유륭劉隆	남양군南陽郡	하남성 남양시南陽市

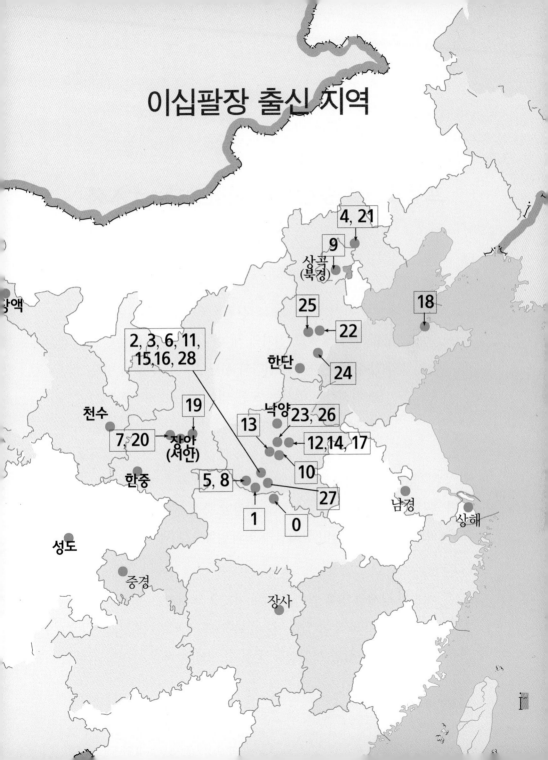

이십팔장 출신 지역

프롤로그 : 증산도와 이십팔장二十八將

　　증산상제甑山上帝는 선천先天의 상극적相克的인 역사를 마무리 짓고 천지의 새 판을 짜기 위해서는, 또 천지인 삼계에 가득한 인간과 신명의 원한을 풀어 병든 천지를 건지기 위해서는 '모든 법을 합한 신통변화神通變化와 천지조화의 신권神權'을 써야 한다고 하였다. 이를 위해서 증산 상제는 먼저 신도 세계를 바로잡아 통일하고 조화정부造化政府를 조직하였다. 조화정부란 상제님의 천명을 받들어 천지개벽 공사公事의 전 과정을 기획하고 집행할 중심 센터인 천상 신명계의 조직이며, 우주의 통치자인 상제님의 조화권능으로 세계를 경영하는 사령탑이다.

　　신명계에는 상제의 명을 받아 천지의 기강을 바로잡고, 명을 실행하는 '천상의 군인[天軍] 조직'이 있다. 즉 신장神將과 신병神兵이 그것이다. 그 가운데 특히 이십사장과 이십팔장이 있고, 개벽의 실제 상황에서 하늘과 땅과 인간 역사의 모든 죄악을 뿌리 뽑고 기강을 바로잡는 '옥추문玉樞門의 사십팔장四十八將'도 있다.

'옥추문'을 잠깐 설명해보자. '옥玉'은 일반적으로 '옥언玉言', '옥지玉旨', '옥새玉璽', '옥문玉門' 등과 같이 임금에 관한 사물의 미칭으로 사용되며, 또 우주의 절대자를 '옥황상제玉皇上帝', 천상의 수도를 '옥경玉京', 옥황상제가 사는 곳을 '옥경대玉京臺'라고 하는 것처럼 상제 또는 상제에 관한 사물의 미칭으로 사용된다.

'추樞'는 원래는 문의 지도리이지만 국가의 정권이나 천자의 자리를 의미하는 말로 사용된다. 예를 들면 고려나 조선시대에 왕명의 출납이나 군기軍機·숙위宿衛 등의 일을 관장하는 기관을 중추원中樞院이라 했다.

이렇게 문자적 의미로 본다면, 옥추문은 옥황상제가 살고 있는 천상 궁궐의 문이라고 규정할 수 있다. 좀더 의미를 확대해 보면, '옥추문'이란 '옥황상제의 어명을 집행하여 천지간의 선악을 심판하는 사령탑의 문'이라고 말할 수 있다.

『도전道典』에는 증산 상제가 이십팔장과 사십팔장을 내세워서 이른바

* 이능화의 『조선도교사』(보성문화사, 2000)에서는 사십팔장의 명칭이 약간 다르다. 구천응원뇌성보화천존九天應元雷聲普化天尊, 상천영보천존上天靈寶天尊, 대청도덕천존大淸道德天尊, 만법교주萬法敎主, 동화교주東華敎主, 대법천사大法天師, 신공묘제허진군神功妙濟許眞君, 홍제구천사弘濟丘天師, 허정장천사許靜張天師, 정양허진군旌陽許眞君, 해경백진인海瓊白眞人, 낙양살진인洛陽薩眞人, 주뢰등천군主雷鄧天君, 판부신천군判府辛天君, 비첩장천군飛捷張天君, 월패주천군月孛朱天君, 동현교주신조사洞玄敎主辛祖師, 청미교주조원군淸微敎主祖元君, 청미교주위원군淸微敎主魏元君, 동현전교마원군洞玄傳敎馬元君, 혼원교주노진군混元敎主路眞君, 혼원교주갈진군混元敎主葛眞君, 신소전교종려진선神霄傳敎鐘呂眞仙, 화덕사천군火德謝天君, 옥부유천군玉府劉天君, 영임이대천군甯任二大天君, 뇌문구원수雷門苟元帥, 뇌문필원수雷門畢元帥, 영관마원수靈官馬元帥, 도독조원수都督趙元帥, 호

'공사公事'를 행하는 대목들이 있다.

> 어느 날 시루산에서 진법주를 외우시고 오방신장五方神將과 48장
> 四十八將, 28장二十八將을 들여세워 도수를 보시고는 (『도전』 1:78:9)

이 옥추문을 열 때 대동하는 사십팔장의 이름은 문헌에 따라 차이가 있으나, 잠시 『옥추보경玉樞寶經』이란 문헌에 의거하여 열거하면 다음과 같다.*

구왕고이원수虎丘王高二元帥, 혼원방원수混元龐元帥, 인성강원수仁聖康元帥, 태세은원수太歲殷元帥, 선봉이원수先鋒李元帥, 맹렬철원수猛烈鐵元帥, 풍륜주원수風輪周元帥, 지기양원수地祇楊元帥, 낭령관원수朗靈關元帥, 충익장원수忠翊張元帥, 동신유원수洞神劉元帥, 활락왕원수豁落王元帥, 신뢰석원수神雷石元帥, 감생고원수監生高元帥, 소거백마대장군素車白馬大將軍

순서	『옥추보경』	순서	『옥추보경』
1	만법교주萬法教主	10	주뢰등천군主雷鄧天君
2	동화교주東華教主	11	판부신천군判府辛天君
3	대법천사大法天師	12	비첩장천군飛捷張天君
4	신공묘제허진군神功妙濟許真君	13	월패주천군月孛朱天君
5	홍제구천사弘濟丘天師	14	동현교주신조사洞玄教主辛祖師
6	허정장천사許靜張天師	15	청미교주조원군清微教主祖元君
7	정양허진군旌陽許真君	16	청미교주위원군清微教主魏元君
8	해경백진인海瓊白真人	17	동현전교마원군洞玄傳教馬元君
9	낙양살진인洛陽薩真人	18	혼원교주노진군混元教主路真君
19	혼원교주갈진군混元教主葛真君	34	태세은원수太歲殷元帥
20	신소전교종리진선神霄傳教鍾離真仙	35	고교당원수考校党元帥
21	신소전교여진선神霄傳教呂真仙	36	풍도맹원수酆都孟元帥
22	화덕사천군火德謝天君	37	익령온원수翊靈溫元帥
23	옥부유천군玉府劉天君	38	규찰왕부수糾察王副帥
24	영대천군甯大天君	39	선봉이원수先鋒李元帥
25	임대천군任大天君	40	맹렬철원수猛烈鐵元帥
26	뇌문구원수雷門苟元帥	41	풍륜주원수風輪周元帥
27	뇌문필원수雷門畢元帥	42	지기양원수地祇楊元帥
28	뇌관마원수雷官馬元帥	43	낭령관원수朗靈關元帥
29	도독조원수都督趙元帥	44	충익장원수忠翊張元帥
30	호구왕원수虎丘王元帥	45	동신유원수洞神劉元帥
31	호구고원수虎丘高元帥	46	활락왕원수豁落王元帥
32	혼원방원수混元龐元帥	47	신뢰석원수神雷石元帥
33	인성강원수仁聖康元帥	48	감생고원수監生高元帥

만법교주(우) / 동화교주(좌)　　대법천사(우) / 신공묘제허진군(좌)

홍제구천사　　　　　　　정양허진군

해경백진인(우) / 낙양살진인(좌)　　　주뢰등천군(우) / 판부신천군(좌)

비첩장천군(우) / 월패주천군(좌)　　　동현교주신조사(우) /
청미교주조원군(중), 청미교주위원군(좌)

동현전교마원군(우) /
혼원교주노진군(중), 혼원교주갈진군(좌)

신소전교종리진선(좌),신소전교여진선(중),
화덕사천군(우)

옥부유천군(우) / 영대천군, 임대천군(좌)　　뇌문구원수(우) / 뇌문필원수(좌)

뇌관마원수(우) / 도독조원수(좌)　　　호구왕원수, 호구고원수(우)
　　　　　　　　　　　　　　　/ 혼원방원수(좌)

인성강원수(우) / 태세은원수(좌)　　　고교당원수(우) / 풍도맹원수(좌)

익령온원수(우) / 규찰왕부수(좌)　　선봉이원수(우) / 맹렬철원수(좌)

풍륜주원수(우) / 지기양원수(좌)　　낭령관원수(우) / 충익장원수(좌)

동신유원수(우) / 활락왕원수(좌)　　　　신뢰석원수(우) / 감생고원수(좌)

　이 사십팔장의 도상은 국립중앙도서관에 소장된 목판본 『구천응원
뇌성보화천존옥추보경九天應元雷聲普化天尊說玉樞寶經』에 수록되어 있다.
이 책은 1733(癸丑)년에 백진인白眞人이 주註한 것으로서 묘향산妙香山 보
현사普賢寺에서 간행되었다. 백진인의 주해본이 몇 가지 전해오지만 도
상이 함께 수록된 것은 1733년 묘향산 보현사 목판본이 가장 오래 된 것
으로 보인다. 1922년에는 백두용白斗鏞이 『옥추보경주玉樞寶經註』라는 한
글 독음이 곁들여진 책을 발행하였다.

한편 1908년(무신년) 여름에 증산 상제는 가을개벽 인종 대심판을 집행하는 신도 세계의 우두머리인 만국대장萬國大將에 박공우 성도를 임명하면서 대흥리에 있는 차경석의 집 서쪽 벽에 이십팔장과 이십사장의 성명을 써서 붙이고 공사를 보기도 하였다.(『도전』4:114, 5:256) 증산도의 가르침에 의하면, 신명계에서 박공우 성도의 사명은 "지구촌의 인종씨를 추리는 다가오는 대병겁기의 심판 대장"이다.(『도전』5:256:5 측주 참조)

 무신년 여름에 상제님께서 경석의 집 서쪽 벽에 '28장將'과 '24장將'을 써 붙이시니 이러하니라.

이십팔장二十八將

등우 마성 오한 왕량 가복 진준 경감 두무 구순 부준 잠팽 견담 풍이
鄧禹 馬成 吳漢 王梁 賈復 陳俊 耿弇 杜茂 寇恂 傅俊 岑彭 堅鐔 馮異
왕패 주우 임광 채준 이충 경단 만수 갑연 비동 요기 유식 경순 장궁
王覇 朱祐 任光 祭遵 李忠 景丹 萬修 蓋延 邳肜 銚期 劉植 耿純 臧宮
마무 유륭
馬武 劉隆

이십사장二十四將

장손무기 이효공 두여회 위징 방현령 고사렴 울지경덕 이정 소우
長孫無忌 李孝恭 杜如晦 魏徵 房玄齡 高士廉 尉遲敬德 李靖 蕭瑀
단지현 유홍기 굴돌통 은개산 시소 장손순덕 장량 후군집 장공근
段志玄 劉弘基 屈突通 殷開山 柴紹 長孫順德 張亮 侯君集 張公謹
정지절 우세남 유정회 당검 이적 진숙보
程知節 虞世南 劉政會 唐儉 李勣 秦叔寶

 이어 공우의 왼팔을 잡으시고 소리를 높여 "만국대장萬國大將 박공우!" 하고 외치시거늘 이후로 공우가 어디에 가든지 문밖에 나서면 어디선가 방포성放砲聲이 나더라.(『도전』4:114:1~5)

 여름에 대흥리에 계실 때 28장將과 24장將을 쓰신 뒤에 공우의 손을 잡으시고 마당을 걸으시며 흥을 내어 큰소리로 명하시기를 "만국대장萬國大將 박공우!" 하시니 (『도전』5:256:1)

증산 상제가 행한 천지공사는 대부분 신도神道 세계와 관련된 것이므로 이십팔장의 사명과 업무가 구체적으로 무엇인지 정확하게 알기 어렵다. 이 공사 바로 직전인 1908년(무신년) 5월에 증산 상제는 이십팔수二十八宿 공사를 행한다.

> 하루는 류찬명柳贊明으로 하여금 두루마리에 28수宿를 왼쪽으로부터 가로로 쓰게 하시니 이러하니라.
>
> 角亢氐房心尾箕斗牛女虛危室壁奎婁胃昴畢觜參井鬼柳星張翼軫 (『도전』5:241:1~2)

이십팔수는 하늘의 천구天球를 동서남북 사궁四宮으로 나누고 각 궁을 다시 7등분하여 28구區로 구분한 황도대의 별자리이다.

이십팔장은 이 이십팔수에 응해서 정한 것이다. 중국의 정사正史인 『후한서後漢書』 「마무전馬武傳」에 이에 대한 언급이 있다.[中興二十八將, 前世以爲上應二十八宿]

『도전』의 기록과 증산도의 가르침을 따른다면, 이십팔장 즉 스물여덟 신장들은 상제님을 보호하고 명을 집행하는 신병 군단의 우두머리로 이해할 수 있다. 증산도와 관련된 이십팔장의 성격은 다음 두 가지로 규정할 수 있다.

첫째, 이십팔장은 의통醫統 공사와 직접적인 연관이 있다.

증산 상제는 1908년(무신년) 여름에 대흥리에서 성도 스물여덟 명에게 각각 칙서勅書가 들어 있는 주머니를 주어 이른바 '의통 공사'를 이십팔장에게 붙이는 공사를 보았다. 증산 상제는 27개의 주머니는 성도들에게 보지 못하게 하고 다만 이십팔장 중 하나인 왕량 신장王梁神將에게 준 '장령將令'이라는 제목의 칙서만을 공개하였다.

將令

入水不溺하고 入火不滅하여 水陸萬里에 去平安來平安하라

> 장령이니라. 물에 들어가도 빠지지 말고 불에 들어가도 타지 말 것이며 바다 건너 아무리 먼 곳이라도 가거나 오거나 내내 평안하라.(『도전』 5:259:4)

장령이란 장수의 명령을 뜻하는데, 이것을 보면 그 정확한 용도는 알 수 없으나 내용상 아마도 개벽기에 의통을 집행할 때 증산 상제가 왕량 신장에게 임무를 효과적으로 수행할 수 있도록 신통력을 부여한 것이라고 짐작해 볼 수 있다.

한편 증산 상제는 이해 6월에 이십사장과 함께 이십팔장을 동원하여 이른바 '개벽기의 의통구호대 육임六任 조직 공사'를 보기도 하였다.

> 무신년 6월에 천원川原에서 새 붓으로 경면주사鏡面朱砂를 찍어 28장將과 24장將을 써서 벽에 붙이시고 겉육임을 정하신 뒤에 성도들에게 "각기 마음에 드는 대로 장수의 이름을 짚으라." 하시고 경면주사로 써서 비단으로 만든 주머니에 넣어 채우시더니 그 뒤에 불사르시니라.(『도전』 6:52:1~3)

둘째, '이십사장과 함께 가을 대개벽기에 지구촌의 인종 씨를 추리는 실무 책임자'라고 볼 수 있을 것이다. 이십팔장은 이십사장과 함께 지구촌의 각 지역을 책임지는 주재 신장이다.

> 이어 성도들을 약방 네 구석에 갈라 앉히시고 상제님께서 방 한가운데서 '이칠륙二七六 구오일九五一 사삼팔四三八'을 한 번 외우신 뒤에 성도 세 사람으로 하여금 종이를 지화紙貨와 같이 끊어서 벼룻집 속에 채워 넣게 하시고 한 사람이 한 조각을 집어내어 '등우鄧禹'를 부르고 다른 한 사람에게 전하며 그 종이 조각을 받은 사람도 또 등우를 부르고 다른 한 사람에게 전하며 다른 사람도 그와 같이 한 뒤에 세 사람이 함께 '청국지면淸國知面'이라 부르게 하시니라. 또 이와 같이 하여 '마성馬成'을 부른 뒤에 세 사람이 '일본지면日本知面'이라 부르고 다시 그와 같이 하여 '오한吳漢'을 부른 뒤에 세 사람이 '조선지면朝鮮知面'이라 부르게 하시거늘 이와 같이 28장將과 24장將을 다 맡기기까지 종이 조각을 집으니 그 종이 조각 수효가 꼭 들어맞으니라.(『도전』 6:112:3~10)

위 인용문에서 알 수 있듯이, 증산 상제는 전 세계를 52개 광역으로 나누고 이십팔장과 이십사장을 불러서 개벽기에 각 구역의 인종 씨를 추리는 실무 책임자로 임명하였다. 즉 개벽기에 이십팔장과 이십사장 총 52명의 신장이 52개로 나누어진 전 세계를 한 구역씩 맡아서 사람 살리는 일을 주관한다는 것이다. 증산 상제는 등우·마성·오한을 구체적으로 언급하여 각기 중국·일본·한국을 담당하도록 하였다.

여기서 '지면知面'이라는 말을 잠깐 살펴보자. '지'는 주재하다, 주관하다, 맡아서 책임지다는 의미를 가지고 있다. 당 나라 때에는 현縣을 주재하는 관리를 '지현知縣'이라 하였고, 송 나라 때에는 부府를 책임진 관리를 '지부知府', 주州를 책임진 행정 장관을 '지주知州'라고 하였다. 또 '면'이라는 말은 '방면方面', 즉 구역을 말한다고 볼 수 있다.

그래서 '청국지면'이라고 하면 중국을 주재하는 신장이고, 마찬가지로 '일본지면'과 '조선지면'은 각기 일본을 주재하는 신장, 한국을 주재하는 최고신장이라 할 수 있다.

등우, 마성, 오한 이외에 특별히 눈여겨 보아야할 인물이 있는데, 그는 다름 아닌 만수 신장이다.

이십팔장 중에서『도전』기록상 증산 상제의 천지공사에 가장 많이 등장하는 인물은 만수 신장이다. 등우, 마성, 오한, 왕량이 등장하는 횟수는 각각 한 번에 불과하나, 만수는 여덟 번이나 등장한다. 하지만 다른 23명의 신장에 대해서는 특별한 언급이 없다. 그렇다고 해서 이들의 역할이 없다거나 중요하지 않다고 단정할 수는 없다. 아직 밝혀지지 않아『도전』에 미처 수록되지 못했거나 또는 신명공사이기 때문에 증산상제가 은미하게 그들을 사역했을 수도 있기 때문이다. 만수가 천지공사에 비교적 자주 나온다고는 하지만 사실 지금 우리가 그 공사를 쉽게 이해하는 데는 역시 한계가 있다.

예를 들면 1902년(임인년)에 증산 상제는 수석 성도인 김형렬에게 식주인食主人을 정하고 천지공사를 행하였는데, 어느 날 김형렬의 집에서 제비창골 일을 해야 한다며 감나무를 잡고 '만수'를 부르며「성주풀이」를 노

래 하였다(『도전』 3:13). 「성주풀이」는 조선 시대의 잡가로서 성조가成
造歌라고도 하며, 집터를 지키고 보호한다는 성주신成造神(成造는 단군 성
조 때 궁실 건축을 담당한 실존 인물)과 성주 부인에게 제를 지낼 때 부른다.
증산 상제가 직접 부른 「성주풀이」에 "태평전太平殿 대들보가 되어 어라
만수萬修 어라 대신大神이야"라고 하여 만수의 이름이 등장하는 것이 흥
미롭다. 물론 「성주풀이」의 판본과 해석자에 따라 '만수'를 다르게 이해
하기도 하는데, 이에 대해서는 앞으로 전문적인 논구가 필요할 것이다.

만수의 사적이 공식적으로 기록된 문헌은 『후한서』 「만수전」인데, 여
기에 기록된 만수 관련 내용은 다른 장수들에 비해 유난히 짧다. 아니
알려진 내용이 거의 없다고 할 수 있을 정도이다.

그런데 『도전』을 보면, 만수는 치병과 관련이 있는 것으로 보인다.

1908년(무신년) 봄에 김형렬의 딸이 앓고 있다는 소식을 접한 증산 상
제는 문밖에 나가 휘파람을 세 번 불고 난 뒤 '만수'를 세 번 불러서 시종
케 하고 병을 일으키는 근원을 소멸시켜 김형렬 딸의 병을 낫게 했다는
기록이 있다.

　　무신년 봄에 하루는 형렬의 딸이 병들어 앓는다는 말을 들으시고 문
　　밖에 나가 휘파람을 세 번 부신 뒤에 '만수萬修'를 세 번 부르시니 맑
　　은 하늘에 난데없이 기미 같은 것이 잔뜩 끼어 지척을 분별하기 어려
　　운지라 상제님께서 말씀하시기를 "이런 것이 있어서 사람을 많이 병들
　　게 한다." 하시고 공중을 향하여 입으로 한 번 부시거늘 기미같이 어려
　　있던 것이 입바람에 몰려 푸른 하늘로 뻗쳤다가 갑자기 바람이 일어나

사방으로 헤쳐지면서 하늘이 다시 맑아지더라. 이후로 형렬의 딸이 곧 나으니라.(『도전』 2:115:1-6)

또 만수는 수기와 깊은 관련이 있음을 알 수 있게 해 주는 일화가 있다.

1908년(무신년) 모심기 철에 증산 상제는 여러 성도와 함께 태인 금상리 琴上里를 지나다가 오랜 가뭄으로 비가 오지 않아 참혹한 광경을 보고 서쪽 하늘을 향해 만수를 불렀는데 그때 갑자기 검은 구름이 피어오르며 소나기가 내렸다는 기록도 있다.(『도전』 3:227)

또 그해 6월에 증산 상제는 "이제 앞으로 천하에 수기水氣가 마를 것이니 수기를 돌려야 하리라" 하고 피난동避難洞 안安씨 재실齋室에 가서 천지에 수기를 돌리는 대공사를 본 적이 있다. 그때 증산 상제는 재실 대청에 올라가서 여러 사람들로 하여금 "서쪽 하늘을 바라보고 만수를 크게 부르라"고 하였다(『도전』 5:262:7). '추원재追遠齋'라고 부르는 이 안씨 재실은 순흥 안씨의 집성촌인 정읍시 왕심 마을 뒷산 비룡산에 있으며, 시조인 안극安屐을 모신 사당이다.

증산 상제가 만수 신장을 부를 때 서쪽 하늘을 바라보는 것은 만수가 이십팔수 중 서방 백호白虎의 여섯 째 별인 '자수觜宿'에 해당하기 때문이다.

그러나 만수 신장의 역할과 사명에 대해서 분명하게 밝혀 준 사람은 다름 아닌 증산 상제의 부인인 고수부高首婦이다. 고수부는 만수를 증산 상제의 보호신장이라고 언명하였다.

상제님의 응기신應氣神은 만수萬修요, 나의 응기신은 진숙보秦叔寶니
　　라.(『도전』11:244:6)

　여기에서 '나'는 고수부 자신을 말함이요, '진숙보'란 당 태종의 신하로
서 이십사장의 하나인 진경秦瓊(?~638, 자 숙보)을 말하는 것이다.

　만수가 증산 상제의 보호신장이라는 것은 1926년(병인년) 7월 25일에
고수부가 증산 상제의 묘각墓閣에 갔다가 이튿날 조종리로 돌아올 때
차車 안에서 강사성 성도에게 증산 상제의 명정銘旌인 '옥황상제'를 읽게
한 뒤에 '만수'를 크게 불렀다는 것으로도 알 수가 있다.(『도전』11:125:7)

　또 고수부는 1927년(정묘년) 9월 19일에 증산 상제의 성탄치성을 봉행
한 후, 이튿날인 20일에 '약장藥欌과 법궤法櫃의 운수를 뽑아 쓰는 공사'
를 행하는데 이때 성도들에게 진액주津液呪를 읽게 하고 큰소리로 '만수'
를 세 번 부르는 의식을 행하기도 하였다.(『도전』11:177)

第一部

光武帝와 二十八將

◉ 광무제와 이십팔장 ◉

像 武 光 漢

三才圖會

人物二卷

六

후한을 개창한 광무제 유수劉秀(기원전 6～서기 57), 출전:『삼재도회』

1. 광무제光武帝는 누구인가

　유수劉秀는 서기 25년(건무建武 원년) 6월에 황제에 즉위하여 광무제가 되었다.

　기원전 206년에 유방劉邦이 세운 한漢 왕조는 수도가 서쪽인 장안長安(지금의 섬서성 서안)에 있었기 때문에 역사에서는 서한西漢(기원전 206년~서기 25년)이라 부르고, 유수가 세운 이 왕조는 수도가 동쪽인 낙양洛陽에 있었으므로 동한東漢(25년~220년)이라 부른다. 또 시기적으로 구분해서 전한前漢과 후한後漢이라 부르기도 한다. 일반적으로 후한은 전한의 연장으로 보고 한漢으로 통칭한다.

　유수는 기원전 6년(건평建平 원년) 12월에 지금의 호북성 조양시棗陽市인 남양군南陽郡 채양현蔡陽縣에서 태어났다. 자는 문숙文叔이고, 한고조 유방의 9세손이다. 조부는 거록巨鹿(지금의 하북성 평향현)의 도위都尉로 있었던 유회劉回이며, 부친 유흠劉欽은 일찍이 제양과 남돈南頓(옛 성은 지금의 하남성 항성현 서쪽에 있음)의 현령을 지냈다. 모친은 번한도樊嫻都이다.

유수가 출생한 당시 한漢나라는 그 운이 쇠약해질 대로 쇠약해져 있었다. 왕권은 유명무실하였고 권력은 황실의 외척인 왕씨가 장악하고 있었다. 서기 5년(원시元始 5년) 12월에 외척인 왕망王莽(기원전 45년 ～ 25년)은 평제平帝를 독살하고 유자孺子 유영劉嬰을 황태자로 삼고서, 자신을 '가황제假皇帝', '섭황제攝皇帝'라 칭하기에 이르렀으며, 8년(거섭居攝 3년) 12월에는 한나라를 멸망시키고 스스로 황제의 지위에 올랐다. 이듬해(9년)에는 국호를 '신新'으로 정하였다. 왕망은 정치, 경제 등 여러 방면에 걸쳐 수많은 제도를 개혁하였으나, 이 때문에 사회적인 혼란이 가중되었다. 또한 세금과 부역이 감당할 수 없게 증가하고 특히 천재까지 겹쳐 백성들은 갈수록 살기가 어려워졌다.

한 왕조를 무너뜨리고
신新나라를 개창한 왕망王莽
(기원전 45년～서기 25년)

그런 가운데 14년(천봉天鳳 원년)에 엉뚱한 사건 하나가 역사의 흐름을 뒤바꾸어 놓았다. 지금의 산동성 일조현日照縣인 낭야군琅邪郡 해곡현海曲縣에서 일어난 일이다. 여모女母라는 여인이 현의 관리인 자신의 아들이 현령에게 살해당하자, 복수를 하기 위해 마을 청년 1백여 명을 이끌고서 스스로 장군이라 칭하고 해곡현성을 점령하고 현령을 살해하였다. 이들은 목적을 달성한 후에 해산하지 않고 수천 명의 농민군으로 발전하였다.

17년(천봉 4년)에는 장강 중류인 형주荊州 지역에 여러 해 동안 가뭄이 들어 굶주린 백성들이 지금의 호북성 경산京山인 신시新市 사람 왕광王匡(?~25)과 왕봉王鳳 형제의 영도 하에 봉기를 하였는데, 수개월 동안 규모가 7~8천 명으로 늘어났다. 이 농민군이 처음에 지금의 호북성 대홍산大洪山인 녹림산綠林山에 주둔하였기 때문에 '녹림군綠林軍'으로 일컬었다. 중국의 사대기서四大奇書 중 하나인 『수호전水滸傳』과 같은 문학작품에서 '화적이나 도적의 소굴'을 산 이름인 '녹림'이란 말로 표현하는 것은 바로 여기서 유래한다. 녹림군은 지주들을 공격하여 그들의 양식과 재물을 빼앗아 빈민을 구제하여 백성들의 환영을 받았으며, 그러면서 순식간에 수효가 5만 명으로 불어났다. 22년(지황地皇 3년)에 녹림산 지역에 전염병이 만연하여 절반 이상의 녹림군이 사망하는 바람에 남은 사람들은 녹림산을 떠나 분산해서 활동하였다. 하나는 왕상王常, 성단成丹 등이 이끌고서 서쪽의 남군南郡으로 들어갔는데, 이들을 '하강병下江兵'이라고 불렀다. 다른 하나는 왕광, 왕봉 등이 이끌고서 북쪽의 남양南陽으로 향했는데, 이들을 '신시병新市兵'이라 불렀다. 이때 지금의 호북성 수현隨縣인 평림平林 사람 진목陳牧과 요담廖湛도 수천 명을 모아 봉기하였는데, 이들을 '평림군平林軍'이라 하였다. 7월에 신시병이 수현으로 진공하여 평림군과 합류하였다. 녹림군의 활동은 왕망의 남부 통치에 엄청

난 타격을 주었다.

18년(천봉 5년)에 지금의 산동성 제성현諸城縣인 낭야琅邪 사람 번숭樊崇(?~27)이 1백여 명을 이끌고 거현莒縣(지금의 산동성 거현)에서 봉기하였다. 이해에 산동에 대기근이 발생하였는데 가난하고 굶주린 농민들이 다투어 와서 참가하는 바람에 농민군은 매우 빠른 속도로 증가해 수만 명에 이르렀다. 앞에서 언급한 여모가 죽은 후에 그 군대가 번숭의 수하로 들어갔으며 태산과 기몽산沂蒙山에서 활동하였다. 그들은 싸움을 할 때 적군과 구별하기 위해 눈썹에 붉은 칠을 했기 때문에 역사에서는 적미군赤眉軍이라고 부른다. 적미군이 동부에서 세력을 확장하자 왕망은 크게 놀랐다.

이밖에도 황하 이북의 광대한 지역에는 수많은 농민군이 있었는데, 그 중에서 유명한 것으로는 동마銅馬, 대동大肜, 고호高湖, 중련重連, 철경鐵脛, 대창大搶, 우래尤來, 상강上江, 청독青犢, 오교五校, 단향檀鄉, 오번五幡, 오루五樓, 부평富平, 획색獲索 등이다. 그들은 각기 부곡部曲을 이끌고 활동하였는데, 그 수가 수백만 명에 달했다. 이들의 이름은 대부분 산천 토지의 명칭을 따랐거나 군대 위용의 강성함을 드러낸 것들이다.

각지에서 농민군이 우후죽순으로 봉기할 때 일부 호족들과 황실의 성姓인 유씨 성을 가진 귀족들도 기회를 틈타 거병하여 왕망에 반기를 들어 한고조 유방의 대업을 회복하고자 하였다. 그들 중에는 한나라 종실이면서 평림병에 가입한 몰락 귀족 유현劉玄이 있었으며, '용릉병春陵兵'을 조직한 남양의 유명한 지주 겸 상인인 유연과 유수의 형제가 있었다. 이 용릉병은 후에 평림군 및 신시병과 연합하였다. 23년(지황 4년)에 이르자, 녹림군의 수효는 이미 10여만 명이나 되었다. 그러자 더욱 효과적으로 각지의 농민군을 연합해서 공동으로 왕망 정권을 뒤집어엎기 위하여 녹림군의 지도자는 자신의 정권을 세울 결정을 하였다. 이해 2월에 유현은 왕광, 왕봉 등의 지지 하에 육양淯陽에서 황제라 칭하고 연호를 경시更始라 하였다.*

이제 유수의 어린 시절부터 이야기를 하자.

유수는 아홉 살에 고아가 되어 숙부 유량劉良의 집에서 자랐으며, 유연劉縯(?~23년)과 유중劉仲이라는 두 형이 있었다. 유수는 키가 일곱 자 세 치이고, 수염이 우아하고 콧마루가 높고 입이 컸다. 농사일을 부지런히 하였으며, 한때는 완宛(지금의 하남성 남양시)에서 쌀장사를 한 일도 있다. 아우 유수가 농사일만 한다고 불만이었던 유연은 협객을 좋아하고 선비를 양성하였으며, 항상 자신을 고조의 둘째 형에 견주었다.

유수는 17년 무렵(천봉天鳳 연간)에 장안에 가서 중대부中大夫 허자위許子威에게『상서尚書』를 배워서 큰 뜻을 대강 깨쳤다.

22년(지황地皇 3년)에 자신을 체포하려는 관아의 손길을 피해서 신야新野에 사는 매형 등신鄧晨(?~49)의 집에 숨어 있다가, 10월에 형 유연과 이

---

* 우리나라에서 이 '경시'를 '갱시'로 읽기도 한다. '경更'자에 두 가지 독음이 있어 생겨난 현상이다. 이 글자는 '고치다'라는 의미로는 '경'으로 읽고, '다시'라는 의미로는 '갱'으로 읽는다. 의미상 '다시 시작하다' 로 보면 '갱시'로 읽어야 마땅하나, '고쳐서 다시 시작하다'라는 의미로 본다면 '경시'로 읽는 것이 타당한 것이다. 본서에서는 후자의 의미로 보아, '경시'로 통일하고 유현은 '경시제'로 표기한다.

통李通(?~42) 등과 함께 완宛과 용릉春陵(지금의 호북성 조양현 동쪽에 있음)에서 봉기하였다. 후에 녹림군에 가입하였다.

23년(경시更始 원년) 2월에 녹림군의 옹립에 의해 유현劉玄(?~25)이 황제에 즉위하여 경시제更始帝가 되었다. 유현은 유수를 태상편장군太常偏將軍에 임명하였다. 3월에 유수와 왕봉王鳳은 곤양昆陽(지금의 하남성 섭현), 정릉定陵(지금의 언성현 서북쪽에 있음)과 언鄢(지금의 언성현)을 함락시켰다. 5월에 왕망王莽은 사공司空 왕읍王邑과 사도司徒 왕심王尋을 파견하여 43만 대군을 이끌고 반격하도록 하였다. 또 10만 병력으로 곤양에 있는 왕봉·왕상王常·유수의 9천 군사를 포위하였다. 이 때문에 유수는 매우 위급한 지경에 빠지게 되었다. 왕봉은 투항을 구걸하였으나, 왕읍은 곤양성을 당장 짓밟아 평지로 만들어 버리겠다고 큰소리치며 거절하였다.

이때 남들이 하나같이 담이 작다고 생각했던 유수는 왕봉과 왕상으로 하여금 남아서 성을 지키게 하고, 자신은 겨우 13기를 이끌고 어둠을 틈타 남쪽의 포위망을 뚫고 언과 정릉으로 달려가서 사람과 말을 모집하였다. 진영에 돌아온 유수는 두 차례 시험적으로 공격해 보았는데 모두 승리하였고, 군사들의 사기도 부쩍 올랐다. 유수는 다시 결사대 3천 명을 이끌고 성 서쪽에 있는 강물을 건너 적의 중추 부대를 공격하고 왕심의 목을 베었다. 성 안에 남아 있던 한漢 나라 병사들도 북을 치고 기세를 돋우면서 성 밖으로 나와 안팎에서 협공하여 왕망의 군사를 대파했다. 이 싸움에서 전사한 군사의 시체가 1백 리 길을 뒤덮었다.

곤양 싸움의 대승 후에 유연 형제의 위망威望이 나날이 높아지자, 경시제 유현은 자신의 통치 지위를 튼튼히 하기 위하여 구실을 만들어 유연을 죽였다. 이 일은 유수에게 대단히 큰 영향을 주었다. 유수는 혼자 있을 때는 술과 고기를 가까이하지 않고 남몰래 울었으며, 유현을 배반할 마음도 점점 더 커졌다.

그러나 유현의 신임을 얻기 위하여 유수는 상복을 입지 않았고 음식과 언어, 행동을 평상시와 같이 하였으며, 곤양 싸움에서 자신이 세운 전공을 입 밖에 내지 않았다. 이런 유수의 태도를 보고 양심의 가책을 깊이 느낀 유현은 유수를 파로대장군破虜大將軍으로 임명하고 무신후武信侯에 책봉하였으며, 신시新市와 평림파平林派의 반대를 받아들이지 않고 유수에게 하북을 순행하도록 하였다. 유수는 이 기회를 이용해서 관리들을 살펴보고 왕망의 가혹한 정치를 폐하고 죄수를 석방하였으며, 관리나 백성이 주는 예물을 일절 받지 않아 민심을 크게 얻었다.

순행차 한단邯鄲에 이르렀을 때, 작고한 조무왕趙繆王의 아들 유림劉林이 열인列人(지금의 하북성 비양현 동북쪽에 있음)에서 청장수淸漳水의 강둑을 터뜨려서 적미군을 물에 잠기게 하자고 건의를 하였으나 유수는 이를 받아들이지 않았다. 이에 불만을 품은 유림은 점쟁이 왕랑王郎(왕랑은 자기가 성제의 아들 유자여劉子輿라고 속였다)을 황제로 옹립하고 수도를 한단으로 정했다. 유수는 할 수 없이 아직 왕랑에게 귀속되지 않은 신도信都(옛 성은 지금의 하북성 기현冀縣) 태수 임광任光을 찾아갔다. 유수는 신도를 본거지로 삼아 자기의 세력을 끊임없이 키워 나갔다.

유수는 24년(경시 2년) 5월에 한단으로 쳐들어가 왕랑을 처단한 다음,

또 동마銅馬(북방에서 봉기한 농민군) 등 농민군을 진압하고 그들을 자신의 부대에 편입시켰다. 이로써 하북과 하남의 대부분 지역을 점령하였다. 25년(건무建武 원년) 6월 22일에 호鄗(지금의 하북성 백향현 북쪽에 있음)의 남쪽에 위치한 천추정千秋亭 오성맥五成陌에서 황제로 즉위하고 10월에 수도를 낙양에 정했다. 스스로 한漢이 불을 맡아 보는 신[火德]이라 간주하고, 불이 물을 꺼리므로 '삼수변(氵)'의 낙양洛陽을 '새추변(隹)'의 낙양雒陽으로 고쳤다.

칭제한 후 적미군을 진압하고 천수天水를 지키던 외효隗囂(?~33년)와 성도成都를 지키던 공손술公孫述(?~36년) 등 할거 세력을 평정하고, 11년

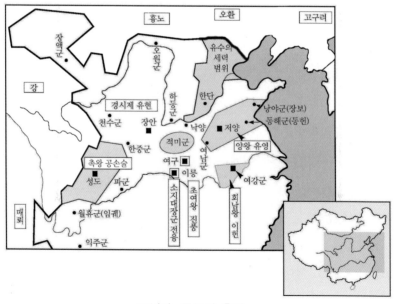

24년말, 중국의 혼란

에 걸친 정벌 전쟁을 승리로 이끌어 36년(건무 12년)에 마침내 중국 전역을 통일하였다.

재위 기간에 유수는 노비를 석방할 것과 노비에 대한 잔혹한 행위를 엄금하라는 조서를 여러 차례에 걸쳐 내렸다. 31년(건무 7년)에 내린 조서에는 노비를 가두어 두고 석방하지 않는 자는 사람을 꾀어 팔아먹은 죄로 간주하여 법에 따라 치죄治罪할 것이라고 썼다. 35년(건무 11년) 2월에 "천지의 생명 중에서 사람이 가장 귀중하다"는 중요한 발언을 하였고, 또 "노비를 죽인 자는 그 죄를 경감하지 못한다"고 규정하였다. 8월에 "불로 지진 노비는 면하여 서민으로 삼는다"고 규정하였고, 10월에는 노비가 남에게 상처를 입혔을 때 사형에 처한다는 종전의 법을 폐지하였다. 빈민이 몸을 팔아 노비가 되는 것을 줄이기 위하여 항상 구제미를 발급하고 조세와 요역을 경감시켰으며, 수리 시설을 건설하여 농업 생산을 발전시켰다.

30년(건무 6년)에 군과 현을 축소, 합병하고 관리를 줄였는데, 그 결과 4백여 현이 축소, 합병되고 관원이 10분의 1로 감축되었다.

유수가 많은 영웅과 싸워서 승리하여 천하를 통일할 수 있었던 것은 무엇보다 전략적인 두뇌 활용으로 각 방면의 인물을 단결시키고 민심을 얻는 데 뛰어났기 때문이다. 그 기본 원인은 다음 두 가지로 요약할 수 있다.

첫째로 원한을 가슴에 새겨 두지 않고 각 방면의 인사를 단결시켰다.

유현의 대사마 주유朱鮪는 유현에게 유연을 죽이라고 권고한 적이 있으며 유수의 하북 순행을 극구 방해했던 사람이었다. 그러나 유수는 주유가 투항한 후 오히려 평적장군平狄將軍으로 임명하고 부구후扶溝侯로 책봉하였으며, 후에 소부少府에 봉하여 대를 이어가면서 벼슬자리에 있게 하였다. 24년(경시 2년)에 유수는 왕랑을 제거한 후 일부 관리가 왕랑과 결탁해서 남을 비방하는 내용을 적어 올린 상소문 수천 건을 입수하였으나 여러 사람 앞에서 당장 태워 버림으로써 상소문을 올린 사람들의 근심하고 두려워하는 마음을 안정시켰다.

둘째로 민심을 얻었다. 하북으로 순행하러 갔을 때 죄수들을 풀어 주고 학정을 폐지하였으며, 군대의 규율을 엄하게 하여 추호도 범법들 하지 못하게 하였다. 또 열인에서 강둑을 터뜨려 적미군을 물 속에 처넣어 고기밥으로 만들자는 유림의 건의를 거절하였으며, 노비를 석방할 것과 노비에 대한 잔혹한 행위를 금지하라는 칙령을 여러 차례 반포하였다. 진상품을 받지 않았고 또 "장례를 간소화해야 한다"는 등의 조치는 모두 백성들의 환영을 받았다. 39년(건무 15년) 11월에 구양흡歐陽歙의 안건을 처리할 때는 더욱 많은 인심을 얻었다. 대사도大司徒인 구양흡은 8대에 걸쳐 『상서』를 연구한 박사였다. 구양흡은 여남汝南 태수로 있을 때 토지를 측량한 것이 실제와 맞지 않고 1천여 만 전을 수뢰하였다는 죄목으로 하옥되었다. 그런데 구양흡을 동정하여 탄원을 하는 사람이 1천 명이 넘었고 심지어 구양흡을 대신해서 죽기를 원하는 사람까지 있었다. 하지만 유수는 구양흡을 방면하지 않고 결국 감옥에서 죽게 하였다.

그러나 유수에게도 결점이 있었으니 바로 직언하는 자를 용납하지 못하는 것이었다. 대사도 한흠韓歆은 유수에게 곧 기근이 들게 될 것을 설명하면서 매우 강한 어조로 직언을 하였다. 그러자 유수는 직언을 받아들이기는커녕 그를 파면하여 농사를 짓게 하였다. 그런 다음에 또 조서를 내려 책망하자 한흠과 그의 아들 한영韓嬰은 자살하고 말았다.

중국을 통일한 후에 유수는 전쟁을 싫어하고 국방에 관심을 두지 않았다. 한번은 황태자가 군사 전략의 문제를 물으니 "이건 네가 상관할 일이 아니다"라고 대답하였다. 사실 중국 전역을 통일하기 전부터 유수는 군국병제郡國兵制를 폐지하고 군국의 도위를 파직시키는 등 국방의 약화를 야기하였다.

유수는 말년에 이르러 풍습과 현기증으로 57년(건무중원 2년) 2월, 재위한 지 33년 만에 63세를 일기로 낙양의 남궁전전南宮前殿에서 세상을 떠났다. 3월에 원릉原陵(지금의 하남성 맹진현 철사촌 부근에 있음)에 안장되었다.

묘호는 세조世祖이고, 시호는 광무황제光武皇帝이다.

2. 광무제와 이십팔장

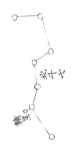

이십팔장은 후한 광무제 유수劉秀가 정권을 수립하는 데 큰 공을 세운 스물여덟 명의 무장을 말한다.

광무제 사후에 황제의 자리를 이은 넷째 아들 명제明帝 유장劉莊(28년~75년)이 60년(영평永平 3년)에 이들 스물여덟 명의 무장을 추모하여 유명한 화가에게 명해 수도인 낙양에 위치한 남궁南宮의 운대雲臺에 초상화를 그렸기 때문에 '운대 이십팔장'이라 부르게 되었다. 이 내용은『후한서』「마무전」편의 뒷부분에 수록된 논論 부분에 자세하게 기록되어 있다. 이 공신도는 당시의 회화 양식에 따라 벽화壁畵로 그려졌음이 확인되었다.

운대는 원래 구름 위로 높이 솟구친 대각臺閣이란 의미이다. 이 운대는 후한 광무제 때 대신들을 소집해서 정사를 논의하는 곳으로 사용되면서 나중에는 조정이란 뜻으로 차용되기도 하였다. 광무제의 뒤를 이은 명제가 이곳에 등우 등 이십팔장의 초상화를 그린 후에는 공신과 명

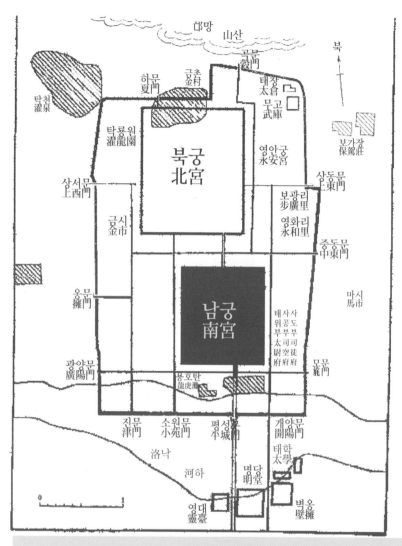

북망 山산

북
곡문
穀門

하문 금촌
夏門 金村

태창
太倉

탁천천
濯泉

무고
武庫

보가장
保駕莊

탁룡원
濯龍園

영안궁
永安宮

북궁
北宮

상서문
上西門

상동문
上東門

보광리
步廣里

영화리
永和里

금시
金市

중동문
中東門

옹문
擁門

남궁
南宮

마시
馬市

태 사 사 위 공 도
부 부 부 부 司 司
太 司 司
尉 空 徒
府 府 府

광양문
廣陽門

모문
麗門

용호탄
龍虎灘

진문 소원문 평성문 개양문
津門 小苑門 本城門 開陽門

낙낙
洛낙

태학
太學

하하
河하

명당
明堂

벽옹
璧擁

영대
靈臺

65년, 후한의 낙양성
가운데 보이는 남궁에 운대가 있었으며 광무제의 아들인 명제가
남궁의 운대에 이십팔장의 초상화를 그리게 했다.
(참조 :『중화문명사中華文明史』, 河北敎育出版社, 1994)

장을 기리는 장소를 통칭해서 운대라고 부르기도 하였다. 또 운대각雲臺閣이라 부르기도 한다.

이제 광무제와 이십팔장이 어떤 관계인지 사적을 통해 소개해 보기로 한다.

◈ 이십팔장이 유수를 따르게 된 경로 ◈

이십팔장이 유수를 따르게 된 경로는 일률적으로 말할 수 없다. 어떤 이는 어린 시절부터 유수와 관계를 맺고 따르게 되었고, 어떤 이는 유수의 명성을 듣고 스스로 추종하였으며, 어떤 이는 추천에 의해 따랐고, 또 어떤 이는 원래 적이었으나 유수의 인물됨에 감복하여 따르기도 하였다. 다양한 인연으로 유수를 중심으로 모이게 된 것이다.

등우 광무제보다 8살 어린 등우는 장안에서 공부할 때 만난 인연으로 유수가 하북에서 기반을 다졌다는 소식을 듣고 황하를 건너 도보로 유수를 찾아갔다.

마성 마성은 유수가 연천을 순행할 때 안집연으로 임명하고 얼마 후 겹현의 현령으로 발령을 하였다. 그후 유수가 하북을 토벌하러 떠나자 즉시 벼슬을 버리고 유수를 따랐다.

오한 오한은 경시제가 현령으로 임명하였으나, 왕랑이 반란을 일으키자 덕있는 사람으로 알려진 유수를 따르기로 결심하고 태수인 팽총을 설득하여 군사를 이끌고 유수를 지원했다. 얼마 후 광아에 도착한 유수는 오한을 편장군으로 임명하였다.

왕량 어양군에서 하급 관리 노릇을 하던 왕량을 태수 팽총이 호노현의 현령으로 임명하였다. 그러나 왕량은 갑연, 오한과 함께 군사를 거느리고 남쪽의 광아에 있는 유수에게 가서 편장군에 임명되었다.

가복 왕망 말기에 하강下江과 신시新市에서 군사들이 일어났는데, 가복도 우산羽山에서 수백 명의 무리를 모아 스스로 장군이라 일컬었다. 경시제가 가복의 무리를 한중왕 유가에게 귀속시키고 가복을 교위로 임명하였으나, 경시제의 정치가 문란하고 장수들이 방종한 것을 보고 유가에게 군사를 일으킬 것을 권했다. 유가의 추천장을 받고 유수를 찾아갔다. 이때 등우가 가복으로 하여금 유수와 만나게 해주었다.

진준 진준은 경시제의 친척인 태상장군 유가 밑에서 장사로 있었는데, 유수가 하북을 순행할 때 유가가 서신을 보내 진준을 추천하였다.

경감 유지자사경성의 주인공인 경감은 스물한 살의 나이에 왕망의 벼슬을 하고 있는 아버지 경황을 위해 왕망을 찾아가던 길에 유수가 노노에 있다는 소식을 듣고 곧장 말을 타고 달려가 따르게 되었다.

두무 두무는 당초에 하북에서 유수에게 귀순하여 중견中堅

장군이 되어 항상 유수를 따라 정벌에 참가했다.

구순 　명문세가의 후손인 구순은 상곡 태수 경황의 부하였는데, 한단의 왕랑에 대비하기 위해 어양 태수 팽총과 맹약을 맺고 돌아오는 길에 창평을 지나다가 한단의 사자를 습격해서 살해하고 그 군사를 빼앗아 즉시 경황의 아들 경감 등과 함께 남쪽으로 가서 광아에 있는 유수를 만났다. 이리하여 구순은 편장군에 임명되고 승의후에 봉해졌으며, 유수를 따라 수많은 도적을 격파하였다.

부준 　부준은 유수가 양성을 공격했을 때 현의 정장 신분으로 유수를 영접하고 그 공으로 교위에 임명되었다.

잠팽 　왕망 시절 지방의 현장으로 있던 잠팽은 한나라가 쳐들어오자 대항을 하다가 식량이 떨어져 항복을 했다. 당시 한나라 장수들이 잠팽을 죽이고자 했으나, 유수의 형인 대사도 유연이 잠팽의 절개를 높이 평가하여 살려주었다. 훗날 휘하의 수백 명과 함께 고향 사람인 하내 태수 한흠에게 갔다가 하북을 순행하던 유수에게 항복한 후, 기원에 주둔하고 있는 경시제의 대장군 여식을 유세하여 항복시키고, 지난날의 상관인 주유를 귀순시키는 등 큰 활약을 하였다.

견담 　유수가 하북을 토벌할 때 어떤 사람이 견담을 추천하였기 때문에 유수에게 불려가 만날 수 있었다. 유수는 견담이 관리로서 뛰어난 재능이 있음을 알아보고 주부主簿로 임명하였다.

풍이 　한나라 군사가 일어나자 군연인 풍이는 왕망을 위해 한나라에 대항을 하다 포로로 잡혔다가 유수를 따르는 종형과 고향 사람의 추천으로 유수를 따르게 되었으며, 요기를 추천하여 함께 유수를 위해 많은 공을 쌓았다. 특히 광무제에게 등극을 결심하게 하는 결정적 역할을 하였다.

왕패 　한나라 군사가 일어난 후 유수가 영양을 지날 때 왕패가 빈객들을 거느리고 유수를 만나서 절을 하며 군대의 대오를 채울 수 있기를 원하자, 유수가 기쁘게 왕패를 맞이하였다. 그를 따라 곤양 싸움에서 승리한 후 고향에 돌아와 쉬던 왕패는 유수가 사례교위가 되어 다시 영양을 지날 때부터 줄곧 추종하였다.

주우 　어려서 고아가 되는 바람에 외가에서 살게 된 주우를 유수와 유수의 형 유연이 친하게 대해주고 아꼈다. 그 후 대사도에 임명된 유연이 주우를 호군으로 삼았는데, 유연이 죽고 나서 대사마에 임명된 유수가 하북을 정벌할 때 역시 호군으로 삼았다.

임광 　경시제가 낙양에 이르러 임광을 신도 태수로 임명하였다. 왕랑이 한단에서 군사를 일으키자 군국이 모두 그에게 항복하였으나 임광은 홀로 이를 옳게 여기지 않고 마침내 도위 이충, 현령 만수, 공조 완황, 오관연 곽당 등과 함께 한 마음으로 성을 굳게 지켰다. 부류현의 정연 일을 하고 있는 사람이 왕랑의 격문을 가지고 임광의 집에 와서 항복하라고 말하자, 임광이 저자거리로 끌고나가 그 사람을 참해서 백성에게 보이고 정병 4천 명을 동원해서 성을 지켰다. 24년 (경시 2년) 봄, 유수는 계에서 돌아와서 낭패를 당해 어디로 가야 할지 모르고 있던 차에, 신도만이 한 나라를 위해서 한단을 막고 있다는 소식을 듣고 곧장 말을 달려 그곳으로 갔다. 임광 등은 외로운 성을 홀로 지키면서 성을 더 이상 보전할 수 없음을 걱정하던 차에 유수가 도착하였다는 말을 듣고 크게 기뻐하였으며, 관리와 백성이 모두 한 마음이 되어서 만세를 외쳤다. 임광은 즉시 문을 열고 이충, 만수와 함께 관원들을 이끌고 유수를 맞이하였다.

체준 유수가 왕심 등을 격파하고 돌아가는 길에 영양에 들렀을 때이다. 체준은 현의 관리라서 이전에 유수를 여러 차례 만날 기회가 있었다. 유수는 체준의 예절 바른 행동이 마음에 들어 문하사로 임명하였다. 체준은 유수를 따라 하북을 정벌하면서 군시령이 되었다.

이충 경시제가 즉위한 후 사자를 시켜 군국을 다녀오게 하면서, 이충을 도위관으로 임명하였다. 나중에 이충은 임광과 함께 훗날 광무제가 된 유수를 받들었으며, 유수는 이충을 우대장군에 임명하고 무고후로 봉했다. 당시 유수는 스스로 허리에 찬 인수를 풀어서 이충의 허리에 매달아 주었다. 이리하여 이충은 유수를 따라서 부속 현들을 공격하여 함락시켰다.

경단 경시제는 즉위한 후에, 사람을 보내 군사를 거느리고 상곡을 점령하게 하였다. 경단은 연솔 경황과 함께 경시제에게 항복을 하고 다시 상곡의 장사長史로 임명되었다. 왕랑이 군사를 일으키자, 경단은 경황과 함께 왕랑을 막기로 계획을 세웠다. 경황은,

경단과 자신의 아들 경감과 구순 등에게 군사를 거느리고 남쪽에 있는 유수에게 귀순하게 하였다.

만수 경시제 때 신도령이 되어 태수 임광, 도위 이충과 함께 성을 지켰으며, 유수를 맞이함으로써 편장군으로 임명되고 조의후에 봉해졌다. 한단을 격파한 후에 만수는 다시 우장군에 임명되었고, 유수를 따라 하북을 평정하였다.

갑연 태수 팽총은 갑연을 영위에 임명하고 호군의 일을 맡겼다. 왕랑이 군사를 일으키자, 갑연은 오한과 함께 유수를 따르기로 계획을 정했다. 갑연은 광아에 이르러서 편장군에 제수되고 건공후로 불리었으며, 유수를 따라 하북을 평정하였다.

비동 비동은 왕망 밑에서 화성군의 졸정卒正으로 있었는데 유수가 하북을 점령하고 하곡양下曲陽에 이르자 온 성을 바쳐 항복을 하고 따랐다.

요기 유수는 영천 지역을 순행하면서 요기가 뜻이 크고 의롭다는 말을 듣고 요기를 도적을 단속하는 직책인 적조연으로 임명하고, 그를 데리고 계를 순행하였다.

유식 왕랑이 반란을 일으켰을 때 유식은 아우와 사촌형과 함께 종족과 빈객을 이끌고 병사 수천 명을 모아 창성을 점거하였다가 유수를 맞이하였다.

경순 경순의 아버지 경애는 왕망 밑에서 제평의 윤을 지냈는데 왕망이 패망한 후, 경시제의 명을 받은 이질에게 항복을 하고 제남 태수가 되었다. 당시 이질형제가 국정을 장악하여 전권을 휘두르고 있었는데 경순도 이질에게 유세를 하고 기도위에 임명되었다. 그 후 유수를 만난 경순은 자신을 거두어 줄 것을 요청했다. 왕랑이 반란을 일으키자 경순은 종족과 빈객 2천 명을 거느리고 유수를 맞이하고 종군을 했다.

장궁 왕망 말기에 하강下江과 신시新市에서 군사들이 일어났는데, 장궁도 빈객을 이끌고 하강下江의 군대에 들어가 교위가 되었다. 나중에 유수를 따라 정벌 전쟁에 참가하였는데, 장수들이 대부분 장궁을 용맹하다고 칭찬하였으며 유수는 장궁이 무슨 일에나 부지런히 힘쓰고 말수가 적은 것을 보고 대단히 가깝게 대했다.

마무 어렸을 적에 원수를 피하여 강하에서 타향살이를 한 마무는 왕망 말년에 강하군의 변경 지역에서 삼로가 군사를 일으키자 그곳으로 달려가서 참가하였다가 나중에는 한의 군사와 합쳤다. 경시제 유현은 보위에 오른 후 마무를 시랑으로 임명하였다. 유수는 한단을 탈취한 후 사궁과 마무 등을 초청해서 성대한 연회를 베풀고, 이 기회를 이용해서 사궁을 죽이려고 하였으나 성공하지 못하였다. 연회가 끝난 후 유수는 홀로 마무와 함께 총대叢臺에 올라갔다. 유수가 매우 온화하게 마무에게 말하였다. "내가 얻은 어양漁陽과 상곡上谷 두 군의 정예 기병을 얻었을 때 장군에게 이 정예병을 통솔해 달라고 청해야겠다고 생각했는데, 장군의 생각은 어떻소?" 마무가 대답하였다. "저는 우둔하고 겁이 많은데다 방략方略이 없습니다." 유수가 말하였다. "장군은 오랫동안 장수로 있으면서 작전을 잘 이해하고 있는데, 어찌 나의 일반 보좌관들과 같겠소!" 마무는 이때부터 유수에게로 마음이 돌아서게 되었다.

유릉 경시제 유현은 황제가 된 후 유릉을 기도위에 임명하였다. 유릉은 경시제에게 고향인 남양으로 돌아가게 해달라고 청하고, 처와 자식을 맞이하여 그들을 낙양에 살게 하였다. 그러다 유수가 하내에 있다는 소식을 듣고 곧바로 사견으로 달려갔다.

여기서 하나 소개할 것은, 원수 사이였던 구순과 가복이 화해를 하여 광무제에게 충성을 다한 이야기이다.

집금오執金吾 가복이 여남군汝南郡에 있을 때에 발생한 일이다. 가복의 부장部將이 영천에서 살인을 하였기에, 구순이 그를 체포하여 옥에 가두었다. 부장이란 군부軍部 아래에 있는 소장小將이다. 당시는 아직 초창기라서 군인의 범법 행위에 대해서는 대부분 서로 관용을 베푸는 것이 관례였음에도 불구하고 구순은 곧바로 가복의 부장을 저자거리로 끌고 가 처형을 해 버렸다. 가복은 이 일을 자신의 치욕으로 간주하고 크게 탄식하였으며, 돌아가는 길에 영천을 지나면서 좌우 사람들에게 말했다. "나와 구순은 함께 장수의 대열에 서 있는데, 지금 그에게 모멸을 당하였으니 대장부가 어찌 남에게 능욕을 당한 분노를 마음에 품고 있으면서도 이를 풀지 않을 수 있겠는가? 오늘 구순을 만나면 내가 기필코 친히 베어 버리리라!" 구순은 가복의 계획을 알아차리고는 가복과 마주

치려고 하지 않았다. 곡숭이 구순에게 말하였다. "저는 장수라서 칼을 차고 옆에서 모실 수 있습니다. 창졸간에 무슨 변고가 생기면 제가 충분히 대응을 할 수 있습니다." 구순이 말하였다. "옳지 않다. 옛날에 조趙나라의 인상여藺相如가 진왕秦王을 두려워하지 않았는데도 염파廉頗에게 굽힌 까닭은 나라를 위하였기 때문이었다. 작은 조나라에도 이렇게 명백한 대의를 가진 사람이 있었거늘 어찌 내가 이를 잊을 수 있겠느냐?" 말을 마치고는 속현에 분부하여 음식과 술을 성대하게 준비하게 하였다. 집금오 가복의 병사들은 영천 경내에 들어와서 모두 한 사람 당 두 사람 분량의 음식과 술을 먹었다. 얼마 후에 구순은 바로 큰 길로 손수 가복을 맞이하러 갔다가 갑자기 병이 났다고 핑계 대고 돌아가 버렸다. 가복은 병사를 이끌고 구순을 추격하려고 하였으나 병사들이 모두 술에 취하였으므로 할 수 없이 그냥 가 버렸다. 구순이 곡숭을 보내 광무제에게 이 사실을 보고하였더니 광무제는 구순을 불러들였다. 구순이 당도해서 알현을 하려고 하였을 때 가복은 먼저 와서 자리에 앉아 있었는데 일어나서 자리를 피하려고 하였다. 광무제가 말하였다. "천하가 아직 평정되지 않았는데 두 호랑이가 어찌 사사로운 싸움을 하고 있단 말인가? 오늘 짐이 이 문제를 해결하겠노라." 그러고 나서 광무제는 함께 앉아 매우 흥겹게 술을 마시고 한담하며 놀았다. 그러는 동안 두 사람 사이의 감정이 모두 해소되어 마침내 화해하고 수레를 함께 타고 나가면서 친구가 되기로 다짐하고 헤어졌다.

◆ 이십팔장 중에는 유학을 공부한 장수들이 많았다 ◆

유방을 도와 한나라를 건국한 개국공신 중에는 용맹만 뛰어날 뿐 무식한 사람들이 많았다. 심지어 유방은 황제의 자리에 오른 후에 유생의 관冠에다 오줌을 갈기기도 하였다. 그러나 유수를 도와 후한을 건국한 개국공신들에게는 유학자의 기상이 있었다. 특히 이십팔장은 무장임에도 불구하고 유학을 공부한 사람들이 많았다. 한무제 때 동중서의 건의에 의해 유학이 국교로 채택되었기 때문에 그 이후부터는 자연히 유학을 공부한 사람이 많아질 수밖에 없었을 것이다.

우선 광무제부터가 유생 출신으로 역사에 밝았다. 그는 20대 초반에 수도인 장안에 가서 중대부中大夫 허자위許子威에게 유가의 오경 중 하나인 『상서尚書』를 배워서 대의에 통했다. 황제가 된 후에는 학문을 좋아하여 조회가 끝난 후 자주 공경들과 경서의 이치를 강론했다.

이십팔장 중에도 수도 장안에 가서 공부한 장수들이 여럿 나온다. 장안에서 유수를 직접 만난 등우를 비롯해서 장안에서 직접 강학을 한 주우가 있고, 왕패, 경단, 경순, 유륭 등도 장안에 가서 공부를 하였다.

등우   등우는 열세 살에 이미 『시경詩經』을 외울 수 있었으며, 장안에 가서 공부를 하였다. 당시 유수劉秀도 장안에 와서 견문을 넓히고 있었는데, 등우는 유수보다 나이가 비록 여덟 살이나 어리기는 하였지만 유수를 보고는 평범한 인물이 아니라는 것을 간파하고 마침내 서로 친한 사이가 되었다. 훗날 호걸들 대부분이 경시제 유현에게 등우를 천거하였지만 등우는 응하지 않고 유수가 하북에서 안정적인 기반을 다졌다는 소식을 듣고는 곧바로 북으로 황하를 건너고 도보로 업현鄴縣까지 따라갔다. 자식은 13명을 두었는데, 각기 하나의 학예를 갖게 하였다. 등우가 집안을 단속하고 자손을 가르치는 것은 모두 후세에 모범이 될 만하였다.

가복 가복은 어릴 때부터 배우기를 좋아하여 『상서』를 익혔다. 무음舞陰의 이생李生을 스승으로 섬겼는데 이생이 가복을 기재奇才로 여겨서 문인들에게 이렇게 말하였다. "가복의 용모와 품은 뜻이 이와 같고, 배우는 데 부지런하니 장상將相의 재목이다." 전쟁이 그치고 문덕으로 나라를 다스리게 되면서 공신들이 수도 낙양에 각자의 군사를 거느리고 있는 것을 원치 않는 광무제의 뜻을 간파한 가복은 고밀후 등과 함께 군사를 내놓고 유학 연구에 몰두하였다. 사택으로 돌아온 후에는 바깥출입을 삼가고 위엄을 길렀다.

경감 경감은 어릴 때부터 글 배우기를 좋아하였으며, 아버지로부터 『시경』, 『예기禮記』 등 유가의 경전을 배웠다. 경감의 아버지 경황耿況은 명경과明經科를 통해 낭郎이 되었으며, 일찍이 안구安丘 선생에게서 『노자老子』를 배웠다.

구순 구순은 평소에 배우기를 좋아하였기에 향교를 중수하고 생도들을 가르치게 하였으며, 『춘추좌씨전春秋左氏傳』에 정통한 사람을 초빙하여 친히 배우기도 하였다. 구순은 유가 경전에 밝고 수양을 많이 하여 조정에서 명성이 자자하였다.

풍이 풍이는 책 읽는 것을 좋아하였으며 『춘추좌씨전』과 『손자병법孫子兵法』에 정통하였다. 풍이가 관중 땅을 평정하고 오래 다스리게 되자 광무제에게 풍이를 모함하는 투서가 날아들었다. 광무제가 사자를 시켜 투서를 풍이에게 갖다 보이자, 풍이는 놀라고 두려워서 사죄의 글을 올렸는데, 서두를 "신은 본래 글을 배우던 학생이었는데 폐하께서 천명을 받은 때를 만나 병사들의 대오에 참가하였습니다."로 시작하고 있다.

왕패 왕패의 집안은 대대로 법률을 좋아하였으며, 아버지는 영천군의 결조연決曹掾을 지냈고, 왕패도 젊어서 옥리 노릇을 하였다. 왕패는 항상 강개한 마음을 갖고 있었으며, 관리의 직무를 좋아하지 않았다. 이런 아들을 기이하게 생각한 아버지는 서쪽의 장안으로 유학을 보냈다.

주우 주우는 바탕이 강직하였으며 유학을 숭상하였다. 당초 주우가 장안에서 강학을 할 때 유수가 가서 안부를 물으려 하였으나, 주우는 그때 만나지 않고 먼저 방에 올라 강학을 마치고 나서야 만났다. 훗날 광무제가 친히 주우의 집에 행차해서 그에게 웃으면서 말했다. "주인장은 나를 버리지 않고 강의할 수 있겠는가?" 그들에게 옛정분이 있었기 때문에 주우는 항상 황제의 상을 받았다.

체준 체준은 젊을 때부터 유가의 경서를 좋아하였고 공손하였다. 체준이 세상을 떠난 후, 박사博士 범승范升이 올린 상소에 의하면, 체준은 장군이 되자 선비를 뽑을 때 모두 유학을 기준으로 삼았으며 술자리를 대하고 음악을 할 때는 반드시 '아시雅詩'를 노래하고 투호投壺를 하였다. 또 공자를 위해 계승자를 세우자고 건의하였으며 유가 경전인 오경五經의 대부를 두자고 상주하였다. 비록 군대에 있었으나 제사를 잊지 않았으니 예를 좋아하고 악을 즐기며, 죽음으로 선한 도를 지켰다.

이충 이충은 아버지의 음덕으로 낭郞이라는 관직에 올랐다. 관청에 수십 명의 관리가 있었지만 이충만이 홀로 예를 좋아하여 고치고 정돈하였다. 단양丹陽 태수로 부임한 이충은 단양과 월越 지역의 풍속이 배우기를 좋아하지 않고, 혼인과 예의 제도가 중국보다 낙후했다고 생각하고 이에 학교를 세우고 예의에 맞는 행동을 익히게 하였다. 그리고 봄가을로 향음주례鄕飮酒禮 행사를 갖고, 유가 경서에 밝은 사람을 관리로 등용하였다. 그리하여 군내의 사람들이 모두 이충을 마음으로 따랐다.

경단 경단은 어려서 장안에서 공부를 하였다. 왕망王莽 때 덕행, 언어, 정사, 문학의 공문사과孔門四科에 대해 관리 추천을 하였는데, 경단은 언어 분야에 추천되어 고덕후固德侯의 상相에 임명되었다.

경순 경순은 장안에서 공부를 하였기 때문에 납언사納言士로 임명되었다.

유륭 유륭은 장성하자 장안으로 가서 글을 배웠다.

◆ 이십팔장의 성격과 풍모 ◆

이십팔장 개개인의 성격을 알아보는 것도 흥미로운 일이다.『후한서』
열전에는 이십팔장의 성격과 풍모에 대해서 구체적으로 묘사해 놓았는
데 여기서 일부 소개한다.

오한 　　　　오한은 성격이 강한데, 얼마나 강한지 광무제를 따라
정벌을 할 때마다 광무제가 불안해서 항상 다리를 한쪽
으로 기울여서 설 정도였다. 장수들은 싸움터에서 전세가 이롭지 못하
면 대부분 놀라고 두려워해서 평상심을 잃었다. 그러나 오한은 태연히
병장기를 정돈하고 병사와 관리들을 격동시켜 힘이 솟구치게 하였다.
한번은 광무제가 감탄하며 말하였다. "오공이 사람들의 뜻을 강하게 만
들어, 그 위엄이 마치 한 적국처럼 무겁구나!" 군사를 동원할 때마다 아
침에 조서를 받으면 저녁에 바로 길을 떠나는데, 애당초 특별히 길 떠날
채비를 한 적이 없었다. 그렇기 때문에 직책을 맡으면 항상 공을 이루고
임무를 끝마칠 수 있었다. 조정에 있을 때는 세밀하게 살피고 삼가하여
진실한 것이 자태와 용모에 나타났다. 한번은 오한이 출정할 때 아내가
뒤에서 전답을 산 일이 있었다. 오한이 전장에서 돌아와 아내를 꾸짖으
며 말하였다. "군대는 밖에 있고 관리와 사병들은 먹을 것이 부족한데
어째서 전답을 이렇게 많이 산단 말이오!" 마침내 구입한 전답을 형제와
친척에게 모두 나누어주었다.

가복 　　　　가복은 사람됨이 강의剛毅하고 곧으며, 큰 절개를 갖추
었다.

진준 진준은 가난한 사람과 힘 없는 사람들을 어루만짐으로써 의義가 있음을 보여주었으며, 군리軍吏들의 비리만 철저히 조사할 뿐 군현의 일에는 일절 간섭하지 않아 온 백성이 칭송하였다.

구순 구순은 유가 경전에 밝고 수양을 많이 하여 조정에서 명성이 자자하였으며, 자신이 받은 녹봉을 동료, 친구와 자신을 따르는 관리에게 후하게 베풀었다. 구순은 항상 이런 말을 하곤 하였다. "내가 장사들의 힘으로 여기까지 이르렀는데 어찌 혼자 누릴 수 있겠소!" 당시 사람들은 덕망이 있는 구순을 높이 평가하였으며 재상이 될 만한 그릇이라고 생각하였다.

잠팽 잠팽은 위엄과 신의가 있었다. 잠팽이 형문을 깨부수는 것을 시작으로 해서 멀리 무양까지 말을 달리는 동안, 병사들은 기강이 바로 서서 추호도 법을 범한 적이 없었다. 그래서 공곡왕邛穀王 임귀任貴는 잠팽의 위엄과 신의를 듣고 수천 리 먼 곳에서 사자를 보내 항복을 하였다. 그러나 때마침 잠팽이 이미 세상을 떠난 터라 광무제는 임귀가 바친 공물을 잠팽의 처자식에게 하사하고 장후壯侯라는 시호를 내려 주었다. 촉 사람들은 잠팽을 가엾게 생각하고 무양에다 사당을 세우고 세시歲時로 제사를 지냈다.

주우 주우는 바탕이 강직하였으며 유학을 숭상하였다. 주우는 장병들을 거느리고 전쟁을 치르는 동안 많은 항복을 받아냈는데, 싸움에 이겨서 성읍을 평정하는 것을 근본 목적으로 삼고 수급을 많이 베는 것을 공으로 삼지 않았다. 또 사병들이 백성을 약

탈하는 것과 방종을 즐기는 것을 법으로 금했는데, 이 때문에 그들에게
많은 원망을 사기도 하였다.

체준　　　체준은 사람됨이 청렴, 검소하고 조심성이 많으며 자신
의 사욕을 억제하고 남을 위한다는 생활신조를 가지고
있었다. 그래서 황제가 상을 하사하면 모두 사졸에게 나누어주어 집에
는 개인 재산이 없었다. 자신은 가죽 바지에 베옷을 입고 부인은 치마
에 가선도 두르지 못할 정도였다. 광무제는 이 때문에 체준을 중히 여겼
다. 체준이 세상을 떠나자 광무제의 근심하고 애도하는 마음은 누구보
다 심했다. 체준의 상여가 하남현河南縣에 이르자 광무제는 조서를 내려
백관들에게 먼저 빈소에 가게 하고 자신은 소복을 입고 뒤따라가서 애
절하게 통곡을 하였다. 돌아오는 길에 성문에서 체준의 수레와 기마를
지나칠 때는 흘러나오는 눈물을 막을 수가 없었다. 장례를 마치고 다시
친히 태뢰太牢로 제사를 지냈는데, 마치 선제宣帝가 곽광霍光에게 간 고
사와 같았다. 박사博士 범승范升이 상소를 하여 체준의 공을 칭송하였다.
"……체준은 선행을 하고 나라에 충성을 다하여 북쪽으로 어양을 평정
하고, 서쪽으로 농, 촉을 막았으며, 먼저 농저 위에 올라가고 깊이 쳐들
어가 약양略陽을 취하였습니다. 수많은 군사가 이미 퇴각하였는데도 홀
로 지키고 어려움에 맞섰습니다. 체준은 선비의 마음을 제어하여 법도
를 넘어서지 않았습니다. 체준이 마음에 둔 것은 사람들을 다스리는 것
이며, 군사가 있음을 알지 못했습니다. 그리하여 맑은 이름이 해내에서
들리고 결백함이 당세에 드러났습니다. 자신이 하사 받은 상은 모두 사

졸에게 나누어주고 몸에는 좋은 옷을 입은 적이 없었고 집에는 개인 재산이 없습니다. 형 체오祭午는 아우 체준에게 자식이 없자 첩을 취하라고 여자를 보내 주었으나 체준은 사람을 시켜 맞이하였을 뿐 받아들이지 않았으며 자신이 몸소 식읍으로 가서 감히 후사를 이으려는 계획을 세우지 않았습니다. 죽음이 임박하자, 소 수레에 상여를 싣고 낙양에다 검소하게 장례를 치르라고 경계의 말을 남겼습니다. 집안일에 대해 물었으나 체준은 끝내 아무 말도 하지 않았습니다. 임무는 무겁고 갈 길은 멀었으며 죽은 뒤에야 그쳤습니다." 장례를 할 적에 광무제가 다시 친히 와서 장군과 후侯의 인수를 내려 주었으며, 주륜용거朱輪容車에 갑사甲士들이 군대 진용을 갖춰 장사지내는 것을 배웅하게 하였고, 성후成侯라는 시호를 내려 주었다. 장례를 치른 후에 광무제는 다시 무덤에 친히 갔으며, 부인의 집을 찾아가 안부를 물었다. 그 후에 조회를 할 때마다 광무제는 탄식하며 말하였다. "어떻게 또다시 정로장군 체준같이 우국봉공하는 신하를 얻을 수 있을꼬?" 광무제가 체준을 그리워한 것이 이와 같았다.

경단 　경단은 병든 몸으로 황제의 명을 받들어 전장으로 나갔다. 26년(건무 2년) 가을, 경단은 여러 장수들과 함께 광무제를 따라 의양羛陽에서 오교五校를 격파하고 그 무리 5만 명을 항복시켰다. 때마침 섬서陝西의 도적 소황蘇況이 홍농弘農을 공격하여 홍농군 태수를 사로잡았다. 이때 경단이 병에 걸린 상태였지만, 광무제는 그가 노장이었기 때문에 억지로라도 일어나게 해서 홍농의 일을 맡길 요량으로

밤중에 경단을 불러 들여서 말하였다. "도적이 경성 근처까지 이르렀으니, 단지 장군의 위엄과 중망을 얻기 바랄 뿐이오. 장군은 누워서 지휘하기만 해도 될 것이오." 경단은 감히 사양하지 못하고 않는 몸으로 황제의 명을 받들었으며, 군사를 거느리고 홍농군으로 갔다가 10여 일 만에 세상을 떠났다.

요기 요기는 신의를 중시하고 부하에 대한 믿음을 끝까지 지켰다. 요기가 위군魏郡 태수로 있을 때이다. 부하 중에 도적을 단속하는 일을 맡고 있는 이웅李熊은 업鄴의 호족인데, 그의 아우 이륙李陸이 성에서 반란을 일으켰다. 어떤 사람이 이 사실을 요기에게 보고하자 요기는 처음에 아무런 대꾸를 하지 않았으나 보고하는 사람이 3~4명에 이르자 바로 이웅을 불러서 물었다. 이웅은 머리를 땅에다 박으면서 아우의 죄를 자복하고 노모와 함께 죽게 해 달라고 간청하자 요기가 말하였다. "벼슬을 하는 것이 도적이 되는 것만큼 즐겁지 못하다면 노모를 모시고 이륙에게 가도 좋다." 말을 마치고 관원으로 하여금 이웅을 성 밖으로 내보내 주도록 하였다. 이웅이 아우를 구하기 위해 업성의 서문에 막 도착할 때, 이륙은 부끄러운 마음을 이기지 못하고 자결을 함으로써 요기에게 사죄하였다. 요기는 탄식을 하며 예로써 이륙을 장사지내 주고 이웅에게 본래의 관직을 맡게 하였다. 이 일로 인해 위군 사람들은 요기의 위엄과 신의에 감복하였다. 요기는 신의를 중시하는 사람이라, 장수가 된 이후로 항복을 받은 지역에서 한 번도 노략질을 한 적이 없었다. 조정에서는 나라를 근심하고 임금을 사랑하였으며 마음속으로 옳지 않다고 생각하는 것이 있으면 임금을 화나게 할지라도 반드시 간언을 올렸다. 한번은 광무제가 가벼운 차림으로 호위병과 함께 가까운 곳으로 나서는데, 요기가 수레 앞에서 머리를 조아리며 간언을 올렸다. "신이 고금의 경계하는 말을 듣건대, 변變은 불의에 생기는 법이라 폐하께서 미복을 하고 자주 행차하는 것을 진실로 원치 않습니다." 광무제는 그 말을 듣고 수레를 돌려 궁으로 되돌아갔다.

◈ 주군에 대한 충성을 지키기 위해 가족을 희생시키다 ◈

세상에 무엇과도 바꿀 수 없고 소중한 것이 가족이다. 때로는 자신보다 더 소중하게 여겨 가족을 위해 자신을 희생시키기도 한다. 그런데 이십팔장 중에는 주군인 유수를 위해 자기 가족을 희생시킨 경우가 적지 않아 우리에게 많은 교훈을 주고 있다.

부준　　부준의 경우는 유수를 따르다 부모 형제와 친족들이 살해되었다. 유수가 군사를 이끌고 양성을 공격했을 때이다. 부준은 현의 정장亭長의 신분으로 유수를 영접하고 그 공으로 교위校尉로 임명되었다. 그러자 양성에서는 배반에 대한 앙갚음으로 부준의 어머니와 아우 및 친족을 모두 살해하였다. 부준이 유수를 따라 왕심 등을 양관陽關에서 맞아 쳤으나 한나라 군사가 오히려 패주해서 여수汝水가로 돌아왔다. 부준은 별도로 경京과 밀密을 공격하여 쳐부순 후에 영천으로 돌아와서는 가족의 시신을 수습하여 장사지냈다.

비동　　비동의 경우는 "군주를 섬기는 사람은 집안을 돌아보아선 안 된다"고 눈물을 흘리며 결연한 의지를 보였다. 신도가 다시 배반하여 왕랑에게 붙었는데, 왕랑이 임명한 신도의 왕이 비동의 아버지와 아우와 처자식을 붙잡아 놓고 그들에게 손수 편지를 써서 비동을 부르게 하였다. "항복하면 봉호와 작위를 내릴 것이요, 항복하지 않으면 친족을 몰살시킬 것이다." 비동이 눈물을 흘리며 울면서 회답하였다. "군주를 섬기는 사람은 집안을 돌아보아선 안 됩니다. 저의 가족이 지금까지 신도에서 편안할 수 있었던 것은 모두 유공의 은덕입니다. 유공께서 지금 국가를 위해서 정벌 전쟁을 하기 때문에 제가 더 이상 사사로운 생각을 할 수 없습니다." 때마침 경시제가 보낸 장수가 신도를 함락시킴으로써 왕랑의 군사가 패해서 달아나는 바람에 비동의 가족은 죽음을 면할 수 있었다.

이충　　이충은 유수의 큰 은혜를 입어 목숨을 바칠 것만을 생각하고 있었다. 이충이 군사를 이끌고 나아가서 거록鉅鹿을 포위하였으나 미처 함락을 시키지 못하고 있었다. 그 사이에 왕랑이 수하 장수를 보내 신도를 공격하게 하였더니 신도의 대성씨인 호족 마총馬寵 등은 성문을 열어 항복하였다. 왕랑의 수하 장수는 태수 종광宗廣과 이충의 어머니와 아내를 붙잡고 그들로 하여금 이충을 부르게 하였다. 당시 마총의 아우는 교위校尉 직책을 맡고서 이충을 따르고 있었는데, 이충은 즉시 마총의 아우를 불러 그 동안 베푼 은혜를 저버리고 적에게 성을 바쳐 배반한 것을 꾸짖고 그 자리에서 때려 죽였다. 이 광경을 보고 이충의 수하 장수들은 모두 이렇게 물었다. "가족이 적의 수중에 있는데 적의 아우를 죽인 것이 무슨 까닭입니까?" 이충이 대답하였다. "만약 적을 용서하고 죽이지 않는다면 두 마음을 품고 있는 것이오." 유수는 이 소식을 전해 듣고 가상하게 여겨 이충에게 일러 말했다. "지금 나의 군사는 이미 만반의 태세를 갖추고 있으니 장군은 돌아가서 노모와 처자를 구하여도 좋소. 적의 무리 중에서 스스로 관리와 백성을 모아 그대의 가족을 구하는 자에게는 천만 전을 하사하고 나를 따르게 하겠소." 이충이 말하였다. "명공의 큰 은혜를 입어 목숨을 바칠 것만을 생각하고 있는데, 진실로 제 개인을 위해서 감히 안으로 종친을 돌볼 수는 없습니다." 유수는 이에 임광의 군사를 보내 신도를 구하게 하였으나, 임광의 군사는 길에서 왕랑에게 습격을 받아 흩어져 투항하고, 임광은 아무런 공도 세우지 못한 채 돌아왔다. 때마침 경시제가 장수를 보내 신도를 공격해서 빼앗은 덕분에 이충의 가족은 모두 안전하게 되었다.

경순   경순은 일가친척이 다른 마음을 품을까 염려하여 일가친척의 집을 모두 불살라 버리게 하였다. 왕랑이 반란을 일으키자 유수는 계薊를 떠나 동남쪽으로 달려갔는데, 경순은 종형인 경흔耿訢·경숙耿宿·경식耿植과 함께 종족과 빈객 2천여 명을 거느리고 육현育縣에서 유수를 공경히 맞이하였다. 이때 노인과 병자는 수레에 관을 싣고서 뒤를 따랐다. 노인과 병자는 도중에 죽을 것을 염려하여 관을 싣고 종군한 것이다. 이때 대부분의 군국은 한단에게 투항하였는데, 경순은 일가친척이 다른 마음을 품을까 염려하여 경흔과 경숙에게 돌아가서 일가친척의 집을 모두 불살라 버리게 하였다. 유수가 경순에게 그 까닭을 물었더니 경순이 대답하였다. "제가 보건대, 명공(유수를 말함)께서는 수레 한 대를 타고서 하북에 가셨는데, 창고에 수많은 재물을 비축해 놓은 것도 아니고 후한 상과 달콤한 미끼로 사람을 모은 것도 아니며 다만 은덕으로 백성들을 품으셨기 때문에 백성들이 기꺼이 따랐던 것입니다. 지금 한단이 스스로 독립하여 북주北州 사람들이 의혹을 갖고 있습니다. 제가 비록 모든 친척을 다 명공의 명에 따르게 하고 노약자도 따르게 하였으나 친족과 빈객 중 절반은 다른 마음을 품고 있을 것이라 염려되었기 때문에 가옥을 전부 불살라서 그들의 뒤돌아 볼 생각을 끊어버린 것입니다." 유수는 이 말을 듣고 감동을 하였다.

유릉 유릉은 처자식이 살해당하였다. 경시제 유현은 황제가 된 후 유릉을 기도위騎都尉에 임명하였다. 유릉은 경시제에게 고향인 남양으로 돌아가게 해 달라고 청하고, 처와 자식을 맞이하여 그들을 낙양에 살게 하였다. 그러다 유수가 하내에 있다는 소식을 듣고 곧바로 사견射犬으로 달려갔다. 유수는 유릉을 기도위에 임명하고, 풍이와 함께 주유朱鮪, 이질李軼 등을 막게 하였다. 그러자 이질은 마침내 유릉의 처자식을 살해하였다.

◆ 광무제를 만나지 못했다면 이십팔장의 운명은? ◆

역사에서 '만약에'라는 가정은 무의미하다고 하지만 만약에 이십팔장이 자신들의 주군인 광무제를 만나지 못했다면 그들의 운명은 어떻게 되었을까? 어떤 의미에서는 아주 재미있는 물음일 수 있을 것이다. 이십팔장의 운명을 결정지은 분기점이 광무제 유수와의 만남이었던 것은 분명한 사실이다. 유수가 황제에 오른 후 이 문제에 대해 한담을 한 적이 있어 소개한다.

광무제는 뒷날 공신, 제후들과 함께 잔치를 하다가 조용하고 화기애애하게 물었다. "경들이 나를 만나지 못했다면, 경들 스스로 생각하기에 작록이 어디까지 이르렀겠소?" 고밀후 등우가 먼저 대답하였다. "신은 어려서 글공부를 한 적이 있으므로 군郡에서 문학박사文學博士 정도는 할 수 있을 것입니다." 광무제가 말하였다. "무슨 겸손의 말을 그렇게 하시오? 경은 등씨의 자손으로서 뜻과 행동이 바른데 어찌 연사掾史나 공조功曹가 되지 않겠소?" 나머지 사람들도 각자 차례대로 대답을 하였으며 이윽고 마무의 차례가 되었다. 마무가 대답하였다. "신은 용감하고 힘이 있으니 군의 도위都尉가 되어 도적을 단속할 수 있겠습니다." 광무제가 웃으면서 말하였다. "그래도 도적을 다스리지 말고 정장亭長이 되면 될 것이오."

누구를 주군으로 모시느냐에 따라 인생의 결실이 달라질 수 있다는 단면을 보여주는 대목이다.

東漢始光武癸未王莽伏誅乙酉即帝位中興漢室終獻

帝巳亥十二帝共一百九十五年曹丕篡位滅之

光武
姓劉名秀世長沙定王發之後起自民間
火德舉兵同劉玄誅王莽中興漢室而即帝位
神像十二建武三十三年壽六十二改元者三

明帝
名莊光武太子即位釋老教入中國壽四十八
改元者一永平

章帝
名炟明帝子即位壽三十一改元者二建初元和章和

和帝
名肇章帝子即位壽二十七改元者二永元元興

殤帝
名隆鄧后臨朝壽一而崩改元者一延平

安帝
名祐鄧氏臨朝壽三十二改元者五建光永初元初永寧建光延光

北鄉侯
名懿即位三河歲王即位之太子以殤帝

順帝
名保安帝子即位壽三十改元者四陽嘉永建永和漢安建康

沖帝
名炳順帝子即位壽三永熹

質帝
名纘章帝玄孫即位壽九本初

桓帝
名志章帝曾孫即位壽三十六改元者七建和和平元嘉永興永壽延熹永康

靈帝
名宏章帝玄孫即位壽三十四改元者四建寧熹平光和中平

少帝
名辯靈帝子即位為董卓廢而弒之

獻帝
次名協靈帝子董卓立之在位三十一年曹丕篡位

平帝
在位六中二

3. 이십팔수와 이십팔장

　　동양에서는 고대부터 황도와 천구의 적도 주변에 위치한 28개의 별자리(宿)를 이십팔수二十八宿라고 규정하였다. 이 이십팔수와 삼원三垣으로부터 하늘이 3개의 담과 나머지 28개의 영역으로 구분된다.

　　삼원은 자미원紫微垣, 태미원太微垣, 천시원天市垣을 가리킨다. '원垣'은 '담'을 의미한다. 담마다 동서 양측의 별들이 담을 만든 모양으로 천구의 범위를 나타내 준다. 삼원이 별의 명칭이 된 시기는 아주 일러서 이십팔수보다 앞설 가능성이 있다. 그러나 최종적으로 명칭이 확정된 것은 이십팔수보다 늦는데, 중국 수나라 때 단원자丹元子가 지은 『보천가步天歌』에 이르러서야 완전히 확정된다고 한다.

　　태미원은 삼원 중에서 위에 있는 상원上垣으로서 자미원 서남쪽에 있는데, 성星, 장張, 익翼, 진軫의 네 별자리 이북의 천구天區이며, 30개의 별자리에 78개의 별을 포괄한다. 태미는 정부政府라는 뜻이라서 태미원 속의 별은 장將, 상相, 집법執法 등 관직으로 명명되어 중앙 기구의 대신을 대표한다.

자미원은 삼원 중에서 가운데 있는 중원中垣으로서 북쪽 하늘의 중앙에 위치하므로 중궁中宮이라고도 한다. 북극성을 중심으로 한 37개의 별자리에 183개의 별을 포괄한다. 주요한 것으로는 제帝, 태자太子, 상승上丞, 소재少宰 등의 별이 있다. 자미원이 제성帝星을 중심으로 한 황궁이기 때문에 '자미'란 말은 인간세상의 황권의 상징이 되어 황제의 대명사가 되었다.

천시원은 삼원 중에서 아래에 있는 하원下垣으로서 자미원의 동남쪽에 있는데, 방房, 심心, 미尾, 기箕, 두斗의 다섯 별자리 이북의 천구이며, 39개 별자리에 287개의 별을 포괄하고 있다. 천시는 천자가 제후를 거느리고 도시를 순행한다는 뜻이다. 그래서 천시원 속의 별들은 대부분 초楚, 한韓, 송宋, 중산中山, 정鄭, 양梁, 진秦 등 춘추시대 제후국의 명칭으로 명명되었다.

이제 이십팔수 이야기로 들어가자.

사방신四方神은 동북서남의 방위에 따라 각기 7개씩의 별자리를 주관하며, 각 별자리의 해당 영역에는 또다시 여러 별자리들이 속해 있다. 이십팔수의 구체적인 명칭은 다음과 같다.

동방칠수(청룡): 角宿 · 亢宿 · 氐宿 · 房宿 · 心宿 · 尾宿 · 箕宿

북방칠수(현무): 斗宿 · 牛宿 · 女宿 · 虛宿 · 危宿 · 室宿 · 壁宿

서방칠수(백호): 奎宿 · 婁宿 · 胃宿 · 昴宿 · 畢宿 · 觜宿 · 參宿

남방칠수(주작): 井宿 · 鬼宿 · 柳宿 · 星宿 · 張宿 · 翼宿 · 軫宿

　'이십팔수'란 말에서 '수宿'는 무슨 뜻일까? 한자를 아는 사람이 이 글자를 보면 '잘 숙宿'자로 이해할 것이다. 지금부터 3천여 년 전 중국 은대의 갑골문을 보면, 상형자로서 방안에서 한 사람이 자리 위에서 잠을 자고 있는 모습이다. 그래서 '숙宿'자는 본래 '자다'라는 뜻이며, 여기서 '숙사'란 뜻으로 확대되었다.

　옛사람들은 해와 달이 하늘에서 운행하는 상황을 매우 중시하였으며, 그 운행 방위를 근거로 해서 계절을 확정하였다. 해와 달은 사람의 시각운동 속에서 노선이 고정되어 있는데, 그 운행의 구체적인 위치를 설명하기 위해서 연구를 한 결과 항성恒星을 28군群으로 나누었으며, 이를 관측의 표준으로 삼았다. 비유하자면, 기차를 타고 여행을 할 때 기차가 수원역에 도착하고, 대전역에 도착하는 것처럼, 이 28조의 항성이 마치 해와 달의 28곳 숙사와 같아서 매일 하나의 '숙宿'에 머무르게 된다. 그래서 『사기』 「천관서天官書」에서는 이십팔수를 '이십팔사二十八舍'라고 하여 '집'을 의미하는 '사舍'자를 써서 표현하였고, 다시 같은 책 「율서律書」에서 "사는 해와 달이 머무는 곳이다(舍者, 日月之所舍)"라고 설명하였던 것이다. '숙宿'자가 이 28조의 항성과 함께 '이십팔수'라는 고정된 개념으로 되면서 이 '숙宿'자는 고유명사가 되었고 독음도 '수'가 되었다.

이십팔수가 해와 달이 운행하면서 머무는 28곳의 숙사라면 어째서 반드시 28곳이고, 27곳이나 29곳은 되지 않는가?

달이 서쪽에서 동쪽으로 대략 27일 반 동안 한 바퀴 운행한 후에 원래의 자리로 돌아오는데, 천문학에서 달이 27일 반 동안 한 바퀴 운행하는 주기를 '항성월恒星月'이라고 한다. 달이 지나는 궤도를 28등분으로 나누면 달이 매일 한 등분을 지나며 28일 후에는 원래의 자리로 돌아오게 되는 것이다. 그래서 28을 취해 숙사의 수數로 삼아 달이 있는 위치를 기록하게 된 것이다.

그럼 각 7수의 이름은 어째서 용, 봉, 호랑이, 거북 등 네 가지 동물의 명칭으로 되어 있을까?

옛사람들은 용을 비늘달린 동물의 우두머리(鱗蟲之長)로 보았고, 봉황은 조류의 왕(百鳥之王), 호랑이는 백수의 우두머리(百獸之長), 거북은 갑충의 우두머리(介蟲之長)로 간주하고, 용, 봉황, 호랑이, 거북을 네 가지 신령한 동물이라는 뜻으로 '사령四靈', 또는 '사신四神'이라고 합쳐서 불렀다. 이 사령은 원시사회부터 이미 토템 숭배의 형식으로 출현하였다. 중국 상나라 때 제작된 청동기에도 항상 이 동물들을 씨족 명칭으로 삼은 족휘族徽 문양들이 출현하는데, 이는 토템 숭배를 반영한 것이다.

사령에 대한 신앙이 있었기 때문에 후에 이 신앙을 이십팔수에다 연계시킨 것이다. 춘분날 밤하늘에 나타난 정수井宿·귀수鬼宿·유수柳宿·성수星宿·장수張宿·익수翼宿·진수軫宿의 일곱 별자리를 연결시켜서 날개를 펼치고 날아가는 봉황을 상상해내고, 이를 붉은 봉황이라는 뜻의 주작 朱雀이라고 불렀으며 다른 이름으로 주조朱鳥라고도 했던 것이다. 하짓날 밤하늘에 나타난 각수角宿·항수亢宿·저수氐宿·방수房宿·심수心宿·미수尾宿·기수箕宿의 일곱 별자리를 연결시켜서 춤추듯 날면서 승천하는 거대한 용을 상상해내고, 이를 푸른 용이라는 뜻의 청룡靑龍 또는 창룡蒼龍이라고 불렀다. 추분날 밤하늘에 나타난 두수斗宿·우수牛宿·여수女宿·허수虛宿·위수危宿·실수室宿·벽수璧宿의 일곱 별자리를 대단히 신령한 거북과 연결시켜서 이를 검은 거북이라는 뜻의 현무玄武라고 불렀다. 고대에 갑옷을 입고 있는 용사를 '무武'라고 불렀기 때문에 거북을 '무'라고 했던 것이다. 중국 한대 이전에는 현무가 단지 신령스러운 거북의 형상을 하고 있었는데, 한대 이후에는 거북 말고도 뱀의 형상이 추가되었다. 거북 중에는 천성적으로 뱀을 잡아먹기 좋아하여 항상 뱀을 등에 업고 다니는 것이 발견되었는데, 이 때문에 단순한 거북의 모양을 거북과 뱀이 휘감고서 서로 다투는 그림으로 바꾸어서 현무가 뱀을 잡아먹고 악을 제거하는 용맹한 정신을 돌출시켰던 것이다.

또 동짓날 밤하늘에 나타난 규수奎宿·누수婁宿·위수胃宿·묘수昴宿·필수畢宿·자수觜宿·삼수參宿의 일곱 별자리를 연결시켜서 위풍이 당당한 맹호를 상상해내고 이를 흰 호랑이라는 뜻의 백호라고 불렀다. 대략 중국의 춘추시대 말기에서 전국시대 초기에 이르러서 용, 봉황, 호랑이, 거북은 사방의 신령한 동물로 간주되고 사방을 주관하고 보호하는 천신이 되었다. 이처럼 사령이 사방을 대표하고 숭배의 대상이 된 것은 씨족의 토템 숭배라든지 상서로움이나 영성을 숭배하는 것과 결합되어서 생겨난 것이다.

주작, 청룡, 현무, 백호 등 네 동물이 각기 하늘의 남, 동, 북, 서 네 방향의 별자리 모양(星象)을 표시하였기 때문에 고대 천문학에서는 이를 '사상四象'이라고 불렀다.

그렇다면 이십팔수는 어째서 동서남북의 사방과 함께 연계되었을까?

이십팔수는 1년 사계절 동안 끊임없이 연속해서 남쪽 하늘을 지나간다. 아득한 옛날에 사람들이 봄날 해질녘에 천상天象을 관측해 보니, 주작의 일곱 별자리가 남쪽 하늘에 나타났고, 그 동쪽에는 청룡의 일곱 별자리, 서쪽에는 백호의 일곱 별자리가 있으며, 저 멀리 반대편의 북쪽 하늘에는 현무의 일곱 별자리가 있었다. 사방 모두 하나의 별자리가 있어 각기 형태를 이루고 있다. 동방은 용의 형태, 서방은 호랑이의 형태인데, 모두 남쪽이 머리, 북쪽이 꼬리이다. 또 남방은 새의 형태이고, 북방은 거북의 형태인데, 모두 서쪽이 머리, 동쪽이 꼬리이다.

봄날 해질녘에 남쪽을 향해 서 있으면, 앞이 주작이고, 뒤가 현무이며, 왼쪽이 청룡이고, 오른쪽이 백호이다. 이렇게 해서 사상四象은 다시 전후좌우의 네 방위와 함께 연계되었다. 그래서 '전주작前朱雀', '후현무後玄武', '좌청룡左靑龍', '우백호右白虎'라는 말이 옛날부터 있었던 것이다. 청룡은 왼쪽에 길게 구부리고 있고, 백호는 오른쪽에 용맹하게 걸터앉아 있으며, 주작은 앞에서 날아오르고, 거북은 뒤에서 머리를 집어넣고 있다.

청룡도

현무도

백호도

주작도

옛날 장수들은 사상四象의 방위에 따라 전후좌우의 군진軍陣을 배열해 놓았으며 깃발에도 사상의 도형을 그려 상징으로 삼았다. 현무가 북방을 맡고 있기 때문에 북방과 관계있는 것은 자연히 '현무'로 명명하였다. 예를 들면 당나라 황궁의 북문을 '현무문玄武門'이라 하고, 중국 남경의 북쪽 교외에 위치한 호수를 '현무호玄武湖'라고 부른다.

이런 의문도 들 것이다. 사상은 어째서 푸른색(靑), 검은색(玄), 흰색(白), 붉은색(朱)으로 나타내는가?

이 문제의 해답은 음양오행학설에 있다. 오행학설에서는 수, 화, 목, 금, 토의 다섯 가지 원소를 오방五方과 오색五色에 대응시킨다. 동방은 목이고 청색이며, 서방은 금이고 백색이며, 남방은 화이고 적색이며, 북방은

오늘날의 남경 현무호

수이고 흑색이며, 중앙은 토이고 황색이다. 사상이 사방에 분포하니 자연히 사방의 색을 대응시키게 된 것이다. 용은 동방에 있으니 청룡이고, 호랑이는 서방에 있으니 백호이며, 봉황은 남방에 있으니 주작이고, 거북은 북방에 있으니 현무가 된 것이다. 현무가 흑색을 표시하기 때문에 흑색의 암석을 현무암이라고 명명했다는 사실도 상기하자.

사상과 오행의 이러한 연계를 통해 하나의 문제를 연상할 수 있다. 『주역』「계사전繫辭傳」 상편에서는 "태극은 양의를 낳고, 양의는 사상을 낳고, 사상은 팔괘를 낳는다(太極生兩儀, 兩儀生四象, 四象生八卦.)"고 언명하고 있다. 여기서 말하는 사상은 오행의 금, 목, 수, 화이고 또한 천지의 양의로부터 나온 춘, 하, 추, 동의 사계절이다.

금목수화이든, 춘하추동이든 간에 이십팔수의 '사상'과는 색이나 사계절의 내재적인 연계를 가지고 있을까?

동아시아에는 전통적으로 3대 문화체계가 있다. 곧 역경 문화체계(팔괘 문화체계라고도 함)와 오행 문화체계와 이십팔수 문화체계이다. 이 삼자는 각자 독립적인 동시에 상호 침투하고 상호 차용하여 서로 뗄 수 없는 밀접한 연계를 가지고 있는 것이다.

이십팔수는 언제 형성된 것인가?

이십팔수가 형성된 것은 하루아침의 일이 아니라 오랜 역사 과정을 거친 것이다. 3천여 년 전 은상시대의 갑골문을 보면, '화火', '묘昴', '조鳥' 등 10여 개 항성의 이름이 있는데, 이것들은 후에 이십팔수의 구성원이 된다. 이렇게 본다면 이십팔수의 기원은 멀리 은상시대까지 소급할 수 있다.

상대에 제작된 금문金文의 족휘族徽 중에도 이미 각角, 항亢, 방房, 심心, 정井, 유柳, 진軫, 규奎, 위胃, 묘昴, 자觜, 여女, 허虛 등 13별자리의 명칭이 발견되었다. 그때의 씨족은 각기 이들 별자리를 관상수시觀象授時의 주요 의거로 삼았으며, 동시에 이것들은 씨족 토템 숭배의 대상으로 간주하였는데, 이는 곧 이 토템으로 본 씨족의 족휘 즉 성씨로 삼았다는 것이다.

『상서尙書』는 중국에서 가장 오래된 문헌 중의 하나로서 대략 전국시대에 완성된 것으로 본다. 이 책의 「요전堯典」 편에는 요임금 시대의 천문학이 기록되어 있는데, 그 속에 나오는 조鳥, 화火, 허虛, 묘昴의 4별은 각기 이십팔수 중의 성수1, 심수2, 허수와 묘수이다.

또 『시경詩經』은 중국에서 가장 이른 시기에 편찬된 시가 모음집으로서 기원전 11세기에서 기원전 6세기 사이에 창작된 시들이 모여져 있다. 『시경』에도 이미 심수2인 화火라든지 기箕, 두斗, 실室, 벽壁, 묘昴, 필畢, 여女, 삼參 등 별자리의 명칭이 등장한다.

1978년 중국 호북성 수현隨縣에서는 기원전 430년경인 전국시대 초기에 조성된 증후을묘曾侯乙墓를 발굴하였는데, 옻칠을 한 상자의 덮개에 아주 흥미로운 도안이 발견되었다. '두斗'(북두칠성)를 중심으로 해서 주위에는 이십팔수의 고대 명칭이 고스란히 있으며 양쪽 끝에는 청룡과 백호의 그림이 그려져 있는데, 그 위치는 이십팔수와 서로 대응하고 있다. 이것을 근거로 해서 추정하면, 완벽한 이십팔수 체계는 전국시대인 기원전 5세기보다 이른 시기에 형성되었음을 알 수 있다.

그럼 지금부터 이십팔수의 구체적인 모습을 살펴보겠다.

1) 동방東方 청룡靑龍 7수

동방 청룡의 일곱 별자리는 각수角宿·항수亢宿·저수氐宿·방수房宿·심수心
宿·미수尾宿·기수箕宿 등 30개의 별로 구성되어 있다.

후한 때의 문자학자 허신許愼(대략 58년~147년)은 『설문해자說文解字』에
서 '용'에 대해 이렇게 설명하였다.

$$龍, 鱗蟲之長也. 春分而登天, 秋分而潛淵.$$

(용 인충지장야 춘분이등천 추분이잠연)

"용은 모든 비늘 있는 동물의 우두머리이다. 춘분이 되면 하늘로 올
랐다가 추분이 되면 못 속으로 들어간다."

증후을묘에서 나온 칠
기상자에서 발견된
사신도
기원전 5세기경의 것
으로 이 시기에 28
수, 사신도, 문왕팔괘
도, 십이지지의 그림
이 완벽하게 보인다.

이 말은 즉 청룡 7수는 춘분의 황혼 뒤에 동방에 나타나고, 추분의 황혼 뒤에 지평선 아래로 떨어진다는 말이다.

각수角宿는 『석씨성경石氏星經』에 "춘생의 권한을 주관한다"라고 정의되어 있다. 해질녘에 동쪽에 나타나며, 봄이 오는 것을 상징한다. 각수는 2개의 별로 구성되어 있는데, 남쪽에 위치한 것이 광도光度가 커서 일등성이 된다. 두 별은 위가 작고 아래가 크며, 형상은 동물의 뿔과 닮았는데, 각수라는 이름은 여기에서 비롯되었을 가능성이 높다. 또 다른 주장도 있다. 해질녘에 각수가 동쪽에서 떠오르는 것은 봄기운이 대지를 돌아 초목이 싹을 내고 어린 짐승의 뿔이 돋아남을 의미하기 때문에 각수라는 이름을 얻었다는 것이다. 어쨌든 봄에 각수가 제일 먼저 동쪽에서 떠오르기 때문에 예로부터 이십팔수의 우두머리로 여겨져 왔다.

항수亢宿는 청룡 7수의 두 번째 별자리로서 별 4개로 구성되어 있다. '항'은 '목'이라는 뜻이니, 항수는 바로 청룡의 목이다.

저수氐宿는 청룡 7수의 세 번째 별자리로서 별 4개로 구성되어 있으며, '하늘의 뿌리'란 뜻의 '천근天根'이란 이름도 가지고 있다. 동진東晉 때의 곽박郭璞(276년~324년)은 중국 최초의 백과사전이라고 할 수 있는 『이아爾雅』에 주석을 하면서 "각수와 항수 아래에는 저수가 달려 있는데, 마치 나무에 뿌리가 있는 것과 같다"고 설명하였다. 이것이 바로 저수라는 이름을 얻게 된 유래가 아닐까 한다.

방수房宿는 청룡 7수의 네 번째 별자리로서 별 4개가 병렬로 늘어서 있다. 청룡의 배에 해당한다. 용이 천마天馬이기 때문에 방수를 천룡天龍, 천사天駟, 마조馬祖라고도 한다. 전국시기에는 입춘 전후의 아침에 방수가 남쪽 하늘에 나타났는데, 바로 농사를 짓기 좋은 계절이기 때문에 방수를 농양農樣이라고도 부른다.

심수心宿는 청룡 7수의 다섯 번째 별자리로서 별 3개로 구성되어 있다. 청룡의 심장에 해당하기 때문에 심수라고 부르는 것이다. 심수2는 심수 중에서 가장 밝은 별이며, 붉은 색의 큰 별이기 때문에 고대 중국에서는 이 별을 '대화大火'라고 불렀다.

미수尾宿는 청룡 7수의 여섯 번째 별자리로서 별 9개로 구성되어 있다. 청룡의 꼬리 부분에 있기 때문에 미수라고 부르는 것이다.

기수箕宿는 청룡 7수의 일곱 번째 별자리로서 4개의 별로 구성되어 있다. 모양이 키처럼 생겼기 때문에 기수라고 부르는 것이다. 기수는 청룡의 꼬리 부분에 있기 때문에 용미龍尾라고도 부른다.

2) 북방北方 현무玄武 7수

북방 현무의 일곱 별자리는 두수斗宿·우수牛宿·여수女宿·허수虛宿·위수危宿·실수室宿·벽수壁宿이며, 25개의 별로 구성되어 있다. 거북과 뱀이 휘감고 있는 형상을 하고 있다.

두수斗宿는 현무 7수의 첫 번째 별자리로서 6개의 별이 자루가 있는 성두星斗의 형상을 하고 있다. 두수가 남쪽 밤하늘에 있기 때문에 남두

南斗라고 한다. 남두의 상대는 북두인데, 북두는 북극 부근의 북쪽 천구天區에 있어서 그렇게 부르는 것이다. 남두는 6개의 별이라서 남두육성이라 하고, 북두는 7개의 별이라서 북두칠성이라고 한다. 이 '두斗'를 북두라고 말하는 사람이 있는데, 실제로는 오해이다.

우수牛宿는 현무 7수의 두 번째 별자리로서 별 6개가 소뿔의 형상을 하고 있다. 우수와 견우성牽牛星(Altair)은 분명히 다르다. 실제로 견우성은 우수의 북쪽에 자리하고 있으며 독수리자리 알파별이다. 견우가 끄는 소가 바로 우수이며, 견우牽牛라고도 한다.

여수女宿는 현무 7수의 세 번째 별자리로서 4개의 별로 구성되어 있으며, 수녀須女, 무녀婺女라고도 한다. 여수는 직녀성織女星(Vega)이 아니다. 직녀성은 여수의 북쪽에 있으며 거문고자리 알파별이다.

허수虛宿는 현무 7수의 네 번째 별자리로서 별 2개로 되어 있다.

위수危宿는 현무 7수의 다섯 번째 별자리로서 별 3개로 되어 있다.

실수室宿는 현무 7수의 여섯 번째 별자리로서 별 2개로 되어 있으며, 고대에는 정성定星, 영실營室이라고도 불렀다. 중국의 서주와 춘추시기에 실수의 두 별이 해질녘에 정남쪽에 나타나는 계절에는 농촌활동이 기본적으로 끝나며 날씨가 덥지도 않고 춥지도 않다. 또한 하늘에 실수의 두 별이 확실하게 방위를 잡아 주기 때문에 집을 짓기에 가장 좋은 때이다. 실수의 두 별이 집을 짓는 계절과 방위의 표준이 되기 때문에 정성과 영실이라는 이름을 얻게 된 것이다.

벽수壁宿는 현무 7수의 일곱 번째 별자리로서 별 2개로 되어 있으며, 실수의 담이 된다. 실수의 동쪽에 있기 때문에 동벽東壁이라고도 한다. 늦가을 정남방 하늘에서 매우 밝게 빛난다.

3) 서방西方 백호白虎 7수

서방 백호의 일곱 별자리는 규수奎宿·누수婁宿·위수胃宿·묘수昴宿·필수畢宿·자수觜宿·삼수參宿로서 총 45개의 별로 구성되어 있다.

규수奎宿는 백호 7수의 첫 번째 별자리로서 그다지 밝지 않은 16개의 별로 구성되어 있다. 신발 바닥 모양을 하고 있는데 백호의 꼬리이다.

누수婁宿는 백호 7수의 두 번째 별자리로서 별 3개로 구성되어 있다.

위수胃宿는 백호 7수의 세 번째 별자리로서 3개의 작은 별이 함께 잇닿아 있으며, 세 발 달린 솥인 '정鼎'의 모양을 하고 있다. 『천황회통天皇會通』이란 책에 의하면, 위수가 오곡五穀을 저장하는 창고라서 대량大梁으로 부르기도 한다.

묘수昴宿는 백호 7수의 네 번째 별자리로서 일반인에게도 많이 알려진 플레이아데스 성단Pleiades이다. 비교적 밝은 별이 7개 있다.

필수畢宿는 백호 7수의 다섯 번째 별자리로서 6개의 별이 Y자 형태를 이루고 있으며 고대에 짐승을 잡는데 쓰는 자루가 긴 그물과 매우 비슷하기 때문에 이름을 얻었다. 천구天口라고도 한다. 필수의 다섯 번째 별은 일등성이다.

자수觜宿는 백호 7수의 여섯 번째 별자리로서, 3개의 작은 별이 함께 잇닿아 있다.

삼수參宿는 백호 7수의 일곱 번째 별자리로서 별 7개로 구성되어 있으며, 백호의 머리 부분에 해당한다. 가운데 3개의 별은 등거리로 일렬로 배열되어 있어서 삼성三星이라고 한다. 삼성은 상하에 있는 각기 2개의 별과 H형상을 이루고 있어서 겨울철 밤하늘에 가장 뚜렷한 별자리이다.

4) 남방南方 주작朱雀 7수

남방 주작의 일곱 별자리는 정수井宿·귀수鬼宿·유수柳宿·성수星宿·장수張宿·익수翼宿·진수軫宿이며, 59개의 별이 날개를 편 주작 모습을 하고 있다.

정수井宿는 주작 7수의 첫 번째 별자리로서 8개의 별이 우물 정井 자의 형상을 하며 동정東井이라고도 부른다. 옛사람들은 정수가 하늘의 남문으로서 물의 일을 주관한다고 인식하였다.

귀수鬼宿는 주작 7수의 두 번째 별자리로서 별 4개로 구성되어 있는데 모두 어둡다. 옛사람들은 귀수가 귀신 사당의 일을 주관한다고 생각하였다.

유수柳宿는 주작 7수의 세 번째 별자리로서 별 8개로 구성되어 있으며 늘어진 버드나무의 형상과 비슷하며 주작의 입에 해당한다.

성수星宿는 주작 7수의 네 번째 별자리로서 유수의 동쪽에 위치하며 7개의 별이 주작의 목에 해당한다.

장수張宿는 주작 7수의 다섯 번째 별자리로서, 6개의 별이 주작의 모이주머니를 형상한다.

익수翼宿는 주작 7수의 여섯 번째 별자리로서 22개의 밝지 않은 별이 주작의 날개와 꼬리를 조성한다. 익수는 이십팔수 중에서 별수가 가장 많은 별자리이다.

진수軫宿는 주작 7수의 일곱 번째 별자리이다. 고대에 수레 뒤턱나무를 '진軫'이라고 했으며, 수레도 '진'이라고 했다. 4개의 별이 수레의 형상을 이루고 있어서 고대에는 하늘수레란 뜻으로 '천거天車'라고도 불렀다.[*]

이십팔장은 이 이십팔수二十八宿와 매우 깊은 관련성이 있다.

그래서 고대 문헌에서는 이십팔수를 의미하는 '사칠四七'이라는 말로 이 운대雲臺 이십팔장을 지칭하기도 하였다.

예를 들면, 진대晉代 좌사左思의 「위도부魏都賦」에 "재상으로는 팔원八元과 팔개八愷를 겸하고, 장수로는 사칠보다 용감하다[相兼二八, 將猛四七]"라는 구절이 있다. 여기서 팔원이란 고신씨高辛氏 때 일 처리에 뛰어난 여덟 명의 재사 즉 백분伯奮·중감仲堪·숙헌叔獻·계중季仲·백호伯虎·중웅仲熊·숙표叔豹·계리季貍를 말하고, 팔개란 고양씨高陽氏 때 조화에 탁월한 능력을 가진 여덟 명의 재사 즉 창서蒼舒·퇴애隤敱·도인檮戭·대림大臨·방항尨降·정견庭堅·중용仲容·숙달叔達을 말한다. 훗날 장재張載는 이 글에 주석을 달아 "사칠은 한나라 광무제의 이십팔장이다

---

[*] 참조: 胡維革 主編, 『中國傳統文化會要』, 吉林人民出版社.

동방 청룡 7수			북방 현무 7수		
순서	이십팔장	이십팔수	순서	이십팔장	이십팔수
1	등우	각	8	두무	두
2	마성	항	9	구순	우
3	오한	저	10	부준	여
4	왕량	방	11	잠팽	허
5	가복	심	12	견담	위
6	진준	미	13	풍이	실
7	경감	기	14	왕패	벽

서방 백호 7수			남방 주작 7수		
순서	이십팔장	이십팔수	순서	이십팔장	이십팔수
15	주우	규	22	비동	정
16	임광	누	23	요기	귀
17	체준	위	24	유식	유
18	이충	묘	25	경순	성
19	경단	필	26	장궁	장
20	만수	자	27	마무	익
21	갑연	삼	28	유륭	진

[四七者, 漢光武二十八將也]"라고 설명하였는데, 여기서 보면 이십팔장을 '사칠'이라고 표현하였음을 분명히 알 수 있다.

또 이십팔수가 그대로 이십팔장을 가리키기도 하였다. 당대의 유명한 시인 온정균溫庭筠(812년~870년)은 「태액지가太液池歌」라는 시에서 "깊은 밤 은하수는 백량대를 통하고, 이십팔수는 옥당에서 조회를 하네[夜深銀漢通柏梁, 二十八宿朝玉堂]"라고 읊었는데, 이에 대해 고여함顧予咸은 "중흥 이십팔장은 전대에 이십팔수에 상응해서 만든 것이다[中興二十八將, 前世以爲上應二十八宿]"라고 설명하였다.

고대에 이십팔수는 각 방면에서 매우 중요한 위치를 차지하고 있다. 『후한서』「두근전杜根傳」에 따르면, 고대에 천자는 위로 하늘의 이십팔수를 본받아 제후 자리를 설치하였다고 한다. 그러기에 제후가 천자를 위해 사방을 지키는 것은 하늘에 이십팔수가 있는 것과 같은 이치이다.

이십팔장을 이십팔수에 배합하면 앞 쪽과 같다.

후한 명제明帝 유장劉莊(28~75)
남궁 운대에 개국공신인 이십팔장의 초상화를 그리게 했다.

4. 이십팔장의 순서

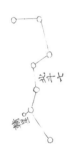

이제 이십팔장의 올바른 순서에 대해서 살펴보자. 이십팔장의 순서에 관해서는 전하는 문헌에 따라서 다소 차이가 있기 때문에 이를 바로잡을 필요가 있다.

이십팔장의 배열 순서는 원래 1행으로 되어 있기 때문에 등우, 마성, 오한, 왕량 순으로 되어 있다. 그러나 『급본汲本』에서 2행으로 배열하다 보니 훗날 순서가 뒤틀리게 되었다. 가장 초기의 것으로 비교적 완비된 기록으로는 『후한서』「마무전」을 들 수 있다.

영평 연간에 현종(즉 명제)께서 전대의 공신들을 추모하여 남궁 운대에 이십팔장의 초상화를 그렸다. 그밖에 왕상·이통·두융·탁무가 있어 모두 32명이다. 그러므로 그 편말에 따라 공신들의 순서를 기록했을 뿐이다.(永平中, 顯宗追感前世功臣, 乃圖畵二十八將於南宮雲臺, 其外又有王常·李通·竇融·卓茂, 合三十二人. 故依其本弟係之篇末, 以志功臣之次云爾.)

이어서 「마무전」에는 이십팔장을 포함하여 서른두 명을 봉호와 함께 나열하였다.

태부 고밀후 등우太傅高密侯鄧禹
중산태수 전초후 마성中山太守全椒侯馬成
대사마 광평후 오한大司馬廣平侯吳漢
하남윤 부성후 왕량河南尹阜成侯王梁
좌장군 교동후 가복左將軍膠東侯賈復
낭야태수 축아후 진준琅邪太守祝阿侯陳俊
건위대장군 호치후 경감建威大將軍好時侯耿弇
표기대장군 참거후 두무驃騎大將軍參蘧侯杜茂
집금오 옹노후 구순執金吾雍奴侯寇恂
적노장군 곤양후 부준積弩將軍昆陽侯傅俊
정남대장군 무양후 잠팽征南大將軍舞陽侯岑彭
좌조 합비후 견담左曹合肥侯堅鐔
정서대장군 양하후 풍이征西大將軍陽夏侯馮異
상곡태수 회릉후 왕패上谷太守淮陵侯王霸
건의대장군 격후 주우建義大將軍鬲侯朱祐
신도태수 아릉후 임광信都太守阿陵侯任光
정로장군 영양후 채준征虜將軍潁陽侯祭遵
예장태수 중수후 이충豫章太守中水侯李忠
표기대장군 역양후 경단驃騎大將軍櫟陽侯景丹

우장군 괴리후 만수右將軍槐里侯萬脩

호아대장군 안평후 갑연虎牙大將軍安平侯蓋延

태상 영수후 비동太常靈壽侯邳彤

위위 안성후 요기衛尉安成侯銚期

효기장군 창성후 유식驍騎將軍昌成侯劉植

동군태수 동광후 경순東郡太守東光侯耿純

횡야대장군 산상후 왕상橫野大將軍山桑侯王常

성문교위 낭릉후 장궁城門校尉朗陵侯臧宮

대사공 고시후 이통大司空固始侯李通

포로장군 양허후 마무捕虜將軍楊虛侯馬武

대사공 안풍후 두융大司空安豐侯竇融

표기장군 신후 유륭驃騎將軍慎侯劉隆

태부 선덕후 탁무太傅宣德侯卓茂

여기서는 이십팔장과 함께 왕상, 이통, 두융, 탁무 등 네 명을 합쳐 '32 명신名臣'을 열거하고 있다. 이 네 명을 제외하면 나머지 스물여덟 명이 순서대로 배열되어 있다.

그런데 송대에 들어와 왕응린王應麟(1223년~1296년)은 『소학감주小學紺珠』 「명신名臣」 조에 다음과 같이 기록하였다.

등우[고밀후, 자는 중화]鄧禹[高密侯, 字仲華]

오한[광평후, 자는 자안]吳漢[廣平侯, 字子顔]

가복[교동후, 자는 군문]賈復[膠東侯, 字君文]

경감[호치후, 자는 백소]耿弇[好畤侯, 字伯昭]

구순[옹노후, 자는 자익]寇恂[雍奴侯, 字子翼]

잠팽[무양후, 자는 군연]岑彭[舞陽侯, 字君然]

풍이[하가후, 자는 공손]馮異[夏陽侯, 字公孫]

주우[격후, 자는 중선]朱祐[鬲侯, 字仲先]

채준[영양후, 자는 제손]祭遵[潁陽侯, 字弟孫]

경단[역양후, 자는 손경]景丹[櫟陽侯, 字孫卿]

갑연[안평후, 자는 거경]蓋延[安平侯, 字巨卿]

요기[안성후, 자는 차황]銚期[安成侯, 字次況]

경순[동광후, 자는 백산]耿純[東光侯, 字伯山]

장궁[낭릉후, 자는 군옹]臧宮[朗陵侯, 字君翁]

마무[양허후, 자는 자장]馬武[楊虛侯, 字子張]

유륭[신후, 자는 원백]劉隆[慎侯, 字元伯]

마성[전초후, 자는 군천]馬成[全椒侯, 字君遷]

왕량[부성후, 자는 군엄]王梁[阜城侯, 字君嚴]

진준[축아후, 자는 자소]陳俊[祝阿侯, 字子昭]

두무[참거후, 자는 제공]杜茂[參遽侯, 字諸公]

부준[곤양후, 자는 자위]傅俊[昆陽侯, 字子衛]

견담[합비후, 자는 자급]堅鐔[合肥侯, 字子伋]

왕패[회양후, 자는 원백]王霸[淮陽侯, 字元伯]

임광[아릉후, 자는 백경]任光[阿陵侯, 字伯卿]

이충[중수후, 자는 중도]李忠[中水侯, 字仲都]

만수[괴리후, 자는 군유]萬脩[槐里侯, 字君游]

비동[영수후, 자는 위군]邳彤[靈壽侯, 字偉君]

유식[창성후, 자는 백선]劉植[昌成侯, 字伯先]

○하북 이십팔장은 광무제가 천하를 평정하는 데 참여하였으며, 명제가 남궁 운대에 그들의 초상화를 그려서 기렸고 또 네 명을 추가하였다.[河北二十八將光武所與定天下明帝圖畫於南宮雲臺又益四人.]

왕상[산상후, 자는 안경]王常[山桑侯, 字顔卿]

이통[고시후, 자는 차원]李通[固始侯, 字次元]

두융[안풍후, 자는 주공]竇融[安豐侯, 字周公]

탁무[의덕후 또는 포덕후, 자는 자당]卓茂[宜德侯, 一作褒德, 字子唐]

○총 32명이며, 마원은 초방의 친척이기 때문에 참여시키지 않았다.[合三十二人馬援以椒房之親不與.]

특이하게도, 왕응린은 이십팔장을 '하북 이십팔장'이라고 칭했다. 아마도 그들이 공을 세운 주무대가 하북 땅이라서 그런 것으로 생각된다. 또 역시 네 명의 공신을 추가로 언급하고 있다. 그런데 여기서는 이십팔장의 순서가 『후한서』와 다르게 되어 있다. 즉 등우, 오한, 가복, 경감 등의 순서로 되어 있는 것이다.

원나라 때 사람인 호삼성胡三省(1230년~1302년)도 『자치통감주資治通鑑注』에서 왕응린과 같은 입장을 보이고 있다.

운대 공신의 순서는 등우·오한·가복·경감·구순·잠팽·풍이·주호(주우)·체준·경단·갑연·요기·경순·장궁·마무·유륭이 1열이고, 마성·왕량·진준·두무·부준·견담·왕패·임광·이충·만수·비동·유식·왕상·이통·두융·탁무가 1열이다.[雲臺功臣之次, 以鄧禹·吳漢·

賈復·耿弇·寇恂·岑彭·馮異·朱祜·祭遵·景丹·蓋延·銚期·耿純·臧宮·馬武·劉隆爲一列, 馬成·王梁·陳俊·杜茂·傅俊·堅鐔·王霸·任光·李忠·萬脩·邳彤·劉植·王常·李通·竇融·卓茂爲一列.]

그러나 훗날 청나라 때 왕선겸王先謙(1842년~1917년) 같은 고증학자에 의해서 이것은 착오라고 밝혀졌다. 즉 후세 사람들이『급본』에 기록된 2행을 상하 2열로 읽는 바람에 오해가 생겼던 것이다. 그래서『후한서』「마무전」에 기록된 순서를 바른 것으로 본다.

衣大練裙不加緣朝望諸姬主朝謁望見后
袍衣踈麤以為綺縠就視乃笑后曰此繪特
宜染色故用之耳_{出馬后傳}○帝思中興功臣乃
圖畫二十八將於南宮雲臺以鄧禹為首次
馬成吳漢王梁賈復陳俊耿弇杜茂寇恂傅
俊岑彭堅鐔馮異王霸朱祐任光祭遵李忠
景丹萬脩蓋延邳肜銚期劉植耿純臧宮馬
武劉隆_{出馬武}又益以王常李通竇融卓茂合三十
二人_{出馬}等傳論馬援以椒房之親獨不與焉馬_出

『통감절요』에 보이는 이십팔장 관련 기록

第二部

二十八將의 生涯

◉ 이십팔장의 생애 ◉

鄧仲華像

鄧禹字仲華南陽新野人事母至孝光武安集河北禹仗

策追謁勸以延攬英雄務悅民心光武大悅分麾下兵遣

定河東帝即位拜爲司徒封鄭矦卒諡元矦

이십팔장의 수장 등우鄧禹(2~58), 출전:『삼재도회』

1. 역사에 이름을 남기겠다고 큰 포부를 밝힌
등우鄧禹

"저는 다만 명공明公(유수)의 위엄과 덕망이
사해에 널리 퍼지도록 저의 작은 힘을 바침으로써
죽백竹帛에 공명功名이 드리워지기를 바랄 뿐입니다."

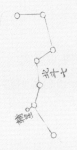

등우鄧禹(2~58)는 자가 중화仲華이고, 지금의 하남성 신야현新野縣인 남양군南陽郡 신야현 출신이다.

열세 살에 이미 『시경』을 외울 수 있었으며, 수도인 장안에 가서 공부를 하였다. 당시 유수劉秀(훗날의 광무제)도 장안에 와서 견문을 넓히고 있었는데, 등우는 유수보다 나이가 비록 여덟 살이나 어리기는 하였지만 유수를 보고는 평범한 인물이 아니라는 것을 간파하고 마침내 서로 친한 사이가 되었다. 몇 해 지나서 등우는 집으로 돌아왔다.

한漢나라의 군사가 일어나고 경시제更始帝 유현劉玄(?~25년)이 옹립되자 호걸 대부분이 등우를 천거하였는데, 등우는 유현을 따르려고 하지 않았다. 그러다가 유수가 하북에서 안정적인 기반을 다졌다는 소식을 듣고는 곧바로 북으로 황하를 건너고 도보로 업현鄴縣까지 따라갔다.

유수는 등우를 보고 매우 기뻐하며 말했다.

"내가 벼슬을 임명하는 전권을 가지고 있네. 그대가 먼 데서 찾아왔는데 무슨 벼슬을 하고 싶은가?"

등우가 대답하였다.

"원치 않습니다."

유수가 말하였다.

"그렇다면 무엇을 하고 싶은가?"

등우가 대답하였다.

"저는 다만 명공明公(유수를 가리킴)의 위엄과 덕망이 사해에 널리 퍼지도록 저의 작은 힘을 바침으로써 죽백竹帛에 공명功名이 드리워지기를 바랄 뿐입니다."

죽백이란 대나무와 비단이란 말로서 죽간과 백서를 뜻하는데, 종이가 발명되기 전에 사용된 서사書寫 도구이다. 보통 죽백이라고 하면 서책이나 역사를 일컫는 말로 대신 쓰인다. 여기서 등우가 죽백에 공명(공훈을 세운 이름)을 드리우겠다고 한 것은 작은 벼슬에 만족하지 않고 나라를 세우는 큰 일에 참가해서 역사책에 자신의 이름을 남기겠다는 큰 포부를 밝힌 것이다. 『후한서』 「등우전」에 나오는 이 말로부터 '공명수죽백功名垂竹帛'이라는 성어가 널리 유행하게 되었다.

이 말을 들은 유수는 웃으면서 등우를 머물러 살게 하고 함께 격의 없이 대화를 하였다. 등우가 건의를 하였다.

"유현이 비록 관서關西에 도읍을 하였으나 지금 산동 지역은 아직 안정이 되지 않았습니다. 적미군赤眉軍과 청독군靑犢軍의 무리가 수만 명씩 움직이고 있고, 삼보三輔 지역에서는 스스로 황제가 된 자들에게 수많은 사람이 모이고 있는 실정입니다. 유현은 아직 그들을 꺾지 못했고, 또한 남의 좋은 의견을 받아들이지 못하고 모든 것을 스스로 결정해 버리고 맙니다. 게다가 그의 장수들은 모두 용렬한 위인들이옵니다. 그들이 들고 일어난 것은 재물에 뜻을 두었기 때문이며, 서로 다투어 각자의 힘을 사용하면서 일시적인 쾌락만 도모할 뿐이옵니다. 충성스런 마음과 밝은 지혜를 가지고서 심원한 계획을 짜서 군주를 높이고 백성을 안정시키려고 하는 자들이 아닙니다. 온 나라가 갈라지고 백성이 흩어져 있는 형세는 이미 볼 수가 있습니다. 명공께서는 비록 유현을 보위하는 공을 세우기는 하였으나 아마도 아직 자립을 할 수는 없을 것입니다. 지금 최선의 계책은 천하 영웅들을 맞아들이고 백성의 마음을 기쁘게 하는 데 힘을 쏟으며, 고조高祖와 같은 대업을 세워서 만백성의 목숨을 구하는 것입니다. 명공께서 천하를 도모한다면 천하는 명공이 평정하기에 충분치 않습니다."

등우가 말한 삼보란 당시 장안 부근의 땅을 세 구역으로 나누었는데 그곳의 책임을 맡은 지방 장관을 말한다. 삼보는 한무제 때 처음으로 설치되었는데, 곧 장안長安 이동의 경조윤京兆尹, 장릉長陵 이북의 좌풍익左馮翊, 위성渭城 이서의 우부풍右扶風을 가리킨다.

像 祖 高 漢

또 고조란 한나라를 개창한 유방劉邦(기원전 256년~기원전 195년)이다.

이 말을 듣고 유수는 크게 기뻐하면서 곧바로 좌우 사람들에게 등우를 '등장군鄧將軍'으로 부르라고 명령하였다. 등우는 항상 중군中軍에 머무르면서 계획과 의논에 참여하였다.

한 왕조를 개창한 고조 유방劉邦
(기원전 256년~기원전 195년)
출전:『삼재도회』
한고조 유방은 봉기하기 전 30세에 패현에 속하는 사수정泗水亭의 정장이었다. 정장은 진나라 때 가장 작은 지방행정 단위로 매 10리마다 정亭을 설치하고 그 우두머리 관리를 정장亭長이라고 했다. 정장은 도적을 잡는 경찰업무이다. 매 10정亭을 1향鄕이라고 하고 그 위에 현縣, 그리고 군郡이 있었다.

왕랑王郎이 군사를 일으키자, 유수는 계현薊縣에서 신도信都로 갔다. 등우를 보내 날래고 용감한 군사를 모집하여 수천 명을 얻었다. 유수는 등우에게 친히 이 용사들을 거느리고 가도록 하였으며, 등우는 악양樂陽(당시 상산군常山郡에 속한 현)을 탈취하였다. 승리 후 등우는 곧바로 유수를 따라 광아廣阿로 갔다.

유수는 성루 위에 머물고 있었는데, 등우가 오자 지도를 펼쳐 보이면서 이렇게 말하였다.

"천하의 군국郡國이 이처럼 많은데 지금에야 비로소 그 중 한 곳을 얻었소. 그대가 전에 했던 말, 내가 천하를 도모한다면 천하는 내가 평정하기에 충분하지 아니하다 함은 무슨 말이오?"

군국이란 군과 국을 함께 말한 것이다. 한나라 초기에는 봉건제와 군현제를 동시에 채택하고 전국을 군과 국으로 나누었다. 이를 군국제郡國制라고 한다. 군은 중앙 정부에 속하고, 국은 왕과 후侯에게 분봉되었다. 그래서 왕에게 봉해진 나라를 왕국王國이라 하고, 후에게 봉해진 나라를 후국侯國이라 불렀다. 군과 국은 동격이다. 군의 장관을 태수太守라 하고, 국의 장관은 상相이다. 국의 왕은 단지 상징적인 존재이다. 후한의 군국은 1백개가 넘었다. 군국 위에는 13개의 주州가 있다. 주의 장관은 자사刺史인데, 직접 통치는 하지 않고 주에 속하는 군국을 순찰하기만 했다. 남북조 때에도 군과 국을 함께 두는 제도는 그대로 존속되었으며, 수나라 때에 와서야 비로소 국이 폐지되고 군만 남게 되었다. 후에 일반적으로 지방 행정 구역을 군국이라 일컫게 되었다.

등우가 대답하였다.

"바야흐로 지금은 온 천하가 혼란스러워 백성이 현명한 황제를 바라는 것이 마치 갓난아이가 자애로운 어머니를 그리워하는 것과 같습니다. 옛날부터 흥하는 사람은 덕의 얇고 두터움에 달려 있지 세력의 크고 작음에 달려 있는 것이 아닙니다."

유수는 이 말을 듣고 기뻐하였다.

당시 유수는 장수를 임명하고 임무를 부여할 때 대부분 등우에게 의견을 구해서 결정하였다. 등우가 매번 천거한 사람들이 모두 임무에 적합한 재주를 가지고 있는 것을 보고, 유수는 등우가 인재를 알아본다고 여겼다.

유수는 등우에게 별도로 기병을 거느리고 갑연 등과 함께 청양현淸陽縣에서 동마군銅馬軍을 공격하게 하였다. 갑연 등이 먼저 도착했으나 전세가 불리하자 군사를 뒤로 물려 청양성을 지키다가 동마군에게 포위당했다. 등우의 군사가 뒤쫓아 와서 싸움에 가세하여 동마군을 쳐부수고 대장을 사로잡았다. 다시 유수를 따라 적군을 추격하여 포양蒲陽에 이르러서는 거듭해서 대승을 거두고 수많은 포로를 얻었다. 이로써 북주北州는 대략 평정이 되었다.

적미군이 서쪽을 향해 관중關中(함곡관函谷關)으로 들어오자, 경시제 유현은 정국상공定國上公 왕광王匡, 양읍왕襄邑王 성단成丹, 항위抗威장군 유균劉均과 수많은 장수를 보내 하동군河東郡과 홍농군弘農郡을 나누어 지켜서 적미군을 막게 하였다. 그러나 적미군의 대부대가 밀려오자 왕광 등은 막아내지 못하였다.

유수는 적미군이 틀림없이 장안을 격파하리라고 예측하고 이 기회를 틈타 관중을 빼앗은 후 자신은 다시 산동 지역을 공략할 작정을 하였다. 그러나 자신을 대신해서 관중을 빼앗는 큰일을 누구에게 위임해야 할지 모르다가 등우가 계략이 깊고 도량이 크기 때문에 그에게 서쪽을 정벌할 계략을 주었다. 곧바로 등우를 전장군前將軍으로 삼아 부절을 건네고, 휘하에 있는 정병 2만 명을 나누어 주며 서쪽으로 보내 관중으로 들어가게 하였다. 아울러 등우 자신이 직접 서쪽 정벌에 함께 참가할 편장偏將과 비장裨將 이하의 장령을 뽑도록 명했다.

그리하여 등우는 한흠韓歆을 군사軍師로 삼고, 이문李文, 이춘李春, 정려程慮를 좨주祭酒로, 풍음馮愔을 적노積弩장군으로, 번숭樊崇을 효기驍騎장군으로, 종흠宗歆을 거기車騎장군으로, 등심鄧尋을 건위建威장군으로, 경흔耿訢을 적미赤眉장군으로, 좌우左于를 군사軍師장군으로 각각 삼아서 군사를 거느리고 서쪽으로 진격하였다.

서기 25년(건무建武 원년) 정월, 등우는 기관箕關(왕옥현王屋縣 동쪽에 있음)에서 하동河東으로 들어가려고 하였는데, 하동의 도위都尉가 관문을 굳게 닫고 열어 주지 않았다. 등우는 열흘 동안이나 공격을 거듭한 끝에 기관을 함락시키고 군용물자를 싣는 치중輜重 1천여 량을 빼앗았다. 곧바로 진격하여 안읍安邑을 포위하였으나 여러 달이 지나도 함락시킬 수 없었다.

경시제 유현의 대장군 번참樊參은 수만 명을 이끌고 대양大陽(하동군에 있는 현)의 경계를 넘어 등우를 공격하였는데, 등우는 여러 장수를 해현

解縣(하동군에 속함)의 남쪽으로 보내 그들을 맞아서 치게 하여 대파하고 번참의 수급을 베었다. 그러자 왕광, 성단, 유균 등은 군사 10여 만 명을 모아서 다시 함께 등우를 공격하였는데 등우의 군사는 불리하게 되었으며 결국 번숭은 싸우다 죽었다. 공교롭게도 얼마 후 날이 저물어 싸움이 그쳤는데, 군사 한흠과 여러 장수는 군사들의 기세가 이미 꺾인 것을 알고 모두 야밤을 틈타 퇴각하자고 의견을 모았으나 등우는 받아들이지 않았다.

이튿날은 계해일인데, 왕광 등은 이 날이 육갑 중의 궁일窮日 즉 말일이라는 이유로 출전하지 않았다. 이 틈에 등우는 병장기를 가다듬고 군사를 정비할 수 있었다. 이튿날 아침, 왕광이 군사를 총동원하여 등우를 공격하러 나왔다. 등우는 군중에 함부로 움직이지 말라는 명령을 내리고 왕광의 군사가 군영 부근에 이르자 비로소 장수들에게 명해 일제히 북을 치고 진격하게 하여 왕광의 군사를 대파하였다. 왕광 등은 병사들을 버리고 달아났으나, 등우는 경기병을 이끌고 신속하게 추격하여 유균과 하동태수 양보楊寶, 지절중랑장持節中郞將 미강弭彊 등을 사로잡아 모두 죽이고, 부절 6개, 인수 5백 개와 이루 다 셀 수 없을 만큼 많은 병기를 빼앗았다. 이리하여 마침내 하동이 평정되었다. 또 유수의 뜻을 받들어 이문李文을 하동태수로 임명하고 부속 현의 모든 현령을 바꾸어서 이 지역을 안정시켰다.

이 달에, 유수(이하 황제로 등극한 이후는 모두 광무제로 칭함)는 호현鄗縣에서 즉위하고 부절을 지닌 사자를 보내어 등우를 대사도大司徒에 임명하였다. 이때 다음과 같은 책策을 내렸다.

"조칙을 내리노라. 전장군 등우는 충효하는 마음이 깊고 짐과 함께 군영에서 훌륭한 계책을 많이 내어서 천 리나 멀리 떨어진 곳에서 승리를 이끌어 내게 하였다. 공자는 '나에게 안연顔淵이 있은 후로 문인들이 나와 나날이 친밀해졌다'고 말한 적이 있다. 그대는 전장에 나가서 적장을 베고 적군을 무찔렀으며 산서를 평정한 공이 특히 두드러졌다. 백성을 친하게 여기지 않고 그들에게 오품五品을 가르치지 않았으니 그대가 사도가 되어 신중하게 다섯 가지 가르침을 펴라. 이 다섯 가지 가르침의 실행은 관대함에 달려 있다. 이제 봉거도위奉車都尉를 보내 인수를 내려 그대를 찬후鄿侯로 봉하고 식읍 1만 호를 내리노라. 경건하게 받들라!"

이때 등우의 나이는 불과 스물넷이었다.

안연(기원전 521년~기원전 490년)은 이름이 회回이며, 공자의 수제자로서 안빈낙도安貧樂道했던 인물로 유명하다. 공자는 그가 노여움을 남에게 옮기지 않고, 같은 잘못을 두 번 저지르지 않았으며 인仁을 어기지 않았다고 칭찬하였다. 후세 사람들은 그를 '복성復聖'이라고 부른다. 불행하게도 단명하였는데, 안연이 죽었을 때 공자가 애절하게 통곡하며 이와 같이 말하였다고 『사기』「중니제자열전仲尼弟子列傳」에 기록되어 있다.

오품은 오상五常을 말한다. 즉 아버지는 의롭고父義, 어머니는 자애롭고(母慈), 형은 우애가 있고(兄友), 아우는 공경하며(弟恭), 아들은 효도하는(子孝) 것이다.

이때 등우는 찬후에 봉해졌는데, 찬鄭은 당시 남양군에 속한 현이다.

등우는 드디어 분음하汾陰河를 건너 하양현夏陽縣 땅으로 들어갔다. 경시제의 중랑장 좌보도위左輔都尉 공승흡公乘歙이 10만 명의 군사를 이끌고 좌풍익左馮翊의 군사와 함께 아현衙縣(당시 좌풍익左馮翊에 속함)에서 등우를 막았으나, 등우는 그들을 무찌르고 나아갔다.

좌보는 바로 좌풍익을 말하며, 삼보三輔에는 모두 도위가 있었다.

이 무렵 적미군은 마침내 장안으로 들어갔다. 당시 삼보 지역은 거듭 패배를 당하였고, 적미군이 지나는 곳마다 인명을 살상하였기 때문에 백성들은 누구에게 붙어야 할 지 알 수가 없었다. 그러나 백성들은 등우가 승기를 잡고 홀로 싸움마다 승리를 거두면서도 군사들의 행동에 기강이 서 있다는 소문을 듣고 모두 멀리서 등우의 군사가 보이기만 하면 서로 손을 이끌고 등에 아이를 업고서 수레를 맞이하였으며, 투항한 자가 매일 천 단위를 헤아려서 등우의 군대는 1백만 명이라고 알려졌다. 등우는 가는 곳마다 수레를 멈추고 군사를 주둔시켜 백성들을 위로하였다. 머리를 땋아 내린 어린아이나 온 머리가 새하얀 노인이나 할 것 없이 그가 탄 수레 아래로 몰려들었고 감동해서 기뻐하지 않는 사람이 없었다. 그리하여 등우의 명성은 관서 지역에 널리 떨쳤다. 광무제는 등우를 가상히 여겨 여러 차례 조서를 내려 그 훌륭함을 표창하였다.

장수와 호걸들은 모두 등우에게 곧장 장안을 공격할 것을 권하였다.

등우가 말하였다.

"그럴 수 없소. 지금 우리 군사의 수효가 비록 많다고는 하지만 싸움에 능한 사람은 적으며, 앞에는 믿을 만한 군량미가 없고, 뒤에도 운송되는 물자공급이 없소. 적미군은 이제 막 장안을 함락시켜서 재물이 풍부하기 때문에 그 예봉을 감당할 수가 없소. 무릇 도적이 함께 모여 있으면 하루 동안의 계획도 없기 때문에 재물과 곡식이 비록 많더라도 변고가 많은 법이니 어찌 그들이 오랫동안 굳게 지킬 수 있겠소? 상군上郡, 북지北地, 안정安定 등 세 군은 땅이 넓은데도 사람이 적어 곡식이 풍부하고 가축이 아주 많으니, 나는 잠시 북방에서 병사와 군마를 쉬게 하고 정비할 것이며, 그곳의 양식으로 병사를 기르면서 그들의 허점을 살핀 후에 공략할 것이오. 이렇게 해야 장안을 도모할 수 있을 것이오."

그리하여 군사를 이끌고 북쪽의 순읍栒邑(우부풍右扶風에 속한 현)으로 갔다. 등우가 가는 곳마다 적미군의 별장別將들이 세운 수많은 군영을 모두 격파하자, 군읍郡邑들은 모두 문을 열고 귀순하였다. 한편 서하西河 태수 종육宗育이 제 자식을 보내 항복 문서를 받들어 올리자 등우는 그를 경성으로 보냈다.

광무제는 관중이 여전히 평정되지 않고 있고 또 등우가 오랫동안 군사를 출동시키지 않자 조서를 내렸다.

"사도(등우를 말함)는 요임금과 같은 사람이고, 적미군은 걸과 같은 무리이다. 장안의 관리와 백성은 두렵고 불안하며 의지할 데가 없다. 마땅히 때를 놓치지 말고 진격하여, 토벌해서 서경西京을 진정시키고 위로해서 백성의 마음을 한데 모아야 할 것이로다."

 등우는 그래도 원래의 생각을 고수하여 장수들을 여러 갈래로 나누어서 상군의 여러 현을 공격하였으며, 더욱이 백성 중에서 병사를 징발하고 식량을 조달받으면서 대요大瞕(북지군에 속한 현)에 이르렀다. 또 풍음과 종흠에게 순읍을 지키게 하였는데, 두 사람은 직무를 망각하고 권력을 다투느라 서로 싸우다가, 마침내 풍음이 종흠을 죽이고 그 기세를 이용해서 창머리를 돌려 등우를 공격하였다. 등우는 사자를 보내 이 사실을 광무제에게 보고하였다.

 광무제가 사자에게 물었다.

 "풍음이 친애하는 사람이 누구인가?"

 사자가 대답하였다.

 "호군護軍 황방黃防입니다."

 광무제는 풍음과 황방이 오래도록 좋은 관계를 유지할 수 없고 틀림없이 사이가 어그러질 것이라고 예측하고, 등우에게 이렇게 알렸다.

 "풍음을 결박할 사람은 틀림없이 황방일 것이다."

 그러고는 상서 종광宗廣에게 부절을 가지고 가서 황방을 투항시키게 하였다.

 한 달 남짓 지나자 황방이 과연 풍음을 사로잡고 무리를 데리고 와서 죄를 인정하였다. 경시제의 장수인 왕광, 성단 등은 모두 종광에게 와서 항복을 하였으며, 종광은 항복한 장수들과 함께 낙양으로 발길을 돌렸다. 안읍에 당도하여 왕광과 호단 두 사람이 달아나려고 하자 종광이 모두 참해 버렸다. 풍음은 낙양에 도착한 후 처벌되지 않고 사면되었다.

26년(건무 2년) 봄, 광무제가 사자를 보내 등우를 양후梁侯로 봉하고 네 현을 식읍으로 하사하였다. 이때 적미군은 서쪽에 있는 부풍扶風으로 달아났으며 등우는 남쪽에 있는 장안에 이르러 곤명지昆明池에 군사를 머무르게 하고 사졸에게 큰 잔치를 열어 주었다. 그런 후에 길일을 택해서 장수들과 함께 목욕재계하고 제물을 준비하여 한고조 유방의 사당인 고묘高廟에 가서 제사지냈다. 그리고 한漢나라 황제 열한 명의 신주를 수습해서 사자를 통해 경건하게 낙양으로 보내고, 황제들의 능을 돌아보고 관리와 사졸을 두어 그곳을 지키게 하였다.

등우는 군사를 이끌고 연잠延岑과 남전藍田에서 싸웠으나 이기지 못하자 다시 식량이 저장되어 있는 운양雲陽으로 갔다. 한중왕漢中王 유가劉嘉가 등우에게 와서 투항하였다. 그런데 유가의 재상으로 있는 이보李寶가 거만하고 무례하게 행동하므로 등우가 그를 베어 버렸다. 비보를 접한 이보의 아우는 이보의 부하와 군사를 모아서 등우를 습격하여 장군 경흔耿訢을 죽였다. 풍음이 반란을 일으킨 후로 등우의 위세가 다소 손상을 입은 데다 식량마저 떨어져 투항했던 사람들이 다시 등우를 떠났다. 설상가상으로 적미군이 다시 장안으로 돌아왔다. 등우의 군사는 그들과 싸웠으나 패하여 고릉高陵으로 달아났다. 굶주린 병사들은 대추와 푸성귀를 먹으면서 배고픔을 달랠 수밖에 없었다.

이에 광무제는 등우를 소환하는 조서를 내렸다.

　"적미군은 양식이 없으니 자연히 동쪽으로 돌아올 것인즉 내가 부러진 말채찍으로 그들을 매질할 것이니 장수들이 근심할 바가 아니로다. 더 이상 함부로 군사를 출동시키지 말지어다."

　등우는 서쪽을 정벌하라는 명을 받고서 공을 이루지 못한 것을 부끄럽게 여기고 여러 차례나 굶주린 병사를 데리고 싸움을 하였으나 그때마다 불리하였다. 27년(건무 3년) 봄에 등우가 거기장군 등홍鄧弘과 함께 적미군을 공격하였으나 패하는 바람에 병사 대부분이 죽거나 달아났다.

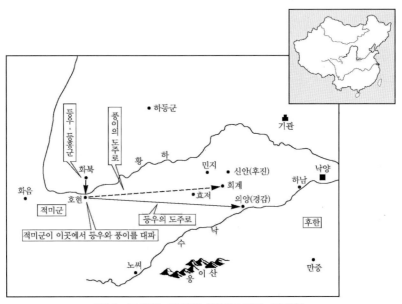

27년, 등우와 풍이가 적미군에게 대패함

이 일은 「풍이」 편에도 기록되어 있다. 등우는 홀로 스물네 기騎만을 데리고 의양宜陽으로 돌아왔으며 대사도와 양후의 인수를 반납하였다. 광무제는 양후의 인수를 등우에게 되돌려 주었다. 등우는 몇 달 뒤에 다시 우장군에 임명되었다.

연잠은 동양東陽에서 패한 후에 곧 진풍秦豐과 연합을 하였다. 28년(건무 4년) 봄, 연잠이 다시 순양順陽으로 쳐들어왔다. 이에 광무제는 등우를 보냈는데, 등우는 복한復漢장군 등엽鄧曄, 보한輔漢장군 우광于匡 등을 거느리고 등현鄧縣에서 연잠을 공격하여 깨뜨리고 무당武當까지 추격하여 다시 한 번 쳐부수었다. 이에 연잠은 한중漢中으로 달아나고 잔당은 모두 항복을 하였다.

37년(건무 13년), 천하가 평정되자 공신들의 식읍이 모두 늘어났다. 등우는 고밀후高密侯에 봉해지고, 고밀, 창안昌安, 이안夷安, 순우淳于 등 네 현을 식읍으로 받았다.

고밀은 당시 나라이고, 창안과 이안은 모두 고밀국에 속해 있었다. 순우는 북해군北海郡에 속한 현이었다.

광무제는 등우의 공이 높다는 이유로 그의 아우 등관鄧寬을 명친후明親侯로 봉했다. 전쟁이 이미 끝났기 때문에 등우의 후, 좌, 우장군의 직책을 없애고, 등우는 특진의 신분으로 봉조청奉朝請을 하였다.

원래 전장군, 후장군, 좌장군, 우장군은 정벌을 주로 하며, 일이 끝나면 모두 직책이 없어진다. 또 고대에 봄에 제후가 천자를 알현하는 것을

'조朝'라 하고, 가을에 알현하는 것을 '청請'이라고 한다. 그래서 정기적으로 조회에 참가하는 것을 봉조청이라 한다. 한나라 때에는 퇴직 대신, 장군과 황실, 외척 들이 대부분 봉조청이라는 명의로 조회에 참가하였다. 진晉대에는 봉거도위奉車都尉, 부마도위駙馬都尉, 기삼도위騎三都尉가 봉조청이 되었다.

등우는 재능이 뛰어난 데다 행동이 독실하고 성격이 순수하여 결점이 없었으며, 지극한 효성으로 어머니를 섬겼다. 천하가 안정되고 난 후로는 늘 명성과 권세를 멀리하려고 하였다. 자식은 13명을 두었는데, 각기 하나의 학예를 갖게 하였다. 등우가 집안을 단속하고 자손을 가르치는 것은 모두 후세에 모범이 될 만하였다. 쓸 돈은 식읍에서 마련했으며 재산을 모으기 위해 힘쓰지 않았다. 이 때문에 광무제는 등우를 더욱 중히 여겼다.

56년(건무중원建武中元 원년), 등우는 다시 사도의 일을 맡았다. 광무제가 동쪽으로 순수巡狩하는 데 따라갔으며, 태산에서 천제를 지내는 데 참여하였다. 등우는 대종岱宗에 봉해졌다.

광무제와 음陰 황후 사이에서 넷째 아들로 태어난 유장劉莊은 훗날 광무제의 뒤를 이어 후한의 제2대 황제인 명제가 된다.

명제明帝는 즉위해서 등우가 선제의 원훈元勳이라는 이유로 태부太傅에 임명하고 알현할 때 서쪽에 앉아서 동쪽을 향하도록 해서 대단히 존중하고 총애하였다.

원래 군주는 남면南面을 하고 신하는 북면北面을 하는 것이 법도이나 등우를 손님처럼 존중하여 동향을 하게 한 것이다.

등우는 1년여 후에 병으로 자리에 누웠는데, 명제는 여러 차례 친히 가서 병문안을 하였으며, 등우의 두 아들을 낭郎으로 삼았다. 낭은 황제의 시종관이다.

58년(영평永平 원년)에 57세를 일기로 세상을 떠났다. 시호는 원후元侯이다.

등우는 훗날 명제 때 남궁南宮의 운대雲臺에 그려진 이십팔장의 맨 처음에 위치하였기 때문에 '운대 주수雲臺主帥'라 불리기도 하였다.

명제는 등우의 봉지를 세 나라로 나누고, 맏아들 등진鄧震은 고밀후高密侯에, 둘째아들 등습鄧襲은 창안후昌安侯에, 셋째 아들 등진鄧珍은 이안후夷安侯에 각각 봉했다.

등우는 이십팔수 중에서 동방 창룡의 첫 번째 별자리인 각수角宿를 관장한다.

등우가 관장하는 동방 청룡의 첫 번째 별자리인 각수角宿

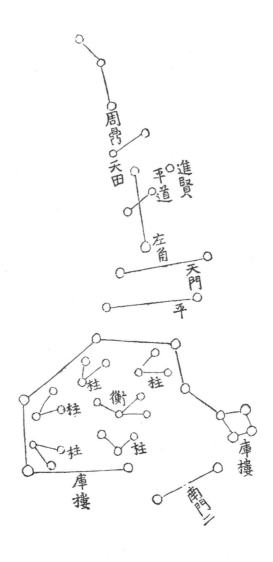

2. 북방을 안정시킨
마성馬成

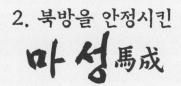

마성이 변경의 일을 시작한 지 5, 6년이 지나서
광무제는 마성이 부지런하고 성실하게 일을 했다고 생각하고
그를 경성으로 불러들였으나
변경 사람들 대부분이 글을 올려 마성을 요청하자
다시 마성을 변경으로 돌려보내 주둔하게 하였다.

마성馬成(?~56)은 자가 군천君遷이고, 지금의 하남성 남양시南陽市인 남양군南陽郡 극양현棘陽縣 출신이다.

마성은 젊어서 현의 관리가 되었다. 유수가 영천潁川을 순행할 때 마성을 안집연安集掾으로 임명하고 얼마 후에 겹현郟縣의 현령縣令으로 전보 발령하였다. 유수가 하북을 토벌하러 떠나자 마성은 즉시 벼슬을 버리고 도보로 가서 포양蒲陽에서 유수를 따라잡았다. 유수는 마성을 기문期門으로 임명하여 정벌에 참가시켰다. 기문이란 천자의 호위병을 말한다. 한나라무제는 은밀하게 대궐을 나설 때 항상 시중侍中, 상시常侍, 무장 기병 및 활쏘기와 말타기에 능한 북지北地의 양가 자제와 전문殿門에서 만나기로 약속하였다. 그래서 기문期門이란 명칭이 생겨났다. 유수는 황제로 즉위한 후 마성을 다시 호군도위護軍都尉로 승진시켰다.

28년(건무 4년), 광무제는 마성을 양무揚武장군에 임명하여 주로誅虜장군 유륭, 진위振威장군 송등宋登, 사성교위射聲校尉 왕상王賞을 통솔해서 회계會稽, 단양丹陽, 구강九江, 육안六安 등 네 군의 군사를 출동시켜 이헌李憲을 치게 하였다. 당시 광무제는 수춘壽春에서 제사 장소를 설치하고 조례祖禮를 행한 후에 그들을 보냈다.

중국 후한 말기의 학자 응소應劭의『풍속통의風俗通義』에 의하면, 조례란 상고 시대에 수修라고 하는 공공씨共工氏의 아들이 멀리 놀러 다니기를 좋아하여 배와 수레가 이르는 곳이나 발걸음이 미치는 곳은 어디를 막론하고 끝까지 구경을 하였기 때문에 그를 조신祖神으로 삼아 제사지내는 것을 말한다. '조祖'는 '가다'는 의미의 '조徂'를 말한다.

마성은 진격하여 서舒에서 이헌을 포위하고 군사들에게 도랑을 깊이 파고 성채를 높이 쌓으라고 명했다. 이헌이 여러 차례 싸움을 걸었으나 마성은 진지를 굳게 지키기만 하고 나가 싸우지 않았다. 포위를 한 지 1년여가 지난 30년(건무 6년) 봄에 이르러 이헌이 지키는 성안에 식량이 바닥나자 마성이 공격을 하여 마침내 서성舒城의 적들을 도륙하고 이헌을 참하였으며, 달아나는 무리를 추격하여 섬멸하고 강회江淮의 땅을 모두 평정하였다.

31년(건무 7년) 여름, 마성을 평서후平舒侯로 봉했다. 평서는 당시 대군代郡에 속한 현이다. 32년(건무 8년), 마성은 광무제를 따라 정벌 전쟁에 참가하여 외효隗囂(?~ 33년)를 격파하였다. 광무제는 공을 세운 마성을 천수天水 태수로 임명하고 여전히 예전의 군사를 거느리게 하였다. 그해 겨울에 마성을 다시 경성으로 불러들였다. 33년(건무 9), 마성은 내흡來歙을 대신하여 중랑장에 임명된 후 무위武威장군 유상劉尙 등을 거느리고 하지河池(무도군武都郡에 속한 현)를 격파하여 마침내 무군武郡을 평정하였다. 이 듬해(34년), 광무제는 대사공大司空 이통李通을 파면하고 마성에게 대사공의 일을 대행하게 하였는데, 그는 진짜 대사공처럼 일을 처리하였다. 몇 달 뒤에 다시 양무揚武장군으로 임명되었다.

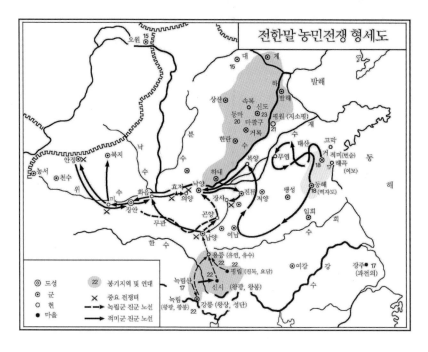

38년(건무 14년), 마성은 상산常山과 중산中山에 주둔하면서 북방의 흉노가 변방을 침입하는 것에 대비하고 아울러 건의대장군 주우의 군영을 통솔하였다. 또 표기대장군 두무를 대신해서 변경의 요새를 보수하였으며, 서하西河에서 위교渭橋까지, 하상河上에서 안읍安邑까지, 태원太原에서 정형井陘까지, 중산에서 업鄴까지 모두 보루의 벽을 쌓고 봉수烽燧를 축조하고 10리마다 하나의 초소를 두었다. 마성이 변경의 일을 시작한 지 5, 6년이 지나서 광무제는 마성이 부지런하고 성실하게 일을 했다고 생각하고 그를 경성으로 불러들였다. 변경 사람들 대부분이 글을 올려 마성을 요청하자 다시 마성을 변경으로 돌려보내 주둔하게 하였다. 남선우南單于가 변방을 지킬 때에 북방의 변경이 무사태평하자, 광무제는 마성을 중산 태수로 임명하고 장군의 인수를 반납하게 하였다. 다만 둔병屯兵을 통솔하는 것은 예전처럼 하게 하였다. 둔병이란 방어하는 군사를 말한다. 48년(건무 24년), 마성은 남쪽에 있는 무계만武溪蠻의 적을 쳤으나 공을 세우지 못하자 광무제에게 태수의 인수를 반납하였다.

51년(건무 27년), 전초후全椒侯로 봉호가 정해져서 자신의 봉국으로 갔다.

56년(건무 32년), 마성이 세상을 떠났다.

아들 마위馬衛가 봉호를 승계하였다. 마위가 죽고 아들 마향馬香이 승계하였고 극릉후棘陵侯로 개봉되었다. 마향이 죽고 아들 마풍馬豐이 승계하였다. 마풍이 죽고 아들 마현馬玄이 승계하였다. 마현이 죽고 아들 마읍馬邑이 승계하였다. 마읍이 죽고 아들 마추馬醜가 승계하였으나 환제桓帝 때 죄를 지어 봉국을 상실하였다. 159년(延熹 2년), 환제가 다시 마성의 현손 마창馬昌을 익양정후益陽亭侯에 봉했다.

마성은 이십팔수 중에서 동방 창룡의 두 번째 별자리인 항수亢宿를 관
장한다.

마성이 관장하는 동방 청룡의 두 번째 별자리인 항수亢宿

3. 불리한 싸움에서도 평상심을 잃지 않은
오한吳漢

"오공이 사람들의 뜻을 강하게 만들어,
그 위엄이 마치 한 적국처럼 무겁구나!"
군사를 동원할 때마다 아침에 조서를 받으면 저녁에 바로 길을 떠나는데,
애당초 특별히 길 떠날 채비를 한 적이 없었다.

오한吳漢(?~44)은 자가 자안子顏이고, 지금의 하남성 남양시南陽市에 속하는 남양군南陽郡 완현宛縣 출신이다.

집이 가난하였으며, 현에서 일을 하면서 정장亭長이 되었다. 왕망王莽 말기에 자신의 빈객이 법을 범하는 바람에 호적을 빼내서 어양漁陽으로 달아났다. 생활이 궁핍하여 말 매매업을 하고 연燕과 계薊 지역 사이를 왕래하였으며, 가는 곳마다 호걸들과 교제를 하였다. 경시제更始帝 유현이 황제

로 등극한 후 사자 한홍韓鴻을 시켜 하북을 순행하게 한 적이 있는데, 그때 어떤 사람이 한홍에게 말하였다.

"오자안吳子顏(즉 오한)은 비범한 인물이라서 함께 일을 도모할 수 있소."

한홍은 오한을 불러 인물됨을 보고 매우 기뻐하였으며, 마침내 황제의 조칙을 받아 안락현安樂縣(어양군에 속한 현)의 현령縣令으로 임명하였다.

때마침 왕랑王郎이 군사를 일으켜서 북주北州가 어지러워지자, 오한은 평소에 유수가 덕 있는 사람이라고 듣고 있었기에 유수를 따를 결심을 하였다. 그래서 태수 팽총彭寵에게 유세하여 말하였다.

"어양漁陽과 상곡上谷의 돌기突騎는 용맹하기로 천하에 이름이 알려져 있습니다. 태수께서는 어째서 두 군의 정예병을 합쳐서 유수 편에 서서 한단邯鄲을 치지 않으십니까? 이것은 다시 만날 수 없는 기회올시다."

돌기란 적진을 향해 돌진하는 기병을 말한다.

팽총은 오한의 말을 옳게 여겼으나 관속들이 모두 왕랑에게 붙으려는 생각을 가지고 있어 함부로 그들의 뜻을 억누를 수가 없었다. 오한은 사직을 하고 관아를 나와서 바깥 정자에 머무르며 사람들을 속일 생각을 해 보았으나 어찌해야 좋을지 방법이 떠오르지 않았다. 이때 멀리 바라보니 유생으로 보이는 어떤 사람이 길을 가고 있었다. 오한이 사람을 시켜 그 사람을 불러 먼저 음식을 시켜 주고, 그에게 길을 다니면서 사람들에게 들은 말이 있는지 물었다.

유생이 말하였다.

"유수가 지나가는 곳마다 군현이 귀순하고 있습니다. 한단에서 황제의 존호를 거론하는 유자여劉子興는 실제로 유씨가 아니라고들 합니다."

오한은 크게 기뻐하여 곧 유수의 이름을 도용해서 어양에 격문을 돌렸다. 유생에게 격문을 지니게 해서 팽총을 만나게 하고, 또 사람들에게 들은 것을 빠짐없이 팽총에게 이야기하게 하였다. 오한은 다시 유생의 뒤를 따라서 광아로 들어갔다. 팽총은 유생의 말이 옳다고 판단하고 오한으로 하여금 군사를 거느리고 상곡의 장수들과 함께 연합하여 남진하게 하였다. 오한은 당도한 곳에서 왕랑의 장수를 쳐서 베어 버렸다. 얼마 후 유수는 광아廣阿에 다달아 오한을 편偏장군으로 임명하였고, 또 한단을 탈취하고 나서는 건책후建策侯라는 봉호를 하사하였다.

원래 오한은 사람됨이 질박하고 돈후하며 화려함이 적었고 즉각적으로 자신의 뜻을 잘 전달하지 못했다. 등우와 여러 장수는 오한의 이러한 성품을 알고 여러 차례 유수에게 오한을 천거하였다. 오한을 만나 본 유수는 마침내 그를 믿어서 항상 문하에 거처하게 하였다.

유수가 유주幽州로 군사를 출동시키기 전날 밤에 등우를 불러 사자로 보낼 만한 사람이 누구인지 물었다. 등우가 말하였다.

"그동안 여러 차례 오한과 말을 해 보았는데, 그 사람은 용맹스럽고 지모가 있습니다. 장수들 중 그만한 사람은 흔치 않습니다."

사람을 잘 보는 등우의 천거인지라 유수는 즉시 오한을 대장군으로 임명하였다. 오한은 부절符節을 지니고 북으로 가서 열 개 군의 돌기를 출동시켰다. 경시제의 수하 유주목牧 묘증苗曾은 이 소식을 듣고 몰래 병사를 통제하고 여러 군에 조칙을 내렸으나 출동에 응하려고 하지 않았다. 이에 오한은 20기를 거느리고 먼저 무종無終으로 달려갔다. 묘증은 오한이 무방비일 것이라 생각하고 길에서 맞이하였으나 뜻밖에 오한은 곧바로 병사와 기병을 지휘해서 묘증을 붙잡아 베어 버리고 군사를 빼앗았다. 이 소식을 접하고 북주 전역이 놀라 큰 충격에 휩싸였으며 성과 읍에 사는 사람들은 바람 부는 것만 보아도 복종하지 않는 사람이 없었다. 마침내 그곳의 군사를 남김없이 출동시켜 남으로 진군하여 청양淸陽에서 유수와 만났다.

장수들은 오한이 돌아오면서 대단히 많은 사졸과 말을 거느린 것을 멀리서 바라보고 이구동성으로 말하였다.

"이 어찌 병사와 백성을 구분할 수 있겠는가?"

오한이 막부로 가서 병부兵簿를 올리니 장수마다 군사를 더 요청하였다. 유수가 말하였다.

"근래에는 남에게 주지 않을까 염려하더니 지금은 요청하는 사람이 또 어찌 이다지도 많단 말인가?"

이 말을 듣고 장수들이 모두 부끄러워하였다.

당초에, 경시제는 상서령 사궁謝躬에게 여섯 장수를 거느리고 왕랑을 치게 하였으나 성을 함락시키지 못하였다. 때마침 유수가 도착하여 사궁과 함께 한단을 평정하였다. 그런데 사궁의 비장裨將이 노략질을 하며 자신의 명령을 받들지 않자 유수는 그 비장을 매우 싫어하였다. 비록 함께 한단에 머물면서 성城을 나누어서 거처를 달리하였으나 매번 사궁을 찾아가서 위안을 하였다. 사궁이 직무에 부지런하므로 유수는 항상 "사 상서는 진실한 관리이다"라고 말하였기 때문에 사궁은 유수에 대해 의심을 하지 않았다. 사궁은 얼마 있다가 자기의 병사 수만 명을 거느리고 업鄴으로 돌아가 주둔을 하였다.

이때 유수는 남으로 청독군靑犢軍을 치고 사궁에게 사자를 보내 말하였다.

"내가 사견射犬(야왕현野王縣에 속한 촌락)에서 적을 추격하여 반드시 깨부술 것이오. 그러면 산양山陽에 있는 우래尤來는 반드시 놀라서 달아날 텐데, 만약 상서의 위력으로 이 흩어진 적을 친다면 반드시 사로잡을 수 있을 것이오."

사궁이 말하였다.

"훌륭한 계책이오."

청독군이 격파되자 우래는 과연 북쪽의 융려산隆慮山으로 달아났다. 이에 사궁은 대장군 유경劉慶, 위군魏郡 태수 진강陳康을 남겨 업을 지키게 하고, 자신은 장수들을 거느리고 우래를 쳤다. 궁지에 몰린 도적은 사력을 다해 싸우는 법인지라, 우래를 당할 수가 없어 사궁은 마침내 수천 명의 군사를 희생시키고 대패하고 말았다. 유수는 사궁이 밖에 있기 때문에 오한과 잠팽으로 하여금 업성을 공격하게 하였다. 오한은 먼저 변론에 뛰어난 선비를 보내 진강에게 유세하게 하였다.

"대개 듣기에, 상지上智에 속하는 사람은 요행으로 인해 위험에 처하지 않고, 중지中智에 속하는 사람은 위험으로 인해 공을 세울 수 있으며, 하우下愚에 속하는 사람은 위험을 편안하게 여겨서 스스로 멸망한다고 하였습니다. 위험이 이르는 원인은 사람에게 있기 때문에 잘 살피지 않을 수 없습니다. 지금 낙양이 패해서 혼란스럽고 천하가 어지럽다는 것은 공께서 들은 바와 같습니다. 소왕蕭王(유수를 말함)의 병사가 강하고 순종하며, 하북이 귀순한 것은 공께서 본 바입니다. 사궁이 안으로 소왕을 배반하고 밖으로 사람들의 신망을 잃은 것은 공께서도 알고 있는 바입니다. 공께서는 지금 고립되어 위험한 성에 거점을 두고 멸망의 화를 기다리고 있는데 이렇게 하면 의도 성립되지 않고 절개도 이루어지지 않습니다. 성문을 열고 우리 군사를 받아들임으로써 화를 복으로 돌리는 것이 가장 좋은 계책이라고 생각합니다."

선비의 말을 옳게 여긴 진강은, 유경과 사궁의 처자식을 체포하고 성문을 열고 오한의 군사를 받아들였다. 사궁은 융려산을 따라 업으로 돌아갔는데 진강이 이미 자신을 배반한 사실을 모르고 수백 기와 함께 가벼운 차림으로 성안으로 들어갔다. 오한은 병사들을 매복시켜서 그들을 체포하였다. 오한이 사궁을 손으로 때려죽이니 사궁의 수하들은 남김없이 모두 항복하였다.

사궁(?~25년)은 자가 자장子張이고, 남양南陽 출신이다. 당초에 사궁의 아내는 유수가 남편에게 불만을 품고 있다는 것을 알고 항상 남편에게 경계하였다.

"당신은 유공과 서로 신뢰를 쌓을 수 없는데도 유공의 빈말만 믿고 대비를 하지 않고 있으니 종당에는 제압을 당하고 말 것입니다."

결국 사궁은 아내의 말을 받아들이지 않았기 때문에 재난을 당한 것이었다.

유수는 북에서 동마銅馬, 중련重連, 고호高湖 등 여러 도적을 격파하였는데, 오한이 항상 돌기 5천 명을 거느리고 선봉에 서서 여러 번이나 제일 먼저 적진을 함락시켰다. 하북이 평정된 후 오한과 장수들은 도서圖書를 받들고 존호를 올렸다. 도서란 강역의 판도와 호적 등을 기록한 책을 말한다.

유수는 황제로 즉위한 후에 오한을 대사마大司馬로 임명하고 봉호를 바꾸어 무양후舞陽侯로 봉했다.

26년(건무 2년) 봄, 오한은 대사마 왕량, 건의대장군 주우, 대장군 두무, 집금오 가복, 양화장군 견담, 편장군 왕패, 기도위 유륭, 마무, 음식陰識을 거느리고 업의 동쪽에 있는 장수漳水 가에서 단향檀鄕을 쳐서 대파하였다. 이때 항복한 사람이 10여 만 명에 이르렀다.

광무제는 사자를 시켜 새서璽書(옥새를 찍은 문서)를 보내 오한의 봉호를 광평후廣平侯로 정하고, 광평, 척장斥漳, 곡주曲周, 광년廣年 등 네 현을 식읍으로 주었다. 이 네 현은 모두 광평군에 속했다.

오한은 다시 장수들을 거느리고 업의 서산에서 활동하는 도적 여백

경려백경黎伯卿 등과 하내의 수무脩武를 쳐서 격파하였다. 이에 광무제가 친히 행차하여 치하하고 위로하였다. 다시 광무제의 명을 받고 남양으로 간 오한은 완현宛縣, 열양현涅陽縣, 역현酈縣, 양현穰縣, 신야현新野縣을 쳐서 모두 함락시켰다. 곧이어 군사를 이끌고 남쪽으로 가서 신야현의 황우수黃郵水 가에서 진풍秦豐과 싸워 격파하였다. 또 편장군 풍이와 함께 창성城昌城 오루五樓의 도적 장문張文 등을 치고, 다시 신안新安에서 동마와 오번五幡을 공격하여 모두 부수었다.

이듬해 봄, 오한은 건위대장군 경감, 호아대장군 갑연을 거느리고 직幘의 서쪽에서 청독군을 쳐서 대파하고 항복시켰다. 다시 표기대장군 두무와 강노장군 진준 등을 거느리고 광락廣樂에서 소무蘇茂를 포위하였다. 이에 유영劉永의 장수 주건周建은 별도로 사람을 불러 모아 10여 만 명을 거느리고 광락을 구원하러 갔다. 오한은 경기병을 이끌고 주건을 맞이하여 싸웠으나 전세가 불리하였다. 오한은 말에서 떨어져 무릎을 다치는 바람에 군영으로 물러날 수밖에 없었다. 그러자 주건 등은 마침내 병사를 연합하여 광락성으로 들어갔다.

장수들이 오한에게 말하였다.

"큰 적이 눈앞에 있는데 공께서 다쳐 누워 계시니 사람들이 마음속으로 불안해하고 있습니다."

이 말을 들은 오한은 별안간 상처를 싸매고 일어나더니 소를 잡아 병사들에게 먹이고 명령을 내렸다.

"도적의 무리가 비록 수효는 많지만 모두 노략질을 일삼던 도둑놈들일 뿐이다. 승리할 때는 서로 양보하지 않고, 패배를 당해도 서로 구원하지 않는 자들이며, 절개에 의지하거나 의리에 죽는 자들이 아니다. 오늘은 제후로 봉해지는 날이 될 테니, 모두들 힘쓸지어다."

이리하여 군사들의 기세가 평소보다 갑절이 되었다.

이튿날, 주건과 소무는 군사를 출동시켜 오한을 포위하였다. 오한은 사부四部의 정병精兵, 황두랑黃頭郞 등통部通, 오하吳河 등과 오환烏桓의 돌기 3천여 명을 뽑아 일제히 북을 치며 나아갔다. 주건의 군사는 크게 붕괴되어 몸을 돌려 광락성으로 달아났다. 오한은 신속하게 군사를 몰아 달아나는 적을 성문 안까지 추격해서 대파하였다. 소무와 주건은 성을 버리고 황급히 달아났다. 오한은 두무와 진준 등을 남겨서 광락을 지키게 하고 자신은 군사를 거느리고 저양睢陽에서 유영을 포위하고 있는 갑연을 지원하러 갔다. 유영이 죽고 나서 두 성은 모두 항복을 하였다.

이듬해, 오한은 다시 진준과 전장군 왕량을 거느리고 임평臨平에서 오교五校를 격파하고, 동군東郡의 기산箕山까지 달아나는 적을 추격하여 대파하였다. 또 북으로 청하군淸河郡의 장직현長直縣과 평원군平原郡의 오리현五里縣에서 활동하는 도적을 쳐서 모두 평정하였다.

그때 평원군에 속한 격현鬲縣에서는 호족 세력인 다섯 성씨姓氏가 합세해서 수장守長을 몰아내고 성을 점거하여 반기를 들었다. 장수들이 다투어 그곳을 공격하려 하였으나 오한은 들어 주지 않고 이렇게 말하였다.

"격현이 반기를 들게 한 것은 모두 수장의 죄이다. 감히 가볍게 출병하는 자는 참한다."

바로 군郡에 격문을 돌려서 수장을 붙잡아 오게 하였으며, 사람을 시켜 성안 사람들에게 사죄하게 하였다. 다섯 성씨는 크게 기뻐하며 곧바로 투항하였다. 장수들이 감복을 하고 말했다.

"싸움도 하지 않고 성을 함락시켰으니 다른 사람들이 미칠 수 있는 바가 아니다."

그해 겨울에 오한은 건위대장군 경감과 한충장군 왕상 등을 거느리고 평원군에서 부평富平과 획색獲索의 두 도적을 쳤다. 이듬해 봄, 이들이 5만여 명을 이끌고 한밤중에 오한의 군영을 공격하자 군영 전체가 놀라 혼란에 빠졌으나 오한은 태연히 누워서 움직이지 않았다. 조금 후에 군영이 안정되자, 바로 한밤중에 정예병을 거느리고 군영을 나와 돌격하여 그 무리를 대파하였다. 잔당을 토벌하기 위하여 마침내 무염無鹽(동평국東平國에 속한 현)까지 추격하였고, 발해渤海로 진격하여 모두 평정하였다. 오한은 다시 유수를 따라 동헌董憲을 정벌하러 가서 구현朐縣의 성을 포위하였다. 이듬해 봄, 구현을 탈취하고 동헌을 참하였다.

동쪽이 남김없이 평정되자, 오한은 군사를 정돈하여 낙양으로 돌아갔다.

때마침 외효隗囂가 반란을 일으켰다. 여름에 광무제는 다시 오한을 서쪽으로 보내 장안에 주둔케 하였다. 32년(건무 8년), 오한은 광무제를 따라 농隴으로 갔으며, 마침내 서성西城에서 외효를 포위하였다.

광무제가 오한에게 칙서를 내렸다.

"모든 군郡의 갑졸甲卒은 다만 앉아서 식량만 소비하는데, 만약 도망하는 자가 있으면 병사들의 의욕을 상실케 하여 패하게 하니 마땅히 그들을 남김없이 내칠지어다."

오한 등은 힘을 합쳐 외효를 공격하려 하였으나 추가 병력은 오지 않고 식량은 나날이 줄어들었다. 관리와 병사들은 피로에 지쳐 도망하는 사람이 많아졌다. 더욱이 외효를 지원하기 위해 공손술公孫述의 군사가

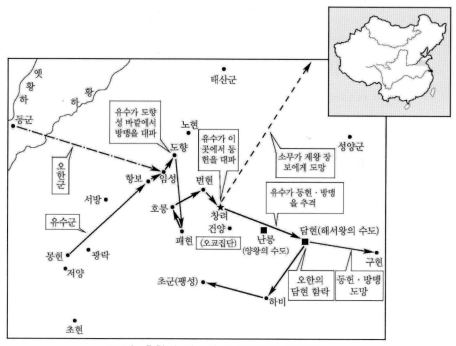

29년, 후한이 회북의 독립정권을 평정함

도착하자 오한은 마침내 패하여 물러나고 말았다.

35년(건무 11년) 봄, 오한은 정남대장군 잠팽 등을 거느리고 공손술을 토벌하러 나섰다. 잠팽의 군사가 형문荊門을 격파하고 먼 거리를 신속하게 달려 강관江關에 들어가자, 오한은 이릉현夷陵縣에 남아서 노요선露橈船을 이용해서 남양의 군사와 형을 면해 준 죄수 등 3만 명을 거느리고 강을 거슬러 올라갔다. 이때 잠팽이 자객에게 살해당하는 바람에 오한은 잠팽의 군사를 함께 거느렸다.

36년(건무 12년) 봄, 오한은 어부진魚涪津에서 공손술의 장수 위당魏黨, 공손영公孫永과 싸워 대파하고 드디어 무양武陽을 포위하였다. 어부진은 건위군犍爲郡 남안현南安縣에 있으며 너비가 수백 보에 달한다. 공손술은 사위인 사흥史興에게 5천 명을 거느리고 가서 구원하게 하였다. 오한은 사흥을 맞이해서 싸워 그 무리를 모조리 죽이고 건위군의 경계에 들어섰다. 그곳의 모든 현은 성을 굳게 지켰다. 그러자 오한은 진군하여 광도廣都를 공격해서 점령하였다. 또 경기병을 보내 성도成都의 시교市橋를 불살라 버렸다. 드디어 무양 동쪽의 작은 성들은 모두 항복하였다.

광무제가 오한에게 경계하여 말하였다.

"성도에 있는 10여 만 명 무리는 가볍게 보아서는 안 되오. 단지 광도를 굳게 의지하여 공격을 기다리기만 하고 맞붙어 싸우지는 마시오. 만약 그들이 감히 공격해 오지 못하면 공은 진영을 돌려서 압박하고, 모름지기 그들의 힘이 피폐해졌을 때 공격해야 할 것이오."

오한은 형세의 이로움을 틈타서 마침내 2만여 명의 보졸과 기병을 거느리고 나아가 성도를 압박하였다. 성에서 10여 리 떨어진 곳에서 강의 북쪽에 의지하여 군영을 세우고 부교浮橋를 만드는 한편, 부장인 무위武威장군 유상劉尙으로 하여금 1만여 명을 거느리고 강의 남쪽에 주둔케 하였다. 오한과 유상의 진영은 서로 20여 리 떨어져 있었다.

광무제는 이 사실을 전해 듣고 크게 놀라서 오한을 꾸짖어서 말했다.

"최근에 조칙을 내려 공에게 매우 많은 말을 하였는데, 무슨 생각으로 일에 임해서는 어긋난 행동을 하는가! 적을 가볍게 여기고 적진 깊숙이 들어갔고 또 유상과 별도로 진영을 구축하였으니, 이렇게 하면 적이 쳐들어왔을 때 서로 도우며 신속하게 대응하지 못할 것이오. 도적이 만약 출병하여 공을 얽어매고 대군으로 유상을 공격하여 유상이 깨지면 공은 곧바로 패하고 말 것이오. 다행이 아직까지 별다른 일이 없으니 급히 군사를 이끌고 광도로 돌아가시오."

조서가 도착하기도 전에 공손술은 과연 수하 장수 사풍謝豊과 원길袁吉에게 군사 10만 명을 거느리고 20여 진영으로 나누어서 함께 출병하여 오한을 공격하게 하였다. 또 별도로 1만여 명을 내어 유상을 위협하여 서로 구원을 할 수 없게 만들었다. 오한은 하루 종일 큰 싸움을 벌였으나 패하고 말았다. 오한이 달아나서 성채로 들어가자 사풍이 그를 포위하였다.

오한은 장수들을 불러서 엄하게 말하였다.

"나와 제군은 모두 험준한 곳을 넘고 이리저리 천 리에 걸쳐 싸움을 하면서 적을 베고 생포하였다. 마침내 적지 깊숙이 들어와 그들의 성 아래에 이르렀다. 지금 유상과 나는 두 곳에서 포위를 당하고 있는데 힘을 합칠 수가 없어 그 화를 헤아리기가 어렵다. 몰래 강의 남쪽에 있는 유상에게 군사를 보내 병사들을 합쳐서 그들을 막으려고 한다. 만약 마음과 힘을 하나로 뭉쳐서 사람들이 스스로 싸워 준다면 큰 공을 세울 수 있을 것이요, 그렇게 하지 않는다면 반드시 패하고 말 것이다. 성패의 실마리는 이 한 번의 거사에 달려 있다."

장수들이 이구동성으로 외쳤다.

"예."

이에 병사들에게 술과 음식을 주어서 먹게 하고 말을 먹이기만 할뿐 3일 동안 군영을 닫고 나가지 않고서 기치를 많이 세우고 연기와 불을 끊이지 않게 하였다. 3일째 되는 날, 한밤중에 병사들에게 소리가 나지 않도록 나무줄기를 입에 물게 하여 몰래 성채를 빠져 나와 유상과 합쳤다. 사풍 등은 이를 알아차리지 못하고 이튿날 군사를 나누어 강의 북쪽을 막아 지켰으며 자신은 강의 남쪽을 공격하려 하였다. 오한은 모든 군사를 동원해서 맞아 싸웠는데 해뜰 무렵부터 해질 무렵까지 싸워 마침내 대파하였다. 사풍과 원길을 베고 5천여 명의 수급을 얻었다. 이리하여 군사를 이끌고 광도로 돌아가면서 유상을 남겨 공손술을 막게 하고 장계를 올려 자신을 깊이 꾸짖었다. 광무제가 답하였다.

"공이 광도로 돌아간 것은 대단히 마땅한 행동이었으나 공손술은 반드시 감히 유상을 공략하지 못하고 공을 칠 것이오. 만약 먼저 유상을 공격한다면 공이 광도의 50리 길을 따라서 전 보졸과 기병을 거느리고

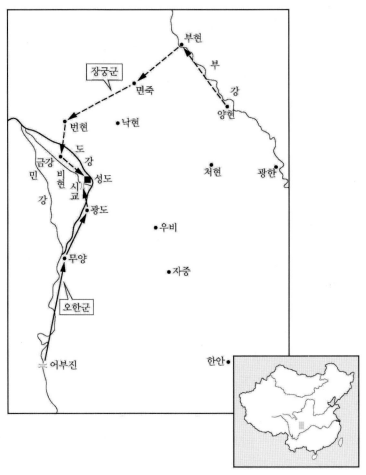

36년, 오한이 성도를 함락시킴

그곳으로 가시오. 적당한 때에 이르면 그들이 곤경에 처할 것이니 반드시 깰 수 있을 것이오."

이리하여 오한은 광도와 성도를 오가며 공손술과 싸움을 벌였는데, 여덟 번 싸워서 모두 이기고 마침내 성곽 안에 진을 쳤다.

공손술은 친히 수만 명을 거느리고 나와 크게 싸움을 걸었고, 오한은 호군 고오高午와 당한唐邯에게 수만 명의 날랜 병졸을 거느리고 치게 하였다. 공손술의 군사가 패해서 달아나자, 고오는 재빨리 적진으로 달려가서 공손술을 찔러 죽였다. 성을 함락시킨 오한은 이튿날 공손술의 머리를 잘라서 낙양으로 보냈다.

이듬해 정월, 오한은 군사를 정돈해서 강에서 배를 타고 내려갔다. 완현에 이르렀을 때 광무제가 조서를 내려 오한에게 생활하고 성묘하는 데 쓰라고 곡식 2만 휘를 하사하였다.

39년(건무 15년), 오한은 다시 양무장군 마성과 포로장군 마무를 거느리고 북쪽의 흉노를 치고, 안문雁門, 대군代郡, 상곡上谷의 관리와 백성 6만여 명을 이주시켜 거용관居庸關과 상산관常山關 동쪽에서 살게 하였다.

42년(건무 18년), 촉군의 수장守長 사흠史歆이 성도에서 반기를 들고 자칭 대사마大司馬라 일컫고, 태수 장목張穆을 공격하였다. 장목은 놀라 성을 뛰어넘어 광도로 달아났다. 사흠이 마침내 각 군현에 반기를 들자는 내용의 격문을 돌리자 파군巴郡에 속해 있는 탕거현宕渠縣의 양위楊偉, 구인현朐䏚縣의 서용徐容 등이 각각 수천 명의 병사를 일으켜 호응하였다.

광무제는 사흠이 예전에 잠팽의 호군 노릇을 해서 병사兵事에 밝다고 생각하고 오한으로 하여금 유상과 태중대부 장궁을 데리고 1만여 명의 군사를 이끌고 가서 토벌하게 하였다. 오한은 무도武都로 들어가서 광한 군廣漢郡, 파군, 촉군 등 세 군의 병력을 동원하여 성도를 포위하고 1백여 일 동안 성을 공격하여 함락시키고 사흠 등을 주살하였다. 오한이 곧바로 작은 뗏목을 타고 강을 따라서 파군으로 내려가자 양위, 서용 등은 놀라고 두려워서 해산해 버렸다. 오한은 그 우두머리 2백여 명을 주살하고 자기 편 수백 가구를 남군南郡과 장사長沙로 이주시키고 돌아갔다.

오한은 성격이 강한데, 얼마나 강한지 광무제를 따라 정벌을 할 때마다 광무제가 불안해서 항상 다리를 한쪽으로 기울여서 설 정도였다. 장수들은 싸움터에서 전세가 이롭지 못하면 대부분 놀라고 두려워서 평상심을 잃었다. 그러나 오한은 태연히 병장기를 정돈하고 병사와 관리들을 격동시켜 힘이 솟구치게 하였다. 한번은 광무제가 사람을 보내 대사마가 무엇을 하고 있는지 보고 오게 하였는데, 싸울 때 쓰는 공격 도구를 수리하고 있다는 보고를 받고는 감탄하며 말하였다.

"오공이 사람들의 뜻을 강하게 만들어, 그 위엄이 마치 하나의 적국敵國처럼 무겁구나!"

군사를 동원할 때마다 아침에 조서를 받으면 저녁에 바로 길을 떠났는데, 애당초 특별히 길 떠날 채비를 한 적이 없었다. 그렇기 때문에 직책을 맡으면 항상 공을 이루고 임무를 끝마칠 수 있었다. 조정에 있을 때는 세밀하게 살피고 삼가고 진실한 것이 자태와 용모에 나타났다.

한번은 오한이 출정할 때 아내가 뒤에서 전답을 산 일이 있었다. 오한이 전장에서 돌아와서 아내를 꾸짖으며 말하였다.

"군대는 밖에 있고 관리와 사병들은 먹을 것이 부족한데 어째서 전답을 이렇게 많이 산단 말이오!"

마침내 구입한 전답을 형제와 친척에게 모두 나누어주었다.

44년(건무 20년), 오한이 병이 들어 위독하였다. 광무제가 친히 문병을 와서 오한에게 하고 싶은 말이 무엇인지 물었다. 오한이 대답하였다.

"신은 어리석어 아는 바가 없으니 오직 폐하께서 진실로 용서하지 마시기를 바랄 뿐입니다."

오한이 세상을 떠나자 광무제는 조서를 내려 애도하고 충후忠侯라는 시호를 내려 주었다. 북군의 오교, 병거, 갑사甲士가 동원되어 장례를 지냈는데, 마치 전한 때의 대장군 곽광霍光의 고사와 같았다.

오한의 아들 애후哀侯 오성吳成이 봉호를 승계하였으나, 노비에게 피살되었다.

52년(건무 28년) 오한의 식읍이 셋이 되었는데, 오성의 아들 오단吳旦이 구양후灈陽侯가 되어 오한의 식읍을 승계하고, 오단이 죽자 자식이 없어 식읍을 상실하였으며, 오단의 아우 오우吳盱가 축양후筑陽侯로, 오성의 아우 오국吳國이 신채후新蔡侯로 각기 봉해졌다.

83년(건초建初 8년), 오우의 봉호가 평춘후平春侯로 옮겨져서 오한을 승계하였다. 오우가 죽자 아들 오승吳勝이 승계하였다. 당초 오한의 형 오위 吳尉가 장군이었는데, 광무제를 따라 정벌에 나섰다가 전사하여 오위의 아들 오동吳肜이 안양후安陽侯로 봉해졌다. 광무제는 오한의 공이 크기 때문에 다시 아우 오흡吳翕을 포친후襃親侯로 봉했다. 오씨의 식읍은 모두 다섯 나라였다.

당초에 어양의 도위 엄선嚴宣은 오한과 함께 광아廣阿에서 광무제를 만났는데, 광무제가 엄선을 편장군으로 삼고 건신후建信侯로 봉했다.

오한은 이십팔수 중에서 동방 창룡의 세 번째 별자리인 저수氐宿를 관장한다.

오한이 관장하는 동방 청룡의 세 번째 별자리인 저수氐宿

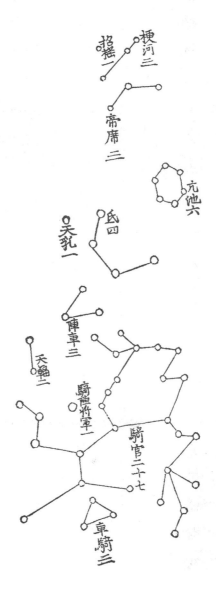

4. 싸우면 싸울수록 더욱 힘이 나는
왕량王梁

"짐이 비록 관용을 베풀었으나
왕량은 오히려 겸퇴의 마음을 고집하고 있다.
'군자는 남의 아름다운 점을 이루어 준다'고 하였으니
왕량을 제남濟南 태수로 임명하노라."

왕량王梁(?~38)은 자가 군엄君嚴이고, 지금의 하북성 난평현灤平縣 서북쪽인 어양군漁陽郡 요양현要陽縣 출신이다.

어양군에서 하급 관리 노릇을 하던 왕량을 태수 팽총彭寵이 호노현狐奴縣의 현령으로 임명하였다. 그러나 왕량은 갑연, 오한과 함께 군사를 거느리고 남쪽의 광아에 있는 유수에게 가서 편장군에 임명되었다. 한단을 함락시킨 후에는 관내후關內侯라는 작위가 하사되었다. 훗날, 유수를 따라 하북을 평정한 왕량은 야왕현野王縣의 현령으로 임명되어 하내 태수 구순과 함께 남으로 낙양을 막고, 북으로 천정관天井關을 지켜 주유朱鮪 등이 감히 군사를 출동시키지 못하게 하였다. 유수는 이것을 왕량의 공 이라고 생각하였다.

유수는 황제로 즉위한 후 신하들을 모아 놓고 대사공大司空을 뽑는 일을 의논하였다. 그런데 「적복부赤伏符」에는 "왕량이 위衛 땅을 다스리 고 현무玄武를 맡는다"라는 기록이 있다. 이에 광무제 유수는 야왕현이 옛날에 위원군衛元君이 복양濮陽에서 옮겨간 곳이고, 현무는 수신水神의 이름이며, 사공은 수水와 토土를 관장하는 관리라는 생각을 하고 이에 왕량을 발탁하여 대사공으로 임명하고 무강후武强侯로 봉했다.

「적복부」는 왕망 정권 말기에 참위가讖緯家가 만들어낸 부록符籙으 로서, 유수가 천명에 응해서 한나라의 대통을 계승하여 황제가 된다고 기록되어 있다. 「적복」이라고도 하며, 나중에는 제왕이 천명을 받는 상 서로운 징조를 가리키는 말로 사용되기도 하였다. 또 현무는 북방의 신 으로서 거북과 뱀의 합체로 그려지고 있다.

26년(건무 2년), 왕량은 대사마 오한 등과 함께 단향檀鄉을 쳤는데, 광무 제는 군사軍事에 관한 모든 것은 대사마의 소관이라는 조서를 내렸다. 그런데 대사공인 왕량이 뜬금없이 야왕의 병력을 출동시켰다. 이에 광 무제는 조서를 따르지 않는 것으로 보고 당장 멈추라는 영을 내렸다. 그 런데도 왕량은 다시 유리한 형세에 의거해 진군을 계속하였다. 광무제 는 왕량이 거듭해서 명령을 거역하자 크게 노하여 상서 종광宗廣에게 부절을 지니고 가서 군중軍中에서 왕량을 참하게 하였다.

종광은 차마 황제의 명대로 집행하지 못하고 바로 왕량을 함거에 실어서 경성으로 보냈다. 함거가 도착하자, 광무제는 왕량을 용서하였다. 한 달이 좀 넘자 그를 중랑장中郎將으로 삼고 집금오執金吾의 일을 맡겼다. 왕량은 북쪽에서 기관箕關을 지키고 적미군의 별교別校를 쳐서 항복을 받았다. 중랑장은 황제의 경호부대인 시위侍衛를 통솔하는 장관이다.

집금오는 수도의 치안을 맡은 장관이다. 처음에는 전한 무제 때 중위中尉라는 명칭을 집금오로 바꿨으며, 후한도 이 명칭을 그대로 사용하였다. 삼국시대에는 중위와 집금오라는 명칭이 혼용되어 사용되다가 진대 이후에 없어졌다.

27년(건무 3년) 봄, 왕량은 군사를 돌려 오교를 쳐서 신도信都와 조국趙國까지 추격하여 격파하고, 이 일대를 남김없이 평정하였다. 겨울, 광무제는 부절을 지닌 사자를 보내 왕량을 전장군前將軍으로 임명하였다.

28년(건무 4년) 봄, 왕량은 비성肥城(당시 태산군太山郡에 속한 현)과 문양文陽을 쳐서 함락시켰다. 나아가서 표기대장군 두무와 함께 초楚와 패沛 사이에서

전한 무제 유철
武帝 劉徹
(기원전 156년~
기원전 87년)
출전 :
『삼재도회』

교강佼彊과 소무蘇茂를 쳐서 대량大梁과 설상齧桑을 함락시켰다. 또 포로장군 마무와 편장군 왕패도 길을 나누어 함께 진격하였으며 1년여 만에 남김없이 모두 평정하였다.

29년(건무 5년), 왕량은 광무제를 따라 도성桃城을 구원하였고 방맹龐萌 등을 격파하였다. 왕량은 싸우면 싸울수록 더욱 힘이 났다. 얼마 후 산양山陽 태수에 임명되어 새로 추가된 지역을 안정시키는 데 힘썼으며 예전과 같이 종전의 군사를 거느렸다.

수개월 후에 광무제는 왕량을 불러들이고 구양흡歐陽歙을 대신해서 하남윤河南尹으로 삼았다. 이곳에서 왕량은 치수 사업을 하였다. 도랑을 파고 곡수穀水를 끌어와 낙양성 아래에 물을 대고, 동쪽의 공천鞏川으로 빠져나가도록 한 것이다. 그런데 도랑이 완성되었으나 물은 흐르지 않았다.

31년(건무 7년), 유사有司가 왕량을 탄핵하는 상주를 하자, 왕량은 부끄럽기도 하고 두렵기도 해서 글을 올려 사직을 청원하였다. 광무제가 이에 대해 조서를 내렸다.

"왕량은 이전에 군사를 거느리고 정벌을 하여 많은 사람들이 현명한 사람이라고 일컬었기 때문에 발탁해서 낙양을 맡겼다. 그가 도랑을 파자고 건의한 것은 사람들에게 이익을 주자고 한 것이지만 지나치게 많은 인력을 썼음에도 불구하고 아직까지 공을 이루지 못하여 백성들이 원망을 하고 헐뜯고 말하기 좋아하는 사람들이 시끌벅적하게 떠들고 있다. 짐이 비록 관용을 베풀었으나 왕량은 오히려 겸퇴의 마음을 고집하고 있다. '군자는 남의 아름다운 점을 이루어 준다'고 하였으니 왕량을 제남濟南 태수로 임명하노라."

『논어』「안연顔淵」 편에 나오는 공자의 말을 인용하고 있는데 광무제의 유학적인 소양이 잘 드러난다.

37년(건무 13년), 식읍이 증가하였고 부성후阜成侯로 봉호가 정해졌다. 부성은 발해군에 속한 현이다. 38년(건무 14년)에 임지에서 세상을 떠났다.

아들 왕우王禹가 봉호를 승계하였다. 왕우가 죽자 아들 왕견석王堅石이 승계하였다. 왕견석은 아버지 왕우와 숙부 왕평王平이 초왕 유영劉英의 모반에 참여한 사건에 연루되어 기시형棄市刑에 처해지고 봉국을 상실하였다.

왕량은 이십팔수 중에서 동방 창룡의 네 번째 별자리인 방수房宿를 관장한다.

**4
왕량**

왕량이 관장하는 동방 청룡의 네 번째 별자리인 방수房宿

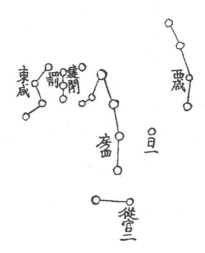

5. 장수의 절개를 가진 장상將相의 재목
가복賈復

"지금은 한나라가 중흥하는 때입니다. 대왕께서는 친척을 제후로 삼고,
천하가 안정되지 못했는데도 보호할 것만을 편안하게 보호하려고 하시니
보호할 것이 어찌 보호될 수 있겠습니까?"
"먼저 적을 격파한 후에 아침밥을 먹겠습니다."

가복賈復(?~55)은 자가 군문君文이고, 지금의 하남성 등
현鄧縣 서북쪽인 남양군南陽郡 관군현冠軍縣 출신이다.

어릴 때부터 배우기를 좋아하여 『상서』를 익혔다. 무
음舞陰의 이생李生을 스승으로 섬겼는데 이생이 가복을
기재奇才로 여겨서 문인들에게 이렇게 말하였다.

"가복의 용모와 품은 뜻이 이와 같고, 배우는 데 부지런하니 장상將相
의 재목이다."

가복은 왕망王莽 말기에 현의 연掾이라는 하급 관리를 지낸 적이 있었다. 어느 날 가복은 십여 명의 사람들과 함께 하동에서 보낸 소금을 받아 오다가 도중에 도적을 만났다. 동행했던 사람들은 모두 소금을 내버려 두고 달아났으나, 가복이 홀로 소금을 온전하게 현으로 가지고 돌아왔다. 이 일로 현 사람들은 가복의 신용을 칭찬하였다.

당시 하강下江과 신시新市에서 군사들이 일어났는데, 가복도 우산羽山에서 수백 명의 무리를 모아 스스로 장군이라 일컬었다. 경시제更始帝 유현은 황제로 옹립된 후 가복의 무리를 한중왕漢中王 유가劉嘉에게 귀속시키고 가복을 교위校尉로 임명하였다.

얼마 지나서 가복은 경시제의 정치가 문란하고 장수들이 방종한 것을 보고 유가에게 말하였다.

"신이 듣건대, 요임금과 순임금의 일을 도모하다가 달성하지 못한 사람은 탕왕과 무왕이고, 탕왕과 무왕의 일을 도모하다가 달성하지 못한 사람은 제齊나라 환공桓公과 진晉나라 문공文公이며, 환공과 문공의 일을 도모하다가 달성하지 못한 것은 육국六國이고, 육국이 법을 정하여 편안하게 지키고자 하였으나 달성하지 못해서 멸망하였다고 들었습니다. 지금은 한나라가 중흥하는 때입니다. 대왕께서는 친척을 제후로 삼고, 천하가 안정되지 못했는데도 보호할 것만을 편안하게 보호하려고 하시니 보호할 것이 어찌 보호될 수 있겠습니까?"

요임금은 순에게 선양을 하였고, 순임금은 우에게 선양을 하였다는

말이 전해진다. 이른바 '요순선양설堯舜禪讓說', '순우선양설舜禹禪讓說'이
다. 오늘날 연구 결과, 이 전설은 사실이 아닐 가능성이 높은 것으로 밝
혀졌다. 요임금, 순임금과는 달리 상나라를 세운 탕왕은 폭군 걸桀을 내
쫓고, 주나라를 세운 무왕은 혼군 주紂를 죽였다. 그래서 달성하지 못했
다고 말한 것이다. 또 제나라 환공과 진나라 문공은 모두 춘추 시대의
다섯 패자, 즉 춘추오패春秋五霸에 들어가는 사람이다. 춘추오패는 이 두
사람 말고도 진秦나라 목공穆公, 송宋나라 양공襄公, 초楚나라 장공莊公이
있다. 춘추오패에 대해서는 여러 가지 설이 있으나 여불위呂不韋(?~기원전
235년)가 문객들을 모아 펴낸 『여씨춘추呂氏春秋』와 한대에 『맹자』에 관
한 최고의 해설서인 조기趙岐(108년~201년)의 『맹자장구孟子章句』에서 이
설을 제기한 후로 이 설이 통행되게 되었다. 육국은 전국 시대에 함곡관
函谷關 동쪽에 있는 여섯 나라 즉 제齊, 초楚, 연燕, 한韓, 조趙, 위魏 등을 말
한다. 이 나라들은 모두 함곡관 서쪽에 있는 진秦나라의 시황제始皇帝에
게 멸망 당하였다. 당시 이 여섯 나라가 중국을 할거하였으나 환공이나
문공에는 미칠 수 없었다.

유가가 말하였다.

"경의 말이 중요하나 나의 임무는 아니오. 대사마 유공(유수를 말함)이
하북에 있는데, 그 사람이라면 반드시 경의 의견대로 시행할 수 있을 것
이오. 내가 편지를 써 줄 테니 가지고 가시오."

가복은 마침내 유가에게 편지를 받고 작별을 고한 후 북으로 황하를
건너서 백인栢人에 있는 유수를 찾아갔다.

등우가 가복으로 하여금 유수를 만나게 해 주었다. 유수는 가복을 만나보고 기재奇才라고 생각하였다. 등우도 가복이 장수의 절개를 가지고 있다고 칭찬하자, 광무제는 가복을 파로破虜장군으로 임명하여 도적을 단속하게 하였다. 또 가복의 말이 수척한 것을 본 유수는 자신의 왼쪽 곁마를 풀어 하사하였다. 말 네 마리가 끄는 수레에서 안쪽의 두 마리는 복마服馬라 하고, 바깥쪽의 두 마리는 참마驂馬 또는 곁마라고 한다.

하급 관리들은 나중에 온 가복이 동료를 능멸하기 좋아한다고 불평하며 가복을 호鄔의 위尉로 보내야 한다고 하였으나 유수가 반대하였다.

"가복은 쳐들어오는 적의 예봉을 꺾을 만한 위엄을 가지고 있으며, 이제 막 직책을 맡겼으므로 함부로 바꿀 수 없다."

유수는 신도信都에 도착한 후 가복을 편장군으로 삼았다. 한단邯鄲을 탈취한 후에는 도호都護장군으로 옮겼다. 가복은 유수를 따라 사견邪犬으로 가서 청독군을 쳤는데 한낮까지 큰 싸움을 벌였으나 적진이 워낙 견고하여 격파할 수가 없었다.

유수가 가복을 불러서 말했다.

"관리와 병사들이 모두 굶었으니 우선 아침밥을 먹읍시다."

가복이 말하였다.

"먼저 격파한 후에 먹겠습니다."

그러고는 깃발을 들고 앞장서서 적에게 달려가니, 가는 곳마다 적들이

쓰러졌고 마침내 청독군은 패하여 달아났다. 장수들은 모두 그 용맹에 감복하였다.

다시 북쪽의 진정眞定으로 가서 오교五校에 맞서 싸워서 대파하였다. 이 싸움에서 가복은 몸에 큰 부상을 입었다.

유수가 크게 놀라 말하였다.

"내가 가복에게 별장別將을 시키지 않는 까닭은 가복이 적을 너무 가볍게 보기 때문이다. 과연 나의 명장을 잃게 되었도다. 듣자하니, 부인이 임신을 하였다고 하니 딸을 낳으면 내 자식을 장가보내고, 아들을 낳으면 내 딸을 시집보내 가복이 처자식을 걱정하지 않도록 하겠다."

가복은 얼마 후에 몸이 회복되자 계薊로 유수를 뒤따라갔다. 유수는 가복을 보자 매우 기뻐하여 사졸들에게 크게 연회를 베풀었다. 그런 후에 가복에게 앞서게 하여 업鄴의 적을 격파하였다.

유수는 황제로 즉위한 후 가복을 집금오에 임명하고 관군후冠軍侯에 봉했다. 가복은 먼저 황하를 건너 낙양에서 주유朱鮪를 공격하고, 백호공白虎公 진교陳僑와 싸움을 벌여 연달아 격파하고 항복시켰다. 26년(건무2년), 양현襄縣과 조양현朝陽縣을 추가로 봉했다.

언왕鄢王 윤존尹尊을 비롯해서 남방에 있는 경시제의 대장들 중에는 아직 항복하지 않은 자들이 많았다. 광무제는 장수들을 불러 그들을 토벌할 일을 의논하였다. 그런데 아무런 묘책이 없이 오랫동안 침묵만 흐르자 격문檄文으로 땅바닥을 톡톡 치면서 말하였다.

"언왕이 가장 강하고 완宛이 그 다음인데 누가 그들을 치겠소?"

가복이 갑자기 대답하였다.

"신이 언왕을 칠 것을 청합니다."

광무제가 웃으면서 말하였다.

"집금오가 언왕을 친다면 내가 다시 무슨 걱정을 하리오! 대사마(즉 오한)는 완을 치도록 하시오."

마침내 가복과 기도위 음식陰識, 효기장군 유식을 보냈는데, 남으로

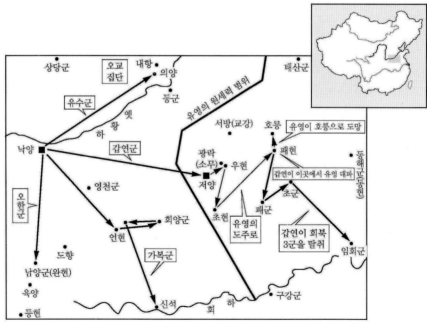

29년, 후한이 회북을 소탕함

오사진五社津을 건너 언을 쳐서 연달아 승리를 거두었다. 한달 남짓 후에 윤존이 항복하고 그 지역이 완전히 평정되었다.

다시 군사를 동쪽으로 돌려 경시제의 회양淮陽 태수 포사暴氾를 쳤는데, 포사가 항복하자 소속 현들이 남김없이 평정되었다. 그해 가을, 남쪽으로 소릉召陵과 신식新息(여남군에 속한 현)을 쳐서 평정하였다. 이듬해 봄, 좌장군으로 승진하고 별도로 신성新城과 승지澠池 사이에서 적미군을 쳐서 연파하였다. 또 광무제와 회양에서 만나서 적미군을 항복시켰다.

가복은 유수를 따라 정벌을 하면서 한 번도 군사를 잃거나 진 적이 없으며, 여러 차례 다른 장수들과 함께 포위를 풀거나 위급한 상황을 돌파하면서 열두 군데나 상처를 입었다. 광무제는 항상 용감하게 적진 깊숙이 들어가는 가복이 원정 가는 것을 바랐으며 그 용맹과 절개를 장하게 여겨 항상 자신을 따르게 하였다. 이 때문에 가복은 단독으로 세운 공이 적었다. 다른 장수들은 공을 논할 때마다 자신의 공을 자랑하였지만 가복은 한 번도 자신의 공을 내세운 적이 없었다.

광무제가 언젠가 문득 말했다.

"가복의 공은 내가 잘 안다."

37년(건무 13년), 광무제는 가복의 봉호를 교동후膠東侯로 정하고, 욱질郁秩, 장무壯武, 하밀下密, 즉묵卽墨, 정호梃胡, 관양觀陽 등 여섯 현을 식읍으로 하사하였다. 이 여섯 현은 모두 교동국에 속한다.

전쟁이 그치고 문덕으로 나라를 다스리게 되면서 공신들이 수도 낙양에 각자의 군사를 거느리고 있는 것을 원치 않는 광무제의 뜻을 간파한 가복은 고밀후 등과 함께 군사를 내놓고 유학 연구에 몰두하였다. 광무제는 그들의 마음을 깊이 이해하고 마침내 좌, 우장군의 직책을 거두었다. 열후의 신분으로 관직 생활을 그만두고 사택으로 돌아간 가복에게 특진特進이 추가되었다.

가복은 사람됨이 강의剛毅하고 곧으며, 큰 절개를 갖추었다. 사택으로 돌아온 후에는 바깥출입을 삼가고 위엄을 길렀다. 가복이 마땅히 재상이 되어야 한다는 주우 등의 천거가 있었지만, 광무제가 관리의 업무로 인해 삼공三公을 문책하였기 때문에 공신들은 모두 임용이 되지 못했다. 이때 열후로는 고밀후 등우, 고시후固始侯 이통李通, 교동후 가복 등 세 명만이 공경들과 국가대사를 논의하는 데 참여하여 매우 두터운 은택을 받았다.

가복은 55년(건무 31년)에 세상을 떠났다. 시호는 강후剛侯이다.

像 帝 章 漢

아들 가충賈忠이 봉호를 승계하였다. 가충이 죽고 아들 가민賈敏이 승계하였다. 76년(건초建初 원년), 어머니가 살인을 하였다는 무고에 가민이 연루되어 식읍을 상실하였다. 장제章帝가 다시 가복의 어린 아들 가한賈邯을 교동후로 봉하고, 가한의 아우 가종賈宗

후한 장제 유달章帝 劉炟(57년~88년)
출전: 『삼재도회』

을 즉묵후即墨侯에 봉하고 각각 한 개의 현을 식읍으로 하사하였다. 가한이 죽고 아들 가육賈育이 승계하였다. 가육이 죽고 아들 가장賈長이 승계하였다.

가복은 이십팔수 중에서 동방 창룡의 다섯 번째 별자리인 심수心宿를 관장한다.

5
가복

가복이 관장하는 동방 청룡의 다섯 번째 별자리인 심수心宿

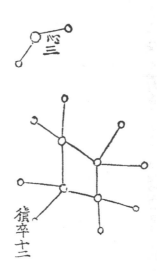

6. 싸우지 않고도 적을 섬멸하는 책략가
진준陳俊

진준은 가난한 사람과 힘 없는 사람들을
어루만짐으로써 의義가 있음을 보여주었으며,
군리軍吏들의 비리만 철저히 조사할 뿐
군현의 일에는 일절 간섭하지 않아 온 백성이 칭송하였다.

진준陳俊(?~47)은 자가 자소子昭이고, 지금의 하남성 남양시南陽市 북쪽인 남양군南陽郡 서악현西鄂縣 출신이다.

진준은 젊어서 남양군의 관리가 되었다. 경시제更始帝 유현劉玄은 황제가 된 후 친척 유가劉嘉를 태상太常장군으로 임명하였고, 진준은 장사長史가 되었다. 유수(훗날의 광무제)가 하북을 순행할 때 유가가 서신을 보내 진준을 추천하였다. 유수는 진준을 만나본 후 안집연安集掾으로 삼았다.

유수를 따라 청양에서 동마銅馬를 치고, 나아가 포양에 이르러서는 강노노장군에 제수되었다. 안차安次에서 벌어진 오교五校와의 싸움에서 진준은 말에서 떨어졌으나 재빨리 일어나서 손으로 짧은 병기를 잡고 닥치는 대로 적을 베었다. 또한 달아나는 적장을 20여 리나 쫓아가서 베고 돌아왔다.

멀리서 이 광경을 바라보고 있던 유수가 감탄하며 말하였다.

"싸움하는 장수가 모두 저렇게 용맹스럽다면 무슨 근심이 있겠는가!"

오교는 퇴각해서 어양으로 들어갔는데, 가는 곳마다 노략질을 일삼았다. 진준이 유수에게 진언하였다.

"마땅히 경기병을 적 앞으로 내보내고, 백성에게 각자 견고하게 울타리를 쌓게 해서 적의 식량을 끊어 버리면 싸우지 않고도 적을 섬멸할 수 있을 것입니다."

유수가 옳게 여기고 진준을 내보냈다. 진준은 경기병을 이끌고 적 앞으로 달려 나갔다. 백성에게는 울타리를 완벽하게 치도록 칙령을 내렸다. 들에 흩어져 있던 오교의 무리는 백성을 약탈하였다가 어디를 가 보아도 얻는 것이 없자 마침내 흩어져서 무너져 버렸다.

유수가 진준에게 말하였다.

"적을 곤궁하게 만든 것은 장군의 책략 덕분이오."

유수는 황제에 즉위해서 진준을 열후에 봉했다.

26년(건무 2년) 봄, 진준은 광성현匡城縣의 적을 공격하여 4개 현을 함락시켰다. 그리하여 다시 신처후新處侯에 봉해졌다. 신처는 당시 중산국中山國에 속한 현이다. 또 군사를 이끌고 돈구頓丘(동군東郡에 속한 현)를 쳐서 3개 성에서 항복을 받았다.

그해 가을, 대사마 오한이 조칙을 받들어 진준을 강노대장군으로 봉했으며, 진준은 별동대를 이끌고 하내에서 금문산金門山과 백마산白馬山의 적들을 공격하여 모두 쳐부수었다.

28년(건무 4년), 여양汝陽과 항項을 순행하였으며, 다시 남무양南武陽(태산군에 속한 현)을 탈취하였다.

이 당시 태산太山의 호걸들은 대부분 각자 무리를 소유하고서 장보張步와 군사적인 연계를 가지고 있었는데, 이를 염두에 두고 오한이 광무제에게 아뢰었다.

"진준이 아니면 태산군을 평정할 수 없을 것입니다."

이에 광무제는 진준을 태산 태수로 임명하고 대장군의 일을 맡게 하였다.

장보는 이 소식을 듣고 자기 수하 장수를 보내 진준을 치게 하였다. 태산군에 속한 영현嬴縣 아래서 싸움을 하였는데, 진준이 적을 대파하고 제남濟南까지 추격을 벌인 끝에 인수 90여 개를 거두고, 조금 뒤 여러 현을 공격하여 함락시켜서 마침내 태산을 평정하였다. 29년(건무 5년), 건위대장군 경감과 함께 장보를 격파하였다. 이 일은 「경감」 편에도 기록되어 있다.

당시 낭야琅邪가 평정되지 않고 있었는데, 광무제는 진준을 낭야 태수로 옮기고 예전처럼 장수와 병사들을 통솔하게 하였다. 제齊 지역은 평소에 진준의 명성을 듣고 있던 터라 진준이 경계에 들어서자 낭야의 도적이 모두 저절로 해산을 하고 말았다. 진준은 군사를 거느리고 공유贛榆(동해군東海郡에 속한 현)에서 동헌董憲을 쳤으며, 나아가서 구현朐縣의 적 손양孫陽을 쳐부수고 평정하였다. 32년(건무 8년), 장보가 반란을 일으키고 낭야로 돌아갔는데 진준이 추격하여 참하였다.

광무제는 진준의 공을 가상히 여겼으며, 조서를 내려 진준으로 하여금 청주靑州와 서주徐州에 대한 정벌을 전담하게 하였다. 진준은 가난한 사람과 힘 없는 사람들을 어루만짐으로써 의義가 있음을 보여주었으며, 군리軍吏들의 비리만 철저히 조사할 뿐 군현의 일에는 일절 간섭하지 않아 온 백성이 칭송하였다.

진준이 여러 차례 글을 올려 자신이 농롱隴과 촉蜀을 치겠다고 청하자, 광무제는 조서로 다음과 같이 회답하였다.

"동주東州가 새로 평정된 것은 대장군의 공이오. 바다를 등지고 있는 하夏 지역은 극도로 혼란한 도적의 땅이라 나라에서 큰 근심거리로 여기니 힘써 진무鎭撫토록 하라."

37년(건무 13년), 진준은 식읍이 증가하고 축아후祝阿侯에 봉해졌다. 축아는 평원군에 속한 현이다.

이듬해(38년), 봉조청奉朝請에 임명되었다. 47년(건무 23년)에 세상을 떠났다.

아들 진부陳浮가 봉호를 승계하였으며, 기춘후蘄春侯로 봉지가 옮겨졌다. 진부가 죽자, 아들 진전제陳專諸가 봉호를 승계하였다. 진전제가 죽자, 아들 진독陳篤이 승계하였다.

진준은 이십팔수 중에서 동방 창룡의 여섯 번째 별자리인 미수尾宿를 관장한다.

진준이 관장하는 동방 청룡의 여섯 번째 별자리인 미수尾宿

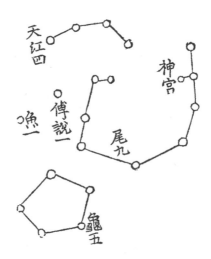

7. 뜻이 있으면 일은 마침내 이루어지는 법
경감耿弇

"젊은 사람이 정말 큰 뜻을 가지고 있군!"
"설사 죽더라도 머리를 남쪽으로 향해야 하거늘
어찌 북쪽으로 가서 주머니 속으로 들어가려 하는가?"

경감耿弇(3~58)은 자가 백소伯昭이고, 지금의 섬서성 흥평시興平市 동북인 우부풍右扶風 무릉현茂陵縣 출신이다.

경감의 조상이 전한 무제 때 이천석二千石 벼슬을 하였기 때문에 거록鉅鹿에서 무릉으로 옮겨왔다. 경감의 아버지 경황耿況은 자가 협유俠游이고 명경과明經科를 통해 낭郎이 되었으며, 일찍이 왕망王莽의 사촌 아우인 왕급王伋과 함께 안구安丘 선생에게서 『노자』를 배웠으며, 훗날 삭조朔調의 연솔連率이 되었다.

像 弇 耿

耿弇爲將光武謂其功比韓信甞曰韓信見高祖論項羽其
強易弱謂三秦可傳檄而定弇見光武請北收上谷兵定
彭寵於漁陽取張豐誅涿郡還收富平獲索東攻張步以
平齊高祖之漢中光武之舂陵國至小兵至弱群雄方鷗
張隼擊連城諸邑未知雌雄二將俱期必克非徒言之行
之迄有成無一不驗弇初建策光武不能必弇獨必
之平郡屠城未常少挫

7 耿弇

경감耿弇(3~58), 출전 :『삼재도회』

왕망 때 상곡군上谷郡을 삭조군으로 바꾸고, 태수를 연솔이라고 불렀다.

경감은 어릴 때부터 글 배우기를 좋아하였으며, 아버지로부터『시경』,
『예기』등 유가의 경전을 배웠다. 경감은 해마다 연말에 실시하는 군시
郡試에서 기사騎士들이 기를 세우고 북을 치며, 말달리기와 활쏘기 하는
것을 항상 보아왔기에, 이로 말미암아 장수의 일을 좋아하게 되었다.

왕망이 패망하고 경시제가 황제의 보위에 오른 후에 각지에서 성과 영
토를 공략했던 장수들은 대부분 거들먹거리고 전횡을 일삼았으며 걸핏
하면 제 마음대로 군수와 현령을 갈아치웠다. 그러니 왕망이 임명한 벼
슬을 하고 있던 경황은 마음속이 자못 편치 못했다. 당시 나이가 스물
한 살인 경감은 자신이 상주문을 받들고 경시제를 알현하겠으며, 차제
에 공물을 바쳐서 자리를 보전하는 임시변통의 계책을 삼겠노라고 말
씀드리면서 아버지 경황에게 작별을 고하였다.

경감이 송자현宋子縣에 이르렀을 때 왕랑王郎이 스스로 성제成帝의 아
들 유자여劉子輿라고 사칭하고 한단邯鄲에서 군사를 일으켰다. 이 소식을
듣고 경감과 동행하는 부하 관리 손창孫倉과 위포衛包가 길에서 수군거
렸다.

"유자여는 성제의 아들로서 한 왕조의 정통인데 만약 이분에게 귀순
하지 않고 계속 간다면 멀리 어디로 가겠는가?"

이 말을 들은 경감이 검을 어루만지며 말하였다.

"유자여는 해악을 끼치는 도적으로서 얼마 안 있어 투항할 포로일 뿐

이오. 나는 장차 직접 장안으로 가서 조정에다 어양漁陽과 상곡上谷 두 군의 병마의 쓰임을 말하고, 그런 후에 태원太原과 대군代郡으로부터 돌아올 터인즉 갔다가 돌아오는데 불과 수십일 정도 걸리니 어양과 상곡으로 돌아갈 때는 곧 정예기병을 움직여서 그 오합지졸을 쳐서 평정할 것이오. 때가 되어 대군이 지나갈 때는 파죽지세로 역적을 소탕할 터, 마치 마른 나뭇가지를 꺾고 썩은 나무를 부러뜨리는 것과 같을 것이오. 내 보건대 두 사람이 시무時務를 잘 모르고 그릇된 판단으로 거취를 정한다면 멸족의 화가 머지않은 듯 하오.”

우리가 지금도 쓰고 있는 ‘오합지중烏合之衆’이란 말은 까마귀가 모인 것처럼 질서가 없이 모인 무리란 뜻인데, 원래 이때 경감이 한 말에서 비롯된 것이다(『후한서』 「경감전」). 일반적으로는 ‘병사’를 뜻하는 ‘졸卒’ 자를 써서 ‘오합지졸烏合之卒’이라는 표현을 많이 쓴다.

손창과 위포는 경감의 뜻을 따르지 않고 마침내 한단으로 달아나서 왕랑에게 투항하였다.

경감은 길에서 유수가 노노盧奴에 있다는 소식을 듣고 북쪽으로 말을 달려 유수를 만났다. 유수가 경감을 남게 하고 부속 관서에 작은 관리로 삼았다.

경감은 기회를 틈타 호군 주우에게 고향으로 돌아가서 군사를 동원하여 한단을 평정하고 싶다고 말하였다. 이 소식을 들은 후에 유수가 웃으면서 말하였다.

"젊은 사람이 정말 큰 뜻을 가지고 있군!"

그래서 유수는 여러 차례 경감을 불러서 은혜를 베풀고 위로를 해 주었다. 이런 까닭으로 경감은 유수를 따라 북쪽의 계薊로 갔다. 한단의 왕랑 군사가 곧 도착하리라는 말을 듣고 유수는 장차 남쪽으로 돌아가려는 생각을 하고 속관들을 불러 모아 함께 의논하였다.

경감이 먼저 남쪽으로 돌아가는 것에 대해 이의를 제기하고 유수에게 말하였다.

"지금 왕랑의 군사가 남쪽에서 쇄도하고 있으니 남쪽으로 가는 것은 불가합니다. 어양 태수 팽총은 공의 동향 사람이고, 상곡 태수는 바로 저의 아버지입니다. 이 두 군의 병마를 움직여서 1만의 기병을 동원하면 한단은 염려할 것이 못 됩니다."

그러나 유수의 속관들과 심복들은 모두 북쪽으로 가려고 하지 않아 그의 말에 반대를 하였다.

"설사 죽더라도 머리를 남쪽으로 향해야 하거늘 어찌 북쪽으로 가서 주머니 속으로 들어가려 하는가?"

어양군과 상곡군은 북쪽으로 만리장성을 접하고 있어 그 길의 끝에 이르는 것이 마치 주머니로 들어가는 것과 같기 때문에 이렇게 표현한 것이다.

그러자 유수가 다수의 의견을 물리쳐서 그들이 더 이상 다투지 못하게 하고 경감을 가리켜서 말하였다.

"이 사람은 우리의 북행길의 주인[北道主人]이로다."

북도주인은 원래 동도주東道主라는 말에서 유래하였다. 춘추 시대에 진晉나라와 진秦나라가 연합을 해서 정鄭나라를 포위하였는데 정나라 문공이 촉지무燭之武라는 신하를 진秦나라 목공穆公에게 보내서 유세하게 하였다. 정 나라는 진秦나라의 동쪽에 위치하고 있는데, 진나라에서 동방으로 보내는 사신을 접대하기 때문에 '동도주'라고 일컫게 되었다. 나중에는 이 의미가 확대되어, 손님을 접대하거나 연회를 베풀어 주는 주인을 가리키게 되었다. 유수는 이 말을 차용하여 경감을 북도주인이라고 일컬었던 것이다.

때마침 계현薊縣에서 난리가 나서 유수가 결국 남쪽으로 말을 달려가는 바람에 수하의 속관들은 각기 길을 나누어 흩어져 버렸다. 경감은 상곡군에 속한 창평현昌平縣으로 달려가서 아버지 경황에게 의지하였으며, 부장인 구순을 동쪽으로 보내 팽총과 연락해서 정예 기병 2천과 보병 1천 명을 동원해서 함께 왕랑을 공격하는 약속을 정하라고 경황에게 권하였다.

그리하여 경감은 경단과 구순을 거느리고 어양군의 군사와 합세하여 남쪽으로 갔다. 도중에 왕랑의 군대를 공격하여 왕랑의 대장, 구경九卿, 교위 이하 4백여 명의 수급을 베고 5백25개의 인수와 부절 2개를 얻었으며, 3만 명의 수급을 베었다. 이리하여 탁군涿郡, 중산中山, 거록, 청하淸河, 하간河間 등의 군에 속한 22현을 평정하고 마침내 광아廣阿에 있는 유수에게 달려갔다. 당시는 유수가 왕랑을 공격하기 시작할 무렵이었는데,

외부에서 어양군과 상곡군의 병마가 한단으로 왕랑을 지원하기 위해 온다는 소식이 전해지자 유수 진영의 사람들이 모두 두려워하였다.

얼마 후 경감 일행이 군영으로 와서 유수를 배알하였다. 유수는 경감 등을 보자 매우 기뻐하며 사람들에게 말하였다.

"마땅히 어양, 상곡의 사대부와 왕랑을 습격하는 큰 공을 함께 세우리라."

이에 경감 일행을 모두 편장군으로 삼고, 그들이 각자 군영으로 돌아가서 소속 병마를 통솔하게 하였다. 다시 경황에게는 대장군, 흥의후興義侯를 추가하고 아울러 스스로 편비偏裨를 둘 수 있게 하였다. 그 후 경감 등은 마침내 유수를 따라 한단을 공략하였다.

당시 경시제가 대군代郡 태수 조영趙永을 불렀으나, 경황이 조영에게 경시제의 부름에 응하지 말고 유수에게 가도록 권유하였다. 조영의 귀순을 받아들이고 유수는 그를 보내 다시 대군을 맡게 하였다. 그러나 조영이 북쪽으로 말을 돌려 대군으로 돌아와 보니, 이미 자신의 부하였던 현령縣令 장엽張曄이 배반해서 성을 차지하고 흉노와 오환烏桓을 불러들여 원조 세력으로 삼고 있었다.

유수는 이 소식을 들은 후 경감의 아우 경서耿舒를 복호復胡장군으로 삼고 장엽을 치게 하여 깨부수었다. 이렇게 해서 조영은 대군으로 다시 돌아갈 수 있게 되었다. 이때 오교군五校軍 25만 명이 북쪽의 상곡을 약탈하자, 경황은 경서와 함께 연달아 오교군을 격파하니 마침내 오교군은 모두 달아났다.

경시제는 유수의 위엄과 명망이 날로 높아지는 것을 보자 그에 대해 의심과 염려가 생겨나게 되었다. 그래서 경시제는 유수를 통제하기 위해 사자를 보내 그를 소왕蕭王으로 봉했다. 아울러 전쟁을 멈추고 공을 세운 장수들과 함께 장안으로 돌아오게 하는 한편, 묘증苗曾을 유주목幽州牧으로, 위순韋順을 상곡 태수로, 채충蔡充을 어양 태수로 각기 삼아 함께 북쪽을 맡게 하여 어양군과 상곡군에 있는 유수 군사의 퇴로를 끊었다.

이때 유수는 한단궁邯鄲宮에 거처하고 있었는데, 낮에 궁안의 온명전溫明殿에 누워 있었다. 경감이 온명전으로 들어와 유수가 있는 침상 아래로 다가와서 뵙고 좌우를 물리치고 계책을 말하였다.

"지금 경시제는 실정을 하여 군주와 신하가 모두 음란하고, 장수들은 기내畿內에서 명령을 함부로 내리며 귀척貴戚들은 도성 내에서 횡포를 부리고 있습니다. 천자의 명령이 경성의 성문 밖을 나가지 않았는데도, 각지의 목수牧守들은 스스로 명령을 고쳐서 제 마음대로 하기 때문에 백성들은 따라야 할 바를 알지 못하고 사대부들은 스스로 마음을 안정시킬 수가 없습니다. 또한 재물을 노략질하고 부녀자들을 겁탈하므로, 금과 옥을 몸에 지니고 외출한 사람들은 끝내 살아서 돌아오지 못합니다. 상황이 이렇게 되자, 백성들은 지나치게 상심한 나머지 오히려 왕망의 조정을 더 그리워하는 실정입니다. 게다가 동마군과 적미군 등의 무리는 수십 차례나 일어났는데, 일어날 때마다 그 수가 수십만 명에 이르고 있습니다. 이에 대해 공公께서는 특별한 양책이 없습니다. 이로 볼 때,

경시제의 패망은 오래 걸리지 않습니다.

공께서는 처음에 남양南陽에서 거사를 하면서 1백만 명의 적을 깨부수고, 지금은 하북을 평정하고 관중關中이라는 천부天府의 땅을 점거하고 있습니다. 의로써 정벌을 하였기 때문에 호령을 하면 각지에서 호응을 하여 격문을 전달하기만 해도 천하가 평정될 수 있습니다. 천하는 지중하므로 다른 성姓을 가진 사람이 얻게 해서는 안 될 것입니다.

듣건대, 사자가 서방에서 와서 군사를 물리게 하려는 모양인데 절대 그들의 요구에 따라서는 안 됩니다. 지금 죽은 관리들이 많으나, 제가 유주로 돌아가서 정예병을 출동시켜 큰 계획을 실행하기를 원합니다."

유수는 이 말을 듣고 크게 기뻐하며 경감을 대장군으로 삼고 오한과 함께 북쪽으로 가서 유주 열 개 군의 병력을 동원하게 하였다.

경감은 상곡으로 가서 위순과 채충을 잡아 참하고, 오한도 묘증을 주살하였다. 그리하여 유주의 군사를 남김없이 동원하여 남쪽으로 갔다. 유수를 따라 동마군, 고호군高湖軍, 적미군, 청독군을 격파하고 다시 원씨元氏(상산군常山郡에 속함)에서 우래尤來, 대창大槍, 오번五幡을 추격하였다. 경감은 항상 정예 기병을 거느리고 선봉에 서서 적을 쳐부수었다. 유수는 승세를 타고 순수順水 가에서 싸웠다. 오랑캐들은 위급해지자 죽음을 각오하고 싸움에 임하였다. 이때 유수의 군사는 지쳐서 마침내 크게 패하고 달아나서 범양范陽에 성채를 쌓고 휴식을 취하였다. 며칠 후에 다시 떨쳐 일어나서 총공격을 하자 적들이 버티지 못하고 퇴각을 하므로 유수의 군사는 용성容城, 소광양小廣陽, 안차安次까지 추격하며 연전연승하였다.

유수는 계로 돌아와서 다시 경감과 오한, 경단, 갑연, 주우, 비동, 경순, 유식, 잠팽, 체준, 견담, 왕패, 진준, 마무 등 장수 열 셋을 보내 적을 추격하게 하였다. 장수들은 노수潞水의 동쪽 및 평곡에 이르러 접전을 하였으며 1만3천여 명의 수급을 베었다. 마침내 우북평의 무종無終과 토은土垠 사이까지 추격하였으며, 준미俊靡까지 갔다가 되돌아왔다. 적은 요서와 요동 지역으로 흩어져 달아났으나, 설상가상으로 오환烏桓과 맥貊 사람들에게 약탈과 습격을 당해 세력이 거의 소멸되었다.

유수는 황제의 자리에 오른 후 경감을 건위대장군으로 임명하였다. 경감은 표기대장군 경단, 강노장군 진준과 함께 오창敖倉에서 염신厭新의 도적을 공격하여 모두 깨부수고 항복을 받았다. 26년(건무 2년), 광무제는 경감을 호치후好畤侯로 다시 봉하고 호치현과 미양현美陽縣을 식읍으로 하사하였다.

27년(건무 3년), 연잠이 무관武關에서 나와 남양南陽을 공격하여 여러 성을 함락시켰다. 양穰 사람 두홍杜弘은 자기의 무리를 거느리고 연잠을 따랐다. 경감은 양에서 연잠 등과 싸워 대파하고 3천여 명의 수급을 베었다. 또한 장수와 병사 5천여 명을 생포하고 인수 3백 개를 거두었다. 두홍이 항복하자 연잠은 불과 기병 몇 명만을 데리고 동양東陽으로 달아났다.

마침 경감은 광무제를 따라 용릉舂陵으로 가 있었다. 경감이 광무제를 알현하고 자청하기를, 아직 출동하지 않은 상곡의 병사들을 거두어 어양으로 가서 팽총을 평정하고, 다시 탁군으로 가서 장풍張豐을 취하며, 돌아와서 부평富平과 획색獲索을 거두고, 동쪽으로 장보張步를 공격해서 제齊의 땅을 평정하겠다고 하였다. 광무제는 그 뜻을 장하게 여기고 윤허하였다. 28년(건무 4년), 광무제는 경감에게 조서를 내려 어양으로 진공하게 하였다. 그러나 경감은 아버지 경황이 상곡을 점거하고 있어 본래 팽총과 공로가 같고, 또 형제들이 낙양에 없기 때문에 자신을 의심할 수 있다고 생각하고 감히 홀로 나아갈 수가 없어 광무제에게 글을 올려 낙양으로 가겠다고 간청하였다.

이에 광무제가 조서로 회답하였다.

"장군은 온 집안이 나라를 위하고 적을 함락시키는 일에 전념하여 공로가 더욱 두드러지는데 무엇을 꺼리고 무엇을 의심하여 조서를 거두어 달라고 요구하는가? 잠시 왕상과 함께 탁군에 주둔해서 힘써 계략을 생각할지어다."

경황은 경감이 조서를 거두어 달라고 요청했다는 말을 듣고 자신도 마음이 편치 못하여 경서의 아우 경국耿國을 보내 입시入侍하게 하였다. 광무제는 이를 좋게 생각하고 경황을 유미후牖麋侯로 진봉시켰다.

광무제의 명을 받고 경감은 건의대장군 주우, 한충漢忠장군 왕상王常 등과 함께 망도현望都縣과 고안현故安縣 서산의 도적 10여 군영을 쳐서 모두 깨부수었다. 이때 정로장군 체준은 양향良鄕에 주둔하고 있었고, 효기표騎장군 유희劉喜는 양향陽鄉에 주둔해서 팽총을 막고 있었다. 팽총은 아우 팽순彭純에게 흉노 2천여 기를 거느리고 가게 하고 자신은 군사 수만 명을 거느리고 두 길로 나누어서 체준과 유희를 공격하였다. 호胡의 기병이 군도현軍都縣을 지날 때 경서가 습격하여 깨부수고 흉노의 두 왕을 살해하니, 팽총은 달아났다. 경황은 다시 경서와 함께 팽총을 공격하여 군도현을 취하였다.

여기서 잠시 독자의 이해를 돕기 위해, 유수를 도와 후한 건국에 공을 세운 팽총이 어째서 반란을 일으키고 마침내 비참한 최후를 맞이하게 되었는지 살펴본다.

팽총(?~29)은 자가 백통伯通이며, 지금의 하남성 남양인 남양군 완현 출신이다. 젊었을 때 군리郡吏를 지내다가 왕망 정권 때는 대사공사大司空士가 되어 대사공 왕읍王邑을 따라 동쪽에서 한나라 군사를 막았다.(왕망 때의 제도를 보면, 구경九卿을 삼공三公에게 나누어 배속시키고 1경卿마다 원사元士 3명을 두었다.) 경시제 때에는 편장군에 임명되고, 어양 태수의 일을 대행하였으며 안락현安樂縣의 현령縣令이 되었다. 훗날 유수 편에 붙어 건충후建忠侯에 봉해지고 대장군의 호칭을 하사받았다. 그러나 돌기突騎[돌격기병]를 보내고 군량을 끊임없이 보내 유수를 도움으로써 왕랑과 동마군을 정벌하는데 공이 높다고 자부한 팽총은 유수의 대우가 만족할 만한 수준이 못 되자, 마음속으로 불평을 품게 되었다. 동한이 건립되자 자신이 보낸 오한과 왕량은 모두 자리가 삼공三公으로 오르는 등 공을 세운 다른 사람들은 모두 봉읍을 받았으나 오직 자신만이 추가된 봉읍이 없이 어양 태수에 머무르자 팽총의 불만은 극에 달했다. 그런데다 자신과 뜻이 맞지 않는 주부朱浮에게 여러 차례 참소를 당하였다.

26년(건무 2년), 광무제가 팽총을 부르자, 팽총은 주부가 이미 자기를 팔았다고 생각하고 주부와 함께 불러주기를 원한다는 소를 올렸다. 또한 오한과 갑연 등에게 편지를 보내 자기를 참소한 상황을 말하고 진실로 주부와 함께 불러 줄 것을 바랐으나 광무제가 허락하지 않자, 더욱 자신을 벌주지 않을까 의심하는 마음을 갖게 되었다. 게다가 굳센 성격을 가진 팽총의 아내도 억울함을 이기지 못하여 남편에게 소환에 응하지 말라고 권하였다. 팽총은 다시 친하고 믿을 만한 부하들과 상의하였는데, 그들이 모두 주부에게 원한을 품고 있었던 터라 가기를 권하는 사람이 없었다. 광무제가 팽총의 종제인 자후란경子后蘭卿을 보내 효유하였지만 이해 2월에 팽총은 자후란경을 머무르게 하고 마침내 반란을 일으켰다. 장수들을 임명하고 친히 2만여 명의 군사를 거느리고 유주목幽州牧 주부를 공격하러 계현薊縣으로 가면서, 군사를 나누어 광양廣陽·상곡上谷·우북평右北平을 순행巡行하였다. 또한 팽총은 자신이 경황과 함께 큰 공이 있음에도 은혜와 상이 모두 박하다고 생각하고 여러 차례 사자를 보내 경황을 끌어들이려고 하였으나 경황이 수락하기는커녕 돌연 팽총이 보낸 사자의 목을 베어버렸다.

한편 팽총이 공격해 온다는 소식을 들은 주부는 팽총에게 서한을 보내 질책하였다.

"백통(팽총의 자)과 협유(경황의 자)는 함께 일어나 임금을 보좌하고, 함께 국은을 입었소. 협유는 겸양하여 여러 차례 지위를 내려 달라는 겸양의 말을 하였으나 백통은 스스로 자만하여 천하에서 공이 제일 높다고 생각하고 있소. 옛날 요동에 어떤 돼지가 머리 흰 새끼를 낳았소. 주인이 이를 기이하게 여겨 새끼를 바치려고 하였소. 하동에 이르러서 보니 그곳에는 돼지들의 머리가 모두 희었소. 이에 부끄러운 마음을 갖고 돌아왔다오. 만약 조정에서 그대의 공을 논한다면 요동의 돼지일 것이오."

서한을 받은 팽총은 더욱 분노하여 공격에 박차를 가하였다.

이 말은 『후한서』 「주부열전」에 등장하는데, 여기서 유래하여 '요동의 돼지'란 뜻의 '요동시遼東豕'란 말이 지금까지도 사용된다. 요동은 지금의 요령성 요하 이동 지역을 말하고, '시豕'는 '돼지'를 뜻한다. '요동지시遼東之豕', '요동백시遼東白豕'라고도 하는 이 말은 지식이 얕고, 견문이 적어 신기한 것이 많음을 이른다. 또 견문이 적어 세상일을 잘 모르고 혼자 득의양양함을 이르기도 한다.

7
耿弇

이해 가을 8월에 광무제가 주부를 구원하도록 유격장군游擊將軍 등륭을 보냈으며, 노현潞縣에서 양군이 대치하였다. 팽총은 많은 군사로 황하를 끼고 등륭을 막는 한편 별도로 경기병 3천 명을 보내 후방을 급습하여 등륭의 군대를 대파하였다. 주부는 멀리 떨어져 있어서 결국 구원할 수가 없었다. 이듬해인 27년(건무 3년) 봄, 팽총은 우북평과 상곡의 여러 현을 함락시켰다. 미녀와 비단 등을 흉노에게 보내 화친을 청함에, 선우는 답례로 좌남장군左南將軍의 7~8천기의 유격대를 오고가게 하여 팽총을 도왔다. 또 팽총은 남쪽의 장보張步 및 부평富平, 획색獲索 등 여러 호걸과 결탁을 하고 서로 인질을 교환하였다. 마침내 3월 팽총이 계성薊城을 함락시키고 자립하여 연왕燕王이 되었다.

만 2년이 채 되지 않은 29년(건무 5년) 2월 팽총은 아내와 함께 어이없게 도 자신의 집에 있는 자밀子密 등 3명의 노비에게 살해 당하였다. 훗날 자 밀은 주인을 죽인 불의한 자이긴 하지만 큰 공을 세웠기에 불의후不義侯 에 봉해졌다.

29년(건무 5년), 팽총이 죽었다. 광무제는 경황의 공을 가상히 여겨 광 록대부로 하여금 부절을 지니고 가서 경황을 맞이하게 하였으며, 좋은 집을 하사하고 봉조청에 임명하였다. 경서는 모평후牟平侯로 봉해졌다.

다시 광무제의 조서를 받고 경감은 오한과 함께 평원에서 부평과 획색 의 도적을 쳐서 대파하였다. 이때 항복한 사람이 4만여 명에 이르렀다.

얼마 후 또다시 광무제의 조서를 받고 경감은 군사를 거느리고 장보 를 토벌하러 나섰다. 경감은 항복한 병사들을 남김없이 거두어서 부곡 을 결성하고 장리將吏를 두었다. 경감은 기도위騎都尉 유흠劉歆, 태산 태수 진준을 거느리고, 군사를 이끌고 조양현朝陽縣의 다리를 통해 제하濟河 를 건넜다. 장보는 이 소식을 듣고 대장군 비읍費邑을 역하성歷下城에 주 둔시키고 다시 군사를 나누어 축아현에 주둔시키며, 별도로 태산 종성 鐘城에 수십 개의 군영을 벌여 놓고 경감을 기다렸다. 경감은 황하를 건 너 먼저 축아를 쳤는데, 친히 아침에 성을 공격하기 시작해서 정오가 미 처 되기도 전에 탈취하였다. 그러면서 한쪽 모퉁이의 포위를 열어 그 무리가 종성으로 달아나게 하였다. 종성 사람들은 축아현이 이미 궤멸되었다는 말을 듣고 크게 두려워하여 마침내 성채를 비우고 달아났다.

비읍은 역하에 주둔하는 한편, 아우 비감費敢에게 군사를 나누어 주고 거리亡里를 지키게 하여 서로 접응하기 편하게 하였다. 경감은 진군하여 먼저 거리를 위협하였는데, 많은 병사를 시켜 나뭇가지로 구덩이와 해자를 메우겠다고 떠들었다. 여러 날이 지난 후 어떤 항복한 병사가 '경감이 거리를 공격하려 한다'는 말을 듣고 비읍이 계획을 세워 구원하러 가려고 한다는 말을 하였다. 경감은 이에 군중에 엄명을 내려 공격 장비를 빨리 수리하게 하는 한편 모든 마을 사람들에게 3일이 지난 뒤 전력을 기울여서 거리성을 공격하겠다고 공언하였다. 동시에 은밀히 포로들을 허술하게 가두어 달아나기 쉽게 하였다. 도망간 포로들은 경감이 공격 날짜를 잡았다는 것을 비읍에게 알렸고, 비읍은 당일이 되자 과연 친히 정예병 3만여 명을 거느리고 구원하러 왔다.

경감은 기뻐하며 장수들에게 말하였다.

"내가 공격 장비를 수리하라고 했던 것은 비읍이 오도록 유인하고자 함이었다. 지금 왔으니 비읍이 구원하려는 곳으로 가자."

곧바로 병사 3천 명을 나누어서 거리를 지키게 하고, 자신은 정예병을 거느리고 산등성이로 올라가 높은 지대의 이점을 이용해서 싸워 적을 대파하고 적의 진영으로 달려가서 비읍을 죽였다. 얼마 후 비읍의 수급을 거리성 안에 전시하니 성안 사람들이 두려움에 떨었고, 비감은 무리를 데리고 장보에게로 달아났다. 경감은 다시 그들이 쌓아둔 재물을 거두고 병사를 보내 미함락 지역을 공격하여 40여 군영을 빼앗고 마침내 제남을 평정하였다.

장보는 극劇을 도읍으로 삼고 자기 아우 장람張藍에게 정예병 2만 명을 거느리고 서안현西安縣을 지키게 하였다. 또한 여러 군의 태수들에게는 1만여 명을 합해서 임치臨淄를 지키게 하였는데 두 성의 거리는 40리였다.

경감은 획중畫中(읍 이름)으로 진군하여 두 성 사이에 머물렀다. 서안성이 작지만 견고하고 게다가 장람의 병사들이 정예이며, 임치는 명성은 비록 크지만 실제로는 공격하기 쉬운 곳임을 간파하였다. 그리하여 제교諸校에게 모이라는 명령을 내리고 닷새 뒤에 서안을 공격하겠다고 하였다. 장람은 이 소식을 듣고 새벽부터 밤늦게까지 경계를 철저히 하며 성을 방어하였다. 기약한 날 한밤중에 이르러 경감은 장수들을 격려하고 시간 단축을 위해 모두 이부자리에서 식사를 마치게 한 다음 바로 출동하여 동틀 무렵 임치성에 도착하였다. 호군 순량荀梁 등은 마땅히 신속하게 서안을 공격해야 한다고 다투어 말하였다.

이에 경감이 말하였다.

"옳지 못하다. 서안은 내가 공격하리라는 소식을 듣고 주야로 대비를 하고 있지만, 임치는 생각하고 있지 않다가 갑자기 군사들이 들이닥치면 필시 놀라 어지러워질 터이니 내가 하루만 공격해도 반드시 탈취할 수 있을 것이다. 임치가 탈취되면 서안은 고립되고 장람과 장보 사이가 끊어져서 반드시 달아나게 될 터이니, 이것을 일러 하나를 쳐서 둘을 얻는다고 하는 것이다. 만약 서안을 먼저 공격한다면 끝내 함락시키지도 못할 것이다. 적이 병사를 정돈하고 성을 견고하게 지킬 터라 우리 쪽의 사상자가 필히 많이 생길 것이다. 설사 서안을 탈취한다 해도 장람은 병사를 이끌고 다시 임치로 달아나서 병사를 합쳐 우리의 허실을 살필 것이다. 그러다 내가 적지에 깊이 들어가면 나중에 수송이 끊겨 제대로 싸우지도 못하고 열흘 내에 곤궁에 빠질 것이다. 제군의 말은 타당성을 찾을 수 없다."

마침내 임치를 공격하여 한나절 만에 점령해 버렸다. 장람은 이 소식을 듣고 두려워서 마침내 무리를 거느리고 달아나 극으로 돌아갔다.

경감은 이에 군중에 명령을 내려 함부로 극 아래서 약탈을 하지 못하게 하고 장보가 오면 붙잡으라고 하였다. 장보는 이 말을 듣고 크게 웃으면서 말하였다.

"우래尤來와 대동大形의 10여 만 명도 내가 군사를 거느리고 가서 격파하였다. 지금 대경大耿의 병력은 그보다도 적고 또 모두 지쳐 있는데 내가 어찌 두려워하겠는가!"

이에 세 아우 장람, 장홍張弘, 장수張壽와 옛날 대동의 우두머리 중이重異 등의 병사를 거느리고 20만 대군이라고 호언하면서 임치의 큰 성 동쪽으로 가서 경감을 공격할 태세를 갖추었다.

경감은 먼저 치수淄水 가로 나와서 중이와 맞서게 되자 돌기를 내보내려고 하다가 적의 예봉이 꺾이면 장보가 감히 나오지 않을까 염려하고, 병사를 이끌고 소성小城으로 돌아와 성안에 병사들을 대기시켰다. 장보는 경감의 약한 모습을 보고 사기가 올라 곧장 경감의 진영을 공격하여 유흠 등과 정면으로 맞서서 싸움을 하였다. 경감은 왕궁 안에 있는 허물어진 대臺에 올라가 싸우는 것을 바라보다가 싸움이 격렬해지는 것을 보고 친히 정예병을 이끌고 동쪽 성 아래서 장보의 진영을 횡으로 뚫고 들어가서 대파하였다. 이때 화살 하나가 날아와서 경감의 넓적다리에 깊숙이 박혔다. 경감이 아픔을 참고 패도를 뽑아 박힌 화살을 잘라내었으나 좌우에 이 사실을 아는 사람이 없었다. 싸움은 저녁 무렵이 되어서야 끝이 났다. 경감은 이튿날 아침 다시 군사를 거느리고 나갔다.

이때 광무제는 노魯에 있었는데, 경감이 장보에게 공격당했다는 소식을 듣고 친히 구원하려고 임치로 떠났으나 아직 당도하지 않았다.

진준이 경감에게 말하였다.

"극의 오랑캐 병력이 성하니 잠시 군영을 닫고 병사들을 쉬게 해서 적군이 위로 올라오기를 기다리는 것이 좋겠습니다."

경감이 말하였다.

"황제께서 곧 당도하실 텐데 신하된 자가 마땅히 소를 잡고 술을 걸러서 백관을 기다려야 하거늘 오히려 도적 오랑캐에게 군주와 아버지를 잃으려고 하는가?"

말을 마치자마자 군사를 출동시켜 큰 싸움을 벌였는데, 아침부터 저녁까지 싸웠다. 다시 적을 대파하고 무수한 적군을 살상하니 성안의 모든 물도랑과 해자가 꽉 찰 정도였다.

경감은 장보가 곤궁해져 장차 달아날 것이라는 것을 알고 미리 양옆에 매복을 두어 기다렸다. 밤 10시경 통금을 알리는 인정人定을 칠 무렵 장보는 과연 군사를 이끌고 달아났다. 이때 복병이 일제히 일어나서 공격을 하였고 허둥지둥 달아나는 적을 거매수鉅眜水 가까지 추격하였다. 이때 죽은 장보 군사의 시체가 80~90리에 달하였다. 경감은 이 싸움으로 치중 2천여 량을 빼앗았다. 결국 장보는 패하여 극으로 돌아갔으며, 장보의 형제들은 각기 병사를 나누어 흩어져 버렸다.

며칠 후에 광무제는 임치에 도착하여 친히 병사들을 위로하였다. 많은 신하들이 모인 자리에서 광무제가 경감을 일러 말하였다.

"옛날에는 한신韓信(?~기원전 196년)이 역하歷下를 쳐부셔서 기초를 닦았고, 지금은 장군이 축아를 공격해서 뜻을 이루었다. 이곳은 모두 제齊의 서쪽 경계이니 그 공이 서로 비견할 만하다. 그런데 한신은 이미 항복한 자를 습격한 것이고, 장군은 홀로 강한 적을 탈취한 것이라 그 공은 한신이 세운 것보다 훨씬 어려운 것이다. 또한 전횡田橫(?~기원전 202년)은 역이기酈食其를 삶아 죽였으나 전횡이 항복을 하자 고조(유방을 말함)께(?~기원전 203년)서 조서를 내려 역이기의 아우인 위위衛尉 역상酈商(?~기원전 180년)이 전횡을 원수로 삼는 것을 허락하지 않으셨다. 장보도 이전에 복륭伏隆을 살해하였으나 만약 장보가 귀순해서 명을 듣는다면 내가 마땅히 조서를 내려 대사도에게 원한을 풀라고 할 것이니, 일이 또한 서로 유사하다고 할 것이다.

장군은 이전에 남양에서 이 큰 계책을 세웠으며 항상 뜻이 커서 세상 사람들이 이해하기 어려웠다. 그러나 뜻이 있으면 일은 마침내 이루어지는 법이다."

오늘에도 우리가 자주 쓰는 격언인 '유지자사경성有志者事竟成(뜻이 있으면 일은 마침내 이루어진다)'이란 말은 원래 이때 광무제가 경감을 일러 말한 것이다.(『후한서』「경감전」)

경감이 다시 장보를 추격하니, 장보는 평수현平壽縣으로 달아나서 군문軍門에서 웃통을 벗고 부질斧鑕(도끼와 모탕. 죄인을 죽일 때 씀)을 짊어지고 서 있었다. 이는 반드시 죽을 것을 각오하였다는 뜻이다. 경감은 장보가 행재所行在所에 갔다는 말이 전해지자 병사를 통솔하여 들어가서 그 성을 점거해 버렸다. 12군의 깃발을 꽂고 장보의 병사들에게 각기 출신군의 깃발 아래로 가게 하였다. 이에 병사 10여만 명과 치중 7천여 량이 늘어나게 되었다. 투항한 병사들은 모두 고향으로 돌려보냈다. 경감은 다시 군사를 이끌고 성양城陽으로 가서 오교의 잔당을 항복시켰다.

이로 말미암아 제齊 지역이 남김없이 평정되었다. 경감은 군사를 정돈하고 낙양으로 돌아왔다.

30년(건무 6년), 경감은 서쪽의 외효隗囂를 막기 위해 칠현漆縣에 군사를 주둔시켰다. 32년(건무 8년), 광무제를 따라 농隴으로 올라갔다. 이듬해(33

년), 중랑장 내흡來歙과 함께 군사를 나누어 통솔해서 안정安定과 북지北
地의 모든 군영을 순행하여 전부 함락시켰다.

경감이 평정한 군은 모두 46곳이고, 무찌른 성은 3백 곳에 달하였다.
경감은 뜻한 바가 좌절된 적이 한 번도 없었다.

36년(건무 12년), 경황의 병이 위독하자 광무제가 여러 차례 친히 그 집
에 행차하였고, 얼마 후에 다시 경국耿國의 아우 경광耿廣과 경거耿擧를
함께 중랑장으로 임명하였다. 경감의 형제 여섯 명이 모두 공경의 지위
에 올랐고 병이 나면 궁중의 시의가 약을 지어 주었다. 이를 두고 당시

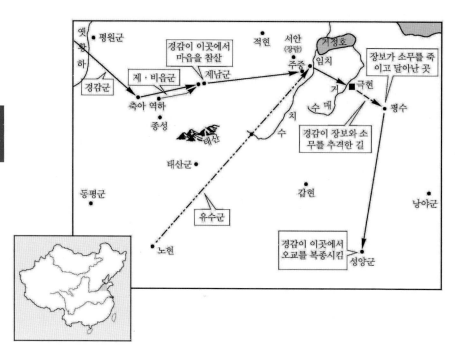

경감이 장보를 평정함

사람들은 영광이라고 생각하며 부러워하였다. 경황이 죽자 시호를 열후烈侯라 하고 막내아들 경패耿覇가 경황의 작위를 승계하였다.

37년(건무 13년), 광무제는 경감의 식읍을 늘려 주었다. 경감은 대장군의 인수를 반납하고 관직을 그만두고 열후의 신분으로 봉조청을 하였다. 광무제는 사방에서 의견이 분분한 일이 있으면 매번 경감을 불러 들여서 계책을 물어보았다.

경감은 58년(영평永平 원년)에 56세를 일기로 세상을 떠났으며, 시호를 민후愍侯라고 하였다.

아들 경충耿忠이 봉호를 승계하였다. 경충은 기도위의 신분으로 천산天山에서 흉노를 쳐서 공을 세웠다. 경충이 죽은 후 봉호는 아들 경풍耿馮에게, 다시 손자 경량耿良(일명 無禁)에게 승계되었다. 연광延光(122~125년) 연간에 경량은 인제安帝의 누이동생 복양濮陽 장공주長公主와 혼인을 하여 벼슬이 시중에 이르렀다. 장공주란 황제의 누이를 말한다. 경량이 죽은 후 봉호는 아들 경협耿協이 승계하였다.

경감은 이십팔수 중에서 동방 창룡의 일곱 번째 별자리인 기수箕宿를 관장한다.

7
경감

경감이 관장하는 동방 청룡의 일곱 번째 별자리인 기수箕宿

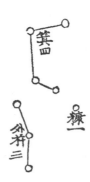

8. 둔전을 정비하여 흉노의 침략에 대비한

두무杜茂

두무는 변경의 병졸들을 징발하여 정후亭候를 쌓고 봉화대를 수리하였다.
또한 수레를 징발하여 금, 비단, 솜 등을 실어다 군사들에게 지급하고
아울러 변경의 백성에게도 상으로 주었다.
이 때문에 오가는 관원과 운송 공급하는 수레들이 길에 끊이지 않았다.

두무杜茂(?~43)는 자가 제공諸公이고, 지금의 하남성 등현鄧縣 서북쪽인 남양군南陽郡 관군현冠軍縣 출신이다.

당초에 하북에서 유수에게 귀순하여 중견中堅장군이 되어 항상 유수를 따라 정벌에 참가하였다. 광무제는 즉위한 후 두무를 대장군에 임명하고 악향후樂鄕侯에 봉했다. 악향은 신도국信都國에 속하는 현이다. 두무는 북쪽으로 가서 진정眞定에서 오교五校를 치고 진군하여 광평廣平을 항복시켰다.

26년(건무 2년), 광무제는 두무를 고형후苦陘侯로 개봉하였다. 중랑장 왕량과 함께 위군魏郡, 청하淸河, 동군東郡에서 오교를 쳐서 그 보루를 모두 평정하고 오교의 부절을 갖고 있는 대장 30여 명을 항복시켰다. 이로써 세 군郡이 안정되어 길이 막힘없이 잘 소통되었다.

이듬해(27년), 광무제는 부절을 지닌 사자를 보내 두무를 표기대장군으로 삼았으며, 두무는 패군沛郡을 쳐서 망현芒縣(패국沛國에 속한 현)을 탈취하였다. 이때 서방西防이 다시 배반을 하고 교강佼彊이 이에 합세하였다. 29년(건무 5년) 봄, 두무는 포로장군 마무를 거느리고 나아가서 서방을 공격하여 수개월이 지나 함락시켰으며, 교강은 동헌董憲에게로 달아났다.

동쪽을 평정한 후, 31년(건무 7년)에 두무는 조칙을 받들어 군사를 이끌고 북쪽의 진양晉陽과 광무廣武(태원군太原郡에 속한 현)에서 둔전屯田을 하면서 흉노의 침략에 대비하였다.

둔전이란 수졸戍卒이나 농민, 상인을 이용해서 황무지를 개간하는 것을 말한다. 한나라 이후로 역대 왕조에서 이 조치를 취하여 군량을 충당하고 조세를 거두었다. 둔전은 군둔軍屯, 민둔民屯, 상둔商屯으로 나눈다.

33년(건무 9년), 두무는 안문鴈門 태수 곽량郭涼과 함께 번치현繁時縣에서 노방盧芳의 장수 윤유尹由를 쳤다. 노방의 장수 가람賈覽이 흉노의 기마병 1만여 명을 이끌고 와서 윤유를 구원하였다. 두무는 그들과 싸우다 패해서 남은 군사를 이끌고 누번성樓煩城으로 들어갔다. 누번은 안문군에 속한 현이다. 당시 노방은 고류高柳를 점거하고서 흉노와 군사 연합을 하고 자주 변경의 백성을 노략질하였으므로 광무제가 이를 매우 근심하였다.

36년(건무 12년), 광무제는 알자謁者 단충段忠을 파견하여 여러 군에서 형벌을 면제해 준 죄수들을 두무에게 분배해서 북쪽 변경에 주둔하여 지키게 하였다. 이리하여 두무는 변경의 병졸들을 징발하여 정후亭候(변경에서 적의 동태를 살피기 위해 세운 망루)를 쌓고 봉화대를 수리하였다. 또한 수레를 징발하여 금, 비단, 솜 등을 실어다 군사들에게 지급하고 아울러 변경의 백성에게도 상으로 주었다. 이 때문에 오가는 관원과 운송 공급하는 수레들이 길에 끊이지 않았다. 두무도 사람을 데리고 둔전을 정비하였는데, 당나귀 수레로 물자를 운송하였다. 이보다 앞서 윤유는 스스로 장수가 되어 안문 사람 가단賈丹, 곽광霍匡, 해승解勝 등을 협박하여 그들과 함께 평성平城을 수비하고 있었다. 그러나 얼마 후 가단 등은 노방이 패했다는 소식을 듣고 마침내 함께 윤유를 죽이고 곽량에게로 갔다.

곽량은 이 상황을 적은 장계를 올렸으며, 광무제는 가단 등을 모두 열후로 봉하고, 조서를 내려 금과 비단을 보내 두무와 곽량의 군사와 항복한 평성의 백성에게 하사하였다. 이 이후로 항복하러 오는 노방의 성읍 사람들이 점점 많아졌다. 곽량은 그곳의 호족 순씨郇氏의 무리를 주살하고, 파리하고 허약해진 백성들을 위로하였다. 이리하여 만 1개월 만에 안문이 거의 평정되었고, 이에 노방은 도망쳐서 흉노에게로 갔다. 광무제는 곽량의 아들을 발탁해서 중랑장으로 삼아 항상 좌우에서 자신을 지키게 하였다.

곽량의 자는 공문公文이며, 우북평右北平 출신이다. 키가 8척이요 힘이 장사에다 용맹하였다. 비록 무장이었지만 유가 경서에 정통하고 지략이 많았다. 특히 변경의 일에 밝아 북방에서 명성을 날렸다. 당초에 유주목幽州牧 주부朱浮가 그를 불러서 병조연兵曹掾으로 임명하였는데, 훗날 팽총彭寵을 치는데 공을 세워 광무후廣武侯에 봉해졌다.

37년(건무 13년), 광무제는 두무에게 식읍을 늘려 주고 수후脩侯로 개봉하였다. 수현은 신도국에 속한 현이다. 그러나 39년(건무 15년), 그는 병사들의 양식과 비단을 횡령하고, 사병을 시켜 사람을 죽이게 한 일에 연루되었다. 두무는 관직을 삭탈당하고 식읍도 상실하였으며, 봉호가 참거향후參遽鄉侯로 낮추어 정해졌다. 43년(건무 19년)에 세상을 떠났다.

두무의 아들 두원杜元이 봉호를 승계하였지만, 71년(영평 14년)에 동평왕東平王 등의 모반 사건에 연루되어 사형에서 한 등급 감해지고 봉국을 상실하였다. 113년(영초 7년), 등鄧 태후가 두무의 손자 두봉杜奉을 안락정후安樂亭侯로 봉해 봉호를 잇게 하였다.

두무는 이십팔수 중에서 북방 현무의 첫 번째 별자리인 두수斗宿를 관장한다.

두무가 관장하는 북방 현무의 첫 번째 별자리인 두수斗宿

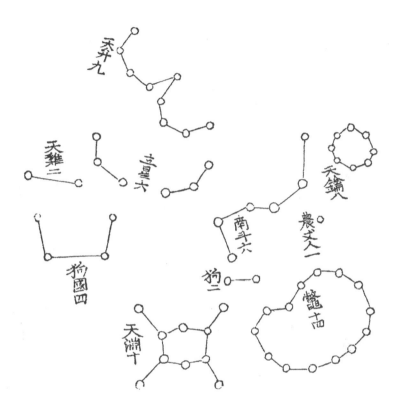

8
두무

8
杜茂

9. 문무를 겸비한 전략가
구순寇恂

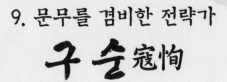

"구순은 문무를 겸비하였고,
백성을 관리하고 군대를 통솔하는 재주를 가지고 있습니다.
이 사람이 아니면 보낼 만한 사람이 없습니다."
"나는 구순이 잘해 낼 줄 알았다!"

　구순寇恂(?~36)은 자가 자익子翼이고, 지금의 북경시에 속한 상곡군上谷郡 창평현昌平縣 출신이다.

　구순의 가문은 조상 대대로 명문세가였다. 구순은 처음에 상곡군에서 공조功曹 일을 하였는데, 상곡 태수 경황耿況이 구순을 매우 중시하였다.

　왕망王莽이 패망한 후 황제로 등극한 경시제更始帝 유현劉玄은 사자를 시켜 각 군郡과 후국侯國을 순시하게 하고 이렇게 말하였다.

三才圖會　人物五卷

像　恂　寇

三

寇恂字子翼與鄧禹謀義禹奇之光武南定河內難其守
禹曰寇恂文武備足非此子莫可使也拜恂河內太守光
武卽位時軍食急之恂轉輸前後不絕車駕南征恂從至
潁川百姓遮道曰願從陛下復借寇君一年㤪縣將高峻
遣軍師皇甫文出謁辭禮不屈恂怒斬之峻出降恂曰文
峻之腹心殺之則峻亡其膽是以降耳恂經明行修名重
朝廷時人以爲有宰相器

구순寇恂(?~36), 출전 : 『삼재도회』

"먼저 항복하는 자는 현재의 작위를 보장해 준다."

구순은 경황耿況을 따라 군의 경계로 가서 사자를 맞이하였다. 경황이 인수印綬를 바치고 투항하였으나 사자는 그것을 받고서 하루가 지나도 돌려줄 뜻을 보이지 않았다. 구순은 병사들을 데리고 들어가 사자를 만나서 인수를 돌려줄 것을 요청했다.

사자는 인수를 돌려주기는커녕 오히려 꾸짖었다.

"나는 천왕天王의 사자이거늘 어찌 일개 공조 따위가 감히 나를 협박하려고 하는가?"

구순이 말하였다.

"감히 사군使君을 협박하려는 것이 아니라 사군이 이 일에 대해서 주도면밀하지 못함을 근심하는 것이오이다. 천하가 이제 막 평정되어 나라의 믿음이 아직 사람들 마음속에 깊이 들어가지 못한 터에, 사군께서 부절을 지니고 황제의 명을 받들어 사방의 각 군을 다니시니 각 후국侯國들은 목을 늘이고 귀를 기울여서 멀리 바라보고 있으며, 천명에 따르지 않을 수 없습니다. 사군께서 지금 상곡에 오시자마자 벌써 나라의 믿음을 무너뜨리고 덕의 교화를 향하는 인심을 막아서 이반의 틈이 생겨나게 한다면 장차 다시 어떻게 다른 군국郡國을 호령할 수 있겠습니까? 게다가 경부군耿府君(즉 경황)께서 상곡에 계시면서 오랫동안 관리와 백성들을 친하게 대했는데 지금 태수를 바꾼다면 설사 현인賢人을 얻는다 해도 얼마 동안은 편안치 않을 것이요, 만일 현인을 얻지 못한다면 더

9
구순

큰 난리가 생겨날 뿐입니다. 사군님을 위한 계책이오니, 인수를 돌려주어 백성을 편안하게 하는 것이 가장 좋을 것입니다."

구순은 사자에게 '군君' 자를 붙여 사군使君이라고 하여 존칭하였다.

사자가 아무런 대꾸를 하지 않자 구순은 좌우 병사들에게 호령하여 사자의 명이라 하고 경황을 모셔오게 하였다.

경황이 당도하자 구순이 나서서 인수를 가져다가 경황의 허리에 차 주었다. 사자는 어쩔 수가 없어서 경시제의 명의로 경황을 임명하였으며, 경황은 인수를 받아서 돌아갔다.

왕랑王郎이 군사를 일으키자 경시제 유현은 장수를 보내 상곡을 순시하여 경황에게 군사를 동원하라고 재촉하였다.

구순은 문하연門下掾 민업閔業과 함께 경황에게 권하였다.

"왕랑이 한단에서 갑자기 일어났으나 우리가 믿고 귀순하기가 어렵습니다. 옛날 왕망 때에는 대처하기 어려운 대상이 오직 유백승劉伯升(즉 유수의 큰형인 유연劉縯) 뿐이었습니다. 지금 듣자하니 대사마 유공劉公(즉 유수)은 유백승의 친아우로서 현인을 존경하고 겸손하게 선비를 대해 많은 선비들이 그에게 마음을 돌렸다고 하니 우리는 대사마에게 가면 좋을 듯합니다."

경황이 물었다.

"왕랑은 지금 세력이 한창 강성해지고 있어서 우리 힘만으로는 막아

낼 수 없으니 어찌하면 좋겠소?"

구순이 대답하였다.

"지금 상곡은 역량이 충분하며, 기병이 1만을 넘으니 우리 큰 군郡의 실력이면 널리 거취를 선택할 수 있습니다. 제가 동쪽으로 가서 어양군 漁陽郡과 맹약을 맺을 것입니다. 우리가 마음을 하나로 하고 힘을 합한다면 한단이 우리를 넘볼 수 없을 것입니다."

경황이 그 말을 옳게 여기고 구순을 어양군으로 보내 팽총彭寵과 맹약을 맺어 한단에 대한 대비를 하게 하였다.

구순이 어양에서 돌아오는 길에 창평昌平을 지나다가 한단의 사자를 습격해서 살해하고 그 군사를 빼앗아 즉시 경황의 아들 경감 등과 함께 남쪽으로 가서 광아廣阿에 있는 유수를 만났다. 이리하여 구순은 편장 군偏將軍에 임명되고 승의후承義侯에 봉해졌으며, 유수를 따라 수많은 도적을 격파하였다. 구순은 여러 차례 등우와 계책을 논의하였는데, 등우는 구순을 기재奇才로 여기고 쇠고기와 좋은 술을 마련해서 함께 마시며 교유하였다.

유수가 남쪽의 하내군河內郡을 평정하자 경시제 유현의 대사마 주유朱鮪 등은 대군을 이끌고 낙양을 점거하였다. 또 병주并州가 아직 평정되지 못함에 유수는 하내 태수에 대한 인선이 어렵다고 느끼고 등우에게 물었다.

"장수들 중에서 누구를 하내 태수로 보내면 좋을 것 같소?"

등우가 대답하였다.

"옛날에 고조(한 고조 유방을 말함)께서는 소하蕭何를 임명하여 관중關中을 지키게 함으로써 더 이상 서쪽에 대한 근심이 없어졌으며 정력을 오로지 산동에만 치중할 수 있어서 마침내 대업을 이루셨습니다. 지금 하내는 황하를 끼고 있어 지세가 견고하고 호구 수는 많고 백성들은 풍족하며, 북으로 상당上黨에 통하고 남으로 낙양에 가깝습니다. 구순은 문무를 겸비하였고, 백성을 관리하고 군대를 통솔하는 재주를 가지고 있습니다. 이 사람이 아니면 보낼 만한 사람이 없습니다."

이에 유수는 구순을 하내 태수로 임명하고 대장군의 일을 겸하게 하였다. 유수가 구순에게 말하였다.

"하내는 인구가 많고 물자가 풍부하니 내가 장차 이곳을 기반으로 삼아서 일어나려 하오. 옛날에 고조께서는 소하를 남겨 관중을 지키셨는데, 나는 지금 공에게 하내를 맡기겠소. 공은 성을 굳게 지키고 수송을 잘 하여 군량을 충분하게 공급하도록 하시오. 또 병사와 말을 잘 통솔하고 훈련시켜서 다른 군대를 막아 북쪽으로 황하를 건너지 못하게 하기를 바랄 뿐이오."

이렇게 당부하고 유수는 다시 북쪽으로 연燕과 대代를 정벌하러 갔다. 구순은 공문을 모든 속현으로 하달하여 병사들에게 훈련을 하고 활쏘기를 익히도록 하였다. 기원淇園의 대나무를 쳐서 1백여 만 개의 화살을 만들고 말 2천 필을 기르는 한편 4백만 휘의 조세를 거두어서 군사들에게 공급하였다.

기원은 당시 위衛 지역에 있는 동산으로서 대나무가 많기로 유명한 곳이다.

주유는 유수가 북쪽으로 가는 바람에 하내가 고립되어 있다는 소식을 듣고 토난討難장군 소무蘇茂와 부장 가강賈彊에게 군사 3만여 명을 거느리고 공현鞏縣으로부터 황하를 건너 온현溫縣을 치게 하였다.

공현과 온현은 후에 낙주현洛州縣이 되는데, 황하에 가까이 있기 때문에 당시에 공하鞏河라고 불렀다.

격문이 이르자 구순은 곧바로 군사를 이끌고 말을 달려 성을 나섰으며, 모든 속현에 통고하여 군사를 출동시켜 온현성 아래로 모이게 하였다.

군관들이 한 목소리로 구순에게 간언을 하였다.

"지금 낙양의 군사가 황하를 건너고 있는데 앞뒤가 끊이지 않을 정도로 많다고 하니 마땅히 모든 군사가 다 모인 후에 나가서 싸우는 것이 좋을 듯합니다."

구순이 말하였다.

"온현은 하내군의 울타리이니, 온현을 잃으면 하내군을 지킬 수 없다."

구순은 마침내 군사를 이끌고 말을 달려 온현으로 갔다. 이튿날 아침 소무의 군사와 접전을 시작하였는데, 얼마 후에 편장군 풍이가 보낸 구원병과 각 현에서 보낸 군사들이 때마침 당도하여, 병사와 말이 사방에서 속속 모여들고 깃발이 온 들을 뒤덮었다.

구순은 이에 병사들에게 명하여 성을 기어 올라가게 하고, 북을 치고 함성을 지르게 하였으며, 큰소리로 이렇게 외치게 하였다.

"유공(유수)의 군사가 왔다!"

과연 소무의 병사들은 이 말을 듣고 진을 뒤로 이동시켰다. 구순은 이 때를 놓치지 않고 질풍같이 공격하여 소무의 군사를 대파하였으며, 낙양까지 추격하여 마침내 가강을 참하였다. 소무의 병사들 중에 스스로 황하에 몸을 던져 죽은 자가 수천 명이나 되었고 생포된 자는 1만여 명에 이르렀다. 구순은 풍이와 함께 황하를 건너서 돌아왔다. 이때부터 낙양은 온통 두려움에 떨었으며 성문은 낮에도 굳게 닫아 두었다.

이때 유수는 주유가 하내를 격파하였다는 오보를 듣고 있었는데 조금 후에 구순의 승전을 알리는 격문이 당도하자 크게 기뻐하며 말하였다.

"나는 구순이 잘 해낼 줄 알았다!"

장수들은 유수에게 승전을 축하하였으며 이 기회에 유수에게 가장 존귀한 황제의 칭호를 올렸다. 이리하여 유수는 황제로 즉위하여 광무제가 되었다.

당시 군중에 식량이 급속하게 부족해졌는데, 구순이 손수레와 여가 驪駕(말 두 필이 나란히 끄는 수레)를 이용해서 운송을 하였다. 식량을 운송하는 대오가 끊임없이 계속되었으나, 상서는 되와 말로 쌀을 달 정도로 적은 양을 백관에게 나누어주었다. 광무제는 여러 차례 책서策書를 내려 구순을 위로하였다.

동문수학한 무릉武陵의 동숭董崇이 구순에게 말하였다.

"폐하께서 새로 즉위하셨으나 사방이 아직 평정되지 않았소이다. 공은 이러한 때에 큰 군에 웅거해서 안으로 사람들의 마음을 얻고 밖으로 소무를 쳐부수어서 주변의 적들에게 위엄을 떨쳐서 공명을 세상에 알렸소. 지금은 바로 아첨하는 소인배가 남을 모함하고 시기하며 원망을 하는 때이오. 옛날에 소하가 관중을 지킬 때 포생鮑生의 말을 듣고 깨달아서 고조께서 기뻐하셨다고 하오. 지금 공이 거느리고 있는 사람은 모두 종족宗族과 형제이니, 마땅히 옛날 사람을 거울로 삼아 경계해야 할 것이오."

동숭이 말하는 소하의 고사는 이러하다. 한나라의 고조 유방이 한왕漢王으로 있을 때 경京과 삭索에서 항우와 대치하고 있었는데, 당시 소하는 남아서 관중을 지키고 있었다. 이에 유방이 여러 차례 사람을 보내서 소하의 노고를 위로하였다. 이때 포생이라는 사람이 소하에게 말하였다.

"지금 군왕께서 옷을 햇볕에 쬐어 말리고 이슬에 수레덮개가 젖도록 분주하게 돌아다니면서 여러 차례 공의 노고를 위로하는 것은 공의 마음을 의심하고 있다는 것입니다. 공을 위해서 계책을 말씀드리건대, 공의 자식이나 형제 중에서 전쟁을 감당할 수 있는 사람은 모두 군대에 보내십시오."

소하는 그 계책을 따랐으며, 이 소식을 들은 유방은 크게 기뻐하였다고 한다. 지금 구순의 상황이 옛날 소하의 상황과 비슷하여 동숭이 이를 예로 들어 구순에게 충고를 한 것이다.

구순은 그의 말을 옳게 여기고 사람들에게 병이 났다고 알리고 전쟁을 돌보지 않았다. 광무제가 장차 낙양을 공격할 작정을 하고 먼저 하내에 이르렀는데 이때 구순이 종군하기를 간청하였다.

광무제가 말하였다.

"장군은 아직 하내를 떠날 수 없다."

구순은 여러 차례에 걸쳐 강력하게 청해도 들어 주지 않자, 형의 아들 구장寇張과 누나의 아들 곡숭谷崇을 광무제에게 보내어, 돌기를 거느리고 대군의 선봉이 되게 했다. 광무제는 구순을 칭찬하고, 구장과 곡숭 두 사람을 모두 편장군으로 삼았다.

26년(건무 2년), 구순은 상소한 사람을 구금하고 조사하였다가 면직을 당했다. 이때 영천 사람 엄종嚴終과 조돈趙敦이 무리 1만여 명을 모아 밀현密縣 사람 가기賈期와 연합하여 노략질을 하였다. 이에 구순은 면직을 당한 지 수개월 만에 다시 영천 태수에 임명되어 파간破姦장군 후진侯進과 함께 그들을 공격하였다. 수개월 후 가기의 머리를 벰으로써 영천군이 모두 평정되었다. 구순은 옹노후雍奴侯에 봉해지고 식읍 1만 호를 하사받았다.

집금오執金吾 가복이 여남군汝南郡에 있을 때에 발생한 일이다. 가복의 부장部將이 영천에서 살인을 하였기에, 구순이 그를 체포하여 옥에 가두

9
寇恂

었다. 부장이란 군부軍部 아래에 있는 소장小將이다. 당시는 아직 초창기라서 군인의 범법 행위에 대해서는 대부분 서로 관용을 베푸는 것이 관례였음에도 불구하고 구순은 곧바로 가복의 부장을 저자거리로 끌고 가 처형을 해 버렸다.

가복은 이 일을 자신의 치욕으로 간주하고 크게 탄식하였으며, 돌아가는 길에 영천을 지나면서 좌우 사람들에게 말했다.

"나와 구순은 함께 장수의 대열에 서 있는데, 지금 그에게 모멸을 당하였으니 대장부가 어찌 남에게 능욕을 당한 분노를 마음에 품고 있으면서도 이를 풀지 않을 수 있겠는가? 오늘 구순을 만나면 내가 기필코 친히 베어 버리리라!"

구순은 가복의 계획을 알아차리고는 가복과 마주치려고 하지 않았다. 곡숭이 구순에게 말하였다.

"저는 장수라서 칼을 차고 옆에서 모실 수 있습니다. 창졸간에 무슨 변고가 생기면 제가 충분히 대응을 할 수 있습니다."

구순이 말하였다.

"옳지 않다. 옛날에 조趙나라의 인상여藺相如가 진왕秦王을 두려워하지 않았는데도 염파廉頗에게 굽힌 까닭은 나라를 위하였기 때문이었다. 작은 조나라에도 이렇게 명백한 대의를 가진 사람이 있었거늘 어찌 내가 이를 잊을 수 있겠느냐?"

말을 마치고는 속현에 분부하여 음식과 술을 성대하게 준비하게 하였

9
구순

다. 집금오 가복의 병사들은 영천 경내에 들어와서 모두 한 사람 당 두 사람 분량의 음식과 술을 먹었다. 얼마 후에 구순은 바로 큰 길로 손수 가복을 맞이하러 갔다가 갑자기 병이 났다고 핑계 대고 돌아가 버렸다. 가복은 병사를 이끌고 구순을 추격하려고 하였으나 병사들이 모두 술에 취하였으므로 할 수 없이 그냥 가 버렸다. 구순이 곡숭을 보내 광무제에게 이 사실을 보고하였더니 광무제는 구순을 불러들였다. 구순이 당도해서 알현을 하려고 하였을 때 가복은 먼저 와서 자리에 앉아 있었는데 일어나서 자리를 피하려고 하였다.

광무제가 말하였다.

"천하가 아직 평정되지 않았는데 두 호랑이가 어찌 사사로운 싸움을 하고 있단 말인가? 오늘 짐이 이 문제를 해결하겠노라."

그러고 나서 광무제는 함께 앉아 매우 흥겹게 술을 마시고 한담하며 놀았다. 그러는 동안 두 사람 사이의 감정이 모두 해소되어 마침내 화해하고 수레를 함께 타고 나가면서 친구가 되기로 다짐하고 헤어졌다.

구순은 영천으로 돌아갔다. 37년(건무 3년), 광무제는 곧바로 사자를 보내서 구순을 여남汝南 태수로 임명하고, 다시 표기驃騎장군 두무로 하여금 병사들을 거느리고 구순을 도와서 도적을 토벌하라는 조칙을 내렸다. 도적이 깨끗이 소탕되고 나자, 여남군은 아무 일 없이 태평하게 되었다.

구순은 평소에 배우기를 좋아하였기에 향교를 중수하고 생도들을 가르치게 하였으며, 『춘추좌씨전』에 정통한 사람을 초빙하여 친히 배우

9
寇恂

기도 하였다.

31년(건무 7년), 구순은 주부朱浮를 대신해서 집금오가 되었다. 이듬해 (32년), 구순이 광무제를 따라 외효隗囂를 치게 되었는데, 마침 영천에서 도적이 벌떼처럼 일어나는 바람에 광무제는 군사를 거느리고 돌아갔다.

광무제가 돌아가는 길에 구순에게 말하였다.

"영천은 경성에 가까이 있으니 마땅히 제 때에 평정해야 할 것이오. 오직 경만이 그곳의 도적들을 평정할 수 있다고 생각했기에 경이 구경九卿의 신분인데도 다시 전쟁터에 나오게 한 것이니, 경은 이 일을 나라를 위해 걱정해야 할 일로 보면 되오."

구순이 대답하였다.

"영천 사람들은 민첩하고 용맹한데, 폐하께서 농隴과 촉蜀을 정벌하는 일로 멀리 험준한 곳에 계시다는 소식을 듣고는 경박하고 교활한 자들이 틈을 타서 폐하를 끌어들인 것입니다. 만일 어가가 남쪽으로 향한다는 소식을 들으면 도적은 반드시 두려워서 다투어 투항할 것이옵니다. 부디 신이 날카로운 병기를 잡고서 선봉에 서도록 해 주십시오."

그날로 광무제는 남쪽 정벌에 나섰으며 구순도 참가하여 영천에 이르렀더니 도적이 남김없이 항복하였다. 그러나 끝내 구순을 영천군 태수로 임명하지 않았다.

백성들이 길을 막고 간청하였다.

"부디 간청하오니, 폐하로부터 구군寇君(구순에 대한 경칭)을 다시 1년 동안 빌리도록 해 주십시오."

그리하여 광무제는 구순을 장사현長社縣에 남게 하여 관리와 백성을 진무하게 하고, 아직 귀순하지 않은 도적들을 귀순시키는 일을 맡게 하였다.

당초에 외효의 장수인 안정安定 사람 고준高俊은 병사 1만 명을 거느리고 고평현高平縣의 제일성第一城을 점거하고 있었는데, 광무제가 대조待詔 벼슬을 하고 있는 마원馬援(기원전 14년~서기 49년)을 보내 고준을 항복시켰다. 이로 말미암아 하서河西의 길이 열리게 되었다.

중랑장 내흡來歙이 광무제의 조서를 받들어 고준을 통로通路장군으로 임명하고 관내후關內侯에 봉했다. 고준은 후에 대사마 오한에게 배속되어 함께 기冀 땅에서 외효를 포위 공격하였다. 그러나 오한의 군사가 퇴각하자 고준은 달아나 옛날의 군영으로 돌아가서 다시 외효를 도와 농저隴阺를 막아 지켰다. 외효가 죽자, 고준은 고평에 웅거해서 주살될 것을 두려워하여 굳게 지키기만 하였다. 건위建威대장군 경감은 태중대부太中大夫 두사竇士와 무위武威 태수 양통梁統 등을 인솔하고 고평을 포위해서 공격하였으나 1년이 지나도록 함락시키지 못했다.

34년(건무 10년), 광무제가 관중으로 들어와서 친히 고준을 정벌하려고 하였는데 당시 어가를 따르고 있던 구순이 간언을 올렸다.

"장안은 한가운데 위치하고 있어 낙양, 고평과 서로 가까워서 호응하기가 편리하므로 안정군安定郡과 농서군隴西郡은 반드시 두려운 마음을 갖게 될 것입니다. 이렇게 하면 가만히 한 곳에 있으면서 사방을 견제할 수 있습니다. 지금 병사와 말이 피로한데 바야흐로 험하고 막힌 길을 지나서 어가가 친정하는 것은 아마도 안전한 계책이 아닐 듯합니다. 지난 해 영천군의 일이 가장 좋은 교훈이 될 수 있습니다."

그의 말대로 장안은 낙양과 고평의 중간에 있었다. 광무제는 구순의 말을 받아들이지 않고 군사를 진격시켜 당시 우부풍右扶風에 속한 견현汧縣에 이르렀다.

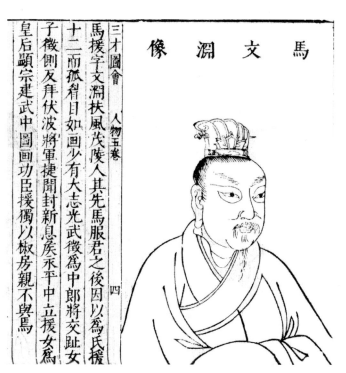

마원馬援
(기원전 14년
~서기 49년)
출전 : 『삼재도회』

그러나 고준이 웅거한 고평이 함락되지 않자 광무제는 신하들과 상의하여 사자를 보내 고준에게 항복을 권유하자고 결정하고 구순에게 말하였다.

"경이 이전에 나의 이 출병을 만류하였는데 지금 나를 대신해서 한번 가 주시오. 만약 고준이 즉시 투항하지 않으면 내가 경감 등의 다섯 군영을 이끌고 고준을 치겠소."

구순이 새서璽書를 받들고 제일성으로 갔더니 고준은 군사軍師 황보문皇甫文을 내보냈는데, 황보문은 성문을 열고 나와 만나서는 말투나 예의 등을 높이지 않았다. 이에 구순이 화가 나서 황보문을 주살하려고 하였다.

여러 장수가 간언하였다.

"고준은 정병 1만 명을 거느리고 있는데 대부분 매우 강한 궁수들인데다가 서쪽의 농을 지나는 길을 막고 있어서 여러 해 동안 함락되지 않았습니다. 지금 고준을 항복시키려고 하면서 오히려 그의 사자를 죽이는 것은 불가하지 않겠습니까?"

구순은 장수들의 간언을 듣지 않고 마침내 황보문을 참해 버렸다.

그러고는 황보문의 부관을 성안으로 돌려보내 고준에게 다음과 같이 통보하게 하였다.

"그대의 군사軍師가 무례하여 이미 죽여 버렸노라. 항복하고자 하면 속히 항복할 것이요, 그렇지 않으면 굳게 지켜라."

이 말을 들은 고준은 당황스럽고 두려워서 고민을 하다가 그날로 성문을 열고 투항하였다. 여러 장수가 모두 축하를 하러 와서 이 일을 가지고 물었다.

"사자를 죽이고서 고준에게 항복할 것을 물으심은 무엇 때문입니까?"

구순이 대답하였다.

"황보문은 고준의 심복으로서 고준에게 계책을 세워 주는 사람이오. 그가 친히 나왔으나 말투가 강경한 것은 틀림없이 항복할 마음이 없다는 것이오. 죽이지 않았다면 황보문은 자신의 계책이 성공하는 것이요, 죽였으니 고준은 자신의 쓸개라고 할 수 있는 핵심 참모를 잃게 되어 이 때문에 할 수 없이 항복한 것이외다."

장수들이 모두 이구동성으로 말하였다.

"우리가 미칠 바가 아닙니다."

마침내 고준을 낙양으로 돌려보냈다.

구순은 유가 경전에 밝고 수양을 많이 하여 조정에서 명성이 자자하였으며, 자신이 받은 녹봉을 동료, 친구와 자신을 따르는 관리에게 후하게 베풀었다.

구순은 항상 이런 말을 하곤 하였다.

"내가 장사들의 힘으로 여기까지 이르렀는데 어찌 혼자 누릴 수 있겠소!"

당시 사람들은 덕망이 있는 구순을 높이 평가하였으며 재상이 될 만

9 구순

한 그릇이라고 생각하였다.

36년(건무 12년), 구순이 세상을 떠났다. 구순에게 위후威侯라는 시호가 내려졌다.

아들 구손寇損이 봉호를 계승하였다. 구순의 친아우와 형의 아들, 누이의 아들 등 군공에 따라 열후에 봉해진 사람은 모두 여덟 명이었지만, 죽고 난 후에 봉호를 후손에게 전하지 못하였다.

당초에 구순과 함께 훌륭한 계책을 많이 낸 민업閔業이란 사람이 있었다. 구순이 여러 차례 광무제에게 민업의 충성심을 아뢰어, 광무제가 민업을 관내후關內侯에 봉했으며, 훗날 그의 벼슬은 요서遼西 태수에 이르렀다.

37년(건무 13년), 구손의 서형庶兄인 구수寇壽가 효후洨侯로 봉해졌고, 훗날 구손의 봉호는 부류후扶柳侯로 바뀌었다. 구손이 죽고, 아들 구리寇釐가 봉호를 승계하였는데, 상향후商鄕侯로 바뀌었다. 구리가 죽고, 아들 구습寇襲이 봉호를 승계하였다.

구순은 이십팔수 중에서 북방 현무의 두 번째 별자리인 우수牛宿를 관장한다.

구순이 관장하는 북방 현무의 두 번째 별자리인 우수牛宿

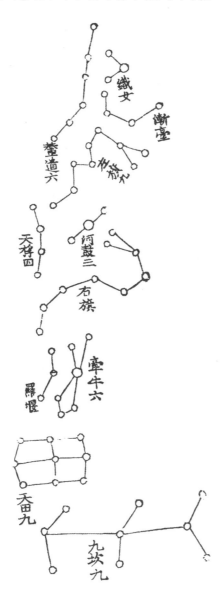

9
蔻怐

10. 정벌에 항상 따라간
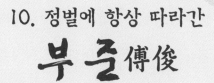
부준 傅俊

유수가 손으로 물을 떠 마시고서
수염과 눈썹의 때를 깨끗이 닦은 후에 부준 등에게 말하였다.
"오늘은 대단히 피곤하네, 그대들은 어찌 고단하지 않은가?"

부준傅俊(?~31)은 자가 자위子衛이고, 지금의 하남성
양성현襄城縣인 영천군潁川郡 양성현襄城縣 출신이다.

유수가 군사를 이끌고 양성을 공격했을 때, 부준은
현의 정장亭長의 신분으로 유수를 영접하고 그 공으로
교위校尉에 임명되었다. 그러자 양성에서는 배반에 대한
앙갚음으로 부준의 어머니와 아우 및 친족을 모두 살
해하였다. 부준은 유수를 따라 왕심王尋 등을 쳐부순 후에 편장군으로
임명되었다.

후한 때 편찬된『동관한기東觀漢記』라는 책에서는 당시의 에피소드를 이렇게 기록하고 있다.

부준이 유수를 따라 왕심 등을 양관陽關에서 맞아 쳤으나 한나라 군사가 오히려 패주해서 여수汝水 가로 돌아왔는데, 유수가 손으로 물을 떠 마시고서 수염과 눈썹의 때를 깨끗이 닦은 후에 부준 등에게 말하였다.

"오늘은 대단히 피곤하네. 그대들은 어찌 고단하지 않은가?"

부준은 별도로 경京과 밀密을 공격하여 쳐부순 후에 영천으로 돌아와서는 가족의 시신을 수습하여 장사지냈다.

유수가 하북을 토벌하러 떠났다는 말을 듣고 부준은 빈객 십여 명과 함께 북쪽으로 뒤쫓아 갔는데, 한단에 이르러서야 유수를 따라잡을 수 있었다. 부준을 본 유수는 그에게 영천의 군사를 통솔하게 하였으며, 이때부터 항상 정벌하는 데 부준을 따르게 하였다.

유수는 황제로 즉위한 후 곧바로 부준을 시중으로 삼았으며, 26년(건무 2년)에는 곤양후昆陽侯로 봉했다. 27년(건무 3년), 부준은 적노積弩장군으로 임명된 후 정남대장군 잠팽과 함께 진풍秦豊을 격파하였으며, 그 후 군사를 거느리고 강동江東과 양주揚州 일대를 공격하여 모두 평정하였다. 31년(건무 7년), 부준이 세상을 떠났다. 시호는 위후威侯이다.

아들 부창傅昌이 봉호를 승계하였으며, 무호후蕪湖侯로 개봉되었다. 무호는 단양군에 속한 현이다. 건초建初(76~84년) 연간에 모친상을 당했는데, 이때 부창은 글을 올려 봉국이 가난해서 가기를 원치 않고, 돈 50만

전을 내려 주고 등급을 낮추어서 관내후關內侯로 삼아 줄 것을 요청하였다. 당시 황제인 장제章帝 유달劉炟은 이 글을 보고 진노하여 봉호만 관내후로 낮추었을 뿐 끝내 돈은 내려 주지 않았다. 113년(영초永初 7년), 등鄧태후가 다시 부창의 아들 부철傅鐵을 고치정후高置亭侯로 봉했다.

부준은 이십팔수 중에서 북방 현무의 세 번째 별자리인 여수女宿를 관장한다.

부준이 관장하는 북방 현무의 세 번째 별자리인 여수女宿

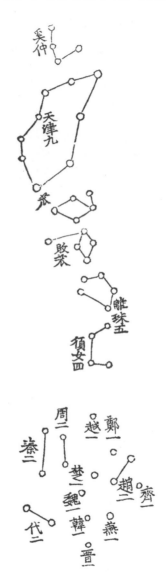

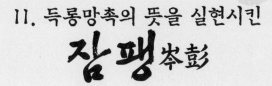

11. 득롱망촉의 뜻을 실현시킨
잠팽岑彭

"천하의 일은 물이 흘러가듯이 갈 곳으로 가고 있습니다.
공께서는 비록 농성을 하며 굳게 지키고는 있지만
장차 무엇을 기다리고 있는 것입니까?"
"무릇 큰일을 하는 자는 작은 원한을 미워하면 안 된다.
황하의 물이 여기 있는데 나는 식언을 하지 않노라."

잠팽岑彭(?~35)은 자가 군연君然이고, 지금의 하남성 남양시南陽市에 속하는 남양군 극양현棘陽縣 출신이다.

왕망王莽 시절에 극양현 현장縣長을 지냈다. 한漢 나라 군사가 일어나서 극양을 공격하여 점령하자 잠팽은 가솔을 데리고 전수前隊*의 대부 견부甄阜에게로 달아났다. 전수란 남양南陽을 말한다. 왕망 때 육수六隊를 설치하였다. 군에는 대부大夫 한 명을 두는데 직급은 태수太守와 같다. 남양南

---

* 전수前隊 : '隊'는 이 경우에 '대' 가 아니라 '수' 라고 읽는다.

陽은 전수前隊, 하내河內는 후수後隊, 영천潁川은 좌수左隊, 홍농弘農은 우수右隊, 하동河東은 조수兆隊, 형양滎陽은 기수祈隊가 된다.

견부는 잠팽이 현을 굳게 지키지 못하자 화가 나서 잠팽의 어머니와 처를 구속하고, 잠팽에게 공을 세워 스스로 잘못을 만회하라고 명했다. 잠팽은 빈객들을 거느리고 온 힘을 다해 싸웠다.

견부가 죽은 후 잠팽은 상처를 입고 완宛으로 달아나서 전수前隊의 대부 엄열嚴說과 함께 성을 지켰다. 한나라 군사가 공격을 한 지 수개월이 되자, 성안에는 식량이 떨어져서 사람들이 서로 잡아먹는 상태에 이르렀다. 이에 잠팽은 할 수 없이 엄열과 함께 성을 바쳐 항복하였다.

장수들이 잠팽을 베려고 하자 대사도 유연(유수의 형)이 말하였다.

"잠팽은 군郡의 높은 관리로서 온 마음을 다해 성을 굳게 지켰는데 이것이 절개입니다. 지금 성을 바쳐 큰일을 한 것은 의로운 사람임을 나타낸 것이니 잠팽을 봉해서 뒷일에 힘쓰게 하는 것만 못합니다."

이에 경시제는 잠팽을 귀덕후歸德侯로 봉해서 유연에게 소속되게 하였다. 유연이 경시제에게 해를 당한 후 잠팽은 다시 대사마 주유朱鮪의 교위校尉가 되었으며, 주유를 따라 왕망의 양주목楊州牧 이성李聖을 쳐서 죽이고 회양성淮陽城을 평정하였다. 주유가 추천하여 잠팽은 회양 도위에 임명되었다. 경시제는 입위왕立威王 장앙張卬과 장군 요위徭偉를 보내 회양을 진무하게 하였다. 그런데 요위가 배반을 하고 장앙을 공격해서 달아나게 하였다. 잠팽은 병사를 이끌고 요위를 공격하여 깨부수었으며, 이 공으로 영천 태수로 영전되었다.

때마침 용릉舂陵의 유무劉茂가 군사를 일으켜 영천을 함락시키자, 잠팽은 유무 밑에서 벼슬을 하지 않고 휘하의 수백 명과 함께 하내 태수인 고향 사람 한흠韓歆에게 갔다. 당시에 유수는 하북을 순행하고 있었는데 한흠은 유수를 거부하고 성을 지키려는 논의를 하였으나 잠팽은 그의 의견에 반대하며 따르지 않았다.

얼마 후에 유수가 회懷에 당도하자 사태가 급박하다고 느낀 한흠은 성을 나와 항복하였다. 유수는 한흠의 원래 생각을 알고는 크게 노하여 한흠을 붙잡아 군문 앞에 있는 북 아래에 세워 놓고 곧 벨 작정이었다.

유수는 우선 잠팽을 불러서 만나 보았는데, 잠팽이 앞으로 나서서 말하였다.

"지금 적미군이 이미 관중으로 들어와 경시제가 위태로운 상태라, 권신들은 제멋대로 행동하고 가짜 조서를 만들기에 이르렀으며, 곳곳에 도로가 막히고 사방에서 봉기하며 군웅이 각축을 하는 바람에 백성들은 귀순해야 할 곳을 모르고 있습니다. 제가 듣건대 대왕께서는 하북을 평정하여 왕업을 여셨다고 하는데, 이는 진실로 하늘이 우리 한漢나라를 도우신 것으로서 모든 선비와 백성의 복입니다. 저는 다행히 사도(유연을 말함)의 보살핌으로 목숨을 구하였으나 아직까지 은덕을 갚지 못하고 있는데, 이제 얼마 안 되어 제가 화를 입으면 마음속에 영원히 한이 될 것입니다. 지금 다시 만났으니 원컨대 몸을 내던져 나라를 위해 힘을 써서 공을 세우고자 합니다."

유수는 그 말을 깊이 받아들였다. 뒤이어 잠팽은 한흠이 남양의 대호
족으로서 앞으로 쓰임새가 있을 것이라고 말하였다. 유수는 잠팽의 말
에 따라 한흠을 용서하고 등우의 군사軍師로 삼았다.

경시제의 대장군 여식呂植은 병사를 거느리고 기원淇園에 주둔하고 있
었는데, 잠팽이 유세하여 항복시켰다. 그 공으로 잠팽은 자간刺姦대장군
에 임명되어 많은 군영을 감독하는 역할을 맡고서 상시로 부절을 지니
는 권한을 부여받았다. 그 이후 잠팽은 유수를 따라 하북을 평정하는
데 큰 공을 세웠다.

광무제는 즉위한 후 잠팽을 정위廷尉로 임명하고 예전처럼 귀덕후歸德
侯로 있으면서 대장군의 일을 맡게 하였다. 대사마 오한, 대사공 왕량, 건
의대장군 주우, 우장군 만수, 집금오 가복, 효기장군 유식, 양화장군 견
담, 적야積野장군 후진侯進, 편장군 풍이, 체준, 왕패 등과 함께 낙양을 수
개월간 포위하였으나, 주유 등이 굳게 지켜서 낙양은 쉽게 함락되지 않
았다.

광무제는 잠팽이 한때 주유의 교위를 지낸 적이 있었음을 생각하고,
주유에게 가서 유세를 하라고 하였다. 주유는 성 위에 있고 잠팽은 성
아래에 있으면서 서로 고생을 위로하며 예전처럼 즐거운 표정으로 대화
를 하였다.

잠팽이 말하였다.

"저는 옛날에 말채찍을 잡고 공을 모시고 따랐으며, 공께서 천거하고
발탁해 주셔서 감사하며 항상 은혜를 갚아야 한다고 늘 생각해 왔습니
다. 지금 적미군은 이미 장안을 차지하였고 경시제는 삼왕三王에게 배반
을 당했습니다. 우리 황제께서는 천명을 받아 연燕과 조趙를 평정하시고
유幽와 기冀의 땅을 전부 차지하셔서 백성들의 마음이 그분에게 돌아갔
고 현사와 준걸이 구름처럼 모여들었습니다. 이에 친히 대군을 거느리
고 낙양을 공격하러 오셨습니다. 천하의 일은 물이 흘러가듯이 갈 곳으
로 가고 있습니다. 공께서는 비록 농성을 하며 굳게 지키고는 있지만 장

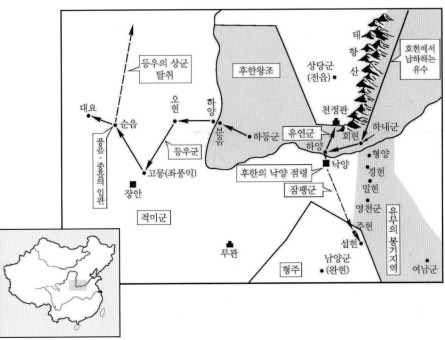

25년, 후한의 수도 낙양

차 무엇을 기다리고 있는 것입니까?"

삼왕이란 회양왕淮陽王 장앙張卬, 양왕穰王 요담廖湛, 수왕隨王 호은胡殷을 말한다.

주유가 말하였다.

"대사도(즉 유승을 말함)가 해를 입었을 때 나는 그 일에 관여를 하였고, 또 경시제에게 소왕蕭王(즉 유수)을 북벌하러 보내지 말게 하라고 간언을 하였으니 진실로 내 자신이 죄가 깊다는 것을 알고 있소."

잠팽이 돌아와서 광무제에게 대화 내용을 하나도 빠짐없이 전했다. 광무제가 말하였다.

"무릇 큰일을 하는 자는 작은 원한을 미워하면 안 된다. 주유가 만약 지금 항복을 한다면 관작을 보전할 수 있을 텐데 하물며 처벌을 하겠는가? 황하의 물이 여기 있는데 나는 식언을 하지 않노라."

잠팽이 다시 가서 주유에게 광무제의 말을 전하였더니, 주유는 성 위에서 동아줄을 내리면서 말하였다.

"그대의 말이 확실하다면 이 줄을 타고 올라올 수 있을 것이오."

잠팽은 기꺼이 동아줄로 다가가 줄을 타고 위로 올라가려고 하였다. 주유는 그의 성의를 보고 곧바로 항복을 허락하였다.

닷새가 지난 뒤 주유는 경기병을 거느리고 잠팽에게 갔다. 가면서 부장部將들을 돌아보며 말하였다.

"성을 굳게 지키고 나를 기다려라. 내가 만약 돌아오지 않으면 제군은 곧바로 대군을 거느리고 환원轘轅으로 가서 언왕郾王에게 귀순하라."

이에 손을 뒤로 묶고 잠팽과 함께 하양河陽으로 갔다. 광무제는 즉시 결박을 풀어 주었으며, 다시 잠팽에게 명을 내려 밤에 주유를 돌려보내 성을 투항시키라고 하였다. 성으로 돌아간 주유는 이튿날 아침 부하들을 모두 데리고 성을 나와 항복을 하였다. 광무제는 주유를 평적平狄장군으로 임명하고 부구후扶溝侯에 봉했다. 주유는 회양 출신으로 나중에 소부少府가 되었고, 누대에 걸쳐 자손들에게 봉호가 전해졌다.

26년(건무 2년), 광무제의 명을 받고 잠팽은 형주荊州를 쳐서 주雔와 섭葉 등 십여 성을 함락시켰다. 이때 남방은 더욱 어지러운 상태에 있었다. 남군南郡 사람 진풍秦豐은 여구黎丘를 점령하고 자칭 초려왕楚黎王이라고 일컬었으며, 열두 현을 탈취하였다. 동흔董訢은 도향堵鄉에서, 허한許邯은 행行(남양군 복양현復陽縣에 있는 마을)에서 각기 군사를 일으켰으며, 또 경시제의 장수들이 군사를 보유하고 남양의 여러 성을 점령하고 있었다.

광무제는 오한을 보내 그 성들을 토벌하게 하였다.

그런데 오한의 병사들은 가는 곳마다 민가를 침범하며 포악한 행동을 저질렀다. 당시 파로破虜장군 등봉鄧奉은 알현을 마치고 신야新野로 돌아가다가 오한이 자기의 고향에서 노략질을 한다는 말을 듣고 노해서 마침내 반기를 들었다. 그리하여 오한을 쳐부수고 치중을 빼앗았으며 육양淯陽에 주둔을 하고 여러 도적과 연합을 하였다.

그해 가을, 잠팽은 행을 격파하여 허한을 항복시키고 정남征南대장군으로 승진하였다. 광무제는 다시 주우와 가복, 건위대장군 경감, 한충장군 왕상, 무위武威장군 곽수郭守, 월기越騎장군 유굉劉宏, 편偏장군 유가劉嘉, 경식耿植 등을 보내 잠팽과 힘을 합쳐 등봉을 토벌하게 하였다. 그리하여 먼저 도향을 쳤는데 등봉은 1만여 명을 거느리고 동흔을 구원하였다. 동흔과 등봉은 모두 남양의 정예병을 거느리고 있어서 잠팽 등이 여러 달 동안 공세를 퍼부었으나 이기지 못하였다.

27년(건무 3년) 여름, 광무제가 친히 군사를 거느리고 남정을 단행하였는데, 섭에 이르자 동흔의 별장別將이 수천 명을 거느리고 길을 막아서 수레와 기마가 앞으로 나아갈 수가 없었다. 잠팽이 달려가서 공격하여 대파하였다. 광무제가 도향에 이르자, 등봉은 한밤중에 도망쳐서 육양으로 돌아갔으며 동흔은 항복을 하고 말았다. 잠팽은 다시 경감, 가복, 적노장군 부준, 기도위 장궁 등과 함께 소장안小長安까지 등봉을 추격하였다. 광무제는 장수들을 거느리고 친히 싸워 적을 대파하였다. 등봉은 상황이 급박해지자 바로 항복해 버렸다.

이에 광무제는 등봉이 옛날 공신이고 또 오한 때문에 반란을 일으킨 점을 감안해서 죄를 전부 용서해 주려고 하였는데, 잠팽과 경감이 반대하였다.

"등봉이 은혜를 저버리고 반역을 하여 포악한 군사들이 여러 해 동안 날뛰는 바람에 가복이 부상을 당하고 주우가 사로잡혔습니다. 폐하께서 이미 이곳에 이르렀는데도 뉘우쳐서 착한 마음을 갖지 않고 있다가 친히 싸움에 나서시자 패배를 하여 항복한 것입니다. 만약 등봉을 베지 않으면 무엇으로도 악을 징벌할 수 없습니다."

공신들의 반대가 거세자, 광무제는 할 수 없이 등봉을 참하였다. 등봉은 서화후西華侯 등신鄧晨의 조카(형의 아들)였다.

광무제는 군사를 이끌고 돌아와서 잠팽으로 하여금 부준, 장궁, 유굉 등을 위시해서 3만여 명을 거느리고 남쪽으로 진풍을 쳐서 황우黃郵(남양군 신야현에 있는 마을)를 탈취하게 하였다. 그런데 진풍이 수하의 대장 채굉蔡宏과 함께 등현에서 잠팽 등을 막는 바람에 수개월 동안 전진을 할 수가 없었다. 광무제가 고의로 지체한다고 의심을 하여 잠팽을 꾸짖자, 잠팽은 두려운 마음에 야밤에 병마를 점검하고 거듭 군중에 명령을 내려 출동 준비를 마치고 이튿날 아침 서쪽의 산도山都를 공격하겠다고 큰소리쳤다. 또 붙잡은 포로들을 풀어 주어 도망치게 하고 돌아가서 진풍에게 공격 계획을 알려 주게 하였다. 진풍은 그 말을 듣고 아무런 의심을 하지 않고 곧바로 전군을 총동원하여 서쪽으로 잠팽에게 대항하러 갔다.

그러나 이때 잠팽은 은밀히 병사들을 이끌고 면수沔水를 건너 아두산阿頭山으로 가서 장풍의 장수 장양張楊을 쳐서 대파하였다. 곧바로 시내와 골짜기를 따라 나무를 베면서 길을 열고 진군하여 곧장 여구를 습격하여 그곳의 모든 주둔 병력을 격파하였다. 진풍은 이 소식을 전해 듣고 크게 놀라 말을 달려 구원하러 갔다. 잠팽은 동산에 의지하여 군영을 세웠는데, 진풍은 채굉과 함께 잠팽을 공격하였다. 잠팽은 이에 대한 대비를 해 놓고 있다가 출병하여 역습을 하였으며 진풍이 패하여 달아나자 추격하여 채굉을 베었다. 광무제는 공을 세운 잠팽을 무음후舞陰侯에 봉했다.

진풍의 재상 조경趙京은 의성宜城을 바쳐 항복을 하고 성한成漢장군으로 임명되어 잠팽과 함께 여구에서 진풍을 포위하였다. 당시 전융田戎은 군사를 거느리고 이릉현에 있었는데, 진풍이 포위당했다는 소식을 듣고 대군이 곧 들이닥칠 것을 두려워하여 항복을 하려고 하였다.

그 때 손위 처남 신신辛臣이 간언을 하였다.

"지금 사방의 호걸들이 각기 군국에 웅거하고 있고 낙양은 땅이 손바닥만 하니 군사를 움직이지 말고 그 변화를 살피는 것만 못합니다."

전융이 말하였다.

"진왕秦王(진풍을 말함)이 그렇게 강한데도 오히려 정남(잠팽을 말함)에게 포위당했는데 어찌 내가 대항할 수 있겠소? 항복하기로 계책을 결정하였소."

28년(건무 4년) 봄, 전융은 신신을 남겨 이릉현을 지키게 하고 자신은 병사를 거느리고 강을 따라서 면수를 거슬러 올라갔다. 여구에 이르러, 기일을 확실하게 정해서 항복하기로 하였다. 그런데 신신이 뒤에서 전융의 진귀한 보물을 훔쳐서 샛길을 따라 먼저 가서 잠팽에게 항복하고서 글을 보내 전융을 불렀다.

황당한 일을 당한 전융은 신신이 분명히 자기를 팔아먹었을 것이라고 의심하여 항복을 하지 못하고 있다가 오히려 진풍과 연합하여 잠팽에게 대항하였다. 잠팽은 출병하여 전융을 공격한 지 수개월 만에 결국 대파하였다. 전융의 대장 오공伍公이 잠팽에게 와서 항복하였고 전융은 달아나서 이릉현으로 돌아갔다. 광무제는 여구에 행차하여 병사들을 위로하고 공을 세운 잠팽의 부하 1백여 명에게 벼슬을 주었다.

잠팽은 진풍을 공격한 3년 동안 9만여 명의 수급을 베었다. 진풍에게 남은 병사는 겨우 1천 명에 불과한 데다 성 안에는 식량마저 떨어지게 되었다. 광무제는 진풍의 세력이 약해졌다고 판단하고 주우에게 잠팽을 대신해서 지키게 하고는, 잠팽에게는 부준과 함께 남쪽으로 전융을 치게 하였다. 잠팽은 전융을 대파하고 마침내 이릉현을 탈취하였으며 자귀秭歸까지 적을 추격하였다. 전융은 수십 기만을 데리고 도망쳐서 촉으로 들어갔다. 잠팽은 전융의 처자식을 비롯해서 무리 수만 명을 모두 빼앗았다.

잠팽은 장차 촉한蜀漢을 정벌하려고 하였지만, 그곳은 냇가를 끼고 있고 곡식이 적으며 물길이 험난해 조운漕運을 하기가 어려웠다. 그래서 위로威虜장군 풍준馮駿을 남겨 강주현江州縣에 주둔케 하고, 도위 전홍田鴻은 이릉현에, 영군領軍 이현李玄은 이도夷道에 각기 주둔케 하였다. 자신은 군사를 이끌고 돌아가서 진향현津鄕縣에 주둔하여 형주의 요지를 지키며 그곳에 사는 모든 이민족에게 알리기를 '항복하는 자는 천자께 상주하여 그곳의 군장君長으로 봉하겠다'고 하였다.

당초에 잠팽은 교지목交阯牧 등양鄧讓과 친밀하였기 때문에 등양에게 글을 보내 나라의 위엄과 덕을 자세히 말하였다. 또 편장군 굴충屈充을 보내 강남에 격문을 돌려서 황제의 명령을 반포하고 시행하게 하였다. 이에 등양의 격문을 받은 강하江夏 태수 후등侯登, 무릉武陵 태수 왕당王堂, 장사長沙의 상相 한복韓福, 계양桂陽 태수 장륭張隆, 영릉零陵 태수 전흡田翕, 창오蒼梧 태수 두목杜穆, 교지 태수 석광錫光 등은 모두 사자를 보내 공물을 바쳤다. 이들은 모두 열후에 봉해졌다. 어떤 사람은 자식을 시켜 군사를 거느리고 가서 잠팽이 정벌하는 것을 돕기도 하였다. 이리하여 강남의 진귀한 물품이 비로소 유통되기 시작하였다.

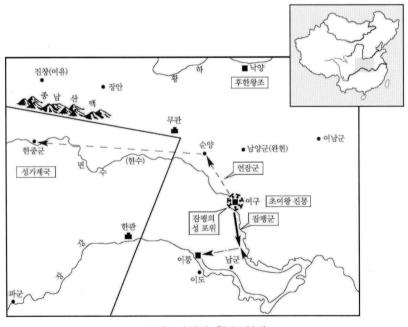

28년, 장강과 한수 일대

30년(건무 6년) 겨울, 광무제는 잠팽을 수도 낙양으로 오게 하여 자주 불러 연회를 베풀고, 후한 상을 내렸다. 다시 남쪽의 진향으로 돌아가게 되었는데, 광무제는 조서를 내려 잠팽으로 하여금 집에 들르고 성묘를 하게 하였다. 또한 황후의 속관인 대장추大長秋로 하여금 매월 초하루와 보름날에 태부인太夫人의 안부를 묻게 하였다. 태부인이란 열후의 어머니를 높여 부르는 말이다.

32년(건무 8년), 잠팽은 군사를 이끌고 광무제를 따라 천수天水를 쳤는데, 오한과 함께 서성西城에서 외효를 포위하였다. 당시 공손술의 장수 이육李育이 군사를 거느리고 외효를 지원하여 상규上邽를 지켰는데, 광무제는 갑연과 경감을 남겨 이육을 포위하게 하고 자신은 동쪽으로 돌아가면서 잠팽에게 조서를 내렸다.

"두 성이 만약 함락되면 곧바로 군사를 거느리고 남쪽으로 가서 촉의 오랑캐를 쳐라. 사람은 고생스러워도 만족할 줄을 몰라서 이미 농을 평정하고도 다시 촉을 바라보도다. 매번 군사를 동원할 때마다 머리카락과 수염이 하얗게 변하는구나."

'이미 농을 평정하고도 다시 촉을 바라본다'고 한 광무제의 말 '평롱망촉平隴望蜀'은 오늘날까지도 '인간의 욕심은 만족할 줄 모르고 끝이 없다'는 뜻으로 확대되어 사용되고 있다.(『후한서』「잠팽전」) 이 말은 '득롱망촉得隴望蜀', '망촉지탄望蜀之歎', 줄여서 '망촉望蜀' 등으로 사용되고 있다.

잠팽은 마침내 골짜기를 막아 물길을 서성으로 돌렸는데, 성이 다 잠기기까지 1장丈 정도 남았을 때 때마침 촉의 구원병을 거느리고 도착한 부하 장수 행순行巡과 주종周宗 덕분에 외효는 가까스로 탈출하여 기冀로 돌아갈 수 있었다. 오한은 식량이 다 떨어져서 치중을 불태우고 병사들을 이끌고 농으로 내려갔으며, 갑연과 경감도 뒤따라서 퇴각하였다. 외효가 출병하여 뒤에서 군영을 공격했지만 잠팽이 뒤에 남아서 막았기 때문에 장수들은 군사를 잃지 않고 동쪽으로 돌아올 수 있었다. 그 후 잠팽은 진향으로 돌아갔다.

33년(건무 9년), 공손술의 명을 받고 수하 장수 임만任滿, 전융, 정범程汎 등은 수만 명을 거느리고 배를 타고 강관江關으로 내려가서 풍준과 전홍, 이현李玄 등을 차례로 격파하였다. 마침내 이도와 이릉현을 탈취하고 형문荊門과 호아虎牙를 점령하였다. 강수江水를 가로질러 부교浮橋와 투루鬬樓를 세우고, 찬주欑柱를 세워 물길을 막고 산 위에 진을 치고 오한의 군사를 막았다. 잠팽이 여러 차례 공격하였으나 전세가 이롭지 못하자, 곧바로 누선樓船과 모돌선冒突船, 노요선露橈船 수천 척을 진격시켰다. 누선은 상면에 누각을 설치한 배이고, 모돌선은 적의 배에 충돌하는 용도의 배이며, 노요선은 사람은 배 안에 있고 짧은 노만 밖에 드러나게 한 배이다.

35년(건무 11년) 봄, 잠팽은 오한과 주로장군 유륭, 보위장군 장궁, 효기장군 유흠과 함께 남양, 무릉, 남군의 군사를 출동시키고, 다시 계양, 영릉, 장사의 도졸棹卒(노를 저어 배를 운행하는 병사) 등 총 6만여 명과 기병 5천 명을 출동시켜 모두 형문荊門에 모이게 하였다. 오한은 세 군의 도졸들이 양곡을 너무 많이 소비한다고 돌려보내려 하였다. 잠팽은 촉병의 수효가 많기 때문에 군사를 보낼 수 없다고 하며 광무제에게 글을 올려 이 상황을 보고하였다. 광무제가 잠팽에게 회답하였다.

"대사마는 보병과 기병을 쓰는 데 익숙하나 수전을 잘 모를 것이니, 형문의 일은 모두 정남공征南公의 뜻을 따르라."

대사마는 오한을 말함이요, 정남공은 잠팽을 지칭한 것이다. 잠팽은 이에 군중에 명을 내려 부교를 공격할 병사를 모집하고 먼저 올라가는 사람에게 상을 주겠다고 공언하였다. 말이 떨어지기가 무섭게 편장군 노기魯奇가 지원하여 앞으로 나아갔다. 이때 갑자기 하늘에서 바람이 거세게 부는 바람에 노기의 배는 강을 거슬러 올라가서 곧바로 부교에 충돌하고 찬주에 걸려 나아갈 수가 없게 되었다. 노기 등은 이러한 상황에서도 죽기를 각오하고 싸웠다. 그러나 횃불이 날아와서 배에 불이 붙고 바람이 거세게 불어 부교와 누선이 무너지고 불에 다 타 버렸다. 얼마 후에 순풍이 불어 잠팽이 다시 전군을 거느리고 나아가자 앞에 아무것도 거칠 것이 없었다. 촉의 병사들은 대오가 크게 어지러워져 물에 빠져 죽는 사람이 수천 명에 달했다. 임만은 죽고 정범은 생포되었으나 전융은 달아나서 강주를 지켰다.

잠팽은 유륭의 벼슬을 올려 남군 태수로 삼고 자신은 장궁과 유흠을 거느리고 멀리 적을 몰아 쫓아 강관으로 들어가서 군중에 명을 내려 노략질을 하지 못하도록 하였다. 이러자 잠팽이 지나가는 곳마다 백성이 소와 술을 가지고 나와 잠팽의 군사를 맞이하고 위로하였다.

잠팽은 여러 노인을 만나서 이렇게 말하였다.

"한나라는 파巴, 촉蜀이 오랫동안 오랑캐의 부림을 받고 있는 것을 불쌍하게 여기고 있었기 때문에 군사를 일으켜 멀리까지 정벌와서 죄 있는 자들을 토벌하여 백성에게 미치는 해악을 제거하는 것이오."

그러고는 백성이 마련해 온 소와 술을 사양하고 받지 않았다. 이 말이 알려지자 백성이 모두 크게 기뻐하였으며 앞다투어 문을 열고 항복하였다. 광무제는 조서를 내려 잠팽을 익주목益州牧으로 임명하고 잠팽이 함락시킨 군郡에서 태수의 일을 맡게 하였다.

잠팽은 강주에 당도하자 전융이 식량을 많이 확보하고 있기 때문에 단번에 탈취하기가 어렵다고 판단하고 풍준을 남겨서 지키게 하였다. 자신은 식량을 확보하기 위해 군사를 이끌고 곧장 점강현墊江縣을 향해 진격하고 평곡平曲을 공격해서 깨부수고 그곳의 쌀 수십만 석을 거두었다.

공손술은 수하 장수 연잠延岑, 여유呂鮪, 왕원王元과 자기 아우 공손회公孫恢에게 전 병력을 동원해서 광한廣漢과 자중資中을 막게 하고, 또 장수 후단侯丹에게 2만여 명을 거느리고 가서 황석黃石을 막게 하였다.

잠팽은 의병疑兵을 많이 벌여 놓고 호군 양흡楊翕과 장궁으로 하여금 연잠 등을 막게 하였다. 자신은 군사를 나누어 배를 타고 강 아래로 갔다가 강주를 돌아서 도강都江을 거슬러 올라가서 후단을 습격하여 대파하였다. 그리고 새벽부터 밤늦게까지 이틀 걸리는 길을 하루에 걸으면서, 2천여 리 길을 달려가서 곧바로 무양을 탈취하였다. 또 정예 기병으로 하여금 성도成都에서 수십 리 떨어진 광도廣都로 달려가게 하였는데, 그 기세가 마치 폭풍우처럼 맹렬하여 지나는 곳마다 적이 모두 흩어져 달아났다. 당초에, 공손술은 한漢나라 군사가 평곡에 있다는 소식을 들었기 때문에 대군을 보내 대항한 것이었다. 잠팽은 무양에 당도한 후 연잠의 군사 뒤로 돌아 나옴으로써 촉 땅을 놀라게 하였다.

공손술은 크게 놀라 지팡이로 땅을 치면서 말하였다.

"이게 무슨 귀신이지!"

한편 잠팽이 군영을 세운 곳은 지명이 공교롭게도 팽망彭亡이라는 곳이었다. '팽망'이란 '잠팽이 죽는다'라는 의미로 해석될 수도 있기 때문에, 잠팽은 이 지명을 듣고 몹시 불쾌하여 군영을 옮기려고 하였다. 날이 저물었을 때 촉의 자객이 자신을 도망친 노비라 하고 거짓 항복한 다음 한밤중에 몰래 들어와서 잠팽을 찔러 죽였다.

잠팽이 형문을 깨부수는 것을 시작으로 해서 멀리 무양까지 말을 달리는 동안, 병사들은 기강이 바로 서서 추호도 법을 범한 적이 없었다. 그래서 공곡왕邛穀王 임귀任貴는 잠팽의 위엄과 신의를 듣고 수천 리 먼 곳에서 사자를 보내 항복을 하였다. 그러나 때마침 잠팽이 이미 세상을 떠난 터라 광무제는 임귀가 바친 공물을 잠팽의 처자식에게 하사하고 장후壯侯라는 시호를 내려 주었다. 촉 사람들은 잠팽을 가엾게 생각하고 무양에다 사당을 세우고 세시歲時로 제사를 지냈다.

아들 잠준岑遵이 봉호를 승계하였으며, 세양후細陽侯로 옮겼다. 37년(건무 13년), 광무제는 잠팽의 공을 생각해서 다시 잠준의 아우 잠회岑淮를 곡양후穀陽侯에 봉하였다. 잠준은 영평(永平 58~75년) 연간에 둔기교위屯騎校尉로 임명되었다. 잠준이 죽은 뒤 봉호는 아들 잠항岑伉에게로 이어졌고, 다시 잠항의 아들 잠기岑杞가 승계하였는데, 116년(원초元初 3년)에 어떤 일에 연루되어 식읍을 상실하였다. 121년(건광建光 원년), 안제가 다시 잠기를 세양후로 봉하였으며, 순제 때에는 광록훈光祿勳이 되었다.

잠팽은 이십팔수 중에서 북방 현무의 네 번째 별자리인 허수虛宿를 관장한다.

잠팽이 관장하는 북방 현무의 네 번째 별자리인 허수虛宿

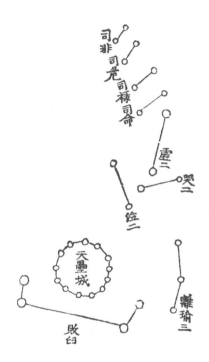

12. 앞장서서 돌과 화살을 막은
견담堅鐔

길이 막히는 바람에 식량이 공급되지 못해
견담은 채소를 먹으면서 병사들과 고생을 함께하였다.
전세가 다급할 때마다 앞장서서 날아오는 화살과 돌을 막다가
몸에 세 군데나 상처를 입었지만
이러한 정신에 의해 자신의 군사가 보전될 수 있었다.

견담堅鐔 (?~50)은 자가 자급子伋이고, 지금의 하남성 양성현襄城縣인 영천군穎川郡 양성현襄城縣 출신이다.

군현의 작은 관리를 지냈다. 유수가 하북을 토벌할 때 어떤 사람이 견담을 추천하였기 때문에 유수에게 불려가 만날 수 있었다. 유수는 견담이 관리로서 뛰어난 재능이 있음을 알아보고 주부主簿로 임명하였다. 후

---

* 견담堅鐔 : '鐔'에는 '심'과 '담' 등 2개의 독음이 있는데, '堅鐔'의 경우 기존에 '견심'으로 읽는 경우도 있었다. 그러나『후한서주』에서 이에 대해 주석을 하여 "鐔, 音徒南反"이라고 명확하게 규정한 바, '견담'으로 읽어야 마땅하다.

에 견담은 다시 편장군으로 임명되어 유수가 하북을 평정하는 데 따라 갔다. 별도로 그는 자신이 군사를 이끌고 노노盧奴에서 대창大槍을 격파하였다. 광무제는 즉위한 후 견담을 양화장군揚化將軍으로 임명하고 은강후灅强侯에 봉했다. 은강은 여남군에 속한 현이다.

견담이 여러 장수와 함께 낙양을 공격하였는데, 동성東城을 지키는 주유朱鮪의 별장別將이 주유를 배반하고 견담을 위해 반간계反間計를 써서 새벽에 상동문上東門을 열기로 견담과 은밀하게 약속을 하였다. 상동문은 낙양 옛 성 동면의 북쪽 끝에 있는 첫째 문이다. 견담은 건의대장군 주우와 함께 아침에 기습적으로 쳐들어갔다. 무고武庫 옆에서 주유와 큰 싸움을 벌여서 수많은 적을 살상하였다.

당시 건시전建始殿 동편에 국가의 곡식 창고인 태창太倉이 있었고 그 태창 동편에 무고가 있었는데, 이곳은 병장기를 저장하는 장소로서 오늘날의 무기고라고 할 수 있다.

아침 식사를 할 때가 되어서야 싸움이 끝났는데 이리하여 주유는 마침내 항복을 하고 말았다. 얼마 후 견담은 다시 별도로 내황內黃을 공격하여 평정하였다.

26년(건무 2년), 견담은 우장군 만수萬脩와 함께 남양의 여러 현을 공격하였다. 당시 도향堵鄕 출신인 동흔董訢이라는 사람이 완성宛城에서 반란을 일으켜 남양 태수 유린劉驎을 사로잡았다. 이에 견담은 군사를 이끌고 완성으로 달려갔다. 곧바로 죽음도 불사하는 용감한 병사들을 뽑아서 야습을 감행하였다. 병사들은 한밤중에 성을 기어 올라가서 관문을 지키던 적을 베고 들어갔다. 동흔은 더 이상 버티지 못하고 성을 버리고 달아나서 도향으로 돌아갔다.

등봉鄧奉이 다시 신야新野에서 반란을 일으켜 오한을 공격해서 쳐부 수었다. 이때 만수가 병이 나서 세상을 떠났으므로 견담은 홀로 외부의 도움이 없는 상태에서 남쪽으로 등봉을 막고 북쪽으로 동흔을 상대하 였다. 이 1년 동안 길이 막히는 바람에 식량이 공급되지 못해 견담은 채 소를 먹으면서 병사들과 고생을 함께하였다. 전세가 다급할 때마다 앞 장서서 날아오는 화살과 돌을 막다가 몸에 세 군데나 상처를 입었지만 이러한 정신에 의해 자신의 군사가 보전될 수 있었다.

광무제는 남양을 정벌하고 동흔과 등봉을 격파한 후 견담을 좌조左曹 로 삼아 항상 데리고 정벌에 나섰다. 30년(건무 6년), 견담은 합비후合肥侯 에 봉해졌다.

50년(건무 26년)에 세상을 떠났다.

아들 견홍堅鴻이 봉호를 승계하였다. 견홍이 죽은 후 아들 견부堅浮가 승계하였다. 견부가 죽은 후에는 아들 견아堅雅가 승계하였다.

견담은 이십팔수 중에서 북방 현무의 다섯 번째 별자리인 위수危宿를 관장한다.

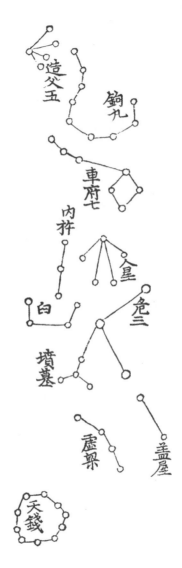

13. 겸손하여 자신의 공을 자랑하지 않은
풍이馮異

"화가 복으로 바뀌는 것은 지금의 판단에 달려 있습니다.
만약 맹장들이 먼 길을 말을 달려오고
모진 병사들이 성을 포위하면 비록 후회를 한다 해도
이미 때가 늦을 것입니다."
"무릇 어진 사람은 친한 사람을 버리지 않고
의로운 사람은 수고한 사람을 잊지 않는다."

풍이馮異(?~34)는 자가 공손公孫이고, 지금의 하남성 보풍현寶豐縣인 영천군穎川郡 부성현父城縣 출신이다. 책 읽는 것을 좋아하였으며『춘추좌씨전』과『손자병법』에 정통하였다.

한漢의 군사가 일어나자 풍이는 군연郡掾의 신분으로 다섯 현을 감독하고 있다가 부성현의 현장縣長인 묘맹苗萌과 함께 성을 지켰으며 왕망王莽을 위해 한나라에 대항하였다. 유수는 영천을 탈취한 후 부성을 공격하였으나 함락되지 않자 부성의 경계

에 위치한 건거향巾車鄉에 군사를 주둔시켰다. 풍이는 짬을 내서 성을 나가 자기가 감독하는 현성을 둘러보다가 한나라 병사들에게 붙잡혔다. 당시 풍이의 종형인 풍효馮孝와, 같은 군郡 사람 정침丁綝과 여안呂晏이 모두 유수를 따르고 있었는데, 이들이 곧바로 풍이를 추천하여 유수를 만나게 하였다.

풍이가 말하였다.

"저같이 평범한 사람은 강한 일을 하기에 부족합니다. 노모가 성안에 계시니 돌아가 다섯 성을 점거해서 공을 세워 은덕에 보답하기를 원합니다."

유수가 말하였다.

"좋소."

풍이가 부성으로 돌아가서 묘맹에게 말하였다.

"지금 들고 일어선 모든 장수들은 힘만 센 장사들이라 대부분 포악한데, 오직 유 장군이 이르는 곳에만 노략질이 없소. 그분의 말이나 행동거지를 살펴보면 평범한 사람이 아니므로 몸을 의탁할 만하오."

묘맹이 말하였다.

"죽고 사는 것은 모두 운명이니 공경히 그대의 계책을 따르겠소."

유수가 남쪽의 완宛으로 돌아가자, 경시제의 장수들이 돌아가며 10여 차례에 걸쳐 부성을 공격하였으나 풍이가 굳게 지켜 함락되지 않았다.

얼마 후 유수가 사례교위司隸校尉가 되어서 가는 길에 부성을 지난다는 소식을 듣고 풍이 등은 성문을 열고 소를 잡고 술을 준비하여 맞이하였다. 유수는 풍이를 주부主簿로 임명하고 묘맹을 종사從事로 삼았다. 풍이가 같은 읍 사람 요기, 숙수叔壽, 단건段建, 좌륭左隆 등을 천거하자 유수는 모두 연사掾史로 삼았다. 그들은 모두 유수를 따라 낙양으로 갔다.

경시제는 여러 차례 유수를 하북으로 순행을 보내려고 하였으나 여러 장수들이 모두 불가하다고 생각하였다. 이때 좌승상 조경曹竟의 아들 조후曹詡가 상서가 되어 부자가 정권을 좌지우지하고 있었는데, 풍이는 유수에게 조경 부자와 교분을 두텁게 하라고 충고하였다. 유수가 황하를 건너 북쪽에 당도해 보니 조후는 대단한 세력을 가지고 있었다.

친형 유연이 경시제에게 죽음을 당한 이후로 유수는 감히 자신의 슬픔을 드러내지는 않았지만 매번 혼자 있을 때는 술과 고기를 먹지 않았으며 잠자리에는 눈물을 흘린 자국이 있었다. 풍이만이 머리를 조아리고 절을 하면서 유수의 슬픈 감정을 위로하였다.

유수가 풍이의 말을 막았다.

"경은 말을 함부로 하지 마시오."

풍이는 다시 틈을 타서 앞으로 나서서 말하였다.

"천하 사람들이 함께 왕망에게 고통을 당하면서 한나라를 그리워한 지 오래되었습니다. 지금 경시제의 장수들은 제멋대로 포학한 짓을 하며 가는 곳마다 노략질을 하는 바람에 백성들이 크게 실망하였으며, 백성들이 의지하고 떠받들 만한 인물이 없는 실정입니다. 지금 공(유수를 가리킴)만이 홀로 각 방면에 명령을 내려 은덕을 베풀고 있습니다. 무릇 걸桀과 주紂의 혼란을 겪어 봐야 탕왕湯王과 무왕武王의 공을 알게 되고, 오랫동안 굶주리고 목말라 봐야 쉽게 배불리 먹는 법입니다. 마땅히 하루빨리 관속을 각지로 나누어 보내서 군현을 순행해야 할 것이며, 억울한 옥사를 잘 처리하고 은택을 베풀어야 할 것입니다."

유수는 풍이의 말을 받아들였다.

유수의 명을 받은 풍이와 요기는 한단에 이르러서 전거傳車를 타고 속현屬縣을 돌면서 백성을 위로하였으며, 옥에 갇힌 사람들을 철저하게 다시 조사해서 억울한 사람이 없는지 살폈다. 홀아비와 과부 등 외로운 사람들을 찾아가서 어루만졌으며, 살기 위해 도망쳐서 스스로 찾아온 사람들은 그 죄를 없애 주었다.

왕랑王郞이 군사를 일으키자 유수는 계薊를 떠나 동남쪽으로 달려갔다. 시간을 단축하기 위해 아침부터 밤늦게까지 말을 달리고 풀밭에서 쉬며 이윽고 요양현饒陽縣의 무루정無蔞亭에 당도하였다. 그때 날씨가 매섭게 추웠고 사람들은 모두 굶주리고 피로에 지쳤는데, 풍이가 유수에게 콩죽을 구해서 올렸다.

이튿날 아침 유수가 장수들에게 말하였다.

"어제 풍이가 콩죽을 주어서 춥고 배고픈 것이 모두 해결되었소."

또 남궁현南宮縣에 이르렀을 때 큰 비바람을 만났는데, 유수는 수레를 이끌고 길 옆에 있는 빈집에 들어갔다. 풍이는 섶을 안고 오고, 등우는 불을 지폈으며, 유수는 부엌을 마주하고 옷을 말렸다. 풍이는 다시 보리밥과 새삼菟肩을 유수에게 올렸다. 이렇게 갖은 고생을 하며 다시 호타하滹沱河를 건너 신도信都에 당도하자, 유수는 풍이에게 별도로 하간河間의 군사를 통솔하게 하였다. 돌아와서 풍이를 편장군으로 임명하였다. 얼마 후 풍이는 유수를 따라 왕랑을 격파하고 응후應侯에 봉해졌다.

풍이는 사람됨이 겸손하여 자기의 공을 자랑하지 않았으며, 행군을 하다가 장수를 만나면 수레를 이끌고 길을 피해 주었다. 나아가고 멈출 때마다 모두 절도가 있었으며, 군중軍中에서도 정돈이 잘 되어 있다는 소리를 들었다. 행군을 멈추고 쉴 때마다 장수들은 함께 앉아서 자신의 공로를 자랑하였으나, 풍이는 거기에 참여하지 않고 홀로 나무 아래로 물러나 있었다. 그래서 군중軍中에서는 그를 '대수장군大樹將軍'이라 불렀다. 한단을 격파하고 나서 유수는 예하 부대의 장수를 새로 바꾸고 각기 병사를 새로 배속하게 하였는데, 군사들은 모두 대수장군에게 소속되기를 원했다. 유수는 이러한 점들 때문 에 풍이를 중시하였다. 풍이는 별동대를 이끌고 북평현北平縣으로 가서 철경鐵脛을 격파하였고, 또 흉노의 우림탑대왕于林闒頓王 (흉노의 왕호)을 항복시켰다. 얼마 지나서 유수를 따라 하북을 평정하러 갔다.

당시 경시제의 명을 받고 무음왕舞陰王 이질李軼, 늠구왕稟丘王 전립田立, 대사마 주유朱鮪, 백호공白虎公 진교陳僑 등은 30만 명에 달하는 군사

---

* 우림탑대왕于林闒頓王 : 흉노왕의 경우 '흡闒'은 '탑', '돈頓'은 '대'로 읽는다.

13
풍이

를 거느리고 하남 태수 무발武物과 함께 낙양을 방어하였다. 유수는 장차 연燕과 조趙를 순행하려고 하였다. 그런데 당시 위군魏郡과 하내만이 전쟁을 겪지 않아 성읍이 온전하고 곳간이 꽉 차 있었기에, 구순을 하내 태수로 임명하고, 풍이를 맹진孟津 장군으로 임명하여 두 군郡의 군사를 함께 통솔해서 황하 가에서 구순과 합세하여 주유 등을 막게 하였다.

며칠 후 풍이가 이질에게 글을 보냈다.

"제가 듣기에 밝은 거울은 형체를 비추는 것이고, 지나간 일은 현재를 알게 해 주는 것이라고 합니다. 옛날에 미자微子는 은나라를 떠나서 주나라로 들어갔으며, 항백項伯은 초나라를 배반하고 한나라로 귀순하였습니다. 주발周物은 대왕代王을 맞이하고 소제少帝를 내쫓았으며, 곽광霍光은 효선제孝宣帝를 높이고 창읍왕昌邑王을 폐했습니다. 그들은 모두 하늘을 두려워하고 천명을 알았으며, 존망의 징험을 목도하고, 흥폐의 일을 보았기 때문에 공을 일시에 이루어서 업을 만세에 전할 수 있었던 것입니다. 만약 장안의 경시제가 도울 수 있고, 또 세월을 연기할 수 있다면, 소원한 사람이 친밀한 사람을 이간시킬 수 없고, 관계가 먼 사람이 가까운 사람을 뛰어넘을 수 없는 법인데 계문季文(이질의 자)께서 어찌 한 구석에 웅거하고 있었겠습니까? 지금 장안은 무너져서 어지러워졌고 적미군은 교외에 가까이 왔으며 왕과 후侯는 난리를 일으키고 대신은 배반하여 떨어져 나갔습니다. 기강이 이미 무너지고 온 나라가 산산이 붕괴되어 이성異姓 사람들이 함께 일어나고 있습니다. 이 때문에 소왕蕭王(즉 유수)께서 산을 넘고 물을 건너서, 또 이슬과 눈을 맞으면서 하북을 경영한 것입니다. 바야흐로 지금은 영웅호걸이 구름처럼 모여들고 백성들이 바람에 풀이 쏠리듯 저절로 따르고 있어서 비록 빈邠 나라 사람이 기산岐山 아래로 찾아가 주나라를 우러러 받든 것과 비교한다 해도 오히려 부족합니다. 계문께서 진실로 성패를 깨달으셨다면 빨리 큰 계책을 정해서 옛사람들처럼 공을 논하십시오. 화가 복으로 바뀌는 것은 지금의 판단에 달려 있습니다. 만약 맹장들이 멀리서 말을 달려오고 모진 병사들이 성을 포위하면 비록 후회를 한다 해도 이미 때가 늦을 것입니다."

당초에 이질은 유수와 맹약을 맺고 서로 친한 관계였는데, 경시제가 즉위하고 난 후에 유수의 형인 유연을 모함하여 죽게 만들었다. 장안이 이미 위태로워졌다는 것을 이질도 모르는 바는 아니었지만 그 일로 인해 막상 항복을 하려 하니 불안하였던 것이다.

이에 풍이에게 답장을 보냈다.

"저는 본래 소왕과 함께 한 나라를 일으키기로 도모하고 생사의 맹약을 맺었으며 영고성쇠를 같이하기로 하였습니다. 지금 저는 낙양을 지키고 있고 장군(풍이를 말함)은 맹진孟津에 주둔하고 있어 모두 중요한 곳을 맡고 있는데, 지금 천재일우의 좋은 기회인지라

像 帝 宣 漢

전한 선제 유순
宣帝 劉詢
(기원전 91년~
기원전 49년)
출 전 : 『삼 재 도
회』

쇠를 자를 만큼 두터운 교분을 맺으리라 생각하고 있습니다. 오직 소왕에게 어서 빨리 달려가서 저의 어리석은 계책을 올려 나라 일을 돕고 백성을 편안하게 하기를 바랄 뿐입니다."

이질은 편지를 주고받은 뒤로 더 이상 풍이와 싸움을 하지 않았다. 풍이는 이로 말미암아 북쪽으로 태항산太行山에 있는 천정관天井關을 공격하여 상당上黨의 두 성을 탈취할 수 있었다. 또 남하하여 하남의 성고成臯 동쪽에 있는 13개 현과 모든 군대를 평정할 수 있었다. 이때 항복한 사람이 10여 만 명에 이르렀다.

무발이 1만여 명을 거느리고 배반자들을 공격해 오자, 풍이는 군사를 이끌고 황하를 건너 하남군에 속하는 사향정士鄕亭 아래서 무발과 싸워 대파하고 무발을 참하고 5천여 명의 수급을 베었다. 이질은 이때도 성문을 굳게 닫고 구원하지 않았다. 풍이는 자기의 편지가 주효했음을 보고 그동안 일어난 일을 모두 갖추어 유수에게 보고하였다.

유수는 이질의 편지를 공개하여 주유가 이 상황을 알게 만들었다. 과연 주유는 이 소식을 전해 듣고 화가 나서 마침내 사람을 보내 이질을 찔러 죽였다. 이 때문에 성안에는 주유로부터 마음이 떠나 유수에게 투항하는 사람이 많아졌다. 주유는 이에 토난討難장군 소무에게 수만 명을 거느리고 온溫을 공격하게 하였으며, 자신도 수만 명을 거느리고 하남군에 속하는 평음현平陰縣을 공격함으로써 풍이를 싸움에 끌어들였다. 풍이는 교위 호군에게 군사를 거느리고 구순과 합세하여 소무를 치게 하여 깨부수었다. 풍이는 황하를 건너 주유를 쳤는데, 주유가 패하여 달아나자 낙양까지 추격하여 성을 한 바퀴 둘러보고 돌아갔다.

풍이가 격문을 돌리고 보고를 하자, 장수들이 모두 들어와 유수에게 축하를 하며 아울러 황제의 자리에 오를 것을 권하였다. 유수는 이에 호鄗로 가서 풍이를 불러 사방의 동정을 물었다.

풍이가 대답하였다.

"삼왕三王이 반란을 일으키는 바람에 경시제가 패망함으로써, 지금 천하에는 주인이 없으니, 종묘의 근심은 대왕에게 달려 있습니다. 마땅히 많은 사람의 의견을 따르셔서 위로는 사직을 위하고 아래로는 백성을 위해야 할 것입니다."

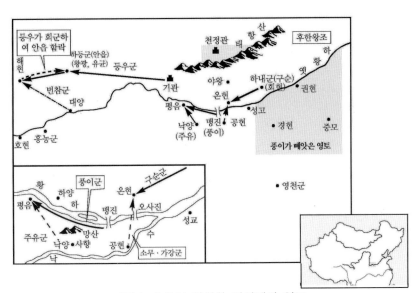

25년, 후한이 탈취한 경시제의 영토

삼왕이란 회양왕淮陽王 장앙張卬, 양왕穰王 요담寥湛, 수왕隨王 호은胡殷을 가리킨다.

유수가 말하였다.

"내가 어젯밤 꿈에 붉은 용을 타고 하늘로 올라갔는데 잠에서 깬 후 심장이 심하게 고동쳐 가슴이 떨렸소."

풍이는 이 말을 듣고 자리에서 내려와 두 번 절하고 축하를 드렸다.

"이것은 천명이 정신에 발현된 것입니다. 심장이 심하게 고동쳐 가슴이 떨린 것은 대왕께서 성품이 신중하시기 때문입니다."

풍이는 마침내 장수들과 함께 의논을 하고 유수에게 존호를 올리기로 결정하였다. 이리하여 유수는 후한을 개창한 광무제가 되었다.

26년(건무 2년) 봄, 광무제는 풍이의 봉호를 양가후陽夏侯 로 정하였다. 풍이는 군사를 이끌고 양적陽翟의 도적인 엄종嚴終과 조근趙根을 쳐서 깨부수었다. 광무제는 풍이에게 조서를 내려 집에 돌아가서 성묘를 하게 하고 태중대부를 시켜 소와 술을 갖다 주게 하였다. 또한 2백 리 이내의 태수, 도위都尉와 종족에게 풍이의 집에 인사를 가게 하였다.

당시 적미군과 연잠延岑이 삼보三輔에서 폭동을 일으키고 군현의 호족이 각기 병사들을 소유하고 있었으나, 대사도 등우가 다른 곳에 있어서 그곳을 평정할 수가 없었다. 그리하여 등우 대신 풍이를 보내 토벌하게 하였다. 광무제가 손수 하남까지 전송을 하였으며 수레와 옥구검玉具劍

---

* 양가후陽夏侯 : '하夏'는 이 경우 '가'로 읽는다.

을 하사하였다. 옥구검은 7척 길이에 보석과 옥으로 장식된 매우 화려한 검이었다. 광무제가 풍이에게 조칙을 내렸다.

"삼보는 왕망과 경시제의 난을 당하고나서 또다시 적미군과 연잠의 잔혹함을 겪고 있소. 이 때문에 창생은 도탄에 빠져 있으며 어디에도 의지하거나 하소연할 데가 없소. 지금의 정벌은 반드시 땅을 점령하고 성을 도륙하는 데 목적이 있는 것이 아니고, 요점은 그곳을 평정해서 편안하게 만드는 것이오. 다른 장수들은 용맹하기는 하나 노략질하기를 좋아하오. 경은 본래 관리들을 통솔하였으니 스스로 정돈하는 것을 염두에 두고 군현의 백성에게 고통을 주지 말아야 할 것이오."

풍이는 머리를 조아려서 황명을 받들고 군사를 이끌고 서쪽으로 갔다. 풍이는 가는 곳마다 위엄과 신뢰를 베풀었다. 스스로 장군이라고 일컫는 홍농弘農의 도적떼 수십 무리가 모두 부하를 이끌고 와서 풍이에게 항복하였다.

풍이는 화음華陰에서 적미군과 만나서 60여 일 동안 수십 차례 싸움을 하여 적미군 장수 유시劉始와 왕선王宣 등 5천여 명을 항복시켰다.

27년(건무 3년) 봄, 광무제는 곧바로 사자를 보내 풍이를 정서征西대장군으로 임명하였다. 때마침 등우가 거기車騎장군 등홍鄧弘 등을 거느리고 돌아와서 풍이와 만났는데, 등우와 등홍은 풍이에게 함께 적미군을 공격할 것을 요구하였다.

풍이가 말하였다.

"저는 수십 일 동안 도적을 막아 지켰는데, 비록 여러 차례 웅장雄將들을 손에 넣기는 하였지만 남은 무리가 아직도 많습니다. 이들은 차츰차츰 은혜와 신의로써 권유해야지 군사를 써서 격파하기는 어렵습니다. 황상께서는 장군들에게 민지澠池에 주둔해서 그들의 동쪽을 막고 저에게는 그들의 서쪽을 치게 하여 일거에 탈취하도록 하셨는데 이 계책은 틀림없이 성공할 것입니다."

등우와 등홍은 풍이의 말을 따르지 않았다.

등홍은 마침내 해 그림자가 서쪽으로 이동할 때까지 큰 싸움을 벌였는데, 적미군은 거짓으로 패해서 치중輜重을 버리고 달아났다. 수레에는 모두 흙이 실려 있었고 콩으로 그 윗부분을 덮었는데 등홍의 병사들은 배가 고팠기 때문에 다투어서 그것을 가져갔다. 기회를 놓치지 않고 적미군이 군사를 이끌고 돌아와서 등홍을 공격하자 등홍의 병사들은 크게 무너져서 우왕좌왕하였다. 이때 풍이와 등우가 합세하여 구원하는 바람에 적미군은 약간 물러났다.

풍이는 사졸이 너무 허기지고 피로한 것을 보고 우선 쉬어야 한다고 하였으나 등우는 듣지 않고 다시 싸우러 나갔다. 결과는 등우의 참패였고, 사상자가 3천여 명에 달했다. 등우는 그곳을 가까스로 벗어나서 의양宜陽으로 돌아갔다. 풍이는 말을 버리고 도보로 회계판回谿阪까지 달려가서 휘하의 여러 부하와 함께 군영으로 돌아갔다.

풍이는 다시 성채를 견고히 하고 자신의 흩어진 병사들을 거두고 모든 보루에서 수만 명을 소집해서 적미군과 언제 싸움을 할 것인지 날짜를 정하였다. 풍이는 장사들에게 적미군과 똑같은 옷으로 변장을 하고 길 옆에 매복하게 하였다. 이튿날 적미군은 1만 명으로 풍이의 전위 부대를 공격해 왔는데 풍이는 그때서야 병사를 보내 구원하였다. 상대가 약하다고 판단한 적미군은 마침내 전군을 동원해서 풍이를 공격하였으며, 풍이는 이에 맞서 병사들을 출동시켜서 큰 싸움을 벌였다.

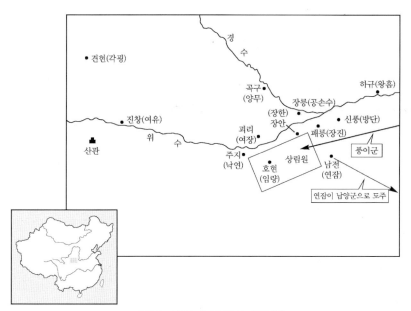

13
풍이

해가 기울 무렵 적미군의 기세가 수그러들 무렵 복병이 갑자기 일어나서 공격을 하였는데, 복장이 똑같아서 적미군은 피아彼我를 식별하지 못하고 마침내 놀라 궤멸되고 말았다. 풍이가 달아나는 적을 추격하여 효

27년, 풍이가 관중을 평정함

저산氏에서 대파하니, 남녀 8만 명이 이 싸움에서 항복을 하였다. 남은 무리가 그래도 10여 만 명이나 되었는데 동쪽으로 가다가 의양宜陽에서 모두 항복을 하였다.

광무제는 새서를 내려 풍이의 노고를 치하하였다.

"적미군을 격파하여 평정하였으니 병사와 관리의 노고가 컸다. 비록 처음에는 회계回谿에서 날개를 늘어뜨렸으나 끝에는 민지黽池에서 날개를 떨쳐 날았으니, 새를 해가 뜨는 동쪽 구석에서 잃었다가 해가 지는 뽕나무와 느릅나무 사이에서 찾았다고 말할 만하다. 바야흐로 공을 따져 상을 내려서 큰 공훈에 보답하고자 하노라."

당시 적미군은 비록 항복을 하였지만 도적의 무리는 여전히 성하였다. 연잠은 남전藍田에, 왕흠王歆은 하규下邽에, 방단芳丹은 신풍新豐에, 장진蔣震은 패릉覇陵에, 장한張邯은 장안에, 공손수公孫守는 장릉長陵에, 양주楊周는 곡구谷口에, 여유呂鮪는 진창陳倉에, 각굉角閎은 견汧에, 낙연駱延은 주질盩厔에, 임량任良은 호鄠에, 여장汝章은 괴리槐里에 각기 웅거해서 저마다 장군이라 일컫고 있었다. 많게는 1만여 명, 적게는 수천 명의 병사를 갖고서 돌아가며 서로 공격을 하고 있었다.

풍이는 싸우면서 행군을 하여 상림원上林苑에 군사를 주둔시켰다. 연잠은 적미군이 이미 격파되자, 스스로 무안왕武安王이라 일컫고 주州와 군郡에 각기 목牧과 수守를 임명하고 관중關中을 차지할 생각으로 장한과 임량을 끌어들여 함께 풍이를 공격하였다. 그러나 풍이가 그들을 격파하고 수천 명의 수급을 베자, 연잠에 붙어서 지키고 있던 모든 보루의 장수들이 와서 풍이에게 항복을 하고 귀순하였다. 연잠이 달아나면서 석현析縣을 치자, 풍이는 복한復漢장군 등엽鄧曄과 보한輔漢장군 우광于匡을 보냈다. 등엽과 우광은 연잠을 도중에서 기다리고 있다가 공격하여 대파하고 장수 소신蘇臣 등 8천여 명을 항복시켰다. 연잠은 마침내 무관武關에서 남양南陽으로 달아났다.

당시에 백성은 극심한 기아에 허덕였다. 그리하여 사람이 사람을 잡아먹는 믿지 못할 사태까지 벌어졌고, 황금 한 근이 콩 다섯 되와 바꾸어졌다. 도로라는 도로는 다 끊어져 수송하는 수레가 들어오지 못하는 바람에 군사들은 모두 과일을 식량으로 삼았다. 상황이 이렇게 심각해지자, 광무제의 조서에 따라 우부풍右扶風이 된 남양의 조광趙匡은 병사들을 거느리고 풍이를 도우러 왔다. 그때 합사 비단과 곡식을 수송해 왔기때문에 군중의 사졸이 모두 기뻐서 만세를 불렀다.

풍이는 군량이 점차 많아지자 명령에 복종하지 않는 호걸을 하나하나 공격해서 주살하였다. 이때 항복해서 공로를 세운 사람을 포상하였으며, 우두머리를 모두 낙양으로 보내고 무리를 해산시켜 각자 본업으로 돌아가게 하였다. 이로써 풍이는 관중 땅에서 위엄을 크게 떨쳤다. 오직 여유·장한·장진만이 사자를 보내 촉蜀에 항복하였고 그 나머지는 모두 평정되었다.

이듬해, 공손술은 장수 정언程焉에게 수만 명을 거느리고 여유呂鮪에게 가서 진창陳倉으로 나와 주둔하게 하였다.

풍이는 조광과 함께 정언을 맞아 공격해서 대파하였으며, 정언은 퇴각하여 한천漢川으로 달아났다. 풍이는 정언을 추격하여 기곡箕谷에서 다시 싸워 격파하였다. 또 군사를 돌려서 여유를 격파하였는데, 이때 보루에 있던 수많은 사람이 항복을 하였다. 그 뒤에도 촉은 다시 여러 차례 장수를 보냈으나 풍이가 그때마다 촉의 뜻을 꺾어 놓았다. 풍이가 백성을 편안하게 하고 사람들의 억울한 죄를 풀어 주면서 3년 동안 드나들자 상림上林은 귀순한 사람으로 넘쳐나서 하나의 도읍을 이루었다.

풍이는 도성을 너무 오랫동안 떠나 있어서 스스로 불안하게 여긴 나머지, 글을 올려 대궐이 그리워져서 황제 가까이에서 일하고 싶다고 하였다. 그러나 광무제가 허락하지 않았다. 얼마 후에 어떤 사람이 광무제에게 투서를 하였다. 그 글에는, 풍이가 관중에서 전제정치를 행하며 장안의 현령縣令을 참했으며, 위엄과 권력이 지중하여 백성의 마음이 풍이에게 향해 있어 '함양왕咸陽王'으로 불린다고 적혀 있었다. 광무제는 사자를 시켜 글을 풍이에게 갖다 보이게 하였다.

풍이는 놀라고 두려워서 사죄의 글을 올렸다.

"신은 본래 글을 배우던 학생이었는데 폐하께서 천명을 받은 때를 만나 병사들의 대오에 참가하였습니다. 폐하의 과분한 은혜를 받아 대장의 자리에 있게 되고 관작이 통후通侯에 이르렀으며, 임무를 맡은 방면에서 미약한 공을 세웠습니다. 이것은 모두 나라의 꾀에 말미암은 것이지 어리석은 신(풍이 자칭)이 미칠 수 있는 바가 아닙니다.

신이 엎드려 생각하건대, 조칙을 받고 적을 공격한 것은 매번 뜻한 바대로 되었지만 때때로 개인적인 생각으로 결단을 내린 것은 일찍이 후회를 하지 않은 적이 없었습니다. 나라에서 홀로 밝게 보시는 것이 시간이 오래될수록 더욱 멀어짐에 신은 비로소 '성性과 천도天道를 들은 적이 없다'는 것을 알게 되었습니다. 전쟁이 처음 일어나서 소란했을 때에는 호걸들이 서로 다투는 통에 천 번이나 길을 잃고 헤매었습니다.

통후通侯는 원래 철후徹侯였는데, 전한 무제의 이름이 유철劉徹이라 피휘避諱를 해서 뜻이 같은 '통通'자로 바꾼 것이다.

'성性과 천도天道를 들은 적이 없다'는 말은 『논어』「공야장公冶長」 편에 나오는 공자의 제자 자공子貢의 말이다.

신은 폐하를 만나 몸을 의탁하였는데, 기울어져 위태롭고 혼란한 가운데서도 감히 잘못을 저지르지 않았습니다. 게다가 천하가 평정되어 존귀한 사람을 높이고 비천한 사람을 낮추게 되었으나 신의 작위는 뜻하지 않게 높아졌습니다. 진실로 바라옵건대, 삼가고 경계하여 밑에서 다시 시작하고 싶습니다. 폐하께서 신에게 보여 주신 글을 보고서 두려움에 떨고 또 떨었습니다. 엎드려 생각하건대 현명한 폐하께서 신의 우둔한 성질을 아셨으니 이를 기회 삼아 스스로 진술합니다."

광무제가 조서로 회답하였다.

"짐과 장군은 국가 차원에서 의리로 보면 군신지간이고, 은혜로 따지면 부자지간과 같다. 장군은 무엇을 꺼리고 무엇을 의심하여 두려운 생각을 갖는가?"

30년(건무 6년) 봄, 풍이가 낙양으로 조회하러 갔다. 조회를 하는 자리에서 광무제가 공경들에게 말하였다.

"이 사람은 내가 군사를 일으켰을 때 주부를 맡은 사람이오. 나를 위해 온갖 어려움을 겪으면서 관중을 평정하였소."

조회가 끝나자, 광무제는 중황문中黃門(벼슬이름)을 시켜 풍이에게 진귀한 보배와 의복, 돈과 비단을 하사하였고, 다음과 같은 조서를 내렸다.

"허둥지둥하며 무루정에서는 콩죽을 먹고, 호타하에서는 보리밥을 먹었는데, 경의 두터운 뜻을 오랫동안 갚지 못했소."

풍이가 머리를 조아리며 사례하였다.

"신이 듣건대, 관중管仲이 환공桓公에게 말하길 '원컨대 임금께서는 활에 맞은 대구帶鉤를 잊지 마시고 저는 죄인이 타는 함거를 잊지 않겠습니다'라고 하여 제齊나라가 관중을 믿고 의지하였다고 합니다. 지금 신도 나라가 하북에서 겪었던 어려움을 잊지 말고, 신이 건거巾車에서 입은 은혜를 잊지 않기를 바랍니다."

관중과 제나라 환공의 이야기는 이러하다. 춘추 시기 제나라 양공襄公 때 정치가 혼란하자 양공의 아우 규糾는 노나라로 달아나서 관중과 소홀召忽을 스승으로 삼고, 소백小白은 거莒로 달아나서 포숙鮑叔을 스승으로 삼았다. 양공이 죽자, 규와 소백은 제나라로 돌아와 임금이 되기 위해 서로 다투었다. 관중은 군사를 거느리고 거莒의 길목을 차단하여 소백을 오지 못하게 막고 활을 쏘아 소백의 옷에 달린 대구帶鉤를 맞추었다. 소백은 죽은 것으로 위장하여 먼저 제나라로 들어와 임금이 되었는데, 이 사람이 바로 환공이다. 환공은 즉위한 후에 옛날의 원수를 기억하지 않고 관중을 재상으로 임명하여 마침내 패업을 이루었다. 『춘추좌씨전』 「희공僖公 24년」에 "제나라 환공이 화살 맞은 대구를 놓고 관중을 재상으로 삼았다[齊桓公置射鉤而使管仲相]"는 기록이 있다.

풍이는 이후 10여 일을 머무르며 여러 차례 연회에서 광무제를 알현하여 촉을 도모하기로 의논을 정했다. 광무제는 풍이의 처자식에게 풍이를 따라 서쪽으로 돌아가도록 조처하였다.

그해 여름, 장수들을 농으로 가게 하였으나 외효에게 패하자 광무제는 조서를 내려 풍이에게 순읍栒邑에 주둔하게 하였다. 그런데 풍이가 미처 순읍에 당도하기 전에 외효가 승세를 틈타 수하 장수 왕원王元과 행순行巡에게 2만여 명을 거느리고 농으로 달려가게 하고, 길을 나누어 행순을 보내 순읍을 탈취하게 하였다. 풍이는 곧장 군마를 내달아 그곳을 먼저 점거하려고 하였다.

그러자 장수들이 한 목소리로 반대하였다.

"오랑캐는 군사가 많은 데다 새로 승세를 타고 있어 지금 싸워서는 안 됩니다. 마땅히 군사들이 머무르기 편한 곳에서 서서히 방책을 강구해야 할 것입니다."

풍이가 말하였다.

"오랑캐가 국경을 넘어와서 작은 이익 챙기는 것에 익숙해져서 마침내 안으로 깊이 쳐들어오려고 하오. 만약 오랑캐가 순읍을 얻으면 삼보三輔가 동요할 것인데 이것이 바로 나의 근심이오. 무릇 공격하는 자는 부족하고 지키는 자는 여유가 있다고 했소. 지금 먼저 성을 점거하여 편하게 원기를 회복한 아군을 거느리고 피로한 적군을 기다리자는 것이지 싸우자는 것이 아니오."

그러고는 몰래 순읍으로 가서 성문을 닫고 깃발과 북을 숨겨 놓았다. 행순은 이 사실을 모른 채 순읍으로 달려갔다. 풍이는 적이 생각지 못한 틈을 타서 갑자기 북을 치고 깃발을 세워서 성을 나가 공격하였다. 행순의 군사들은 놀라서 대오가 어지러워져 달아났으며, 풍이는 수십 리를 추격하여 대파하였다. 체준도 견汧에서 왕원을 격파하였다. 이에 북지北地의 호족의 우두머리인 경정耿定 등은 모두 외효를 배반하고 한나라에 투항하였다.

풍이는 장계를 올려 상황만을 언급하고 감히 자신의 공을 자랑하지 않았다. 장수들 중에는 간혹 풍이의 공을 나누려고 하는 사람이 있었는데 광무제는 이를 근심하여 곧바로 새서를 내렸다.

"대사마, 호아虎牙, 건위建威, 한충漢忠, 포로捕虜, 무위武威장군에게 조서를 내리노라. 오랑캐 군사가 함부로 내려오는 바람에 삼보가 놀라고 두려움에 떨고 있도다. 순읍의 위태로움은 조석에 달려 있도다. 북지의 군영을 지키고 군사를 출동시키지 말고 관망하라. 지금 성 한쪽은 온전히 얻어서 오랑캐 병사가 좌절하고 있으니 경정의 무리로 하여금 다시 군신

간의 의를 생각하게 하라. 서쪽을 정벌한 공은 마치 산과 같으나 오히려 스스로 부족하다고 생각하라. 맹지반孟之反이 달아나다가 뒤에 처져서 적을 막은 것과 또한 무엇이 다르겠는가? 지금 태중대부를 보내 서쪽을 정벌하는 관리와 병사들 중 전사하거나 다친 자에게 의약품과 관을 하사하노니, 대사마 이하 모든 장수는 친히 죽은 자를 조문하고 아픈 자를 위문하여 겸양의 덕을 숭상하도록 하라."

이에 광무제는 풍이에게 의거현義渠縣으로 진군하게 하고 아울러 북지 태수의 일을 맡게 하였다.

얼마 후 청산호靑山胡가 1만여 명을 이끌고 풍이에게 투항하였다. 풍이는 다시 노방盧芳의 장수 가람賈覽과 흉노의 욱건일축왕奧鞬日逐王을 쳐서 격파하였다. 상군上郡과 안정군安定郡이 모두 항복을 하자 풍이는 다시 안정 태수의 일을 맡았다.

33년(건무 9년) 봄, 체준이 세상을 떠나자 광무제는 조칙을 내려 풍이를 정로征虜장군으로 임명하고 체준의 군영을 통솔하게 하였다. 외효가 죽자 부하 장수 왕원과 주종周宗 등은 다시 외효의 아들 외순隗純을 내세우고 오히려 병력을 총동원하여 기冀를 거점으로 삼았고, 공손술은 장수 조광趙匡을 보내 외순을 구원하게 하였다. 광무제는 다시 풍이에게 천수天水 태수의 일을 맡게 하였다. 풍이는 조광 등을 공격한 지 1년 만에 모두 참해 버렸다. 풍이의 장수들은 총력을 기울여 기를 공격했으나 함락되지 않자 잠시 병력을 돌려 쉬려고 하였다. 그러나 풍이는 요지부동으로 뜻을 굳게 지켰으며 항상 군사들의 선봉에 섰다.

이듬해 여름, 풍이는 장수들과 함께 낙문落門을 공격하였으나 함락시키지 못하고 병이 들어 군영에서 세상을 떠났다. 시호는 절후節侯이다.

맏아들 풍창馮彰이 봉호를 승계하였다. 이듬해 광무제는 풍이의 공로를 생각하여 다시 풍창의 아우 풍흔馮訢을 석향후析鄕侯에 봉했다. 37년(건무 13년), 풍창의 봉호를 창동민후彰東緡侯로 바꾸었으며 세 현을 식읍으로 하사하였다. 영평永平 연간에 다시 평향후平鄕侯로 옮겼다. 풍창이 죽자, 아들 풍보馮普가 봉호를 승계하였으나 죄를 지어 식읍을 상실하였다.

112년(영초永初 6년), 안제安帝가 조칙을 내렸다.

"무릇 어진 사람은 친한 사람을 버리지 않고 의로운 사람은 수고한 사람을 잊지 않는다. 없어진 것을 일으키고 끊어진 것을 이어 주며, 선한 사람을 선하게 대해서 자손에게 미치게 하는 것이 옛날의 법도이다. 지난날 우리 광무제께서 천명을 받고 한나라를 중흥시키고 성왕의 사업을 넓혀서 사방에 널리 미치게 하셔서, 밝음이 천지에 이르고 광휘가 만세에 이르렀으며, 복이 널리 퍼져 끝없이 전해졌다. 짐은 아직 나이는 어리나 이른 아침부터 밤늦게까지 오래 생각하였는데, 큰 공을 세웠던 공신들을 돌이켜 생각하고, 그림을 펼쳐 보고 문서를 자세히 살펴보니, 건무 연간의 원공元功 이십팔장은 천자를 도운 호신虎臣으로서 참기讖記에 증명이 있다.

대개 소하蕭何(?~기원전 193년)·조참曹參(?~기원전 190년)이 봉호를 잇고 지금까지 이어서 전해져 왔는데, 하물며 이보다 아직 멀지도 않은데 간

혹 제사를 폐기한 사람이 있어 짐이 심히 불쌍히 여기고 있다. 그 조목에 이십팔장 중 후사가 없고 자손이 끊어진 사람이 있는데, 만약 죄를 범해 봉국을 잃은 자는 그 자손이 응당 관리해야 할 것이니 구별해서 장계에 기명하라. 장차 상서로운 바람이 불어 글로 옛날의 덕을 써서 그 후손들에게 남긴 공을 드러낼 것이다."

90년(영원永元 3년)에 화제和帝(79년~105년)가 조칙으로 전한 때의 공신인 소하와 조참의 후예가 봉호를 잇게 하여 그들의 공을 표창한 적이 있다.

그리하여 풍보의 아들 풍신馮晨을 평향후로 삼아 봉호를 잇게 하였다. 이듬해(113년), 이십팔장의 후손 중 봉국을 상실한 자들에게 모두 봉호를 잇게 하였다.

풍이는 이십팔수 중에서 북방 현무의 여섯 번째 별자리인 실수室宿를 관장한다.

풍이가 관장하는 북방 현무의 여섯 번째 별자리인 실수室宿

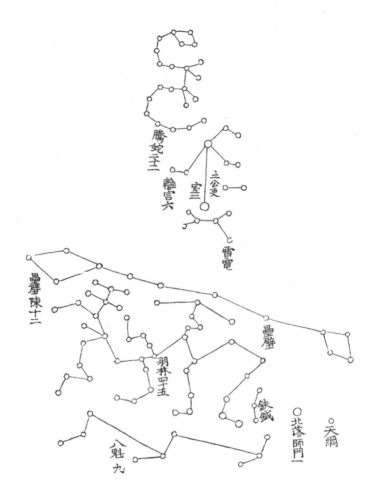

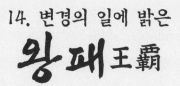

14. 변경의 일에 밝은
왕패王霸

"영천에서 나를 따르던 사람들이
모두 떠나가고 자네만 남았네.
함께 노력하세나!
거센 바람이 불어야 강인한 풀을 아는 법이라네."

왕패王霸(?~59)는 자가 원백元伯이고, 지금의 하남성 허창시許昌市인 영천군潁川郡 영양현潁陽縣 출신이다.

집안 대대로 법률을 좋아하여 아버지는 영천군의 결조연決曹掾을 지냈고, 왕패도 젊어서 옥리 노릇을 하였다. 왕패는 항상 강개한 마음을 갖고 있었으며, 관리의 직무를 좋아하지 않았다. 이런 아들을 기이하게 생각한 아버지는 서쪽의 장안으로 유학을 보냈다.

한나라 군사가 일어난 후 유수가 영양을 지날 때 왕패가 빈객들을 거느리고 유수를 만나서 말하였다.

"장군께서는 의병을 일으키셨는데, 제 분수도 모르고 장군의 위엄과 덕망을 흠모해 오던 바, 군대의 대오를 채울 수 있기를 바랍니다."

유수가 말하였다.

"꿈에 현명한 선비를 그리고 있었는데, 함께 공업을 이루어야지 어찌 다른 생각을 가질 수 있겠소!"

마침내 왕패는 유수를 따라 곤양昆陽에서 왕심王尋과 왕읍王邑을 치고 고향으로 돌아와 쉬었다.

유수가 사례교위司隸校尉가 되어 영양을 지나게 되었을 때, 왕패는 아버지에게 청하여 유수를 따라가겠다고 하였다. 아버지가 말하였다.

"나는 늙어서 병사가 될 수 없으나 너는 가서 큰일을 해라!"

왕패는 유수를 따라 낙양으로 갔다. 유수는 대사마가 되자, 왕패를 공조영사功曹令史로 삼아 데리고 하북을 건너갔다. 왕패를 따라 간 빈객이 수십 명이었으나 차츰 왕패를 떠나갔다.

유수가 왕패에게 말했다.

"영천에서 나를 따르던 사람들이 모두 떠나가고 자네만 남았네. 함께 노력하세나! 거센 바람이 불어야 강인한 풀을 아는 법이라네."

오늘날에도 인구에 회자되는 이 '질풍지경초疾風知勁草' 즉 '거센 바람이 불어야 강인한 풀을 안다'는 유명한 말은 실로 유수가 황제가 되기

전에 처음으로 왕패에게 한 말이다.(『후한서』「왕패전」)

왕랑이 군사를 일으켰을 때 유수는 계薊에 있었는데, 왕랑이 격문을 돌려서 유수를 수배하였다. 유수는 왕패에게 저자거리에 가서 사람을 모으라고 시키고, 장차 왕랑을 칠 계획을 하였다. 왕패가 저자거리에 가서 사람들에게 취지를 이야기하자 사람들이 크게 웃으면서 손가락질을 하며 야유를 하는 바람에, 왕패는 치욕만 당하고 돌아왔다.

유수는 곧장 남쪽에 있는 하곡양下曲陽으로 말을 타고 달려갔다. 왕랑의 군사가 뒤에 있다는 소리를 전해 듣고는 따르는 자들이 모두 두려워하였다. 호타하滹沱河에 이르렀을 때 후리候吏(척후 역할을 하는 관리)가 돌아와서 강에 얼음이 흘러내려 가서 배가 없이는 건너갈 수가 없다고 보고하였다. 이 말을 듣자 관리들은 크게 걱정하였다.

유수는 왕패에게 가서 상황을 보고 오라고 하였다. 왕패는 사람들이 놀랄 것을 염려해서 우선 먼저 가서 물을 막을 요량을 하고 돌아와서는 거짓으로 말하였다.

"얼음이 견고해서 건널 수 있습니다."

이 말을 들은 관리들은 모두 기뻐하였다. 유수가 웃으면서 말하였다.

"후리가 과연 망언을 하였군."

마침내 앞으로 나아갔다. 강물에 이르러 보니 물과 얼음이 합해져 있어서 유수는 왕패에게 관리들을 호송해서 얼른 건너라고 하였다. 모두 강을 무사히 건너고 단지 서너 기만 미처 건너기 전에 얼음이 풀렸다.

유수가 왕패에게 말하였다.

"우리가 안전하게 강을 건널 수 있었던 것은 경의 힘이오."

왕패가 사양하며 말하였다.

"이것은 명공(유수를 말함)의 덕이 지극하여 신령님이 보우하신 것이며, 비록 무왕武王에게 백어白魚의 응함이 있었다고는 하나 이보다 더할 수는 없었을 것입니다."

왕패는 주나라를 개창한 무왕이 맹진을 건널 때 흰 물고기가 왕의 배에 뛰어 들었던 고사를 말하여 유수의 신성함을 강조한 것이다.

유수가 관리들에게 말하였다.

"왕패가 권도權道를 써서 강을 건너게 한 일은 아마도 하늘의 길조일 것이오."

유수는 왕패를 군정軍正으로 삼고 관내후關內侯에 봉했다. 유수는 신도信都에 당도한 후에 군사를 동원하여 한단邯鄲을 공격하여 함락시켰다. 왕패는 왕랑을 추격해서 베고 왕랑의 인수를 가지고 돌아왔다. 이 공으로 왕향후王鄕侯에 봉해졌다.

왕패는 유수를 따라 하북을 평정하러 갔을 때 항상 장궁, 부준과 군영을 함께 하였는데, 왕패만이 사졸을 잘 어루만져 주어서 죽은 사람에게는 옷을 벗어서 거두어 주고, 다친 사람에게는 친히 부양해 주었다. 유수는 즉위한 후에 왕패가 병사를 잘 이해하고 사랑하여 단독으로 맡을 수 있다고 생각하고 편장군으로 임명하였다. 아울러 장궁, 부준의 병사를 거느리게 하고 장궁과 부준을 기도위로 삼았다. 26년(건무 2년), 광무제는 왕패를 부파후富波侯에 봉했다. 부파는 여남군汝南郡에 속한 현이다.

28년(건무 4년) 가을, 광무제가 초譙로 행차하여, 왕패와 포로장군 마무에게 동쪽으로 수혜垂惠에 가서 주건周建을 토벌하게 하였다. 소무蘇茂는 오교五校의 군사 4천여 명을 거느리고 주건을 구원하러 갔는데, 먼저 정예 기병을 보내 마무의 군량을 막아 공격하게 하였으나 마무가 제때에 가서 구원하였다. 주건이 성안에서 군사를 출동시켜서 마무를 협공할 때, 마무는 왕패가 지원하리라 믿고 전력을 기울이지 않고 싸우다가 소무와 주건에게 패하였다. 마무의 병사들은 왕패의 진영으로 달아나서 큰 소리로 구해 달라고 하였다.

왕패가 말하였다.

"적병의 기세가 성해서 지금 나가면 반드시 양쪽 모두 패배하고 말 것이니 기다릴 수밖에 없다."

그러고는 군영을 닫고 벽을 견고하게 하였다. 군관들이 모두 왕패와 이 문제를 놓고 다투었다. 왕패가 말하였다.

"소무의 병사들은 정예이고 수효도 많아서 우리 관리와 병사들의 마음에 두려움이 있지만 포로장군과 나는 서로 믿고 있는데 만약 양군이 하나로 합심하지 않으면 이는 패배로 가는 길이오. 지금 군영을 닫고 굳게 지키는 것은 서로 구원하지 않는다는 것을 보여주기 위함이니 적들은 반드시 승세를 타고 경솔하게 나아갈 것이요, 포로장군은 구원병이 없으므로 죽기로 싸울 터이니 오히려 전투력은 실제의 배가 될 것이오. 이와 같을진대, 소무의 군사가 지쳤을 때 내가 공격해야 승리할 수 있소이다."

소무와 주건은 과연 군사를 총동원해서 마무를 공격하였다. 싸움이 오래 지속되자, 왕패 진영의 장사 노윤路潤 등 수십 명은 머리카락을 자르면서 출전하게 해 줄 것을 강하게 요청하였다.

왕패는 병사들이 용기백배해 있음을 알고 군영을 열고 정예 기병을 내보내서 적의 배후를 쳤다. 소무와 주건은 앞뒤에서 공격을 받자 놀라 대오가 흐트러지면서 패주하였고, 왕패와 마무는 각기 군영으로 돌아갔다. 소무 등은 다시 무리를 거느리고 싸움을 걸었으나 왕패는 요지부동으로 나가지 않고 병사들에게 연회를 베풀고 노래를 지어 부르면서 놀았다. 소무는 화살을 빗발치듯 왕패의 진영으로 날려 보냈는데, 왕패는 앞에 있는 술그릇에 화살이 날아와 박혀도 편안하게 앉아서 눈 하나 깜빡이지 않았다.

군관들이 모두 말하였다.

"소무는 일전에 이미 패하였기 때문에 지금 소무를 공격하는 것은 식은 죽 먹기입니다."

왕패가 말하였다.

"그렇지 않소. 소무의 객병客兵들은 먼 곳에서 달려와서 식량이 부족

하기 때문에 자꾸 싸움을 걸어 단번에 승리를 거두려는 것이오. 지금 군
영을 닫고 병사들을 쉬게 하는 것은 이른바 싸우지 않고 적을 굴복시키

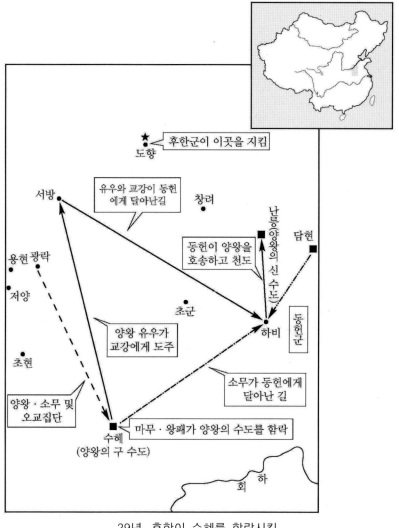

29년, 후한이 수혜를 함락시킴

는 것으로서 가장 최선의 방책이라고 할 수 있소."

소무와 주건은 아무리 싸움을 걸어도 상대가 싸움을 받아 주지 않자 할 수 없이 군사를 이끌고 자기 군영으로 돌아갔다. 그날 밤 성에 당도해 보니 주건의 조카(형의 아들) 주송周誦이 배반을 해서 성문을 닫고 열어 주지 않아 할 수 없이 소무와 주건은 멀리 달아났다. 주송은 성을 바쳐 왕패에게 항복을 하였다.

29년(건무 5년) 봄, 광무제는 태중대부에게 부절을 주어 왕패에게 보내 왕패를 토로討虜장군으로 임명하였다.

30년(건무 6년)에 왕패는 신안新安에서 둔전을 하였으며, 32년(건무 8년)에는 함곡관函谷關에서 둔전을 하였다. 형양滎陽과 중모中牟의 도적을 쳐서 모두 평정하였다.

33년(건무 9년), 왕패는 오한, 횡야橫野대장군 왕상王常, 건의대장군 주우, 파간破姦장군 후진侯進 등 5만여 명과 함께 고류高柳에서 노방盧芳의 장수 가람賈覽과 민감閔堪을 쳤다. 그러나 흉노가 기병을 보내 노방을 돕고 또 비가 억수같이 내려 상황이 한나라 군사에게 불리하였다. 오한은 낙양으로 돌아가면서 주우를 상산에, 왕상을 탁군에, 후진을 어양에 각기 주둔케 하였다.

광무제는 새서를 내려 왕패를 상곡上谷 태수에 임명하고 예전처럼 둔병을 통솔하게 하였으며, 호胡를 공격할 때 군의 경계에 구애받지 말라고 하였다. 이듬해(34년) 왕패는 다시 오한 등 네 장수와 함께 6만 명의 군사를 거느리고 고류로 출진하여 가람을 공격하였다. 광무제는 왕패와 어양 태수 진흔陳訢의 장병에게 선봉을 맡겼다. 흉노의 좌남左南장군이 수천 기를 거느리고 가람을 구원하였으나 왕패 등은 평성平城 아래에서 연달아 싸워서 격파하였다. 또 추격하여 변경 밖으로 내쫓았으며 수백 명의 수급을 베었다.

왕패와 장수들은 돌아오는 길에 안문鴈門으로 들어가서 표기대장군 두무를 만나 함께 곽현崞縣과 번치현繁峙縣에서 노방의 장수 윤유尹由를 쳤으나 이기지 못하였다. 곽현과 번치현은 모두 안문군에 속한 현이다.

37년(건무 13년), 왕패는 식읍이 증가되고 향후向侯로 봉호가 바뀌었다. 이때 노방과 흉노, 오환烏桓이 연합하는 바람에 그 수가 엄청나게 불어나서 변경에 사는 사람들에게 근심과 고통을 가져다 주었다.

광무제의 조서를 받은 왕패는 죄수 6천여 명을 거느리고 두무와 함께 비호도飛狐道를 닦았는데 돌을 쌓고 흙을 퍼 날라서 대代에서 평성에 이르는 3백여 리에 정장亭鄣을 쌓았다. 왕패는 흉노, 오환과 크고 작은 수십 수백 차례의 싸움을 치르면서 변경의 일을 상세하게 알고 있었다. 그래서 여러 차례 광무제에게 글을 올려 흉노와 화친을 맺는 것이 마땅하며 온수溫水를 통해 물건을 배로 실어 나르면 육로로 운송하는 수고를 줄일 수 있다고 아뢰었는데, 이 일들은 모두 시행되었다. 후에 남선우南單于와 오환은 모두 항복을 하였다. 그리하여 북방 변경에는 아무 일도 일어나지 않았다. 왕패는 상곡에서 20여 년을 있었다.

54년(건무 30년), 회릉후淮陵侯로 왕패의 봉호가 정해졌다. 59년(영평永平 2년), 왕패는 병에 걸려 관직을 사임하였고, 수개월 뒤에 세상을 떠났다.

아들 왕부王符가 봉호를 승계하고 대후軑侯로 봉호가 바뀌었다. 왕부가 죽고 아들 왕탁王度이 승계하였다. 왕탁은 명제의 딸인 준의浚儀 장공주에게 장가를 들어 황문랑黃門郞이 되었다. 왕탁이 죽고 아들 왕흠王歆이 승계하였다.

왕패는 이십팔수 중에서 북방 현무의 일곱 번째 별자리인 벽수壁宿를 관장한다.

14
王霸

왕패가 관장하는 북방 현무의 일곱 번째 별자리인 벽수壁宿

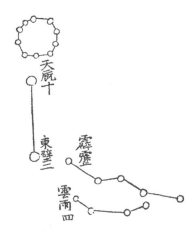

15. 사병들의 약탈과 방종을 엄금한

주우朱祐

주우는 바탕이 강직하였으며 유학을 숭상하였다.
주우는 장병들을 거느리고 전쟁을 치르는 동안 많은 항복을 받아냈는데,
싸움에 이겨서 성읍을 평정하는 것을 근본 목적으로 삼고
수급을 많이 베는 것을 공으로 삼지는 않았다.
또 사병들이 백성을 약탈하는 것과 방종을 즐기는 것을 법으로 금했는데,
이 때문에 그들에게 많은 원망을 사기도 하였다.

주우朱祐(?~48)는 자가 중선仲先이고, 지금의 하남성
남양시南陽市에 속하는 남양군南陽郡 완현宛縣 출신이다.

어려서 고아가 되는 바람에 외가인 남양군南陽郡에 있
는 복양현復陽縣의 유劉씨 집에 가서 살았다. 용릉舂陵을
왕래하였는데 유수와 그의 형 유연劉縯이 모두 주우를
친하게 대하고 아꼈다. 유연은 대사도大司徒에 임명되자,
주우를 자기 수하의 호군護軍으로 삼았다. 원래 진秦나라 때 호군도위라
는 벼슬이 한나라 평제 때 호군으로 명칭이 바뀌었다. 유수는 대사마에

임명되어 하북을 토벌할 때 역시 주우를 호군으로 삼았다. 주우는 항상 유수의 총애를 받았고 군영에서 함께 머물렀다.

한번은 주우가 연회석상에서 유수를 모시고 앉았다. 주우가 유수에게 조용하게 말하였다.

"장안은 정국이 매우 혼란스러운데, 공께서는 일각日角의 상을 가지고 있으니 이것은 바로 천명입니다."

일각이란 이마 뼈가 태양처럼 높이 솟아오른 것을 말하는데, 크게 귀한 상이다.

유수가 말하였다.

"자간刺姦을 불러 호군(주우를 말함)을 포박하라!"

자간은 왕망王莽 때 만들어진 벼슬인데, 간교한 행위를 감독하는 직책이며, 좌자간과 우자간이 있다.

이에 주우는 감히 더 이상 말을 할 수가 없었다.

훗날 유수를 따라 하북을 정벌할 때 항상 사력을 다해 싸워 적진을 함락시켰다. 그 공으로 편장군에 임명되고, 안양후安陽侯에 봉해졌다. 유수가 황제가 된 후에 주우를 건의建義대장군으로 임명하였다.

26년(건무 2년), 주우를 자양후堵陽侯로 개봉하였다. 자양은 남양군에 속한 현이다. 주우는 이해 겨울에 여러 장수와 함께 육양淯陽에서 등봉鄧奉을 쳤으나, 주우가 패하여 등봉에게 사로잡혔다.

이듬해(27년), 등봉은 싸움에 지자 웃옷을 벗고 상반신을 드러내어 주우에게 의뢰해 광무제에게 투항하였다. 광무제는 주우의 지위를 원래대로 회복시키고 후한 상을 내렸다. 광무제는 주우를 보내 신야新野와 수현隨縣를 쳐서 모두 평정하였다.

연잠延岑은 양穰에서 패하고 결국 진풍秦豐의 부하 장수 장성張成과 연합을 하였는데, 주우는 정로장군 체준을 거느리고 함께 남양군에 있는 동양현東陽縣에서 싸움을 벌여 대파하고 전쟁터에서 장성을 참하였다. 연잠은 패하여 달아나서 진풍에게 투항하였다. 주우는 이 싸움에서 인수 97개를 거두었다. 주우는 또 황우黃郵를 쳐서 항복시켰다. 이에 광무제는 황금 30근을 하사하였다.

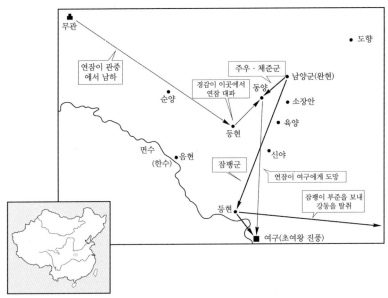

27년, 진풍과 연잠의 도주

28년(건무 4년), 주우는 파간破姦장군 후진侯進과 보위輔威장군 경식耿植을 거느리고 정남대장군 잠팽을 대신해서 여구黎丘에서 진풍을 포위하고 공격하였으며 진풍의 수하 장수 장강張康을 채양蔡陽에서 격파하고 참하였다. 광무제는 친히 여구로 와서 어사중승御史中丞 이유李由를 보내 새서를 가지고 가서 진풍을 부르게 하였다. 진풍은 심한 욕을 하며 항복을 거부하였다. 광무제는 돌아가면서 주우에게 계책을 주었다. 주우는 온 힘을 다해 진풍을 공격하였다.

이듬해(29년) 여름, 여구성 안에 먹을 것도 없고 달리 희망이 없자 진풍은 자신의 어머니와 처자식 등 아홉 명의 윗옷을 벗겨서 항복하였다. 주

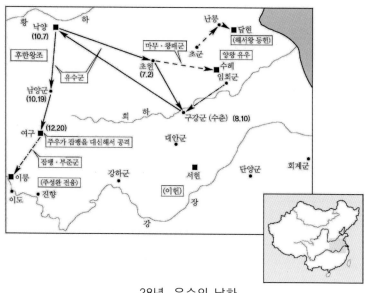

28년, 유수의 남하

우는 진풍을 함거檻車(죄수를 호송하는 수레이며 사방을 널빤지로 막음)에 태워 낙양으로 보내어 그를 처형하였다. 대사마 오한이 주우가 조서를 따르지 않고 진풍의 투항을 받은 것은 장수의 임무를 저버린 것이라고 탄핵하였으나, 광무제는 주우의 죄를 묻지 않았다. 주우는 돌아와서 기도위 장궁과 함께 연잠의 잔당을 공격하였으며, 음현陰縣·찬현酇縣·축양현筑陽縣 등 세 곳의 적을 모두 평정하였다.

주우는 바탕이 강직하였으며 유학을 숭상하였다. 주우는 장병들을 거느리고 전쟁을 치르는 동안 많은 항복을 받아냈는데, 싸움에 이겨서 성읍을 평정하는 것을 근본 목적으로 삼고 수급을 많이 베는 것을 공으로 삼지는 않았다. 또 사병들이 백성을 약탈하는 것과 방종을 즐기는 것을 법으로 금했는데, 이 때문에 그들에게 많은 원망을 사기도 하였다.

15
주우

33년(건무 9년), 남행당南行唐에 주둔하면서 흉노를 막았다. 37년(건무 13년), 주우의 식읍을 늘려주고 그의 봉호를 격후鬲侯로 정했다. 식읍은 7천3백 호였다.

39년(건무 15년), 주우는 수도인 낙양으로 가서 광무제를 알현하고 대장군의 인수를 반환하였으며, 낙양에 머물면서 봉조청奉朝請을 하였다. 주우는 옛날에 신하가 봉호를 받으면 왕의 작위를 추가하지 않았으니 왕을 공公으로 고쳐야 한다고 주청하였다. 광무제가 곧바로 이를 시행하였다. 주우는 다시 삼공은 마땅히 '대大'라는 명칭을 없애야 하고 마땅히 유가 경전을 본받아야 한다고 주청하였다. 훗날 주우의 의견대로 시행되었다.

당초 주우가 장안에서 강학을 할 때 유수가 가서 안부를 물으려 하였으나, 주우는 그때 만나지 않고 먼저 방에 올라 강학을 마치고 나서야 만났다. 훗날 광무제가 친히 주우의 집에 행차해서 그에게 웃으면서 말했다.

"주인장은 나를 버리지 않고 강의할 수 있겠는가?"

그들에게 옛정분이 있었기 때문에 주우는 항상 황제의 상을 받았다. 48년(건무 24년)에 주우는 세상을 떠났다.

아들 주상朱商이 봉호를 승계하였다. 주상이 세상을 떠나자, 손자 주연朱演이 봉호를 승계하였다. 92년(영원永元 4년), 아버지의 종형이 외손녀인 음陰 황후를 위해 무고한 일에 연루되어 평민으로 강등되었다. 113년(영초永初 7년), 등 태후가 주연의 아들 주충朱沖을 격후鬲侯로 봉해 봉호를 잇게 하였다.

주우는 이십팔수 중에서 서방 백호의 첫 번째 별자리인 규수奎宿를 관장한다.

주우가 관장하는 서방 백호의 첫 번째 별자리인 규수奎宿

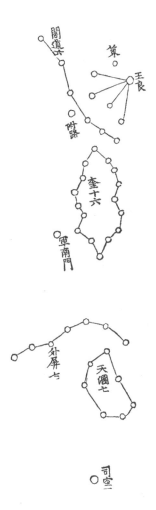

16. 유수를 따라 다니면서 수많은 격문을 쓴
임광任光

임광 등은 외로운 성을 홀로 지키면서
성을 더 이상 보전할 수 없음을 걱정하던 차에
유수가 도착하였다는 말을 듣고 크게 기뻐하였으며,
관리와 백성이 모두 한마음이 되어서 만세를 외쳤다.
임광은 유수를 따라다니면서 수많은 격문을 썼다.

임광任光(?~29)은 자가 백경伯卿이고, 지금의 하남성 남양시南陽市에 속하는 남양군南陽郡 완현宛縣 출신이다.

젊어서 성실하고 인정이 많아 마을 사람들의 사랑을 받았다. 처음에는 마을의 색부嗇夫 노릇을 하다가 군현의 관리가 되었다. 색부는 작은 마을에 있는 관리로서 사람들의 선악을 살펴서 부역의 순서를 정하고, 빈부에 따라 세금을 매기는 역할을 하였다. 한漢나라의 군사가 완宛에 이르렀을 때, 병사들이 임광의 관冠과 옷이 좋은 것을 보고는 옷을 벗게 하고 장차 죽여서 **빼앗으려** 하였다. 때마침 광록훈光祿勳 유사劉賜가 그곳에 왔다가 임광의 용모가 훌륭한 것을 보고 구해 주었다. 임광은 이 일로 인해 자기의 무리를 이끌고 유사를 따랐으며, 얼마 후에는 안집연安集掾이 되고 편장군에 임명되어 유수와 함께 왕심王尋과 왕읍王邑을 격파하였다.

경시제가 낙양에 이르러 임광을 신도信都 태수로 임명하였다. 왕랑王郎이 군사를 일으키자 군국이 모두 왕랑에게 항복하였으나 임광은 홀로 이를 옳게 여기지 않고 마침내 도위 이충, 현령縣令 만수, 공조功曹 완황阮況, 오관연五官掾 곽당郭唐 등과 함께 한마음으로 성을 굳게 지켰다. 부류현扶柳縣의 정연廷掾 일을 하고 있는 사람이 왕랑의 격문을 가지고 임광의 집에 와서 항복하라고 말하자, 임광이 저잣거리로 끌고나가 그 사람을 참해서 백성에게 보이고 정병 4천 명을 동원해서 성을 지켰다.

24년(경시更始 2년) 봄, 유수는 계薊에서 돌아와서 낭패를 당해 어디로 가야 할지 모르고 있던 차에, 신도信都만이 한漢나라를 위해서 한단을 막고 있다는 소식을 듣고 곧장 말을 달려 그곳으로 갔다. 임광 등은 외로운 성을 홀로 지키면서 성을 더 이상 보전할 수 없음을 걱정하던 차에 유수가 도착하였다는 말을 듣고 크게 기뻐하였으며, 관리와 백성이 모두 한마음이 되어서 만세를 외쳤다. 임광은 즉시 문을 열고 이충, 만수와 함께 관원들을 이끌고 유수를 맞이하였다.

유수는 여관에 들어가서 임광에게 물었다.

"백경, 지금은 세력이 약해서 모두 성두자로城頭子路나 역자도力子都의 군사 속으로 들어가려고 하는데 어떻겠소?"

임광이 대답하였다.

"불가합니다."

유수가 물었다.

"경의 군사는 적은데 어떻게 할 작정이오?"

임광이 대답하였다.

"군사를 모아 옆의 현을 공격하고 만약 항복하지 않으면 병사들이 제멋대로 그곳에서 노략질하도록 놔둡니다. 사람은 재물을 탐내기 마련이니 병사들을 불러서 오게 할 수 있습니다."

유수가 그 말을 따랐다. 임광을 좌대장군에 임명하고 무성후武成侯에 봉했다. 남양南陽의 종광宗廣을 남겨 두어 신도 태수의 일을 맡게 하고, 임광에게는 군사를 거느리고 따르게 하였다. 임광은 유수를 따라다니면서 수많은 격문을 썼다.

"대사마 유공의 장수가 성두자로와 역자도의 무리 1백만 명을 거느리고 동쪽에서 오니 오랑캐를 칩시다."

유수는 말 탄 병사에게 격문을 가지고 거록鉅鹿으로 달려가게 하였다. 거록의 관리와 백성은 격문을 읽고 서로 입으로 다른 사람에게 이 내용을 전달하였다. 유수는 마침내 임광 등과 함께 날이 저물 무렵 당양堂

陽의 경계에 들어서서 말 탄 병사들에게 횃불을 들고 있게 하였다. 연못
가에 가득 들어선 병사들의 불빛이 천지에 가득 차니 온 성안 사람들이
놀라고 두려워서 그날 밤에 바로 항복을 하고 말았다. 열흘 동안에 군사
가 크게 불어나자 이에 힘입어 성읍을 공격하여 마침내 한단을 도륙하
였으며 임광을 본래의 군으로 돌아가게 하였다.

성두자로는 동평東平 출신으로서 성은 원爰이요, 이름은 증曾, 자는 자
로子路이다. 비성肥城의 유후劉詡와 함께 노현盧縣의 성두(성벽 위)에서 군
사를 일으켰기 때문에 원증의 군사를 '성두자로'라고 부른다. 원증은 자
칭 '도종사都從事', 유후는 '교삼로校三老'라고 하였는데, 하河와 제濟 사이
를 오가며 노략질을 일삼았으며 무리가 20여 만 명에 이르렀다.

경시제가 옹립되자 원증은 사자를 보내 항복하여 동래군 태수에 임명
되고, 유후는 제남 태수에 임명되었으며 모두 대장군의 일을 맡았다. 이
해, 원증은 자기의 부하 장수에게 살해 당하고, 무리들은 유후를 추대
하여 주군으로 삼았으며, 경시제는 유후를 조국후助國侯로 봉하고 영을
내려 전쟁을 그만두고 본래의 군으로 돌아가게 하였다.

역자도는 동해 출신이다. 고향에서 군사를 일으켜 서徐와 연兗의 경계
지역 일대에서 노략질을 일삼았으며 무리가 6, 7만 명에 이르렀다. 경시
제가 옹립되자 역자도는 사자를 보내 항복하여 서주목徐州牧에 임명되
었으나 훗날 자기의 부곡 사람들에게 살해 당했다. 잔당이 다시 모여 다
른 무리와 함께 단향檀鄕에서 회합을 하였으므로 그들을 '단향'이라 부
른다. 단향의 우두머리 동차중董次仲은 처음에 임평荏平에서 군사를 일

으켰는데 나중에는 황하를 건너서 위군의 청하로 들어가 오교五校와 합쳐 무리가 10여 만 명이나 되었다.

25년(건무 원년), 유수가 낙양으로 들어가서 대사마 오한 등을 보내 단향을 쳤으며 이듬해 봄에 대파하여 항복시켰다.

이해(26년), 임광의 봉호가 광아릉후光阿陵侯로 바뀌었고, 식읍은 1만 호였다. 아릉은 당시 탁군涿郡에 속한 현이다. 29년(건무 5년), 임광은 광무제의 부름을 받고 낙양에 올라가서 봉조청奉朝請을 하였으며, 그해 가을에 세상을 떠났다. 아들 임외任隗가 봉호를 승계하였다.

임광은 이십팔수 중에서 서방 백호의 두 번째 별자리인 누수婁宿를 관장한다.

**16
임광**

임광이 관장하는 서방 백호의 두 번째 별자리인 누수婁宿

17. 자신의 사욕을 억제하고 남을 위한
체준 祭遵

체준의 장례 후에 조회를 할 때마다
광무제는 탄식하며 말하였다.
"어떻게 또다시 정로장군 체준같이
우국봉공하는 신하를 얻을 수 있을꼬?"

체준祭遵 (?~33)은 자가 제손弟孫이고, 지금의 하남성 허창시許昌市인 영천군潁川郡 영양현潁陽縣 출신이다.

그는 젊을 때부터 유가의 경서를 좋아하였고 남에게 공손하였다. 집은 풍족하였으나 검소한 체준은 늘 허름한 옷을 입었다. 모친상을 당하자 손수 흙을 파서 무덤

---

* 체준祭遵:祭遵의 경우, '祭'에 두 가지 독법이 있다. 일반적으로 쓰이는 것은 '제사'라는 의미일 때의 '子例切' 즉 '제'이다. 그러나 춘추시대의 국명이나 사람의 성을 말할 때는『광운』,「괘운怪韻」에서 말한 바, '側界切' 즉 '체'로 읽는 것이다. 우리나라에서는 그 성이 없어서인지 이 독음이 없는데, 굳이 한다면 '채'가 아니라 '체'가 되어야 할 것이다.『광운』에는 이렇게 설명하고 있다. "체는 성이다. 주공의 다섯째 아들이 체백이라서 그 후에는 체를 씨로 삼았다(祭, 姓. 周公第五子 祭伯, 其後以爲氏)."

을 만들었다. 한번은 마을의 관리에게 재산을 침탈 당하자 체준이 빈객과 결탁해서 그 관리를 살해한 적이 있었다. 당초에 현縣 내에서는 체준이 유柔하다고 생각하였으나, 그 사건 이후에 모두 체준을 꺼렸다.

유수가 왕심王尋 등을 격파하고 돌아가는 길에 영양에 들렀다. 체준은 현의 관리라서 이전에 유수를 여러 차례 만날 기회가 있었다. 유수는 체준의 예절 바른 행동이 마음에 들어 문하사門下史로 임명하였다. 체준은 유수를 따라 하북을 정벌하면서 군시령軍市令이 되었다.

하루는 객사에서 한 아이가 법을 범하자 체준이 그 아이를 때려 죽였다. 이 말을 들은 유수는 화가 나서 체준을 체포하라고 명했다. 이때 주부主簿 진부陳副가 간언하였다.

"명공께서는 항상 모든 병사들이 지휘에 복종하기를 바라고 계시는데, 지금 체준은 법을 피하지 않고 공정하게 받들고 있으니, 이는 마땅히 교령教令이 행해야 할 바입니다."

이 말을 들은 유수는 고개를 끄덕이며 체준을 용서하고 자간刺姦장군으로 삼았다. 그러고는 장수들에게 경계하여 말하였다.

"체준을 미리 방비해야 할 것이오. 우리 객사의 아이가 법을 범해도 죽이는 판이니 틀림없이 경들에게도 사정을 두지 않을 것이오."

얼마 후에 편장군으로 임명된 체준은 유수를 따라 하북을 평정하였으며, 그 공으로 열후에 봉해졌다.

26년(건무 2년) 봄, 체준은 정로征虜장군에 임명되고 영양후穎陽侯로 봉호가 정해졌다. 표기대장군 경단, 건의대장군 주우, 한충漢忠장군 왕상王相, 기도위 왕량, 장궁 등과 함께 기관箕關으로 들어갔다. 남쪽으로 홍농弘農, 염신厭新, 백화柏華, 만중蠻中의 적을 쳤다. 이 싸움에서 적이 쏜 쇠뇌가 체준의 입에 적중하여 피가 흘러나왔다. 많은 사람이 체준이 다친 것을 보고 놀라서 조금 후퇴를 하였다. 그때 체준이 큰 소리로 꾸짖으며 후퇴를 저지하였으며, 이에 모든 사졸이 힘을 배로 내어서 마침내 적을 대파하였다.

당시 신성현新城縣(하남군에 속함) 만중의 산적 장만張滿이 험한 곳에다 진을 치고 사람들에게 해를 입히고 있었다. 이에 광무제는 체준에게 조서를 내려 산적을 공격하게 하였다. 체준은 장만의 식량 수송로를 끊었다. 다급해진 장만이 여러 차례 싸움을 걸었으나 체준은 성을 굳게 지킬 뿐 나와서 싸우려고 하지 않았다. 염신과 백화에 있는 잔당들은 다시 장만과 세력을 합쳐서 마침내 곽양霍陽聚를 공격하여 빼앗았으나, 체준이 군사를 나누어 공격해서 그들을 격파하고 항복시켰다.

이듬해(27년) 봄, 장만은 식량이 떨어진데다 오랜 싸움에 지쳐 성이 함락당하면서 생포되고 말았다. 당초에 장만은 천지에 제사를 지내고 스스로 왕이 되어야 마땅하다고 말하였으나 붙잡히고 나서는 탄식하며 이렇게 말하였다.

"참문讖文이 나를 망쳤도다."

체준은 장만을 참하고 처자식도 처형하였다.

체준은 군사를 이끌고 남쪽의 두연杜衍에서 등봉鄧奉의 아우 등종鄧終을 쳐서 깨뜨렸다.

당시 탁군涿郡 태수 장풍張豐은 광무제의 사자를 감금한 후 군사를 이끌고 반란을 일으켰는데, 자칭 무상無上대장군이라고 일컫고 팽총彭寵과 연합하였다. 28년(건무 4년), 체준은 주우, 건위대장군 경감, 효기驍騎장군 유희劉喜 등과 함께 장풍을 쳤다. 체준의 군사가 먼저 도착해서 급히 장풍을 공격하였다. 장풍 수하에서 공조功曹 벼슬을 하던 맹굉孟厷이 장풍을 붙잡아서 항복해버렸다.

원래 장풍은 방술方術(방사의 술법)을 좋아한 자였다. 어떤 도사가 장풍은 마땅히 천자가 될 것이라고 말하고, 다섯 가지 채색의 비단 주머니에 돌을 싸서 장풍의 팔꿈치를 치면서 돌 속에 옥새가 있다고 말하였다. 장풍은 도사의 말을 믿고 마침내 반란을 일으켰던 것이다. 붙잡혀서 곧 죽게 되었는데도 장풍은 오히려 이렇게 말하였다.

"팔꿈치를 친 돌 속에 옥새가 들어 있다."

체준이 망치로 돌을 깼으나 그 속에 옥새는 들어 있지 않았다. 장풍은 비로소 사기를 당한 것을 알고 하늘을 쳐다보며 탄식하였다.

"죽어도 한스러울 것이 없다!"

장수들은 모두 군사를 이끌고 돌아갔으나, 체준은 조칙을 받고 양향良鄕에 남아 진을 치고 팽총을 막았다. 얼마 후 체준이 파견한 호군 부현傅玄이 노潞에서 팽총의 장수 이호李豪를 습격하여 대파하고 1천여 명의

17
祭遵

수급을 베었다. 서로 싸운 지 1년 여 동안 여러 차례 팽총의 예봉을 꺾었으며, 잔당도 대부분 항복하였다. 팽총이 죽자, 체준은 군대를 이끌고 나아가 그 땅을 평정하였다.

30년(건무 6년) 봄, 조칙을 받고 체준은 건위대장군 경감, 호아대장군 갑연, 한충장군 왕상, 포로장군 마무, 효기장군 유흠劉歆, 무위武威장군 유

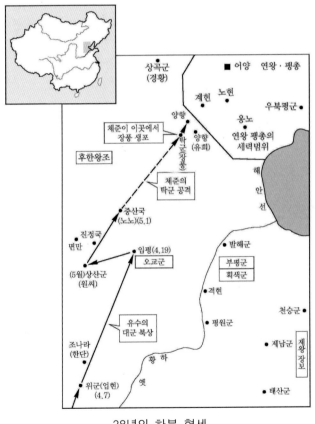

28년의 하북 형세

상劉尙 등과 함께 천수天水를 따라 공손술公孫述을 토벌하러 갔다. 체준의 군사가 장안에 주둔할 당시 어가도 이곳에 도착하였다. 그러나 외효隗囂는 한漢나라 군사가 농隴에 오는 것을 원치 않아, 문제가 해결되었으니 올 필요가 없다고 하였다.

광무제는 장수들을 모두 불러 놓고 이 문제에 관해 논의하였다. 장수들이 이구동성으로 말했다.

"외효에게 기한을 연장해 주고 외효와 수하의 장수들에게 관작을 더 주어 흩어지게 하십시오."

체준이 반대하였다.

"외효는 간사한 자들을 끼고 있은 지가 오래되었습니다. 지금 만약 갑옷을 어루만지며 시간을 늘여주는 것은, 남을 속이는 꾀를 더욱 깊이 내라고 하고, 촉에게 경계를 더 확대하라고 하는 것이니, 진실로 진군하는 것만 못합니다."

광무제는 체준의 말을 채택하고 곧바로 체준을 파견하여 선봉으로 삼았다. 외효는 자기 수하 장수 왕원王元에게 농저隴坻를 막게 하였는데, 체준은 진격하여 왕원을 깨고 신관新館까지 추격하였다. 다른 장수들은 당도해서 외효와 싸웠으나 모두 패하여 군사를 이끌고 농으로 퇴각하였다. 고민 끝에 광무제는 조서를 내려 체준은 견汧에, 경감은 칠漆에, 정서대장군 풍이는 순읍栒邑에다 각기 진을 치게 하고, 대사마 오한 등은 장안으로 돌아가서 주둔하게 하였다. 이후로 체준은 여러 차례 외효를 꺾었다. 이 일에 대해서는 「풍이」 편에도 나와 있다.

32년(건무 8년) 가을, 체준은 다시 광무제를 따라 농으로 갔다. 외효를 격파한 후 광무제는 동쪽으로 돌아가면서 견을 지나다가, 체준의 군영에 행차하여 사졸을 위로하고 연회를 베풀어 주었다. 이때 황문黃門의 무악舞樂을 지으며 놀다가 밤이 늦어서야 파하였다. 황문은 관청 부서의 이름이고, 무악은 방패와 도끼를 손에 쥐고 추는 음악이다.

당시 체준은 병에 걸렸는데 광무제는 조칙을 내려 두터운 자리를 하사하고 황제의 이불을 덮어 주게 하였다. 체준은 병이 나은 후 다시 진군하였으며 농隴 아래에 주둔하라는 명을 받았다. 공손술이 군사를 보내 외효를 구원하자, 오한, 경감 등은 모두 도망쳐 돌아가고 체준만이 남아서 빈틈을 보이지 않았다.

33년(건무 9년)에 체준은 군영에서 세상을 떠났다.

체준은 사람됨이 청렴, 검소하고 조심성이 많으며 자신의 사욕을 억제하고 남을 위한다는 생활신조를 가지고 있었다. 그래서 황제가 상을 하사하면 모두 사졸에게 나누어주어 집에는 개인 재산이 없었다. 자신은 가죽 바지에 베옷을 입고 부인은 치마에 가선도 두르지 못할 정도였다. 광무제는 이 때문에 체준을 중히 여겼다. 체준이 세상을 떠나자 광무제의 근심하고 애도하는 마음은 누구보다 심했다. 체준의 상여가 하남현河南縣에 이르자 광무제는 조서를 내려 백관들에게 먼저 빈소에 가게 하고 자신은 소복을 입고 뒤따라가서 애절하게 통곡을 하였다. 돌아오는 길에 성문에서 체준의 수레와 기마를 지나칠 때는 흘러나오는 눈물을 막을 수가 없었다. 장례를 마치고 다시 친히 태뢰太牢로 제사를 지냈는데, 마치 선제宣帝가 곽광霍光(?~기원전 68년)에게 간 고사와 같았다. 전한 때 곽광이 세상을 떠나자, 선제와 상관上官 태후는 친히 곽광의 장례에 참가해서 태중대부 임선任宣, 시어사侍御史 다섯 사람에게 부절을 주며 호상護喪을 하게 한 일을 말한다.

태뢰란 제사나 연회 때 소, 양, 돼지의 세 희생을 모두 갖추는 것을 말한다.

광무제는 조서를 내려 대장추大長秋, 알자謁者, 하남윤에게 호상을 하게 하고 대사농大司農에게는 장례 비용을 대라고 명하였다.

박사博士 범승范升이 상소를 하여 체준의 공을 칭송하였다.

"신이 듣건대, 선왕의 숭고한 정치는 선한 것을 존중하고 악한 것을 물리쳤다고 합니다. 옛날에 고조(유방을 말함) 대성인께서는 깊이 보고 멀리 생각하시어 작위를 나누고 땅을 갈라서 아랫사람과 공을 나누고 훈신을 기록하여 아름다운 덕을 칭송하였습니다.

살아생전에는 특별한 예의로 그들을 총애하여 황제에게 일을 아뢸 때 이름을 쓰지 않게 하고 궐문에 들어가서는 달려가지 않게 하였습니다.

죽은 후에는 작위, 식읍을 생전과 같게 해서 대대로 후손에게 전해 주며 단서철권丹書鐵券이 영원히 전해지도록 하였습니다. 이것은 진실로 우리 대한大漢이 아랫사람을 후하게 대하고 남을 편안하게 하는 장구한 덕으로서 십여 대에 걸쳐 누적되고 수백 년간 지속되었으니, 폐하여졌다가도 다시 생기고 끊어졌다가도 다시 이어진 것입니다.

폐하께서는 지극한 덕으로 천명을 받으시어 먼저 한나라의 도를 밝히고, 보좌한 사람들에게 순서를 매겨 기리고 공신에게 상을 주어 함께 조종祖宗들께 증거로 삼으셨습니다. 정로장군 영양후 체준은 불행하게도 일찍 세상을 떠났습니다. 폐하께서는 인자하고 은혜로우셔서 체준을 위해 마음으로 슬퍼하시고, 멀리 하남까지 전송하여 애통해 마지않으심이 성스러운 몸에 나타나고, 장례의 모든 비용을 나라에서 대게 하시고, 처자식에게 후하게 하사하시는 등 성은을 이루 다 셀 수가 없습니다. 또한 좋지 않은 풍속을 바로잡는 것이 해와 달처럼 높습니다. 옛날에 신하가 아프면 임금이 문병하고 신하가 죽으면 임금이 조문을 하는데 이것은 덕이 두터운 것입니다. 그러나 이런 좋은 전통이 희미하게 된 지는 이미 오래되었습니다.

폐하에 이르러 이 예의가 다시 부흥하여 많은 신하가 감동을 하고 스스로 힘쓰지 않는 사람이 없습니다. 신이 보건대 체준은 선행을 하고 나라에 충성을 다하여 북쪽으로 어양을 평정하고, 서쪽으로 농, 촉을 막았으며, 먼저 농저 위에 올라가고 깊이 쳐들어가 약양略陽을 취하였습니다. 수많은 군사가 이미 퇴각하였는데도 홀로 지키고 어려움에 맞섰습니다. 체준은 선비의 마음을 제어하여 법도를 넘어서지 않았습니다. 체준이 마음에 둔 것은 사람들을 다스리는 것이며, 군사가 있음을 알지 못했습니다. 그리하여 맑은 이름이 해내에서 들리고 결백함이 당세에 드러났습니다.

자신이 하사 받은 상은 모두 사졸에게 나누어주고 몸에는 좋은 옷을 입은 적이 없었고 집에는 개인 재산이 없습니다. 형 체오祭午는 아우 체준에게 자식이 없자 첩을 취하라고 여자를 보내 주었으나 체준은 사람을 시켜 맞이하였을 뿐 받아들이지 않았으며 자신이 몸소 식읍으로 가서 감히 후사를 이으려는 계획을 세우지 않았습니다. 죽음이 임박하자, 소 수레에 상여를 싣고 낙양에다 검소하게 장례를 치르라고 경계의 말을 남겼습니다. 집안일에 대해 물었으나 체준은 끝내 아무 말도 하지 않았습니다. 임무는 무겁고 갈 길은 멀었으며 죽은 뒤에야 그쳤습니다.

체준은 장군이 되자 선비를 뽑을 때 모두 유학을 기준으로 삼았으며 술자리를 대하고 음악을 할 때는 반드시 '아시雅詩'를 노래하고 투호投壺를 하였습니다. 또 공자를 위해 계승자를 세우자고 건의하였으며 유가 경전인 오경五經의 대부를 두자고 상주하였습니다.

비록 군대에 있었으나 제사를 잊지 않았으니 예를 좋아하고 악을 즐기며, 죽음으로 선한 도를 지켰다고 말할 수 있습니다. 『예』에 의하면, 살아서는 작위가 있고 죽어서는 시호가 있다고 하는데, 작위는 존귀함과 비천함을 구별하고 시호는 선함과 악함을 밝히는 것입니다.

신의 어리석은 생각으로는 체준이 세상을 떠났으니 마땅히 여러 공로를 논하여 자세히 「시법諡法」을 고찰해서 예로써 시호를 만들어야 한다고 봅니다. 옛것을 존중하는 나라의 제도를 밝게 드러내서 뒤를 이을 법을 만들어야 할 것입니다."

단서철권이란 황제가 공신에게 대대로 면죄 특권을 누리라고 주는 증명서이다. 쇠로 만들었으며 붉은 글씨로 쓴다.

「시법」은 『주서周書』의 편명으로서 주공周公이 지었다고 전해진다.

광무제는 이에 범승의 글을 공경들에게 내려 보여주었다. 장례를 할 적에 광무제가 다시 친히 와서 장군과 후侯의 인수를 내려 주었으며, 주륜용거朱輪容車(수레 바퀴에 붉은 칠을 하고 몸채에 장식을 한 수레)에 갑사甲士들이 군대 진용을 갖춰 장사지내는 것을 배웅하게 하였고, 성후成侯라는 시호를 내려 주었다. 장례를 치른 후에 광무제는 다시 무덤에 친히 갔으며, 체준의 집을 찾아가 부인에게 안부를 물었다.

그 후에 조회를 할 때마다 광무제는 탄식하며 말하였다.

"어떻게 또다시 정로장군 체준같이 우국봉공하는 신하를 얻을 수 있을꼬?"

광무제가 체준을 그리워한 것이 이와 같았다.

자식이 없어 식읍을 상실하였다. 형 체오祭午는 벼슬이 주천酒泉 태수에 이르렀다.

체준은 이십팔수 중에서 서방 백호의 세 번째 별자리인 위수胃宿를 관장한다.

17
체준

체준이 관장하는 서방 백호의 세 번째 별자리인 위수胃宿

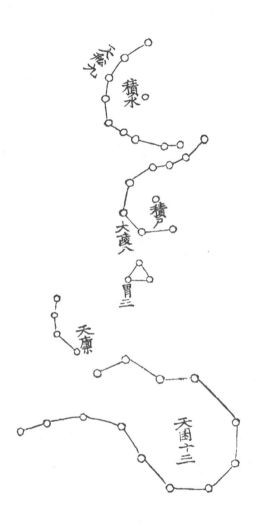

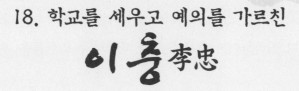

18. 학교를 세우고 예의를 가르친
이충 李忠

"명공의 큰 은혜를 입어
목숨을 바칠 것만을 생각하고 있는데,
진실로 제 개인을 위해
감히 안으로 가족을 돌볼 수는 없습니다."

이충李忠(?~43)은 자가 중도仲都이고, 지금의 산동성 용구시龍口市인 동래군東來郡 황현黃縣 출신이다.

아버지는 고밀에서 도위 벼슬을 하였다. 이충은 원시 (元始 1~5) 연간에 아버지의 음덕으로 낭郞이라는 관직에 올랐다. 관청에 수십 명의 관리가 있었지만 이충만이 홀로 예를 좋아하여 고치고 정돈하였다고 한다. 왕망王莽 때에는 신박新博의 속장屬長이 되었으며, 군내의 사람들이 모두 이충을 공경하고 믿었다. 원래는 신도국信都國이었으나 왕망 때 신박으로 이름을 고쳤다.

경시제가 즉위한 후 사자를 시켜 군국을 다녀오게 하면서, 이충을 도위관으로 임명하였다. 나중에 이충은 임광과 함께 훗날 광무제가 된 유수를 받들었으며, 유수는 이충을 우대장군에 임명하고 무고후武固侯로 봉했다. 당시 유수는 스스로 허리에 찬 인수를 풀어서 이충의 허리에 매달아 주었다. 이리하여 이충은 유수를 따라서 부속 현들을 공격하여 함락시켰다.

고형현苦陘縣에 이르러서 유수는 장수들을 모두 모아 놓고 취득한 재물을 물어 보았는데, 오직 이충만이 노략질한 재물이 없었다. 유수가 말하였다.

"내가 이충에게 특별히 하사할 것이 있으니 경들은 바라지 말지어다."

곧바로 타고 있던 덩치 큰 가라말(검은 말)과 수를 곱게 놓은 비단옷을 이충에게 하사하였다.

이충이 군사를 이끌고 나아가서 거록鉅鹿을 포위하였으나 미처 함락을 시키지 못하고 있었다. 그 사이에 왕랑은 수하 장수를 보내 신도를 공격하게 하였더니 신도의 대성씨인 호족 마총馬寵 등이 성문을 열어 항복하였다. 왕랑의 수하 장수는 태수 종광宗廣과 이충의 어머니와 아내를 붙잡고 그들로 하여금 이충을 부르게 하였다. 당시 마총의 아우는 교위校尉 직책을 맡고서 이충을 따르고 있었다. 이충은 즉시 마총의 아우를 불러 그 동안 베푼 은혜를 저버리고 적에게 성을 바쳐 배반한 것을 꾸짖고 그 자리에서 때려 죽였다. 이 광경을 보고 이충의 수하 장수들은 모두 이렇게 물었다.

"가족이 적의 수중에 있는데 적의 아우를 죽인 것은 무슨 까닭입니까?"

이충이 대답하였다.

"만약 적을 용서하고 죽이지 않는다면 두 마음을 품고 있는 것이오."

유수는 이 소식을 전해 듣고 가상하게 여겨 이충에게 일러 말했다.

"지금 나의 군사는 이미 만반의 태세를 갖추고 있으니 장군은 돌아가서 노모와 처자를 구하여도 좋소. 적의 무리 중에서 스스로 관리와 백성을 모아 그대의 가족을 구하는 자에게는 천만 전을 하사하고 나를 따르게 하겠소."

이충이 말하였다.

"명공의 큰 은혜를 입어 목숨을 바칠 것만을 생각하고 있는데, 진실로 제 개인을 위해 감히 안으로 가족을 돌볼 수는 없습니다."

유수는 이에 임광의 군사를 보내 신도를 구하게 하였다. 그러나 임광의 군사는 길에서 왕랑에게 습격을 받아 흩어져 투항하고, 임광은 아무런 공도 세우지 못한 채 돌아왔다. 때마침 경시제가 장수를 보내 신도를 공격해서 빼앗은 덕분에 이충의 가족은 모두 안전하게 되었다. 유수는 이충으로 하여금 돌아가서 태수의 일을 맡게 하였는데, 이충은 군내의 호족들 중 한단에 빌붙은 자들을 잡아들여 수백 명을 주살하였다. 임광이 군으로 돌아가자 이충은 다시 돌아와서 도위가 되었다.

26년(건무 2년), 이충은 중수후中水侯로 봉호가 바뀌고 식읍 3천 호를 하사 받았다. 중수는 탁군에 속한 현이다. 그해, 오관五官중랑장에 임명된 이충은 광무제를 따라 방맹龐萌과 동헌董憲 등을 평정하였다.

30년(건무 6년), 이충이 단양丹陽 태수로 부임하였다. 이때 해내가 새로 평정되었다. 당시 남방의 강수江水와 회수淮水 유역은 대부분 제각기 군사를 소유하고 땅을 차지하고 있었다. 그런데 이충이 단양에 당도하자마자, 항복할 생각을 갖고 있는 자들을 부른 후 그중에서 불복하는 자는 모두 주살하여 만 한 달 만에 모두 평정하였던 것이다. 이충은 단양과 월越 지역의 풍속이 배우기를 좋아하지 않고, 혼인과 예의 제도가 한나라보다 낙후했음을 보고 이에 학교를 세우고 예의에 맞는 행동을 익히게 하였다. 그리고 봄가을로 향음주례鄕飮酒禮 행사를 갖고, 유가 경서에 밝은 사람을 관리로 등용하였다. 그리하여 군내의 사람들이 모두 이충을 마음으로 따랐다. 이충이 부임한 이후로 단양은 개간된 전답이 증가하고 3년 동안에 유민 5만여 명이 늘어났다.

38년(건무 14년), 삼공三公이 이충의 고과를 천하제일로 평가하였으며, 이에 따라 예장豫章 태수로 영전하였다. 얼마 후 병으로 관직에서 물러났다가 광무제가 불러 낙양으로 갔다. 43년(건무 19년)에 세상을 떠났다.

아들 이위李威가 봉호를 승계하였다. 이위가 세상을 떠나자 손자 이순李純이 승계하였는데, 66년(영평永平 9년)에 이순의 어머니가 이순의 숙부를 살해한 일에 연루되어 식읍을 상실하였다. 113년(영초永初 7년), 등 태후가 이순을 다시 금정후琴亭侯로 봉해 봉호를 잇게 하였다.

　이충은 이십팔수 중에서 서방 백호의 네 번째 별자리인 묘수昴宿를 관장한다.

이충이 관장하는 서방 백호의 네 번째 별자리인 묘수昴宿

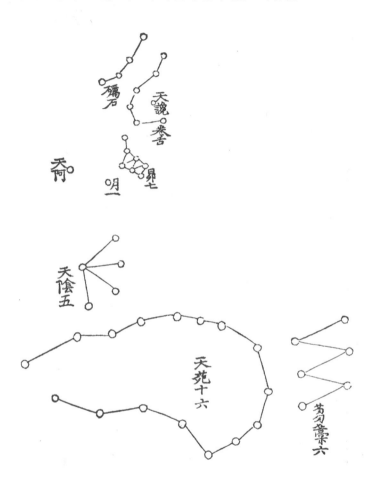

19. 중병의 몸으로 전장에 나간
경단景丹

"무릇 부귀하게 되어서 고향에 돌아가지 않으면
비단옷을 입고 밤에 다니는 것과 같다'고 했기 때문에
역양 땅을 경에게 봉하는 것이오."

경단景丹(?~26)은 자가 손경孫卿이고, 지금의 섬서성 임동현臨潼縣 북쪽인 좌풍익左馮翊 역양현櫟陽縣 출신이다.

어려서 장안에서 공부를 하였다. 왕망王莽 때 덕행, 언어, 정사, 문학의 공문사과孔門四科에 대해 관리 추천을 하였는데, 경단은 언어 분야에 추천되어 고덕후固德侯의 상相에 임명되었다. 깔끔하게 일을 처리하는 재능이 있었기 때문에 삭조朔調(즉 상곡군上谷郡) 연솔連率의 부이副貳로 승진하였다. 연솔은 태수를 말하고, 부이는 속관을 말한다.

경시제는 즉위한 후에, 사람을 보내 군사를 거느리고 상곡을 점령하게 하였다. 경단은 연솔 경황耿況과 함께 경시제에게 항복을 하고 다시 상곡의 장사長史로 임명되었다. 왕랑王郞이 군사를 일으키자, 경단은 경황과 함께 왕랑을 막기로 계획을 세웠다. 경황은, 경단과 자신의 아들 경감과 구순 등에게 군사를 거느리고 남쪽에 있는 유수에게 귀순하게 하였다. 유수가 경단 등을 불러 만나서 웃으며 말하였다.

"한단의 장수가 여러 차례 어양과 상곡 두 군의 군사를 출동시켜 나를 치라고 했을 때 나는 잠시 대응할 방법을 생각하고 있었는데, 어찌 두 군郡이 나에게 귀순하리라고 생각했겠소! 나는 그대들과 함께 공명을 세우겠소!"

말을 마치고 곧바로 경단을 편장군에 임명하고 봉의후奉義侯에 봉했다. 경단은 유수를 따라 남련南緣에서 왕랑의 장수 예굉兒宏 등을 쳤는데, 왕랑의 군사가 맞이하여 싸우러 나오자 퇴각하였다가 경단 등이 갑자기 돌기를 내보내서 공격하여 왕랑의 군사를 대파하고, 달아나는 적을 10여 리나 추격하였는데 사상자가 들판에 가득하였다.

경단이 돌아오자 유수가 말하였다.

"나는 그대의 돌기가 천하의 정예 병사라는 말을 들었는데 지금에야 비로소 그대들이 싸우는 것을 보니 정말 대단히 기쁘오."

그리하여 경단은 유수를 따라 하북을 정벌하였다.

---

* 예굉兒宏 : '兒'는 '예'로 읽는다.

유수가 황제로 즉위한 후 미래를 예언한 기록인 참문讖文에 의거하여 평적平狄장군 손함孫咸을 대사마로 삼는다고 했더니 대신들이 모두 기뻐하지 않았다. 그래서 다시 조서를 내려 대사마가 될 만한 사람을 천거하라고 하였더니, 여러 신하가 추천한 사람은 오한과 경단 둘뿐이었다.

광무제가 말하였다.

"경 장군은 북주北州의 대장으로서 적임자이다. 그러나 오 장군은 세운 공이 매우 크고 또 유주幽州의 묘증苗曾과 상서 사궁謝躬을 주살하였으니 그 공이 경단보다 크다. 옛 제도에 의하면, 표기장군과 대사마의 관직은 겸임하는 것이다."

오 장군이 세운 공이 크다는 것은 어양의 군대를 출동시킨 것을 가리킨다. 또 전한 무제 때에 대사마라는 관직을 두고, 대장군, 표기장군이라고 불렀다.

그러고는 바로 오한을 대사마에 임명하고, 경단을 표기대장군으로 임명하였다.

26년(건무 2년), 경단을 역양후櫟陽侯로 봉하였다. 광무제가 경단에게 말하였다.

"지금 관동關東에 있는 경의 봉국은 비록 현이 여러 개 있다고는 하나 역양의 1만호 식읍에 미치지 못하오. 무릇 '부귀하게 되어서 고향에 돌아가지 않으면 비단옷을 입고 밤에 다니는 것과 같다'고 했기 때문에 역양 땅을 경에게 봉하는 것이오."

19
경단

광무제가 인용한 말의 원문은 "富貴不歸故鄕여의수야행, 如衣繡夜行"인데, 이 말은 유방과 천하의 패권을 다툰 초한전楚漢戰의 주인공 항우(기원전 232~기원전 202)가 하였다.『한서』「항적전項籍傳」에 나온다. 오늘날에는 이 말이 '금의야행錦衣夜行' 또는 '의금야행衣錦夜行', '야행피수夜行被繡' 등으로 사용되며, 공명이 세상에 알려지지 않아 아무 보람도 없음을 뜻한다.

경단은 머리를 조아리며 은혜에 감사하였다.

그해 가을, 경단은 오한, 건위대장군 경감, 건의대장군 주우, 집금오 가복, 편장군 풍이, 강노强弩장군 진준, 좌조左曹 왕상王常, 기도위 장궁 등과 함께 광무제를 따라 의양薄陽에서 오교五校를 격파하고 그 무리 5만 명을 항복시켰다. 때마침 섬서陝西의 도적 소황蘇況이 홍농弘農을 공격하여 홍농군 태수를 사로잡았다. 이때 경단이 병에 걸린 상태였지만 광무제는 그가 노장이었기 때문에 억지로라도 일어나게 해서 홍농의 일을 맡길 요량으로 밤중에 경단을 불러 들여서 말하였다.

"도적이 경성 근처까지 이르렀으니, 단지 장군의 위엄과 중망을 얻기 바랄 뿐이오. 장군은 누워서 지휘하기만 해도 될 것이오."

경단은 감히 사양하지 못하고 앓는 몸으로 황제의 명을 받들었으며, 군사를 거느리고 홍농군으로 갔다가 10여 일 만에 세상을 떠났다.

아들 경상景尙이 봉호를 승계하였으며, 여오후余吾侯로 개봉되었다. 경상이 죽고 아들 경포景苞가 봉호를 승계하였으며, 경포가 죽은 후에 아

19
景丹

들 경림景臨이 승계하였는데, 경림에게 자식이 없어 봉국을 상실하였다.

113년(영초 7년)에 등鄧 태후가 경포의 아우 경거景遽를 감정후監亭侯로 봉해 봉호를 잇게 하였다.

경단은 이십팔수 중에서 서방 백호의 다섯 번째 별자리인 필수畢宿를 관장한다.

19
경단

경단이 관장하는 서방 백호의 다섯 번째 별자리인 필수畢宿

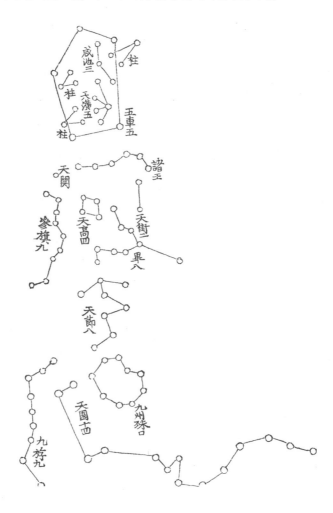

20. 하북을 평정하고 군영에서 세상을 뜬
만수萬脩

"한단을 격파한 후에
만수는 다시 우장군에 임명되었고,
유수를 따라 하북을 평정하였다.
견담과 함께 남양을 공격하다가 군영에서 세상을 떠났다.

만수萬脩(?~?)는 자가 군유君游이고, 지금의 섬서성 흥평시興平市 동북에 위치한 우부풍右扶風 무릉현茂陵縣 출신이다.

경시제更始帝 때 신도령信都令이 되어 태수 임광, 도위 이충과 함께 성을 지켰으며, 유수를 맞이함으로써 편장군으로 임명되고 조의후造義侯에 봉해졌다. 한단을 격파한 후에 만수는 다시 우장군에 임명되었고, 유수를 따라 하북을 평정하였다.

26년(건무 2년), 만수는 괴리후槐里侯로 개봉되었다. 양화揚化장군 견담과 함께 남양을 쳤으나, 승리하지 못한 채 병에 걸려서 군영에서 세상을 떠났다.

아들 만보萬普가 봉호를 승계하였으며, 현씨후泫氏侯로 개봉되었다. 현씨는 상당군에 속한 현인데, 서쪽에 현곡수泫谷水란 강이 있기 때문에 붙여진 이름이다. 만보가 죽자, 손자 만친萬親이 승계하였으며 부류후扶柳侯로 개봉되었다. 부류 역시 현의 이름이다. 만친이 죽은 후에는 자식이 없어 봉국을 상실하였다. 113년(영초 7년), 등 태후가 만수의 증손 만풍萬豊을 곡평정후曲平亭侯로 봉해 봉국을 잇게 하였다. 만풍이 죽자 아들 만치萬熾가 승계하였다. 126년(영건永建 원년), 만치가 죽은 후에 자식이 없어 다시 봉국을 상실하였다. 158년(연희 2년), 환제는 만수의 현손 만공萬恭을 문덕정후門德亭侯로 봉해 봉국을 잇게 하였다.

만수는 이십팔수 중에서 서방 백호의 여섯 번째 별자리인 자수觜宿를 관장한다.

20
萬脩

만수가 관장하는 서방 백호의 여섯 번째 별자리인 자수觜宿

21. 8척의 키에 힘이 장사였던
갑연蓋延

광무제는 갑연이 적을 경시하여 너무 깊이 들어갔다고
판단하고 여러 차례 글을 보내 조심할 것을 경계하였다.
갑연은 달아나 북쪽의 사수泗水를 건널 때
배와 노를 부수고 나루터와 다리를 파괴하고서야
가까스로 죽음을 면했다.

갑연蓋延 (?~39)은 자가 거경巨卿이고, 지금의 하북성
난평현灤平縣 서북쪽인 어양군漁陽郡 요양현要陽縣 출신
이다.

키가 8척이나 될 정도로 컸으며 힘이 장사라 1백 근
가량의 활을 당길 수 있었다. 변방 풍속에서는 용맹을

---

* 갑연蓋延 : '蓋'에는 두 가지 독음이 있다. 일반적으로 '덮다'라는 의미일 때는 '古
太切' 즉 '개'로 읽지만 고유명사인 전국시대 제나라의 '갑읍蓋邑'이나 성을 의미할
때는 『광운』 「갑운蓋韻」 에 의거, '古盍切' 즉 '갑'으로 읽어야 한다. 따라서 蓋延의
경우는 '개연'이 아니라 '갑연'으로 읽어야 한다.

숭상하는 터라 갑연은 기운이 센 것으로 유명했다. 어양군의 열연列掾, 주의 종사從事를 지냈다. 태수 팽총彭寵은 갑연을 불러 영위營尉에 임명하고 호군護軍의 일을 맡겼다.

왕랑王郎이 군사를 일으키자, 갑연은 오한과 함께 유수를 따르기로 계획을 정했다. 갑연은 광아廣阿에 이르러서 편장군에 제수되고 건공후建功侯로 불리었으며, 유수를 따라 하북을 평정하였다. 광무제는 즉위한 후 갑연을 호아장군虎牙將軍으로 임명하였다.

26년(건무 2년), 봉호가 안평후安平侯로 바뀌었다. 남쪽으로 파견된 갑연은 오창敖倉을 공격하고, 뒤이어 산조酸棗와 봉구封丘를 공격하여 모두 함락시켰다. 그해 여름, 부마도위 마무, 기도위 유륭, 호군도위 마성, 편장군 왕패 등을 거느리고 남쪽으로 유영劉永을 토벌하러 갔다. 먼저 양읍襄邑을 탈취하고 뒤이어 마향麻鄉을 취하였으며, 마침내 저양雎陽에서 유영을 포위하였다.

수개월이 지난 후 들녘의 보리를 다 거두어들인 후 밤에 사다리를 타고 그 성안으로 들어갔다. 유영이 놀라고 무서워서 병사들을 이끌고 동문을 통해 달아나자, 갑연이 추격하여 대파하였다.

유영이 병사를 버리고 초譙로 달아나자, 갑연은 진공하여 설현薛縣을 함락시키고 유영의 노군魯郡 태수를 참하였다. 이에 팽성彭城, 부양扶陽, 저추杼秋, 소蕭 등이 모두 항복하고 말았다. 갑연은 다시 유영의 패군沛郡을 깨뜨리고 태수를 참했다. 유영의 장수 소무蘇茂, 교강佼彊, 주건周建 등의 장수를 위시한 3만여 명 군사는 유영을 구하기 위해 갑연을 공격하였지만, 갑연은 패沛의 서쪽에서 싸워 유영의 군사를 대파하였다. 유영의 군사는 대오가 어지러워져서 숨거나 물에 빠져 죽는 자가 태반이었다. 유영은 성을 버리고 호릉湖陵으로 달아나고, 소무는 광락廣樂으로 도망쳤다. 갑연은 마침내 패, 초楚, 임회臨淮를 평정하였으며, 한고조 유방의 사당을 수리하는 한편 색부嗇夫, 축재祝宰, 악인樂人 등을 두었다.

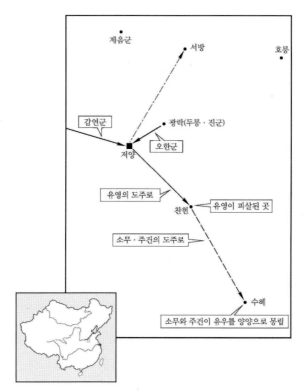

27년, 오한과 갑연이 저양으로 진격함

27년(건무 3년), 저양睢陽이 다시 배반하고 유영을 맞이하자, 갑연은 여러 장수를 이끌고 백일 동안 성을 포위하면서 들녘의 곡식을 모두 베어가 버렸다. 유영은 식량이 떨어지자 돌연 달아났고 갑연은 추격하여 치중輜重을 모두 빼앗았다. 유영이 자기의 부하 장수에게 살해 당하자 유영의 아우 유방劉防은 성을 바쳐 항복하고 말았다.

28년(건무 4년) 봄, 갑연이 다시 기蘄에서 소무와 주건을 치고, 나아가서 유하留下에서 동헌董憲과 싸워 모두 격파하였다. 그리하여 갑연은 항복한 장군 방맹龐萌을 이끌고 서방西防을 공격하여 함락시켰다. 다시 팽성에서 주건과 소무를 패퇴시키자, 소무와 주건은 동헌에게로 달아났다. 동헌의 장수 분휴賁休는 난릉성蘭陵城을 바쳐 항복하였다. 동헌은 이 소식을 듣고 담郯으로부터 달려가서 분휴를 포위하였다.

이때 갑연과 방맹은 초에 있었는데, 분휴를 구하러 가겠다고 청했다. 광무제가 조서를 내렸다.

"곧장 가서 담을 공격하면 난릉성은 틀림없이 저절로 포위가 풀릴 것이다."

그런데도 갑연 등은 분휴가 있는 성이 위급하였기 때문에 먼저 그곳으로 달려갔다. 동헌은 역습으로 나아가 싸우다가 거짓으로 패하였는데, 갑연 등은 신이 나서 퇴각하는 적을 쫓았으며 포위를 뚫고 성으로 들어갔다. 이튿날 동헌이 대규모 군사를 출동시켜 포위를 강화하는 것을 보고, 갑연 등은 두려워서 서둘러 빠져 나와 담을 공격하러 달려갔다.

광무제가 갑연을 꾸짖으며 말했다.

"틈을 타서 먼저 담으로 가라고 했던 것은 적이 미처 생각을 하지 못했기 때문이다. 지금은 달아나서 적의 계책이 이미 섰을 텐데 포위를 어찌 풀 수 있겠는가!"

갑연 등이 담으로 달려갔으나 과연 함락시킬 수 없었으며, 동헌은 결국 난릉을 탈취하고 분휴를 살해하였다. 갑연 등은 이리저리 오가며 팽성, 담, 비邳 사이에서 동헌의 별장別將을 공격하였다. 싸움을 하는 동안 여러 차례 접전하면서 때로는 이겨서 얻은 것이 많은 날도 있었다. 광무제는 갑연이 적을 경시하여 너무 깊이 들어갔다고 판단하고 여러 차례 글을 보내 조심할 것을 경계하였다.

방맹이 배반을 하여 초군楚郡 태수를 공격해서 살해하고 군사를 이끌고 갑연을 공격하여 패퇴시켰다. 갑연은 달아나 북쪽의 사수泗水를 건널 때 배와 노를 부수고 나루터와 다리를 파괴하고서야 가까스로 죽음을 면했다. 광무제는 동쪽으로 가서 갑연과 대사마 오한, 한충漢忠장군 왕상王常, 전장군 왕량, 포로장군 마무, 토로장군 왕패 등을 임성任城으로 불러 모아서, 도향桃鄉에서 방맹을 토벌하였다. 또 함께 창려昌慮로 가서 동헌을 정벌하여 모두 쳐부수고 평정하였다. 30년(건무 6년) 봄, 갑연은 장안으로 파견되어 주둔하였다.

33년(건무 9년), 외효隗囂가 죽자, 갑연은 서쪽의 가천街泉, 약양略陽, 청수淸水 등 여러 곳을 공격하여 모두 평정하였다.

35년(건무 11년), 갑연은 중랑장 내흡來歙과 함께 하지河池를 공격하였으나 함락시키지 못하고 병 때문에 돌아왔으며, 좌풍익에 제수되고 예전처럼 장군의 직책을 수행하였다. 37년(건무 13년), 갑연은 증봉增封되어 식읍으로 1만 호를 하사 받았다. 39년(건무 15년), 세상을 떠났다.

아들 갑부蓋扶가 봉호를 승계하였다. 갑부가 죽자 아들 갑측蓋側이 승계하였다. 70년(영평永平 13년), 외삼촌 왕평王平의 모반에 연루되어서 형벌에 복종하여 처형당하고 식읍을 상실하였다. 113년(영초永初 7년), 등 태후가 갑연의 증손자 갑회蓋恢를 노정후蘆亭侯에 봉해 식읍을 잇게 하였다. 갑회가 죽자 아들 갑수蓋遂가 승계하였다.

갑연은 이십팔수 중에서 서방 백호의 일곱 번째 별자리인 삼수參宿를 관장한다.

갑연이 관장하는 서방 백호의 일곱 번째 별자리인 삼수參宿

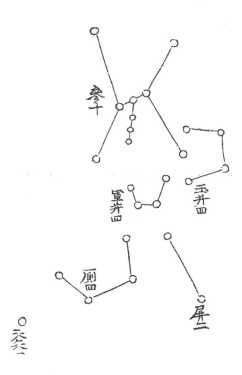

22. 군주를 섬기기 위해 사사로운 생각을 버린
비동 邳彤

"군주를 섬기는 사람은 집안을 돌아보아선 안 됩니다.
저의 가족이 지금까지 신도에서
편안할 수 있었던 것은 모두 유공의 은덕입니다.
유공께서 지금 국가를 위해서 정벌 전쟁을 하기 때문에
제가 더 이상 사사로운 생각을 할 수 없습니다."

비동邳彤(?~?)은 자가 위군偉君이고, 지금의 하북성 기현冀縣인 신도信都 출신이다.

아버지 비길邳吉은 요서遼西 태수를 지냈다. 비동은 처음에 왕망王莽 밑에서 화성군和成郡의 졸정卒正을 지냈다. 훗날 광무제가 된 유수가 하북을 점령하고 하곡양下曲陽에 이르자, 비동은 온 성을 바쳐 항복을 하고 다시 태수로 임명되었다.

유수가 하곡양에서 여러 날을 머무르고 북상하여 계薊로 갔을 때, 때

마침 왕랑이 군사를 일으켜 반란을 일으켰다. 왕랑은 수하 장수를 보내 여러 지역을 공략하였는데 이르는 현마다 귀순하여 받들어 맞이하지 않는 곳이 없었다. 그러나 오직 화성과 신도의 두 곳만이 굳게 지켜 투항하지 않았다. 비동은 유수가 계에서 돌아왔는데 군사를 많이 잃고 신도로 가려고 한다는 소식을 듣고 우선 오관연五官掾 장만張萬, 독우督郵 윤수尹綏로 하여금 정예 기병 2천 여 명을 뽑아 길을 따라 유수의 군사를 맞이하게 하였다. 얼마 후에 비동은 신도에서 유수를 만났다.

유수는 비록 화성과 신도 두 군의 도움을 받았으나 군사가 아직 정돈되지 않은 상태인지라, 계책을 낸 사람들 대부분이 신도의 병력으로 스스로 호송할 수 있으니 서쪽의 장안으로 돌아가야 한다고 말들을 하였다.

비동이 대청에서 반박하여 말하였다.

"계책을 낸 사람들의 말은 모두 잘못되었습니다. 관리와 백성이 한漢 왕실을 그리워하는 노래를 읊고 있는 지가 이미 오래 되었기 때문에 경시제 유현이 황제의 존호를 내세우자마자 천하 사람이 호응하고 삼보三輔 사람들이 궁전과 길을 청소하여 경시제를 맞이한 것입니다. 한 사내가 창을 메고 큰소리로 외치면 천리 밖의 장수 중에서 성을 버리고 달아나거나 포로로 엎드려 항복을 청하지 않는 자가 없을 정도입니다. 상고시대 이래로 이처럼 백성을 감동시킨 일은 아직 없었습니다.

또한 점쟁이 왕랑도 황실의 이름과 자신의 권력을 이용해 오합지졸을 불러 모아 마침내 연燕과 조趙 땅에서 위세를 떨치고 있습니다. 하물며 명공(유수를 말함)께서 두 군郡의 군사를 일으키고, 호응하는 위세를 드날려서 공격하신다면 어느 성城인들 함락시키지 못할 것이며, 싸움을 한다면 어느 군대인들 무찌르지 못하겠습니까! 지금 이것들을 버리고 돌아간다면 하북을 잃을 뿐 아니라 틀림없이 삼보를 더욱 놀라고 동요하게 해서 명공의 위엄과 두터운 인망을 땅에 떨어뜨릴 것이므로 이득이 되는 계책이 아닙니다. 만약 명공께서 더 이상 정벌하실 뜻이 없으시다면 설사 신도의 군대라 할지라도 모으기 어려울 것입니다. 무엇 때문일까요? 명공께서 서쪽으로 가신다면 한단성의 백성은 절대로 부모를 버리거나 성주를 배반하려 하지 않겠지만 천리 먼 길이라도 명공을 전송할 터인즉 그들이 흩어지고 도망할 것은 불을 보듯 뻔합니다."

유수는 비동의 말이 옳다고 여겨 서쪽으로 돌아갈 생각을 포기하였다.

그날 바로 비동을 후대장군後大將軍으로 임명하고 예전처럼 화성和成 태수의 일을 보게 하였으며, 그에게 군대를 거느리고 전방을 수비하게 하였다. 당양堂陽에 당도하였으나 당양은 이미 배반하여 왕랑에게 귀속되어 있었다. 비동은 장만과 윤수를 보내 먼저 관리와 백성에게 대의를 설명하여 그들을 투항하게 하였다. 유수가 밤에 도착하자마자 관리와 백성이 곧바로 문을 활짝 열고 맞이하였다. 비동은 군사를 이끌고 중산中山에서 백사白奢를 격파하였다. 이때부터 비동은 항상 유수를 따라 싸움에 참가하여 전공을 세웠다.

신도가 다시 배반하여 왕랑에게 붙었는데, 왕랑이 임명한 신도의 왕이 비동의 아버지와 아우와 처자식을 붙잡아 놓고 그들에게 손수 편지를 써서 비동을 부르게 하였다.

"항복하면 봉호와 작위를 내릴 것이요, 항복하지 않으면 친족을 몰살시킬 것이다."

비동이 눈물을 흘리며 울면서 회답하였다.

"군주를 섬기는 사람은 집안을 돌아보아선 안 됩니다. 저의 가족이 지금까지 신도에서 편안할 수 있었던 것은 모두 유공의 은덕입니다. 유공께서 지금 국가를 위해서 정벌 전쟁을 하기 때문에 제가 더 이상 사사로운 생각을 할 수 없습니다."

때마침 경시제가 보낸 장수가 신도를 함락시킴으로써 왕랑의 군사가 패해서 달아나는 바람에 비동의 가족은 죽음을 면할 수 있었다.

유수는 한단을 탈취하고 나서 비동을 무의후武義侯에 봉했다. 25년(건무 원년), 비동은 영수후靈壽侯로 개봉되었으며, 대사공의 직을 맡았다. 광무제가 낙양으로 들어가서는 비동을 태상太常으로 임명하고 한 달 남짓 지나서 다시 소부少府로 임명하였으나 그해에 파면당했다. 훗날 다시 좌조시중左曹侍中이 되어 항상 광무제를 따라 정벌에 참가하였다. 30년(건무 6년), 비동은 봉국封國으로 돌아왔다.

비동이 세상을 떠나자, 아들 비탕邳湯이 봉호를 승계하였고, 33년(건무 9년)에 낙릉후樂陵侯로 개봉되었다. 43년(건무 19년) 비탕이 죽자 아들 비 아무개가 봉호를 승계하였는데 그가 죽은 후에는 아들이 없어 봉국을 상실하였다. 114년(원초元初 원년), 등鄧 태후가 비동의 손자 비음邳音을 평

22
邳彤

정후平亭侯로 봉해 봉호를 잇게 하였다. 비음이 죽자 아들 비시邳柴가 봉호를 승계하였다.

당초에 장만과 윤수는 비동과 함께 유수를 맞이하여 모두 편장군에 임명되어 유수를 따라 정벌 전쟁에 참가하였다. 장만은 중평후重平侯에 봉해지고, 윤수는 평대후平臺侯에 봉해졌다.

비동은 이십팔수 중에서 남방 주작의 첫 번째 별자리인 정수井宿를 관장한다.

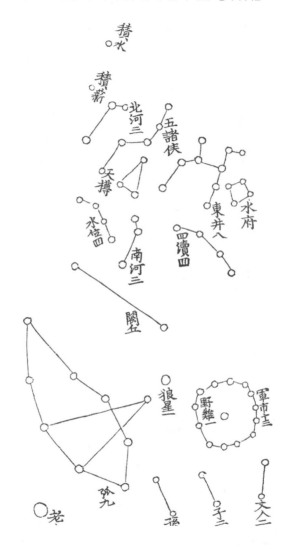

23. 효성이 지극하고 신의를 중시한
요기銚期

> 요기는 신의를 중시하는 사람이라,
> 장수가 된 이후로 항복을 받은 지역에서 한 번도 노략질을 한 적이 없었다.
> 조정에서는 나라를 근심하고 임금을 사랑하였으며
> 마음속으로 옳지 않다고 생각하는 것이 있으면
> 임금을 화나게 할지라도 반드시 간언을 올렸다.

요기銚期 (?~34)는 자가 차황次況이고, 지금의 하남성 겹현郟縣인 영천군潁川郡 겹현 출신이다.

키가 8척 2촌이나 되었고 용모가 월등하게 뛰어나 근엄하고 위풍이 당당하였다. 아버지 요맹銚猛은 계양桂陽 태수였는데, 아버지가 돌아가시자 삼년상을 지내 마을

---

* 요기銚期 : '銚'에는 '조'와 '요'라는 2개의 독음이 있는데, 창 종류의 무기를 뜻할 때는 '조'라고 읽고, 농기구인 가래나 사람의 성을 뜻할 때는 '요'라고 읽는다. 또 『후한서주』에서 이에 대해 "銚, 音姚"라고 명시한 바, '銚期'는 '요기'라고 읽어야 한다.

사람들의 칭송을 받았다.

유수는 영천 지역을 순행하면서 요기가 뜻이 크고 의롭다는 말을 듣고 요기를 도적을 단속하는 직책인 적조연賊曹掾으로 임명하고, 그를 데리고 계薊를 순행하였다. 당시에 왕랑의 격문이 계에 도착하였는데 계는 벌써 군사를 일으켜 왕랑에게 호응을 하고 있었다. 유수가 수레를 몰고 나가니 백성들이 유수를 보느라고 시끌벅적하며 길을 가득 메우고 있었다. 백성이 길을 막고 있어 지나갈 수가 없게 되자 요기가 말을 몰고 나서서 창을 흔들며, 눈을 부라리면서 좌우를 돌아보며 큰 소리로 "물렀거라"하고 벽제辟除를 하였다. 그러자 백성이 모두 위세에 눌려 재빨리 길을 터 주었다.

유수가 성문 아래에 당도하였으나 굳게 닫혀 있어 공격을 해서 함락시켰다. 순행이 신도信都에 이르렀을 때 요기를 비장裨將으로 삼고, 부관傅寬, 여안呂晏과 함께 등우에게 배속시켰다. 이웃 현으로 순행하였을 때 다시 방자房子가 대항을 하였다.

등우는 요기가 능력이 있다고 판단하여 단독으로 편장군으로 삼고 군사 2천 명을 주었으며, 부관과 여안에게는 각기 수백 명씩을 주었다. 돌아가서 그 상황을 유수에게 보고하였더니 매우 잘했다는 칭찬을 받았다. 유수의 명으로 요기는 별동대를 이끌고 진정眞定과 송자宋子를 순행하였으며, 악양현樂陽縣과 고현藁縣, 비루현肥纍縣을 탈취하였다. 유수를 따라 거록鉅鹿 아래서 왕랑王郎의 장수 예굉兒宏과 유봉劉奉을 치러 간 요기는 선봉에 서서 적진을 함락시키고 손수 50여 명을 죽였다. 정신

없이 싸우다가 이마 한가운데 상처를 입었으나 머리를 동여매고 다시 싸움을 해서 마침내 적을 대파하였다. 왕랑을 멸망시킨 공으로 요기는 호아虎牙대장군으로 임명되었다.

요기가 한가한 틈을 타서 유수에게 말하였다.

"하북의 땅은 경계가 변경에 접해 있고 사람들이 전쟁에 익숙해서 날쌔고 용맹하다는 평을 받고 있습니다. 지금 경시제는 실정을 해서 대통이 위태로우며 해내의 백성은 돌아갈 곳이 없습니다. 명공께서는 견고한 하북에 웅거하여 정예의 군사를 갖고 있는데, 한나라를 그리워하는 백성의 마음을 따르신다면 천하에 누가 감히 복종하지 않겠습니까?"

유수가 웃으면서 말하였다.

"경은 예전의 벽제를 꼭 이루려고 하는가?"

그 무렵 동마銅馬의 수십만 명 무리가 청양淸陽과 박평博平으로 들어갔는데, 요기는 여러 장수와 함께 무리를 맞아 공격하였으나 싸울 때마다 연달아 불리하였다. 이에 요기는 배수진을 치고 싸움을 하여 많은 사상자를 내었으나, 때마침 유수의 구원병이 도착하여 마침내 적을 대파하였으며 관도館陶까지 추격하여 모두 항복시켰다. 요기는 유수를 따라 사견射犬으로 가서 청독군과 적미군을 치러갔다. 그 틈에 적이 요기의 치중輜重을 습격하자 요기가 돌아와 그들을 쳐서 직접 수십 명을 죽이거나 부상을 입히며 자신도 세 군데나 상처를 입어 고전을 하였으나 마침내 물리쳤다.

유수는 즉위한 후 요기를 안성후安成侯에 봉하고 식읍 5천 호를 하사하였다. 이때 단향檀鄕과 오루五樓의 적이 번양繁陽과 내황內黃으로 들어왔고, 또 위군魏郡의 호족이 여러 차례 배반을 하였으며 경시제의 장수 탁경卓京이 무리를 이끌고 업성鄴城에서 배반하려는 계획을 세우고 있었다.

광무제는 요기를 위군 태수로 삼고 대장군의 일을 맡게 하였다. 요기는 위군의 군사를 동원하여 탁경을 쳐서 깨부수고 6백여 명의 수급을 베었다. 탁경이 달아나서 산으로 들어가자 추격하여 수하 장교 수십 명을 참하고 탁경의 처자식을 사로잡았다. 또다시 번양과 내황으로 진격하여 수백 명의 수급을 베고 위군의 경계를 깨끗이 평정하였다.

도적을 단속하는 일을 맡고 있는 이웅李熊은 업鄴의 호족인데, 그의 아우 이륙李陸이 성에서 반란을 일으켜 단향을 맞이하려는 계획을 세웠다. 어떤 사람이 이 사실을 요기에게 보고하였다. 요기는 처음에 아무런 대꾸를 하지 않았으나 보고하는 사람이 3, 4명에 이르자 바로 이웅을 불러서 물었다. 이웅은 고두배(머리를 땅에다 박으면서 하는 절)를 하며 죄를 자복하고 노모와 함께 죽게 해 달라고 간청하였다.

요기가 말하였다.

"벼슬을 하는 것이 도적이 되는 것만큼 즐겁지 못하다면 노모를 모시고 이륙에게 가도 좋다."

말을 마치고 관원으로 하여금 이웅을 성 밖으로 내보내 주도록 하였다. 이웅이 아우 이륙을 구하기 위해 곧 업성의 서문에 막 도착할 때였다. 이륙은 부끄러운 마음을 이기지 못하고 자결을 함으로써 요기에게 사죄하였다. 요기는 탄식을 하며 예로써 장사지내 주고 이웅에게 본래의 관직을 맡게 하였다. 이 일로 인해 위군 사람들은 요기의 위엄과 신의에 감복하였다.

29년(건무 5년), 광무제는 위군으로 행행行幸하여 요기를 태중대부太中大夫로 임명하였다. 요기는 광무제를 따라 낙양으로 돌아왔으며 다시 위위衛尉로 임명되었다.

요기는 신의를 중시하는 사람이라, 장수가 된 이후로 항복을 받은 지역에서 한 번도 노략질을 한 적이 없었다. 조정에서는 나라를 근심하고 임금을 사랑하였으며 마음속으로 옳지 않다고 생각하는 것이 있으면 임금을 화나게 할지라도 반드시 간언을 올렸다. 한번은 광무제가 가벼운 차림으로 호위병과 함께 가까운 곳으로 나서는데, 요기가 수레 앞에서 머리를 조아리며 간언을 올렸다.

"신이 고금의 경계하는 말을 듣건대, 변變은 불의에 생기는 법이라 폐하께서 미복을 하고 자주 행차하는 것을 진실로 원치 않습니다."

광무제는 그 말을 듣고 수레를 돌려 궁으로 되돌아갔다. 요기는 34년(건무 10년)에 세상을 떠났는데, 광무제가 몸소 가서 조의를 표하고 위위와 안성후의 인수를 내리고, 충후忠侯라는 시호를 내려 주었다.

아들 요단銚丹이 봉호를 승계하였다. 뒤이어 요단의 아우 요통銚統이 건평후建平侯로 봉해졌다. 후에 요단의 봉호는 갈릉후葛陵侯로 바뀌었다.

요단이 죽자 봉호는 아들 요서銚舒에게로, 다시 요서의 아들 요우銚羽에게로, 다시 요우의 아들 요채銚蔡에게 승계되었다.

요기는 이십팔수 중에서 남방 주작의 두 번째 별자리인 귀수鬼宿를 관장한다.

23
銚期

요기가 관장하는 남방 주작의 두 번째 별자리인 귀수鬼宿

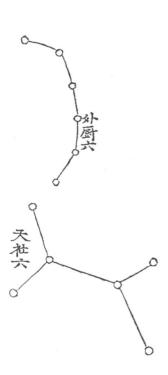

24. 적을 토벌하다 전쟁터에서 세상을 떠난
유식劉植

왕랑이 군사를 일으켰을 때,
유식은 아우 유희, 사촌형 유흠과
병사 수천 명을 모아 창성을 점거하였다.
유식은 유수가 계에서 돌아온다는 소식을 듣고
성문을 열고 유수를 맞이하였다.

유식劉植(?~26)은 자가 백선伯先이고, 지금의 하북성 속 록현束鹿縣 남쪽인 거록군鉅鹿郡 창성현昌城縣 출신이다.

왕랑이 군사를 일으켰을 때, 유식은 아우 유희劉喜, 사 촌형 유흠劉歆과 함께 종족과 빈객들을 이끌고 병사 수 천 명을 모아 창성을 점거하였다. 유식은 유수가 계薊에 서 돌아온다는 소식을 듣고 성문을 열고 유수를 맞이 하였다. 이에 유식은 효기장군으로, 유희와 유흠은 편장군으로 각기 임 명되었으며, 모두 열후에 봉해졌다.

당시 진정왕眞定王 유양劉揚이 10여 만 명의 군사를 일으켜서 왕랑에게 붙었는데, 유수는 유식을 보내 유양에게 유세를 하게 하였다. 이에 유양이 항복하였다. 유수는 진정에 머물면서 곽후郭后를 아내로 맞이하였다. 곽후가 바로 유양의 생질녀이기 때문에 유수가 그녀와 혼인을 한 것이다. 그래서 유식은 유양 등 여러 장수와 함께 칠리漆里에 있는 곽씨의 집에서 잔치를 벌였으며, 유양은 축筑을 두드리며 흥을 돋우었다. 얼마 후에 그들은 군사를 출동시켜 한단을 탈취하고 유수를 따라가서 하북을 평정하였다.

26년(건무 2년), 유식은 창성후昌城侯로 개봉되었다. 유식은 밀현密縣의 적을 토벌하다가 전쟁터에서 세상을 떠났다. 아들 유향劉向이 봉호를 승계하였다.

광무제는 유희를 보내 유식을 대신해서 그의 군대를 거느리게 하고, 다시 효기장군으로 임명하였으며 관진후觀津侯로 봉했다. 관진은 현의 이름이다. 유희가 죽자, 다시 유흠을 효기장군으로 임명하고 부양후浮陽侯로 봉했다. 부양은 당시 발해군勃海郡에 속한 현이다. 유희와 유흠은 광무제를 따라 정벌에 나서 공을 세웠으며, 모두 자손에게 봉국을 전했다.

유식의 아들 유향은 동무양후東武陽侯로 개봉되었다. 동무양은 당시 동군東郡에 속한 현이다. 유향이 죽은 뒤 아들 유술劉述이 봉호를 승계하였다. 72년(영평永平 15년)에 유술은 초왕楚王 유영劉英의 모반 사건에 연루되어 봉국을 상실하였다.

유식은 이십팔수 중에서 남방 주작의 세 번째 별자리인 유수柳宿를 관장한다.

유식이 관장하는 남방 주작의 세 번째 별자리인 유수柳宿

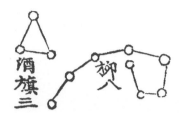

25. 일가친척의 집을 모두 불태워 뒤돌아볼 생각을 끊은

경순耿純

제가 비록 모든 친척을 다 명공의 명에 따르게 하고
노약자도 따르게 하였으나 친족과 빈객 중 절반은
다른 마음을 품고 있을 것이라 염려되었기
때문에 가옥을 전부 불살라서
그들의 뒤돌아 볼 생각을 끊어버린 것입니다

경순耿純(?~37)은 자가 백산伯山이고, 지금의 하북성 조현趙縣인 거록군鉅鹿郡 송자현宋子縣 출신이다.

아버지 경애耿艾는 왕망王莽 밑에서 제평濟平의 윤尹을 지냈다. 경순은 장안에서 공부를 하였기 때문에 납언 사納言士로 임명되었다.

왕망이 패망하고 유현劉玄이 황제로 즉위하였는데 이 사람이 바로 경시제更始帝이다. 경시제는 무음왕舞陰王 이질李軼에게 모든 군국의 항복을 받아오게 하였는데, 경순의 아버지 경애는 항복을 하고 돌아와서 제남濟南의 태수가 되었다.

당시 이질 형제가 국정을 장악하여 전권을 휘두르고 있어서 수많은 빈객과 유세객이 이질 형제의 집을 드나들었다. 경순도 여러 번 계속해서 그들을 만나려고 하였으나 기회를 얻지 못하다가 오랜 시일이 지난 뒤에야 비로소 만날 수 있었다.

경순이 이질에게 유세를 하였다.

"대왕께서는 용과 호랑이의 자태를 하고 계시고, 풍운의 좋은 시기를 만나서 떨치고 일어나 대단한 기세로 군국들을 항복시켜서 한 달 만에 형제 두 분께서 왕이 되셨습니다. 그러나 대왕의 덕성과 위신에 대한 칭찬이 백성에게서 들리지 않고, 공적과 수고로움이 백성에게 베풀어지지 않았는데도 영예와 봉록이 갑자기 주어졌습니다. 이것은 지혜로운 사람이 금기하는 바입니다. 매우 신중하고 부지런하게 하면서 조심하고 삼가하기를 마치 일을 마치지 못할까 봐 두려워하듯이 해야 하거늘, 하물며 득의양양하여 자신에게 만족하면서 공을 이룰 수 있겠습니까?"

이질은 경순을 보통 사람과 다르다고 여긴데다 또한 그가 거록의 호족이기 때문에 경시제의 조칙을 받아 기도위騎都尉에 임명하고 부절을 수여하며 조趙와 위魏를 안정시키라는 영을 내렸다.

때마침 유수가 황하를 건너 한단에 당도했다는 소식을 듣고 경순은 즉시 유수를 알현하러 갔다. 유수는 경순을 융숭하게 대접하였다. 경순은 물러가면서 유수의 관원이 병사를 거느리는 법도가 다른 장수와 다른 것을 보고 마침내 유수에게 자신을 거두어 줄 것을 요청하고 수백 필의 말과 비단을 바쳤다. 유수는 북쪽의 중산中山으로 진군하면서 경순을 한단에 남겨 두었다. 때마침 왕랑이 반란을 일으키자 유수는 계薊를 떠나 동남쪽으로 달려갔는데, 경순은 종형인 경흔耿訢·경숙耿宿·경식耿植과 함께 종족과 빈객 2천여 명을 거느리고 육현育縣에서 유수를 공경히 맞이하였다. 이때 노인과 병자는 수레에 관을 싣고서 뒤를 따랐다. 노인과 병자는 도중에 죽을 것을 염려하여 관을 싣고 종군한 것이다. 유수는 경순을 전장군으로 임명하고 경향후耿鄉侯에 봉했으며, 경흔, 경숙, 경식은 모두 편장군으로 임명하였다. 이 네 사람은 선봉에 서서 송자宋子를 항복시키고 유수를 따라 하곡양下曲陽과 중산을 공격하였다.

이때 대부분의 군국이 한단에게 투항하자, 경순은 일가친척이 다른 마음을 품을까 염려하여 경흔과 경숙에게 돌아가서 일가친척의 집을 모두 불살라 버리게 하였다.

유수가 경순에게 그 까닭을 물었더니 경순이 대답하였다.

"제가 보건대, 명공(유수를 말함)께서는 수레 한 대를 타고서 하북에 가셨는데, 창고에 수많은 재물을 비축해 놓은 것도 아니고 후한 상과 달콤한 미끼로 사람을 모은 것도 아니며 다만 은덕으로 백성들을 품으셨기 때문에 백성들이 기꺼이 따랐던 것입니다. 지금 한단이 스스로 독립하여 북주北州 사람들이 의혹을 갖고 있습니다. 제가 비록 모든 친척을 다 명공의 명에 따르게 하고 노약자도 따르게 하였으나 친족과 빈객 중 절반은 다른 마음을 품고 있을 것이라 염려되었기 때문에 가옥을 전부 불살라서 그들의 뒤돌아볼 생각을 끊어버린 것입니다."

유수는 이 말을 듣고 감동을 하였다.

호鄗에 이르러 유수가 여관에 머무르고 있을 때 그 지역 호족인 소공蘇公이 반란을 일으키고 성문을 열어 왕랑의 장수 이운李惲을 들어오게 하였다. 이 사실을 가장 먼저 알게 된 경순은 병사를 거느리고 이운의 군사를 맞아 싸움을 벌여 대파하고 이운을 베어 버렸다. 경순은 유수를 따라 한단을 평정하였으며, 또 동마銅馬를 격파하였다.

이때 적미군·청독군·상강上江·대동大肜·철경鐵脛·오번五幡의 10여만 명 무리가 사견射犬에 모두 모여 있었는데, 유수는 군사를 이끌고 그들을 치려고 하였다. 경순의 군사는 맨 앞쪽에 있었는데 본부 진영에서 수리 떨어져 있었다.

그런데 한밤중에 적이 돌연 경순을 공격하였다. 화살이 빗발치듯 군영으로 날아 들어와 수많은 병사가 죽거나 부상을 당했다. 경순은 부곡部曲을 통제하며 굳게 지키기만 할 뿐 움직이지 않았다. 얼마 후 죽음도 불사하는 용사 2천 명을 뽑아서 그들에게 강노를 지니게 하고, 여러 조로 나눈 다음 매 사람마다 화살 3개를 지니게 하고 소리나는 것을 막기 위해 나무 조각을 입에 물고 좁은 길로 가게 하였다. 적의 뒤로 몰래 돌아가 갑자기 함성을 일제히 지르며 강노를 발사하니 적이 놀라서 혼비백산하여 달아났다. 경순은 달아나는 적을 추격하여 마침내 대파하였다. 한 병사가 말을 달려 유수에게 승전 사실을 보고하였다.

유수는 이튿날 아침 장수들과 함께 경순의 군영에 도착해서 경순을 위로하며 말하였다.

"어젯밤에 피곤하였겠소?"

경순이 대답하였다.

"명공의 위엄과 덕망에 힘입어 다행히 온전할 수 있었습니다."

유수가 말하였다.

"대군은 밤에 움직일 수 없기 때문에 구원하러 오지 못했던 것이오.

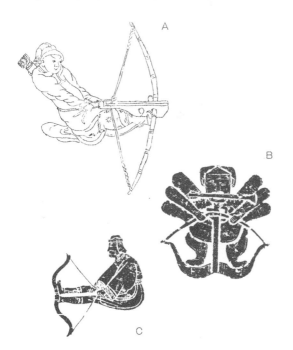

한대의 강노強弩

군영은 진퇴가 일정치 않은 곳이니 경의 친족은 모두 군영에서 살아서는 아니 되오."

이에 경순의 친척 경급耿伋을 포오蒲吾의 장長으로 임명하고 그에게 친족을 거느리고 포오로 가서 살게 하였다. 포오는 상산군常山郡에 속한 현이다.

유수는 황제로 즉위한 후 경순을 고양후高陽侯에 봉하였다. 경순은 제음濟陰에서 유영劉永을 치고 정도定陶를 함락시켰다. 당초에 경순은 유수를 따라 왕랑을 공격하다가 말에서 떨어져 어깨가 부러졌는데, 공교롭게도 이때 병이 발작하여 할 수 없이 군사를 돌려 하내군에 속한 회현懷縣의 행궁으로 갔다.

광무제가 물었다.

"경의 형제 중에 누구를 시킬 수 있겠소?"

경순이 사촌 아우 경식耿植을 추천하자, 이에 광무제는 경식으로 하여금 경순의 부대를 거느리게 하고, 경순은 여전히 이전 장군의 신분으로 종군하게 하였다.

당시 진정왕眞定王 유양劉揚이 다시 미래의 일을 예언하여 기록한 참기讖記를 만들었다.

"적구赤九 다음에는 목에 종양 있는 사람이 황제가 된다."

적구란 한 왕조가 화덕火德으로 나라를 세웠기 때문에 붉다는 의미의

적赤을 쓴 것이고, 광무제가 한고조의 9세손이기 때문에 구九라고 표현한 것이다.

유양은 자신의 몸에 혹이 있기 때문에 사람들을 미혹시키려고 하였으며, 또 면만綿曼의 적과 왕래를 하였다. 면만은 진정국眞定國에 속한 현이다. 26년(건무 2년) 봄, 광무제는 기도위騎都尉 진부陳副와 유격游擊장군 등륭鄧隆에게 유양을 불러들이라고 보냈지만, 유양은 성문을 굳게 닫고 진부 등을 성안으로 들이지 않았다. 그래서 다시 경순을 보내 부절을 가지고 유幽와 기冀의 두 군에서 사면령을 내리고 지나가는 곳마다 모두 그 지역의 왕王과 후侯를 위로하게 하였다.

광무제는 따로 경순에게 은밀히 조서를 내렸다.

"유양이 만일 경을 만나면 기회를 틈타 그를 굴복시켜라."

경순은 1백여 명의 기병을 데리고 진부, 등륭과 함께 원씨元氏에서 합류하여 진정眞定에 도착하여 여관에 머물렀다. 유양은 병을 핑계로 그들을 만나려 하지 않았으며 다만 경순의 외가가 진정의 종족이기 때문에 사람을 통해 경순에게 편지를 보내어 만나려고 하였다.

경순이 회답하였다.

"황제의 조칙을 받들어 왕후王侯와 목수牧守들을 만나는 것이라 먼저 만나러 갈 수가 없으니 만날 생각이 있다면 마땅히 여관으로 나와야 할 것이오."

당시 유양의 아우 임읍후臨邑侯 유양劉讓과 종형 유세劉細는 1만여 명의 군사를 보유하고 있었으므로 유양劉揚은 자신의 군사력이 강하다고 믿고 있었다. 유양은 경순에게 아무런 악의가 없는 것으로 판단하여 곧 경순의 관원을 따라 여관으로 갔다. 그들 형제는 가볍게 무장한 소수의 병사들을 데리고 갔으며 문밖에서 지키게 하였다. 유양劉揚이 여관 안에 들어가서 경순을 만나니, 경순이 예의를 갖추어 공손하게 그들을 대했다. 그리하여 그들 형제 두 사람을 들어오게 한 다음에 바로 문을 닫아 버리고는 그들을 모두 죽여 버렸다. 이어서 군대를 정돈하여 나왔다. 진정의 군대는 크게 놀라 공포에 떨었으며 감히 섣불리 움직이는 사람이 없었다. 광무제는 유양劉揚과 유양劉讓의 음모가 실행되지 않고 죽임을 당한 것을 불쌍히 여기고 그들의 아들을 모두 열후로 봉하여 원래의 봉국을 돌려주었다.

경순은 경성으로 돌아와서 광무제에게 간청했다.

"신은 본래 관리 집안의 자손으로서 다행히 대한大漢의 부흥을 만났고 성제聖帝(유수를 말함)께서 신을 이끌어주신 덕분에 장군의 열에 들고 관작은 통후通候가 되었습니다. 이때 천하가 대략 평정되어 신의 어떠한 포부도 펼칠 수가 없으니, 원컨대 군郡 하나를 맡아 온 힘을 다해 다스리고 싶습니다."

광무제가 웃으면서 말하였다.

"경은 이미 무武로 다스리고서 다시 문文을 닦으려 하시오?"

군사 방면의 일을 이미 맡았으면서 예악전장 제도 방면의 일도 맡겠느

냐는 말이었다.

이에 경순을 동군東郡 태수로 임명하였다. 당시 동군은 아직 평정되지 않았는데, 경순이 부임한 지 수개월 만에 도적이 깨끗하게 사라지고 안정이 되었다.

28년(건무 4년), 광무제의 조서를 받든 경순은 군사를 거느리고 경시제의 동평東平 태수 범형范荊을 쳐서 항복을 받아 내었다. 또 나아가서 태산太山과 제남, 그리고 평원平原의 적을 쳐서 모두 평정하였다. 경순이 동군에서 태수를 한 지 4년이 흘렀다. 어느 날 발간發干이란 곳의 장長이 죄가 있었는데 경순은 이 일을 조사하면서 황제에게 상소를 한 후에 사람을 시켜서 그를 포위하고 지켰다. 그런데 황제의 비준이 채 내려오기도 전에 죄를 지은 관리가 자살을 해 버렸다. 경순은 이 일 때문에 파면되고 다만 열후의 신분으로 봉조청奉朝請을 하였다.

훗날 경순은 다시 광무제를 따라 동헌董憲을 치러 가게 되었는데, 가는 길에 동군東郡을 지나게 되었다. 이때 남녀노소를 막론하고 백성 수천 명이 길거리에 나와 광무제의 어가를 따라가면서 눈물을 흘리며 말하였다.

"경군耿君(경순을 높여 부른 말)이 다시 태수가 되게 해 주십시오."

광무제가 공경들에게 말하였다.

"경순은 젊을 때부터 갑옷을 입고 종군하였는데 한 곳의 군을 다스리더니 마침내 백성들이 이처럼 그리워하는구려."

30년(건무 6년) 동광후東光侯로 경순의 봉호가 확정되었다. 경순이 사양을 하고 봉국으로 가지 않으니 광무제가 말하였다.

"옛날에 문제文帝께서 주발周勃에게 '승상은 내가 소중히 여기는 사람이니 승상은 나를 위해 제후들을 거느리고 각자의 봉국으로 가 주시오'라고 말씀하신 적이 있는데, 지금이 또한 그러하구려."

경순은 조서를 받고 봉국으로 떠났다. 경순이 업鄴에 이르렀을 때, 광무제가 그에게 곡식 1만 휘를 하사하였다. 봉국에 간 후에 죽은 사람을 조문하고 병든 사람을 문병하였는데, 백성이 모두 경순을 사랑하고 공경하였다.

32년(건무 8년), 동군과 제음의 도적이 다시 떼를 지어 일어나자, 광무제는 대사공 이통李通과 횡야橫野대장군 왕상王常을 파견하여 도적떼를 공격하게 하였다. 광무제는 경순의 위엄과 신의가 옛날의 위衛나라 땅인 동군에서 매우 높기 때문에 사자를 보내 경순을 태중대부로 임명하고 이통 등의 대군을 거느리고 동군으로 집결하게 하였다. 동군에서는 경순이 경계 안으로 들어섰다는 소식이 들리자 도적 9천여 명이 모두 경순에게 와서 항복하는 바람에 대군은 싸우지도 않고 돌아갔다. 광무제는 새서를 내려 경순을 다시 동군 태수로 임명하였는데, 이에 동군의 관리와 백성이 모두 기쁜 마음으로 복종하였다.

37년(건무 13년)에 경순이 임지에서 세상을 떠났다. 시호는 성후成侯이다.

아들 경부耿阜가 봉호를 승계하였다.

경식耿植은 후에 보위輔威장군에 임명되고, 무읍후武邑侯에 봉해졌다. 무읍은 신도군에 속한 현이다. 경숙耿宿은 벼슬이 대군代郡 태수에 이르렀고, 수향후遂鄕侯에 봉해졌다. 경흔耿欣은 적미赤眉장군에 임명되고 저무후著武侯에 봉해졌는데, 등우를 따라 서쪽을 정벌하러 갔다가 운양雲陽에서 전사하였다. 경순의 일가 중에서 열후에 봉해진 사람이 4명이고, 관내후에 봉해진 사람이 3명이며, 이천석의 관직에 임명된 사람이 모두 9명이었다.

경부는 후에 거향후菖鄕侯로 봉호가 옮겨졌다가, 71년(영평永平 14년)에 동족 경흡耿歙과 초楚 사람 안충顔忠이 서신으로 서로 결탁한 죄에 연루되어 봉국을 상실하였다.

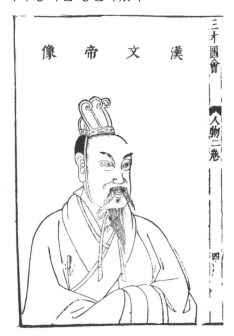

전한 문제 유항文帝 劉恒
(기원전 202년~기원전 157년)
출전 : 『삼재도회』

77년(건초建初 2년)에 장제章帝는 경순의 공로를 생각하여 경부의 아들 경우耿旰를 고정후高亭侯로 봉해 봉호를 잇게 하였다. 경우가 죽고 후사가 없자, 황제는 다시 경우의 아우 경등耿騰을 후로 봉했으며, 그 후 봉호는 경등의 아들 경충耿忠에게, 다시 경충의 아들 경서耿緖에게 승계되었다.

경순은 이십팔수 중에서 남방 주작의 네 번째 별자리인 성수星宿를 관장한다.

경순이 관장하는 남방 주작의 네 번째 별자리인 성수星宿

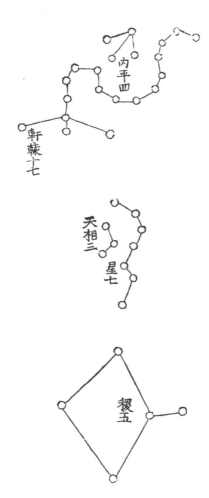

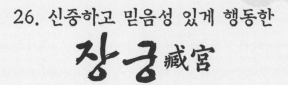

26. 신중하고 믿음성 있게 행동한
장궁臧宮

"복은 다시 오지 않으며 시기는 잃기가 쉬운 법입니다.
어찌 문덕文德만을 굳게 지켜서 무사武事를 무너뜨릴 수 있겠습니까?
신은 폐하께서 어질고 은혜로우셔서
차마 하지 못하시고 모신謀臣들이 의심하여 결정을 하지 못해,
마침내 만세에 돌에 새길 공을 성세聖世에 세우지 못할까 두렵습니다."

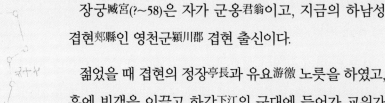

　　장궁臧宮(?~58)은 자가 군옹君翁이고, 지금의 하남성 겹현郟縣인 영천군潁川郡 겹현 출신이다.

　　젊었을 때 겹현의 정장亭長과 유요游徼 노릇을 하였고, 후에 빈객을 이끌고 하강下江의 군대에 들어가 교위가 되었다. 유수를 따라 정벌 전쟁에 참가하였는데, 장수들이 대부분 장궁을 용맹하다고 칭찬하였다. 유수는 장궁이 무슨 일에나 부지런히 힘쓰고 말수가 적은 것을 보고 대단히 가깝게 대했다. 유수

를 따라 하북으로 간 후 편장군으로 임명된 장궁은 수많은 적을 격파하였으며, 여러 차례 적진을 함락하고 적을 물리쳤다.

유수는 황제에 즉위한 후, 장궁을 시중, 기도위로 임명하였다. 26년(건무 2년)에는 성안후成安侯로 봉했다. 이듬해(27년), 장궁은 돌기를 거느리고 정로장군 체준과 함께 열양涅陽과 역酈에서 경시제의 장군 좌방左防과 위안韋顏을 쳐서 모두 항복시켰다. 29년(건무 5년), 군사를 거느리고 강하江夏를 순행하였으며, 항복하지 않고 있던 대향代鄕, 종무鐘武, 죽리竹里를 쳐서 모두 함락시켰다. 광무제는 태중대부에게 부절을 주어 보내 장궁을 보위輔威장군으로 임명하였다. 31년(건무 7년), 장궁은 기사후期思侯로 봉호가 바뀌었으며, 또 양군梁郡과 제음濟陰을 쳐서 모두 평정하였다.

35년(건무 11년), 장궁은 군사를 거느리고 중로현中盧縣으로 가서 낙월駱越에 주둔하였다. 이때 공손술公孫述이 전융田戎과 임만任滿을 거느리고 형문荊門에서 정남대장군 잠팽과 대치하고 있었는데, 잠팽 등은 싸움이 거듭될수록 형세가 불리하였다. 게다가 월越 지역 사람들이 모반을 하고 촉을 따랐다.

장궁은 병력이 적어 힘으로는 적을 제압할 수가 없었다. 때마침 속현에서 보내 온 수송 수레 수백 대가 도착하자 장궁은 꾀를 내었다. 밤중에 병사들을 시켜 성문의 문지방을 톱으로 자르게 하고, 수레가 요란하게 돌고 드나들게 해서 그 소리가 아침까지 들리게 하였다. 월의 염탐꾼은 끊이지 않고 계속되는 수레 소리를 듣고, 성문의 문지방이 잘라진 것을 보고는 한나라 군사가 대거 이르렀다고 보고하였다. 월의 수령들은

26
臧宮

소와 술을 가지고 와서 장궁의 군영을 위로하였다. 장궁은 진영 내 병사들을 크게 모이게 하고 소를 잡고 술을 내리고 음식을 주어 수령들을 받아들였다. 월은 이로 말미암아 마침내 안정되었다.

장궁은 잠팽 등과 함께 형문을 격파하고 별도로 수작산垂鵲山으로 갔으며, 통로를 지나 자귀秭歸로 나와서 강주江州에 이르렀다. 잠팽은 파군巴郡을 함락시키고, 장궁으로 하여금 항복한 병사 5만 명을 거느리고 부수涪水를 따라 평곡枰曲으로 올라가게 하였다. 공손술의 장수 연잠延岑은 심수沈水에서 많은 병사를 양성하고 있었다. 이때 많은 군사가 먹을 식량이 부족한 데다 식량 수송마저 이루어지지 않아 한나라에 항복했던 자들이 모두 흩어지거나 배반을 하려고 하자, 장궁은 군읍에서 다시 마을 보호 태세로 바꾸고 성패를 관망하였다. 군사를 이끌고 돌아가려고 하였으나 상황이 뒤집어질 것이 염려되어 장궁은 이러지도 저러지도 못하고 있었다.

때마침 광무제가 잠팽에게 알자謁者를 보냈는데, 알자는 군사를 거느리고 말 7백 필을 가지고 갔다. 장궁은 그 말을 쓸 요량으로 거짓으로 황제의 명령임을 내세우면서 말을 징발해서 한밤중과 새벽에 진군을 하였다. 수많은 기치를 늘여 세우고 북을 치며 떠들썩하게 산을 올라갔는데 오른쪽에 보병이, 왼쪽에 기병이 갔다. 또 강으로는 배를 거느리고 병사를 인솔하니 그 부르는 소리가 산골짜기를 뒤흔들었다. 연잠은 뜻하지 않게 한나라 군사가 갑자기 나타나자 산에 올라가 그 광경을 보고는 크게 두려워하며 떨었다. 마침내 장궁이 연잠을 쳐서 대파하였다. 수급을 벤 자와 물에 빠져 죽은 자가 1만여 명이었으며 강물은 시체 때문에 탁류로 변했다. 연잠은 성도成都로 달아나고 무리는 남김없이 항복을 하였다. 연잠의 병마와 진기한 보물은 장궁이 모두 거두었다. 이때부터 승세를 타고 북쪽으로 추격하였으며, 항복한 자가 10만 명 이상을 헤아렸다.

장궁의 군사가 평양향平陽鄕에 이르자 촉의 장수 왕원王元이 무리를 데리고 항복하였다. 장궁은 군사를 거느리고 나아가서 면죽縣竹을 탈취하고 부성涪城을 격파하였으며 공손술의 아우 공손회公孫恢를 베었다. 또 번현繁縣과 비현郫縣을 공격하여 점령하였다. 이들 싸움에서 부절 5개와 인수 1천8백 개를 거두었다. 이때 대사마 오한도 승세를 타고 진군하여 성도를 압박하였다. 장궁은 연달아 큰 성을 격파하여 병마와 정기旌旗의 수가 대단히 많이 늘어났으며, 승세를 타고 군사를 이끌고 소락곽문小雒郭門으로 들어갔다. 성도의 성 아래를 지나 오한의 군영에 당도한 후 장궁은 성대한 연회를 열었다.

오한은 이를 보고 매우 기뻐하며 장궁에게 말하였다.

"장군은 지난번에 오랑캐의 성 아래를 지나서 위풍을 떨쳐 드날렸는데, 그때 바람이 일고 번개가 번쩍였소. 그러나 궁한 도적은 헤아리기 어려우니 진영을 돌려서 다른 길로 나아가길 바라오."

장궁이 오한의 말을 듣지 않고 오던 길을 되돌아갔으나 적은 감히 접근하지도 못했다. 장궁은 함문咸門으로 진군하여 오한과 함께 공손술을 멸망시켰다.

광무제는, 촉 땅을 새로 평정한 공으로 장궁을 광한 태수로 임명하였다. 37년(건무 13년), 장궁의 식읍이 증가하고 찬후鄼侯로 봉호가 바뀌었다. 39년(건무 15년), 광무제의 부름을 받고 낙양으로 돌아가서 열후의 신분으로 봉조청奉朝請을 하였으며, 낭릉후朗陵侯로 봉호가 정해졌다. 42년(건무 18년), 태중대부로 임명되었다.

43년(건무 19년), 요사스런 무당 유사維氾의 제자 단신單臣과 부진傅鎮 등은 요사스런 말로 사람을 꾀어 무리를 짓고 원무성原武城으로 들어가서 관리와 백성을 약탈하고 자칭 장군이라 불렀다. 이에 광무제는 장궁을 파견하였다. 장궁은 북군北軍과 여양영黎陽營의 병사 수천 명을 거느리고 그들을 포위하였다. 적은 곡식을 많이 확보하고 있었기 때문에 여러 차례 공격하였으나 함락시키지 못하고 장궁의 사졸들만 죽거나 부상을 당했다.

광무제가 여러 공경과 제후왕을 불러서 방책을 물었더니 모두 이렇게 대답하였다.

"마땅히 중한 상을 걸어야 합니다."

이때 훗날 명제明帝가 되는 동해왕 유달劉炟이 홀로 대책을 말하였다.

"요사스런 무당이 서로 약탈을 하는 것이라 세력이 오래갈 수가 없으며, 그 중에는 반드시 후회하고 도망하려는 자가 있을 것입니다. 그러나 밖에서 포위를 긴박하게 하면 달아날 수가 없습니다. 마땅히 포위를 조금 풀어서 느슨하게 하여 도망을 치게 해야 하고, 만약 도망친다면 정장

亭長 혼자라도 충분히 사로잡을 수 있습니다."

광무제는 유달의 말을 옳게 여기고 장궁에게 조칙을 내려 포위를 조금 풀어 적의 숨통을 열어주라고 했다. 과연 적의 무리는 분산되고 이틈을 타서 공격하여 마침내 단신과 부진 등을 참하였다. 장궁은 돌아와서 성문교위城門校尉로 관직이 옮겨지고 다시 좌중랑장으로 영전하였다. 장궁은 또 무계巫谿의 적을 쳐서 강릉江陵까지 추격하여 항복시켰다.

장궁은 행동이 신중하고 믿음성이 있으며 생활이 질박하였기 때문에 항상 임용이 되었다. 훗날 흉노에 흉년이 들어 굶주리고 전염병이 돌아 자기들끼리 다툼이 일어났는데, 광무제가 장궁을 불러 이 문제에 대해 물었다.

"기병 5천 명만 있으면 공을 세울 수 있습니다."

광무제가 웃으면서 말하였다.

"항상 승리하는 사람은 적을 근심하지 않는 법이라 내가 그대를 생각한 것이오."

51년(건무 27년), 장궁이 양허후 마무와 함께 글을 올려 말하였다.

"흉노는 이익만 탐하고 예의와 신용이 없으며, 곤궁하면 머리를 조아리고 안정이 되면 침략을 하여 도적질을 합니다. 그래서 변경 백성들이 피해를 입고 고통을 당했으며 중국도 그들과 부닥치는 것을 근심하였습니다. 오랑캐는 지금 사람과 가축이 전염병에 걸려 죽어가고 가뭄과 메뚜기 떼 때문에 땅에서 곡물을 찾아볼 수가 없는 상황입니다. 곤궁해진 흉노의 힘으로서는 중국의 군郡 하나도 당해내지 못할 것입니다.

만리에 걸쳐 죽을 그들의 목숨은 실로 폐하께 달려 있습니다. 복은 다시 오지 않으며 시기는 잃기가 쉬운 법입니다. 어찌 문덕文德만을 굳게 지켜서 무사武事를 무너뜨릴 수 있겠습니까? 지금 장수에게 명하여 변경에 가게 하고 후한 상을 걸며, 고구려, 오환烏桓, 선비鮮卑를 효유하여 흉노의 왼쪽을 공격하게 하고, 하서河西의 네 군과 천수天水, 농서隴西, 강羌, 호胡의 군사를 동원해서 흉노의 오른쪽을 치게 하소서. 이렇게 한다면 북쪽 오랑캐의 멸망은 몇 해를 넘기지 않을 것입니다.

신은 폐하께서 어질고 은혜로우셔서 차마 하지 못하시고 모신謀臣들이 의심하여 결정을 하지 못해, 마침내 만세에 돌에 새길 공을 성세聖世에 세우지 못할까 두렵습니다."

광무제가 회답하였다.

"『황석공기黃石公記』를 보면 '부드러운 자가 굳센 자를 제어할 수 있고, 약한 자가 강한 자를 제어할 수 있다(柔能制剛, 弱能制彊)'고 하였소. 부드러운 자는 덕을 가진 사람이고 굳센 자는 도적을 말하며, 약한 자를 인한 자가 돕고, 강한 자에게는 원한이 돌아가는 법이오. 그러므로 덕이 있는 군주는 즐거운 것으로 남을 즐겁게 하고, 덕이 없는 군주는 즐거운 것으로 자신을 즐겁게 하는 것이오. 남을 즐겁게 하는 자는 그 즐거움이 오래 갈 것이요, 자신을 즐겁게 하는 자는 오래지 않아 망할 것이오. 가까운 것을 버려 두고 멀리 있는 것을 도모하면 수고롭기만

하고 공이 없을 것이요, 멀리 있는 것을 버려 두고 가까운 것을 도모하면 편안하고 마침이 있는 법이오. 편안한 정치는 대부분 신하를 충성스럽게 하고, 수고로운 정치는 대부분 백성을 어지럽게 만드오.

그러므로 땅을 넓히는 데 힘쓰는 사람은 거칠고, 덕을 넓히는 데 힘쓰는 사람은 강하다고 했소. 자기가 가져야 할 것을 갖는 사람은 편안하고, 남이 가진 것을 탐내는 사람은 해친다고 했소. 해쳐서 멸망시키는 정치는 비록 성공한다 해도 반드시 실패하는 법이오.

지금 나라에 선한 정치가 없어서 재변이 끊이지 않고 백성들은 놀라고 황감해하며, 자신을 보호하지 못하고 다시 멀리 변경 밖을 섬기려고 하오. 그래서 공자는 '나는 계손季孫의 근심이 전유顓臾에게 있지 않을까 두렵다.'라고 말했던 것이오. 게다가 북적은 강함을 숭상하나 둔전과 경비를 하는 것이 전부 말이 달라 항상 대부분 열매를 잃고 있소. 진실로 천하의 절반을 들어 대도적을 멸망시키는 것이 어찌 지극히 원하는 바가 아니겠소만 지금은 아직 때가 아니니 사람들을 쉬게 하는 것만 못하오."

『황석공기』는 장량張良(?~189년)이 하비下邳에서 황석공에게 받은 병법서이다. 훗날 장량은 유방이 한나라를 세우는데 큰 공을 세운다. 공자의 말은 『논어』「계씨季氏」 편에 나온다. 전유는 춘추시대 노魯나라의 부용국인데 노나라의 경卿 계씨가 그 땅을 탐내서 정벌하여 삼키려고 하였다. 당시에 공자의 제자 염유冉有는 계씨의 신하였는데, 공자가 그를 나무란 말이다. 염유가 "지금 전유가 견고한데다 계씨의 읍에 가까워서 지금 빼앗지 않으면 자손의 우환거리가 될 것입니다."하고 구실을 대자,

공자는 "나는 계손의 근심이 전유에게 있지 않고 담장 안에 있을까 두렵다."고 책망하였다.

이때부터 장수들 중에 감히 더 이상 전쟁에 관해 말하는 사람이 없었다.

장궁은 58년(영평永平 원년)에 세상을 떠났다. 시호는 민후愍侯이다.

아들 장신臧信이 봉호를 승계하였다. 봉호는 장신이 죽어 아들 장진臧震에게, 다시 장진의 아들 장송臧松에게 이어졌다. 117년(원초 4년)에 어머니와 따로 사는 바람에 식읍을 상실하였다. 120년(영녕永寧 원년)에 등鄧태후가 장송의 아우인 장유臧由를 낭릉후朗陵侯로 봉해 봉호를 잇게 하였다.

장궁은 이십팔수 중에서 남방 주작의 다섯 번째 별자리인 장수張宿를 관장한다.

26
장궁

장궁이 관장하는 남방 주작의 다섯 번째 별자리인 장수張宿

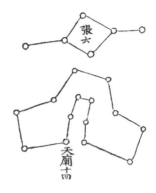

27. 서강을 물리친
마무馬武

마무는 원래 사람됨이 술을 좋아하고
도량이 크며 말을 숨기지 않고 거침없이 하였다.
언젠가 한번은 술에 취하여 황제 앞에서
동렬에 있는 대신들의 잘못을 힐책하였고,
조금도 거리낌 없이 대신들의 단점과 장점을 말하였다.
광무제는 일부러 마무가 이렇게 행동하도록 종용하고
이를 담소하고 즐기는 화두로 삼았다.

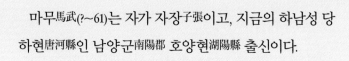

마무馬武(?~61)는 자가 자장子張이고, 지금의 하남성 당하현唐河縣인 남양군南陽郡 호양현湖陽縣 출신이다.

어렸을 적에 원수를 피하여 강하江夏에서 타향살이를 하였다. 왕망王莽 정권 말년에 경릉현竟陵縣과 서양현西陽縣의 삼로三老가 강하군의 변경 지역에서 군사를 일으키자 마무는 그곳으로 달려가서 참가하였다. 후에 이 부대는 녹림군綠林軍에 편입되었으며 나중에는 한漢의 군사와 합쳐졌다. 삼로란 원래 진秦

나라 때 마을에 설치된 것으로서, 향리에서 교화를 담당하는 관리였다. 한나라 때는 현과 군에도 삼로를 두었으며, 현령이나 군수를 도와 행정 명령을 집행하였다.

경시제 유현은 천자의 보위에 오른 후 마무를 시랑侍郎으로 임명하였다. 마무는 유수와 함께 왕심王尋 등을 격파하였고, 진위振威장군에 임명되어 상서령 사궁謝躬과 함께 왕랑王郎을 공격하였다.

유수는 한단을 탈취한 후 사궁과 마무 등을 초청해서 성대한 연회를 베풀고, 이 기회를 이용해서 사궁을 죽이려고 하였으나 성공하지 못하였다. 연회가 끝난 후 유수는 홀로 마무와 함께 총대叢臺에 올라갔다.

유수가 매우 온화하게 마무에게 말하였다.

"내가 얻은 어양漁陽과 상곡上谷 두 군의 정예 기병을 얻었을 때 장군에게 이 정예병을 통솔해 달라고 청해야겠다고 생각했는데, 장군의 생각은 어떻소?"

마무가 대답하였다.

"저는 우둔하고 겁이 많은데다 방략方略이 없습니다."

유수가 말하였다.

"장군은 오랫동안 장수로 있으면서 작전을 잘 이해하고 있는데, 어찌 나의 일반 보좌관들과 같겠소!"

마무는 이때부터 유수에게 마음이 돌아서게 되었다.

사궁이 주살된 후, 마무는 말을 달려 사견射犬으로 가서 유수에게 투항하였다. 유수는 그를 보자 대단히 기뻐하였고 마무를 항상 자기 가까이에 있게 하였다. 유수가 장수들을 위로하는 연회를 베풀 때마다 마무는 일어나서 사람들 앞으로 나가서 술을 따라 올렸는데, 유수는 이를 즐거움으로 삼았다. 유수가 마무한테 예전처럼 그의 부곡部曲 사람들을 이끌고 업鄴 땅에서 진주하라고 하였으나 마무는 머리를 조아리면서 사양하며 가기를 원치 않는다고 분명하게 말하였다. 그리하여 유수는 그의 마음을 더욱 가상하게 여겼다.

마무는 유수를 따라 여러 방면의 도적을 토벌하였다. 유수가 우래尤來와 오번五幡 등을 쳤다가 신수慎水에서 패했으나, 마무가 홀로 뒤에 남아서 퇴각하는 군사를 엄호하고 다시 말머리를 돌려 적진을 함락시켰다. 이리하여 적병이 유수를 추격할 수가 없었다. 유수의 부대는 안차현安次縣과 소광양小廣陽에 이르렀다. 마무는 항상 선봉이 되어 온 힘을 다해 싸워 번번이 이겼으며, 휘하 장수들 역시 모두 자기 부대를 이끌고 마무의 뒤를 따라 용맹하게 전진하였다. 그리하여 마침내 적군을 쳐부수고 진력을 다해 추격을 벌여 평곡平谷과 준미浚靡까지 갔다가 철군하여 돌아왔다.

유수는 황제의 자리에 오른 후, 마무를 시중侍中·기도위騎都尉에 임명하고 또 산도후山都侯에 봉했다. 28년(건무 4년) 호아장군 갑연 등과 함께 유영劉永을 토벌할 때, 마무는 별동대를 이끌고 제음濟陰을 쳐서 성무成武와 초구楚丘를 함락시키고 포로捕虜장군에 임명되었다.

이듬해(29년), 방맹龐萌이 반란을 일으켜서 도성桃城을 공격하였다. 마무가 먼저 방맹과 싸워 격파하였는데, 때마침 광무제가 그곳에 오는 바람에 방맹은 마침내 패해서 달아나고 말았다.

30년(건무 6년) 여름, 마무는 건위대장군 경감과 함께 서쪽의 외효隗囂를 쳤으나 형세가 불리해지자 군사를 이끌고 농隴으로 물러났다. 외효의 추격이 급박해지자, 마무는 정예 기병을 뽑아 뒤돌아서 후미를 막았다. 기병들은 몸에 갑옷을 걸치고 손에 날카로운 창을 잡고서 말을 타고 달리며 수천 명을 베어 죽였다. 외효의 군사가 그 기세에 눌려 마침내 퇴각함으로써 마무의 군사는 장안으로 돌아올 수 있었다.

37년(건무 13년), 조정에서는 마무의 식읍을 확대하고 그를 유후鄃侯로 개봉改封하였다. 유현은 당시 평원군平原郡에 속한 현이다.

그러면서 마무가 군사를 거느리고 북쪽의 하곡양下曲陽에 주둔하면서 흉노의 침략에 대비하게 하였다. 그러나 마무는 군리軍吏를 살해한 죄를 범했기 때문에 처자식을 데리고 봉국인 유현으로 가라는 조칙을 받았다. 마무는 곧바로 낙양으로 가서 장군의 인수를 반납하였다. 식읍 5백 호가 삭감되고, 최후로 봉호가 양허후楊虛侯로 정해졌으며, 경성에 남아서 봉조청奉朝請을 하였다.

광무제는 뒷날 공신, 제후들과 함께 잔치를 하다가 조용하고 화기애애하게 물었다.

"경들이 나를 만나지 못했다면, 경들 스스로 생각하기에 작록이 어디까지 이르렀겠소?"

고밀후 등우가 먼저 대답하였다.

"신은 어려서 글공부를 한 적이 있으므로 군郡에서 문학박사文學博士 정도는 할 수 있을 것입니다."

광무제가 말하였다.

"무슨 겸손의 말을 그렇게 하시오? 경은 등씨의 자손으로서 뜻과 행동이 바른데 어찌 연사掾史나 공조功曹가 되지 않겠소?"

나머지 사람들도 각자 차례대로 대답을 하였으며 이윽고 마무의 차례가 되었다. 마무가 대답하였다.

"신은 용감하고 힘이 있으니 군의 도위都尉가 되어 도적을 단속할 수 있겠습니다."

광무제가 웃으면서 말하였다.

"그래도 도적을 다스리지 말고 정장亭長이 되면 될 것이오."

마무는 원래 사람됨이 술을 좋아하고 도량이 크며 말을 숨기지 않고 거침없이 하였다. 언젠가 한번은 술에 취하여 황제 앞에서 동렬에 있는 대신들의 잘못을 힐책하였고, 조금도 거리낌 없이 대신들의 단점과 장점을 말하였다. 광무제는 일부러 마무가 이렇게 행동하도록 종용하고 이를 담소하고 즐기는 화두로 삼았다. 광무제는 비록 공신들을 통치하였지만 매번 법을 굽혀 관용을 베풀어 작은 과실은 용서해 주었다. 면

지역에서 진귀한 물건과 맛있는 음식이 진상되면 광무제는 반드시 먼저 제후들에게 두루 하사하였으며 자신이 사용하려고 태관太官들에게 남기지 않았다. 태관이란 진秦나라 때부터 있던 벼슬로, 황제의 음식과 연회에 관한 일을 담당하였다.

공신들이 공을 세우면 식읍을 증가시켜 상을 주고 관직을 맡기지 않았다. 때문에 모두들 자신의 복록을 보장 받았으며 시종 죽임을 당하거나 견책을 당하지 않았다.

49년(건무 25년) 마무는 중랑장이 되어 군사를 거느리고 무릉武陵의 만이蠻夷를 치고 조정에 돌아온 후에 인수를 반납했다.

명제 초기에 서강西羌이 농우隴右에 쳐들어와서 전군을 몰살시키고 장수들을 살해하였다. 조정이 이를 근심으로 여겨 다시 마무를 포로장군으로 임명하고 중랑장 왕풍王豐을 부장군으로 삼아 감군사자監軍使者 두고竇固·우보도위右輔都尉 진흔陳訢과 함께 오환烏桓·여양영黎陽營·삼보三輔 지역에서 모집한 군사와 양주涼州의 여러 군에 있는 강호羌胡 병과 석방한 죄수 등 총 4만 명을 거느리고 서강을 치게 하였다. 금성군金城郡 합문현浩亹縣 에 이르러서 서강과 싸움을 벌인 끝에 서강 사람 6백 명의 수급을 베었다. 다시 낙도곡洛都谷에서 접전을 하였으나 이 싸움에서는 패해서 1천여 명의 군사가 죽었다. 이에 서강의 우두머리가 무리를 이끌고 변경으로 되돌아가자, 마무는 다시 동감東甘·서감西甘까지 추격하여 서강 군대를 대파하였다. 이 싸움에서는 4천6백 명의 수급을 베고

---

* 합문현浩亹縣 : '浩亹'은 '호미'가 아니라 '합문'으로 읽는다.

1천6백 명의 포로를 잡았으며, 나머지 서강의 군사는 모두 투항하거나 흩어졌다. 마무는 군대를 정돈하여 낙양으로 돌아왔으며, 이 공으로 식읍 7백 호가 증가해서 이미 보유한 식읍과 합쳐 총 1천8백 호가 되었다.

61년(영평永平 4년)에 세상을 떠났다.

아들 마단馬檀이 봉호를 승계하였으나, 후에 형 마백제馬伯濟가 초왕楚王 유영劉英의 무리 안충顔忠과 모반한 일에 연루되어 봉국을 상실하였다. 113년(영초永初 7년) 등鄧 태후가 마무의 손자 마진馬震을 효정후滲亭侯로 봉해 봉호를 잇게 하였다. 마진이 죽은 후 아들 마측馬側이 봉호를 승계하였다.

마무는 이십팔수 중에서 남방 주작의 여섯 번째 별자리인 익수翼宿를 관장한다.

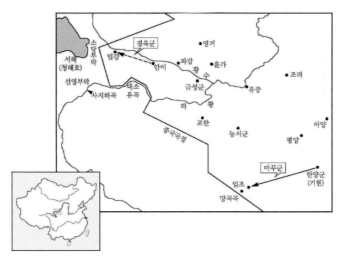

후한이 서강부락으로 진격함

마무가 관장하는 남방 주작의 여섯 번째 별자리인 익수翼宿

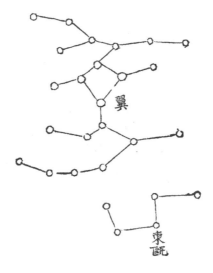

28. 마원을 도와 베트남 북부를 평정한
유룽劉隆

유룽은 죄에 연루되어 하옥되고,
관련된 무리 10여 명은 모두 죽음을 당하였다.
광무제는 유룽이 공신이기 때문에 특별히 사면하여 서민으로 만들었다.
유룽은 후에 법률을 준수하고 스스로 자신을 단속하였다.

유룽劉隆(?~57)은 자가 원백元伯이고, 지금의 하남성 남양시南陽市인 남양군南陽郡 출신으로서 안중후安衆侯 유숭劉崇의 종실이다.

왕망王莽이 신新나라를 세우기 이전에 유자 유영孺子 劉嬰을 명목상의 황제로 내세우고 자신이 모든 권력을 장악하고 섭정을 하고 있던 거섭居攝(6~8) 연간의 일이다. 유룽의 아버지 유례劉禮는 안중후 유숭과 함께 군사를 일으켜 왕망을 주살하려고 계획하였다. 그러나 사전에 계획이 누설되는 바람에 관련자가 모두 처형되었는데, 다만 유륭은 당시 나이가 일곱 살이 채 안 되었기 때문에 죽음을 면할 수 있었다.

유륭은 장성하자 장안으로 가서 글을 배웠다. 경시제 유현은 황제가 된 후 유륭을 기도위騎都尉에 임명하였다. 유륭은 경시제에게 고향인 남양으로 돌아가게 해 달라고 청하고, 처와 자식을 맞이하여 그들을 낙양에 살게 하였다. 그러다 유수가 하내에 있다는 소식을 듣고 곧바로 사견射犬으로 달려갔다. 유수는 유륭을 기도위에 임명하고, 풍이와 함께 주유朱鮪, 이질李軼 등을 막게 하였다. 그러자 이질은 마침내 유륭의 처자식을 살해하였다.

26년(건무 2년), 유륭은 항보후亢父侯에 봉해졌다. 항보는 동평국東平國에 속한 현이다.

28년(건무 4년), 유륭은 주로誅虜장군에 임명되어, 이헌李憲을 토벌하였다. 이헌이 평정되자 광무제는 유륭을 보내서 무당武當에서 둔전을 책임지게 하였다.

35년(건무 11년), 유륭은 남군南郡 태수를 겸임하였으며, 1년여 후에 주로장군의 인수印綬를 광무제에게 반환하였다.

37년(건무 13년), 유륭은 식읍이 증가하고 경릉후竟陵侯에 봉해졌다. 당시 전국에 개간된 논밭은 대부분 실제대로 기재되어 있지 않고 호구와 나이도 상당 부분 사실과 차이가 있었다. 사정이 이러하자, 39년(건무 15

년)에 광무제는 조서를 내려 주와 군에서 그 일을 자세하게 조사하게 하였다. 그 결과 자사와 태수의 경우는 대부분 공평하지 못하였다. 어떤 경우에는 지방 호족에게는 넉넉하게 해 주고 힘없는 백성에게는 심하게 징수를 해서 백성들이 탄식과 원망을 하였으며 길을 막고 큰 소리로 우는 사람도 있었다. 그래서 여러 군에서는 관리들을 조정에 파견하여 이 일에 대해 조사한 상황을 상주하였는데, 광무제는 진류군陳留郡의 관리가 보낸 문서 속에 또 하나의 서신이 있는 것을 발견하였다.

서신에는 이렇게 적혀 있었다.

"영천군穎川郡과 홍농군弘農郡은 조사할 수 있지만, 하남군河南郡과 남양군은 조사할 수가 없습니다."

뭔가 심상치 않음을 느끼고 광무제가 진류군의 관리에게 이 편지의 내력과 의미에 대하여 물었다. 그러자 관리는 광무제에게 사실대로 말하지 않고 장수가長壽街에서 주운 것이라고 거짓말을 하였다. 이 말을 듣고 광무제는 화가 치밀어 올랐다.

훗날 명제明帝가 되는 광무제의 넷째 아들 유장劉莊은 당시 나이 열두 살로서 동해공東海公이었는데 휘장 뒤에서 이렇게 말하였다.

"이 관리는 태수의 명령을 받은 것이니, 각지에서 실제 개간된 논밭을 서로 비교해 보면 될 것이옵니다."

광무제가 말하였다.

"설사 그렇다고 하더라도 어째서 하남군과 남양군은 조사할 수 없다고 하였느냐?"

유장이 대답하였다.

"하남군은 황제가 계신 성이라 황제 주변의 신하들이 많고, 남양군은 황제의 고향이라 가까운 친척이 많습니다. 그들의 전답과 주택이 법도를 넘었기 때문에 기준으로 삼을 수가 없는 것입니다."

광무제가 호분중랑장虎賁中郞將에게 명령을 내려 이 진류군의 관리를 추궁하게 하자, 그때서야 관리는 사실대로 자백하고 복죄를 하였다. 그의 자백이 동해공 유장의 대답과 똑같았다. 그리하여 광무제는 알자를 보내 철저하게 진상을 조사시켰으며, 마침내 각 군에서 허위로 보고한 간악한 진상을 모두 알게 되었다.

이듬해, 유륭은 죄에 연루되어 하옥되고, 관련된 무리 10여 명은 모두 죽음을 당하였다. 광무제는 유륭이 공신이기 때문에 특별히 사면하여 서민으로 만들었다.

이듬해, 유륭은 다시 부락향후扶樂鄕侯로 봉해졌으며, 중랑장의 신분으로 복파장군 마원馬援을 도와 교지군交阯郡(지금의 베트남 북부인 통킹·하노이 지방)에 거주하는 이민족 반란자 징측徵側 등을 쳤다. 이때 유륭은 별동대를 이끌고 금계구金谿口에서 징측을 격파하고 징측의 여동생인 장수 징이徵貳를 사로잡았으며, 1천여 명의 수급을 베고 2만여 명의 항복을 받았다. 유륭이 교지에서 돌아오자 광무제는 유륭에게 더욱 큰 현을 하사하고 장평후長平侯로 봉했다. 대사마 오한이 세상을 떠난 후, 유륭은 표기장군에 임명되어 대사마의 직무를 대행하였다.

유릉은 후에 법률을 준수하고 스스로 자신을 단속하였다. 8년 동안 직무를 맡은 후 광무제에게 표기장군의 인수를 반환하고 관직을 그만 두었다. 조정에서는 유릉에게 소와 상준上樽의 술 10휘斛를 하사하였으며 열후의 자격으로 조회에 참가하는 봉조청奉朝請을 하였다. 휘란 고대에 양을 재는 가장 큰 단위인데, 기록에 의하면 당대에는 열 말을 1휘라 하였고, 송대 말엽부터는 다섯 말을 1휘라 하고 두 휘를 1섬石으로 삼았다. 그리고 벼 한 말로 술 한 말 빚어낸 것을 상준上樽, 기장 한 말로 술 한 말 빚어낸 것을 중준中樽, 조 한 말로 술 한 말 빚어낸 것을 하준下樽이라고 한다.

54년(건무 30년), 광무제는 정식으로 유릉을 신후愼侯로 봉했다. 57년(건무중원建武中元 2년)에 세상을 떠났는데 시호는 정후靖侯이다.

아들 유안劉安이 봉호를 승계하였다.

유릉은 이십팔수 중에서 남방 주작의 일곱 번째 별자리인 진수軫宿를 관장한다.

28 유릉

유룡이 관장하는 남방 주작의 일곱 번째 별자리인 진수軫宿

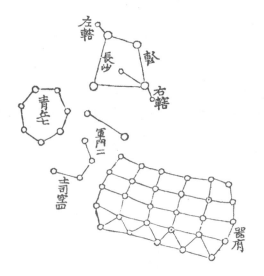

第三部

附錄

◉ 一 이십팔장의 주요 연표 ◉

◉ 二 이십팔장의 순서와 명칭 ◉

◉ 三 후한시대의 관직 설명 ◉

◉ 四 이십팔장의 후한서 열전 원문 ◉

[부록1] 이십팔장의 주요 연표

년도	주요 내용	비고
기원전 33년	5월 원제 사망. 성제 즉위. 왕봉이 대사마대장군이 되면서 외척이 권력 장악. 왕소군을 흉노 호한야선우에게 바침	고구려 고주몽 5년.
기원전 8년	왕망이 대사마가 됨.	고구려 유리왕 12년.
기원전 7년	2월 성제 사망. 애제의 즉위와 동시에 왕씨 권력 상실. 왕망 하야.	고구려 유리왕 13년.
기원전 6년	12월 광무제 출생.	11월 부여 대소왕 고구려 공격하다 퇴각함.
기원전 1년	6월 애제 사망. 평제 즉위와 동시에 왕망이 재차 대사마에 취임.	고구려 유리왕 19년.
2년	등우 출생.	
3년	경감 출생.	10월 고구려 졸본에서 국내성으로 천도.
5년	12월 왕망이 평제를 독살. 유자 유영을 황태자로 삼고, 자신을 '가황제'라 칭함.	
8년	12월 왕망이 황제의 지위에 오름.	

9년	국호를 '신新'으로 정하고, 한의 제도를 변경.	
18년	번숭 등(훗날의 적미군)의 반란 발생.	10월 고구려 대무신왕 즉위.
22년	왕망군이 각지에서 패퇴.	2월 고구려 부여 공격, 대소왕 죽임. 대소왕 동생 갈사국 세움.
22년	10월 유수 등이 거병.	
23년	2월 유현(경시제) 등극. 이듬해 장안으로 천도. 10월 왕망 피살 → 신나라 멸망.	
25년	6월 유수, 호에서 황제로 즉위. 9월 적미군, 장안에서 경시제의 군사를 격파. 12월 경시제 피살. 광무제가 낙양에 도읍을 정함.	
26년	경단 사망. 만수 사망(추정), 유식 사망(추정).	10월 고구려 개마국 멸망. 12월 구다국왕 항복해 옴.
27년	1월 적미군이 광무제에게 항복.	
29년	임광 사망.	

30년	비동 사망(추정).	
31년	부준 사망.	
33년	체준 사망.	
34년	풍이 사망. 요기 사망.	
35년	잠팽 사망.	
36년	구순 사망. 광무제, 공손술을 토벌하고 촉을 평정하여 천하를 통일.	낙랑이 신라 북쪽 타산성을 침임.
37년	경순 사망.	신라에 고구려에 의해 망한 낙랑, 대방인들 귀부.
38년	왕량 사망.	
39년	갑연 사망. 경지와 호적 조사 시작.	
43년	두무 사망. 이충 사망.	
44년	오한 사망.	10월 고구려 민중왕 즉위.
47년	진준 사망.	
48년	주우 사망. 흉노가 남북으로 분열됨.	봄 고구려 모본왕 즉위. 가야 수로왕, 허황옥을 왕비로 삼음.
50년	견담 사망.	

55년	가복 사망.	2월 고구려 후한에 대비 요서 10성을 쌓음.
56년	마성 사망.	7월 고구려 동옥저 정벌.
57년	2월 광무제 사망, 명제 즉위. 유륭 사망.	10월 신라 탈해 니사금 즉위.
58년	등우 사망. 경감 사망. 장궁 사망.	
59년	왕패 사망.	
61년	마무 사망.	

[부록2] 이십팔장의 순서와 명칭

순서	이름	성	명	자	봉호	시호
1	등우鄧禹	등	우	중화仲華	고밀후高密侯	원후元侯
2	마성馬成	마	성	군천君遷	전초후全椒侯	
3	오한吳漢	오	한	자안子顏	광평후廣平侯	충후忠侯
4	왕량王梁	왕	량	군엄君嚴	부성후阜成侯	
5	가복賈復	가	복	군문君文	교동후膠童侯	강후剛侯
6	진준陳俊	진	준	자소子昭	축아후祝阿侯	
7	경감耿弇	경	감	백소伯昭	호치후好時侯	민후愍侯
8	두무杜茂	두	무	제공諸公	참거향후 參蘧鄉侯	
9	구순寇恂	구	순	자익子翼	옹노후雍奴侯	위후威侯
10	부준傅俊	부	준	자위子衛	곤양후昆陽侯	위후威侯
11	잠팽岑彭	잠	팽	군연君然	무양후舞陽侯	장후壯侯
12	견담堅鐔	견	담	자급子伋	합비후合肥侯	
13	풍이馮異	풍	이	공손公孫	양하후陽夏侯	절후節侯
14	왕패王霸	왕	패	원백元伯	회릉후淮陵侯	

이명	생졸년	출신지	문헌출처
운대주수 雲臺主首	2~58	남양군南陽郡 신야현新野縣 /지금의 하남성 신야현新野縣	『후한서』 권16/열전권6
	?~56	남양군南陽郡 극양현棘陽縣 /지금의 하남성 남양시南陽市	『후한서』 권1권22/열전권12
	?~44	남양군南陽郡 완현宛縣 /지금의 하남성 남양시南陽市	『후한서』 권18/열전권8
	?~38	어양군漁陽郡 요양현要陽縣 /지금의 하북성 난평현灤平縣 서북	『후한서』 권22/열전권12
	?~55	남양군南陽郡 관군현冠軍縣 /지금의 하남성 등현鄧縣 서북	『후한서』 권17/열전권7
신산神算	?~47	남양군南陽郡 서악현西鄂縣 /지금의 하남성 남양시南陽市 북쪽	『후한서』 권18/열전권8
	3~58	우부풍右扶風 무릉현茂陵縣 /지금의 섬서성 흥평시興平市 동북	『후한서』 권19/열전권9
	?~43	남양군南陽郡 관군현冠軍縣 /지금의 하남성 등현鄧縣 서북	『후한서』 권22/열전권12
장자長者	?~36	상곡군上谷郡 창평현昌平縣 /지금의 북경시	『후한서』 권16/열전권6
	?~31	영천군穎川郡 양성현襄城縣 /지금의 하남성 양성현襄城縣	『후한서』 권22/열전권12
	?~35	남양군南陽郡 극양현棘陽縣 /지금의 하남성 남양시南陽市	『후한서』 권17/열전권7
	?~50	영천군穎川郡 양성현襄城縣 /지금의 하남성 양성현襄城縣	『후한서』 권22/열전권12
대수장군 大樹將軍	?~34	영천군穎川郡 부성현父城縣 /지금의 하남성 보풍현寶豐縣	『후한서』 권17/열전권7
	?~59	영천군穎川郡 영양현潁陽縣 /지금의 하남성 허창시許昌市	『후한서』 권20/열전권10

순서	이름	성	명	자	봉호	시호
15	주우朱祐	주	우	중선仲先	격후鬲侯	
16	임광任光	임	광	백경伯卿	아릉후阿陵侯	
17	체준祭遵	체	준	제손弟孫	영양후潁陽侯	성후成侯
18	이충李忠	이	충	중도仲都	중수후中水侯	
19	경단景丹	경	단	손경孫卿	역양후櫟陽侯	
20	만수萬脩	만	수	군유君游	괴리후槐里侯	
21	갑연蓋延	갑	연	거경巨卿	안평후安平侯	
22	비동邳肜	비	동	위군偉君	영수후靈壽侯	
23	요기銚期	요	기	차황次況	안성후安成侯	충후忠侯
24	유식劉植	유	식	백선伯先	창성후昌成侯	
25	경순耿純	경	순	백산伯山	동광후東光侯	성후成侯
26	장궁臧宮	장	궁	군옹君翁	낭릉후朗陵侯	민후愍侯
27	마무馬武	마	무	자장子張	양허후楊虛侯	
28	유륭劉隆	유	륭	원백元伯	신후愼侯	정후靖侯

이명	생졸년	출신지	문헌출처
	?~48	남양군南陽郡 완현宛縣 /지금의 하남성 남양시南陽市	『후한서』 권22/열전권12
	?~?	남양군南陽郡 완현宛縣 /지금의 하남성 남양시南陽市	『후한서』 권21/열전권11
	?~33	영천군潁川郡 영양현潁陽縣 /지금의 하남성 허창시許昌市	『후한서』 권20/열전권10
	?~43	동래군東萊郡 황현黃縣 /지금의 산동성 용구시龍口市	『후한서』 권21/열전권11
	?~26	좌풍익左馮翊 역양현櫟陽縣 /지금의 섬서성 임동현臨潼縣 북쪽	『후한서』 권22/열전권12
	?~?	우부풍右扶風 무릉현茂陵縣 /지금의 섬서성 흥평시興平市 동북	『후한서』 권21/열전권11
	?~39	어양군漁陽郡 요양현要陽縣 /지금의 하북성 난평현灤平縣 서북	『후한서』 권18/열전권8
	?~?	신도信都 /지금의 하북성 기현冀縣	『후한서』 권21/열전권11
	?~34	영천군潁川郡 겹현郟縣 /지금의 하남성 겹현郟縣	『후한서』 권20/열전권10
	?~?	거록군鉅鹿郡 창성현昌成縣 /지금의 하북성 속록현束鹿縣 남쪽	『후한서』 권21/열전권11
	?~37	거록군鉅鹿郡 송자현宋子縣 /지금의 하북성 조현趙縣	『후한서』 권21/열전권11
	?~58	영천군潁川郡 겹현郟縣 /지금의 하남성 겹현郟縣	『후한서』 권18/열전권8
	?~61	남양군南陽郡 호양현湖陽縣 /지금의 하남성 당하현唐河縣	『후한서』 권22/열전권12
	?~57	남양군南陽郡 /지금의 하남성 남양시南陽市	『후한서』 권22/열전권12

[부록3] 후한시대의 관직 설명

　후한시대는 황제의 권한을 강화하고 재상의 권한을 약화시키는 정책을 시행하였다. 중앙정부는 기본적으로 삼공구경三公九卿 제도를 실시하였다. 다만 광무제는 51년(건무 27년)에 전한 때의 삼공 명칭에서 '대大' 자를 없애고, '대사마'의 명칭을 '태위'로 고쳤다. 그래서 후한의 삼공은 '태위', '사도', '사공'이 된다. 황제를 보좌하여 군정 대권을 장악한 최고의 벼슬로서 삼공이 있었지만 당시에 이들은 재상의 실권이 없었으며, 황제에게 직접 예속된 상서대尙書臺가 중앙의 최고 권력 기관이 되어 재상의 권력을 행사하였다. 이는 황제의 권한을 강화시키기 위한 조처였다. 상서대는 궁궐 안에 있어서 '중대中臺'라고도 불렀다. 외대外臺인 알자謁者와 헌대憲臺인 어사대御史臺와 함께 '삼대三臺'라고도 불렸으며, 셋이 함께 핵심 권력 부문이 된다. 광무제 때 백관이 조회를 하면 상서령尙書令과 어사중승, 상서복야는 각기 별도의 자리가 있었는데, 이를 '삼독좌三獨坐'라고 한다.

　구경제도는 전국시대부터 나타나며, 진秦대에 중앙정부의 고정 제도가 된다. 후한 때의 구경은 명칭이 좀 달라지는데, 태상, 광록훈, 위위, 태복, 정위, 대홍려, 종정, 대사농과 소부를 가리킨다. 이밖에 집금오, 대장추, 장작대장 등도 지위와 녹봉이 구경과 같다. 어떤 학자는 집금오를 '외경外卿'이라 부르기도 하는데, 어쨌든 구경과 외경을 통틀어서 '제경諸卿' 또는 '열경列卿'이라고 부른다. 경조윤京兆尹, 우부풍右扶風, 좌풍익左

馮翊은 삼보三輔 지역의 지방행정장관이지만 관청이 수도에 있기 때문에 조회에 참여할 자격이 있고 일반 군郡의 장관인 태수보다 높은 특수한 지위를 갖고 있었다. 그래서 이들도 역시 제경에 포함된다.

진시황에 의해 시행된 군현제는 한나라 때에 정식으로 확립된다. 한나라의 개창자 유방은 공신들에게 상을 내리고 정국을 안정시키기 위해 진나라 군현제의 기초 위에 이성異姓과 동성同姓의 제후왕을 분봉分封하여 군현과 봉국이 병존하는 제도를 확립시킨다. 후한 때에도 이 제도가 그대로 존속하는데 순제 때에는 군국의 수가 105개에 이른다.

군의 최고 장관은 태수이고, 군 아래의 행정기관인 현의 장관은 영令(즉 현령)과 장長(즉 현장)이다. 현의 관할구역이 1만호 이상이면 영이라 부르고, 1만호 이하이면 장이라고 부른다. 현과 동급으로는 국國, 읍邑, 도道가 있다. 국은 후국侯國으로서 왕국보다 한 등급 아래이고, 읍은 황태후, 황후, 공주의 봉지이며, 도는 경내에 있는 소수민족의 거주지역이다. 후한 순제 때 전국의 현, 국, 읍, 도의 수가 1천1백80개에 이르렀다.

한편 지방의 기층 조직은 향리鄕里이다. 이里는 이정里正이 관할하며, 아래에 정亭과 향鄕이 있는데, 정에는 정장亭長이 있고, 향에는 삼로三老, 유질有秩, 색부嗇夫, 유요游徼가 있다.

봉국은 군과 병행된 지방행정제도인데, 제후왕이 다스려서 왕국이라 한다. 왕국의 관리로는 부傅, 상相, 내사內史, 중위中尉가 있으며, 이들은 모두 중앙정부에서 임면任免하며, 제후왕이 스스로 둘 수 없다. 이 중에서 상은 제후왕을 보좌하는 동시에 감독하고 왕국의 정사를 총괄하며 직책이 군의 태수와 같고, 지위와 녹봉도 태수와 동일하다.

군과 현의 2급제는 무제 때에 오면 주州, 군, 현의 3급제가 된다. 주의 최고 장관 명칭은 여러 차례 바뀌어 자사刺史와 주목州牧이라는 명칭이 번갈아 쓰였는데, 기원전 1년부터는 주목으로 불리다가 광무제가 즉위한 지 18년이 되는 42년 이후부터 188년까지는 자사로 불렸다.

아래는 삼공과 구경을 중심으로 해서 중앙정부의 관직을 열거하고 간단한 설명을 한 것이다.

사도 사도司徒 : 삼공의 하나이다. 모든 정사를 총괄하며, 백성의 사무를 관장한다. 백성에게 효제, 공손, 겸손과 검약, 양생송사養生送死를 가르치는 사무를 총괄하고, 관련된 제도를 의논하여 세운다. 사방 민사民事의 공과功課를 총괄하여 한 해가 다하면 등급을 상주하여 상벌을 행한다. 교사례郊祀禮에서 희생을 살피고 제기祭器 씻는 것을 검사하는 일을 관장한다. 대상大喪이 나면 재궁梓宮(황제나 황후의 관)을 봉안하는 일을 관장한다. 광무제가 즉위하고 대사도大司徒를 두었다가 51년(건무 27년)에 '대' 자를 없애고 '사도'라고 하였다.

태위 태위太尉 : 삼공의 하나이다. 사방의 병사兵事와 공과功課를 관장하며, 한 해가 다하면 등급을 상주하여 상벌을 행한다. 교사례郊祀禮에서 아헌亞獻을 관장한다. 대상大喪(국상)이 나면 남쪽 교외에서 죽은 이의 시호를 고한다. 무릇 나라에 큰일이나 크게 의심스러운 일이 있으면 사도, 사공과 연락하여 논의한다. 나라에 잘못된 일이 있으면 역시 두 사도, 사공과 연락하여 간쟁諫爭한다. 광무제가 즉위하고 대사마大司馬를 두었다가 51년(건무 27년)에 대사마를 태위로 고쳤다.

⊙ 장사長史: 태위 아래에 소속되어 있고 태위부에 속한 여러 조曹의 사무를 맡는다.

⊙ 연掾, 사史, 속屬은 모두 하급관리이다.

⊙ 서조西曹: 태위부의 사史를 임용하는 일을 주관한다.

⊙ 동조東曹: 이천석二千石 고위관리의 승진임용 및 군리軍吏를 주관한다.

⊙ 호조戶曹: 민호民戶, 제사, 농상農桑을 주관한다.

⊙ 주조奏曹: 주의奏議에 관한 사무를 주관한다.

⊙ 사조辭曹: 소송에 관한 사무를 주관한다.

⊙ 법조法曹: 역참과 법 규정에 관한 사무를 주관한다.

⊙ 위조尉曹: 군졸과 물자 수송에 관한 사무를 주관한다.

⊙ 적조賊曹: 도적에 관한 사무를 주관한다.

⊙ 결조決曹: 형벌에 관한 사무를 주관한다.

⊙ 병조兵曹: 병무에 관한 사무를 주관한다.

⊙ 금조金曹: 화폐, 소금, 철에 관한 사무를 주관한다.

⊙ 창조倉曹: 창고의 곡식에 관한 사무를 주관한다.

⊙ 황합주부黃閤主簿: 여러 사무를 기록하며 살핀다.

⊙ 어속御屬: 태위의 수레 모는 일을 주관한다.

⊙ 합하영사閤下令史: 합閤 아래에서의 의장이나 의식에 관한 일을 주관한다.

⊙ 기실영사記室令史: 황제에게 장표章表를 올리거나 서기書記를 보고하는 일

을 주관한다.

⊙ **문영사**門令史: 태위부의 문을 주관한다.

사공

사공司空: 삼공의 하나이다. 수水와 토土의 사무를 관장한다. 성을 쌓고 읍을 건설하고 도랑을 파고 둑이나 제방 고치는 일을 총괄한다. 사방의 수토水土에 관한 공과功課를 총괄하여 한 해가 다하면 등급을 상주하여 상벌을 행한다. 교사례郊祀禮에서 악기를 청소하는 일을 관장한다. 대상大喪이 나면 장교를 거느리고 봉분을 조성하는 일을 관장한다. 광무제가 즉위한 후 대사공大司空을 두었다가 51년 (건무 27년)에 '대' 자를 없애고 '사공'이라고 하였다.

태부

태부太傅: 황제를 보필하고 선도하는 일을 관장하며 상임직은 아니다. 광무제가 탁무卓茂를 태부로 삼았다가 그가 죽자 없앴다. 그 뒤로 황제가 즉위하면 태부 녹상서사錄尙書事를 두었다가 당사자가 죽으면 없앴다.

장군

장군將軍: 배반자를 정벌하는 일을 관장한다. 공公에 비견되는 자는 4명이다. 첫째는 대장군大將軍, 그 다음은 표기장군驃騎將軍, 그 다음은 거기장군車騎將軍, 그 다음은 위장군衛將軍이다. 또한 전장군前將軍, 후장군後將軍, 좌장군左將軍, 우장군右將軍이 있다. 광무제가 즉위한 후에 대장군大將軍 오한吳漢을 대사마大司馬로 삼고, 경단景丹을 표기대장군驃騎大將軍으로 삼아 그 지위를 공公의 아래에 두었다. 그리고 전, 후, 좌, 우의 장군과 여러 호칭의 장군은 숫자가 많은데 모두 정벌을 주관하며 그 일이 끝나면 모두 없앴다.

⊙ **사마**司馬: 태위太尉와 마찬가지로 병사兵事를 주관한다.

⊙ **종사중랑**從事中郎: 군사軍事의 모의謀議에 참여하는 일을 맡는다.

⊙ 대장군의 **영**營은 5부部이다. 각 부에는 교위校尉와 군사마軍司馬가 있다.

⊙ **부**部 아래에는 곡曲이 있다. 곡에는 군후軍候가 있다.

⊙ **곡**曲 아래에는 둔屯이 있다. 둔에는 둔장屯長이 있다.

⊙ 그 중에서 교위를 두지 않은 부에는 군사마軍司馬만을 둔다. 또한 군가사마軍假司馬와 가후假候가 있어 이들이 모두 부이副貳(부관)가 된다. 그 중에서 예속하는 별영別營(별도의 군영)에는 별부사마別部司馬를 두는데 병력의 많고 적음은 각기 그때의 상황에 따른다. 문에는 문후門候가 있다.

⊙ 나머지 장군은 그때그때 필요에 따라 정벌하기 위하여 설치한다.

⊙ **총지영사**總知營事: 영의 사무를 총괄하게 한다.

⊙ **병조연사**兵曹掾史: 병사兵事와 기계器械를 주관한다.

⊙ **늠가연사**廩假掾史: 녹봉을 주거나 곡식을 빌려주는 일과 금지하고 규찰하는 일을 주관한다. 또한 외자外刺, 자간刺姦을 두어 형벌을 주관하게 하였다.

태상

태상太常: 구경의 하나이다. 예의禮儀와 제사를 관장하며, 제사가 있을 때마다 앞서서 예의에 관하여 상주하고 제사를 거행할 때에는 항상 천자를 돕는다. 박사博士를 선발할 때마다 능력이 있는지 여부에 관해 상주한다. 대사大射나 양로養老의 예를 행할 때나 대상大喪이 날 때 예의에 관하여 상주한다. 매달 그믐이 되기 전에 능묘陵墓와 종묘宗廟를 순찰한다.

⊙ **승**丞: 즉 태상승太常丞은 예식 거행 및 제사의 작은 일을 관장하고 태상부에 속한 조曹의 사무를 총괄한다.

⊙ **태사령**太史令: 천시天時와 천문역법을 관장한다. 한 해가 끝날 즈음 새해의 책력을 상주한다. 모든 나라의 제사와 상례喪, 혼례의 행사에서 길일 및 때의 금기에 관해 상주하는 일을 관장한다. 나라에 상서로운 조짐과 재이災異가 있으면 이를 기록하는 일을 관장한다. 승丞 즉 태사승太史丞과 명당을 지키는 일을 관장하는 명당승明堂丞 및 영대를 지키는 일을 관장하는 영대승靈臺丞이 있다. 영대는 일월성기日月星氣를 살피는 일을 관장한다.

⊙ **박사좨주**博士祭酒: 원래 복야僕射였는데 광무제가 즉위한 뒤에 좨주로 바꾸었다.

⊙ **태축령**太祝令: 나라의 제사에서 독축讀祝 및 영신迎神과 송신送神을 관장한다. 승丞 즉 태축승은 소신小神에게 축원하는 일을 관장한다.

⊙ **태재령**太宰令: 재공宰工(희생을 도살하는 사람)과 정鼎, 조俎, 찬구饌具와 같은 기물을 관장한다. 나라의 모든 제사에서 찬구를 진열한다.

⊙ **대여악령**大予樂令: 기악伎樂을 관장한다. 나라의 모든 제사에서 주악奏樂을 청하는 일을 관장하며, 대향大饗(큰 잔치)에서 음악을 쓸 때 연주의 순서를 관장한다.

⊙ **고묘령**高廟令: 전한 고조의 묘廟를 지키며 순찰과 청소를 관장한다.

⊙ **세조묘령**世祖廟令: 후한 광무제의 묘廟를 지키며 순찰과 청소를 관장한다.

⊙ **능원령**陵園令: 능원陵園을 지키며 순찰과 청소를 관장한다. 승丞 및 교장校長이 있는데, 교장校長은 능원의 군대와 도적 잡는 일을 주관한다.

⊙ **식관령**食官令: 매달 보름, 그믐과 사계절에 지내는 제사를 관장한다.

광록훈 **광록훈**光祿勳: 구경의 하나이다. 궁전의 출입문을 지키는 일을 관장한다. 알서랑謁署郎이 교대로 당직을 서며 극戟(창의 일종)을 지니고 문 지키는 일을 맡는데, 덕행을 살펴 출입하게 한다. 교사郊祀를 지낼 때 삼헌三獻을 관장한다.

⊙ **오관중랑장**五官中郎將: 오관랑五官郎을 관장한다. 아래로 오관중랑五官中郎, 오관시랑五官侍郎, 오관낭중五官郎中이 있다. 모든 낭관郎官들은 다 교대로 당직을 서며 극戟을 지니고 여러 궁궐의 문을 지키며 황제가 출행할 때에는 거기車騎로 충임된다.

⊙ **좌중랑장**左中郎將: 좌서左署의 낭郎을 관장한다. 아래로 중랑中郎(즉 좌중랑), 시랑侍郎(즉 좌시랑), 낭중郎中(즉 좌낭중)이 있다.

⊙ **우중랑장**右中郎將: 우서右署의 낭郎을 관장한다. 아래로 중랑中郎(즉 우중랑), 시랑侍郎(즉 우시랑), 낭중郎中(즉 우낭중)이 있다.

⊙ **호분중랑장**虎賁中郎將: 호분虎賁의 숙위宿衛를 주관한다. 아래로 좌우복야左右僕射, 좌우폐장左右陛長이 있다. 복야僕射는 호분랑虎賁郎의 습사習射를 관장하고, 폐장陛長은 조회朝會할 때에 호분을 당직시키는 일을 주관한다. 호분중랑虎賁中郎과 호분시랑虎賁侍郎, 호분낭중虎賁郎中, 절종호분節從虎賁은 모두 숙위와 시종侍從을 관장한다.

⊙ **우림중랑장**羽林中郎將: 우림랑羽林郎을 관장한다.

⊙ **우림랑**羽林郎: 숙위와 시종侍從을 관장한다. 항상 한양漢陽, 농서隴西, 안정安定, 북지北地, 상군上郡, 서하西河 등 여섯 군郡의 양가良家로부터 우림랑을 뽑아서 채운다. 본래는 전한 무제가 편마便馬(말을 잘 타는 자)들에게 사냥에 뒤따르게 하고 돌아와서는 궁전 섬돌의 암하실巖下室에 묵게 하였으므로 암랑巖郎이라고 불렀다.

⊙ **우림좌감**羽林左監: 우림좌기羽林左騎를 관장한다.

⊙ **우림우감**羽林右監: 우림우기羽林右騎를 관장한다.

⊙ **봉거도위**奉車都尉: 승여乘輿와 수레를 모는 일을 관장한다.

⊙ **부마도위**駙馬都尉: 부마駙馬(=副馬 곁마)를 관장한다.

⊙ **기도위**騎都尉: 본래 우림기羽林騎를 감독하였다.

⊙ **광록대부**光祿大夫: 무릇 대부와 의랑議郎은 모두 자문에 응하는 일을 관장하여 통상의 사무는 없고 오직 조령詔令이 있을 때만 쓰인다. 봉국의 계승인에게 상喪이 나면 광록대부가 조문하는 일을 관장한다.

⊙ **태중대부**太中大夫: 자문에 응하는 일을 한다.

⊙ **중산대부**中散大夫: 자문에 응하는 일을 한다.

⊙ **간의대부**諫議大夫: 자문에 응하는 일을 한다.

⊙ **의랑**議郎: 자문에 응하는 일을 한다. 후한 때 지위가 높아져서 정사에 참여하였다.

⊙ **알자복야**謁者僕射: 알자대謁者臺의 우두머리로서 알자를 관장하고 천자가 출행할 때에는 어가를 앞에서 인도한다.

⊙ **상시알자**常侍謁者: 궁궐에서 계절에 따라 행하는 의장이나 의식을 관장한다.

⊙ **알자**謁者: 황제의 명령을 전달하고 통보하는 일을 한다. 의식을 거행할 때 사람들을 인도하고 직무를 받들며, 황제에게 글을 올리거나 질문에 대답하는 일을 관장한다. 장將, 대부大夫 이하의 상喪이 나면 사람을 보내 조문하는 것을 관장한다. 처음에는 관알자灌謁者가 되고 1년을 채우면 급사알자給事謁者가 된다.

위위 **위위**衛尉: 구경의 하나이다. 궁문의 위사衛士와 궁중을 순찰하는 일을 관장한다.

⊙ **공거사마령**公車司馬令: 남쪽의 궐문을 관장하며, 관리나 백성이 올린 글이나 사방에서 바친 공물 및 황제의 부름을 받아서 낙양성의 공거문公車門에

도착한 자들을 관리한다.

⊙ **승**丞: 금기에 밝은 자를 뽑아 임명하는데 불법 행위를 드러내는 일을 관장한다.

⊙ **위**尉: 궐문의 군대와 금령을 주관하며 비상사태를 경계한다.

⊙ **남궁위사령**南宮衛士令: 남궁의 위사衛士를 관장한다.

⊙ **북궁위사령**北宮衛士令: 북궁의 위사를 관장한다.

⊙ **좌우도후**左右都候: 검극사劍戟士를 관장하여 궁을 순찰하는데, 때로는 죄인을 체포하고 고문하는 일을 담당하기도 한다.

⊙ **사마**司馬: 궁의 곁문과 매 문마다 사마가 있다.

⊙ **남궁**南宮의 **남둔사마**南屯司馬: 평성문平城門 북쪽에 있는 궁문 즉 남둔문을 관장한다.

⊙ **창룡사마**蒼龍司馬: 남궁의 동문을 관장한다.

⊙ **현무사마**玄武司馬: 현무문玄武門을 관장한다.

⊙ **북둔사마**北屯司馬: 남궁의 북문을 관장한다.

⊙ **북궁**北宮의 **주작사마**朱爵司馬: 남액문南掖門을 관장한다.

⊙ **동명사마**東明司馬: 북궁의 동문을 관장한다.

⊙ **삭평사마**朔平司馬: 북궁의 북문을 관장한다.

태복

태복太僕: 구경의 하나이다. 수레와 말을 관장한다. 천자가 매번 출행할 때마다 의장 제도에 관하여 상주하고 대가大駕(최대 규모의 행차)가 있을 때는 직접 수레를 몬다.

⊙ **고공령**考工令: 병기와 활, 노弩(쇠뇌), 칼, 갑옷 같은 물건을 만드는 일을 관장하여, 물건이 완성되면 집금오에게 보내 무기고에 넣는다. 그리고 옷감을

짜거나 끈 만드는 일을 하는 여러 장인들을 관장한다.

⊙ **거부령**車府令: 승여乘輿(천자의 수레)와 여러 수레들을 관장한다.

⊙ **미앙구령**未央廐令: 승여 및 마구간 안의 말들을 관장한다.

정위 | **정위**廷尉: 구경의 하나이다. 최고의 사법관이다. 옥사를 판결하는 일을 관장하여 죄인에 대한 마땅한 판결을 상주한다. 군국郡國에서 판결하기 곤란한 의심스러운 죄에 관하여 질의하면 모두 마땅한 판결을 정해 대답해준다.

⊙ **좌평**左平: 즉 정위좌평은 옥사 판결과 조옥詔獄을 관장한다.

대홍려 | **대홍려**大鴻臚: 구경의 하나이다. 제후와 사방에서 귀순하는 이민족들을 관장한다. 교외와 종묘에서 예를 행할 때에 찬창贊唱하고 빈객들을 인도하며, 행사를 청하여 허락을 얻으면 담당 관리에게 이를 명한다. 국왕이 입조하면 교외에서 영접하고 예의를 맡는다. 군국郡國에서 상계上計(연말에 지방 관리의 치적을 심사하는 제도)하기 위해 사방에서 오는 관리들을 돕는 것 또한 대홍려의 소임에 속한다. 황자가 왕으로 임명되면 인수 주는 일을 돕는다. 그리고 제후나 제후의 계승자 및 사방의 이민족 중에 봉해지는 자가 있으면 대臺 아래에서 홍려鴻臚가 그를 불러서 임명한다. 왕이 사망하면 사자를 보내 조문하고 또한 왕위 계승자를 왕으로 임명한다.

⊙ **대행령**大行令: 낭郞들을 관장한다.

종정 | **종정**宗正: 구경의 하나이다. 왕국의 적서嫡庶 순서 및 종

실 친속親屬과 원근遠近을 순서대로 기록하며 군국郡國에서 매년 상계上計할 때 종실의 명부를 올리는 일을 관장한다. 만약 종실 중에 범법한 자가 있어 머리 까는 형벌인 곤형髡刑 이상에 해당하면 먼저 종정에게 알리며, 종정이 이를 보고하면 황제가 주청에 응답하여 결정한다.

대사농 **대사농**大司農: 구경의 하나이다. 돈과 곡식, 금과 비단, 화폐 업무를 관장한다.

⊙ **부승**部丞: 탕장帑藏(국고)을 주관한다.

⊙ **태창령**太倉令: 군국郡國에서 운송하는 곡식 받는 일을 주관한다.

⊙ **평준령**平準令: 물가 관리를 관장하며, 염색하는 일을 주관한다.

⊙ **도관령**導官令: 어미御米(임금이 먹는 쌀)를 찧는 일과 건량 만드는 일을 주관한다.

소부 **소부**少府: 구경의 하나이다. 의복, 보물, 음식 등과 같은 궁중에서 쓰는 여러 물품을 관장한다.

⊙ **태의령**太醫令: 의원들을 관장한다. 약승藥丞은 약을 주관하고, 방승方丞은 약방藥方(약의 처방)을 주관한다.

⊙ **태관령**太官令: 황제의 음식을 관장한다. 좌승左丞은 음식을 주관하고, 감승甘丞은 음식 담는 그릇을 주관하며, 탕관승湯官丞은 술을 주관하고, 과승果丞은 과일을 주관한다.

⊙ **수궁령**守宮令: 황제가 쓰는 지필묵紙筆墨과 상서尙書에서 쓰는 여러 물품 및 봉니封泥(문서나 귀중품을 봉함할 때 쓰는 진흙)를 관장한다.

⊙ **상림원령**上林苑令: 나라 동산 안의 짐승을 관장한다. 또한 나라 동산 가운데 거주하는 백성들을 모두 관장한다. 그곳의 짐승을 붙잡아서 태관太官에

게 보낸다.

⊙ **시중侍中**: 황제의 좌우에서 시중들고 사무 처리를 도우며, 자문에 응답하는 일을 담당한다.

⊙ **중상시中常侍**: 환관이 맡으며, 황제의 좌우에서 시중들고 황제가 내궁內宮으로 들어갈 때 뒤따르며 안의 일을 돕고 자문에 응답하는 일을 관장한다.

⊙ **급사황문시랑給事黃門侍郎**: 황제의 좌우에서 시종하고 대궐 안에서 사무를 처리하며 대궐의 안팎을 서로 통하게 하는 일을 관장한다. 또한 왕들이 어전에서 조현朝見할 때 왕을 좌석으로 인도한다.

⊙ **소황문小黃門**: 환관이 맡으며, 황제의 좌우에서 시중들고 상서尙書가 주청하는 사무를 접수하는 일을 관장한다. 황제가 내궁內宮에 있으면 안팎을 서로 연락하며 중궁中宮 이하 여러 궁에 관련된 사무를 관장한다. 여러 공주 및 왕의 태비太妃 등에게 병이 있으면 소황문을 보내 위문한다.

⊙ **황문령黃門令**: 환관이 맡으며, 환관을 관장한다.

　⊙ **종승從丞**: 환관이 맡으며, 출입하며 뒤따르는 일을 주관한다.

　⊙ **황문서장黃門署長, 화실서장畫室署長, 옥당서장玉堂署長, 병서장丙署長**: 환관이 맡으며, 각기 중궁의 별처別處를 관장한다.

⊙ **중황문용종복야中黃門宂從僕射**: 환관이 맡는다. 황제가 궁중에 머물 때에는 숙위하며 문을 당직하면서 지키고, 출행할 때에는 말을 타고 뒤따르며 어가의 양쪽에서 호위한다.

　⊙ **중황문中黃門**: 환관이 맡으며, 대궐 안에서 급사給事하는 일을 관장한다.

⊙ **액정령掖庭令**: 환관이 맡으며, 후궁, 귀인, 채녀采女에 관한 일을 관장한다.

　⊙ **폭실승暴室丞**: 환관이 맡으며, 궁중의 부인婦人이 질병에 걸려 폭실로 보내지면 치료하는 것을 주관한다. 황후나 귀인이 죄를 지으면 또한 폭실로

보내진다.

⊙ **영항령永巷令**: 환관이 맡으며, 관비官婢(관가의 계집종), 시사侍使(나이 어리고 지혜를 갖춘 관비)를 관장한다.

⊙ **어부령御府令**: 환관이 맡는다. 관비들을 맡아 궁중에서 쓰는 의복을 만들고 옷을 수선하거나 세탁하는 일을 한다.

⊙ **사사령祠祀令**: 궁중의 여러 작은 제사를 맡는다.

⊙ **구순령鉤盾令**: 환관이 맡으며, 근처의 연못, 동산, 유람하는 곳을 담당한다.

　⊙ **영안승永安丞**: 환관이 맡으며, 영안은 북궁의 동북쪽에 따로 있는 작은 궁의 이름으로 그곳에 원관園觀이 있다.

　⊙ **원중승苑中丞**: 동산 가운데 있는 이궁離宮을 담당한다.

　⊙ **과승果丞**: 과수원을 담당한다.

　⊙ **홍지승鴻池丞**: 홍지는 연못의 이름으로 낙양 동쪽 20리 되는 곳에 있다.

　⊙ **남원승南園丞**: 남원은 낙수雒水의 남쪽에 있다.

　⊙ **탁룡감濯龍監**: 탁룡은 과실 동산의 이름으로 북궁 근처에 있다.

　⊙ **직리감直里監**: 직리 또한 과실 동산의 이름으로 낙양성 서남쪽 구석에 있다.

⊙ **중장부령中藏府令**: 궁중의 폐백, 금은 등의 재물을 관장한다.

⊙ **내자령內者令**: 궁중의 장막과 배설물 그릇 등을 관장한다.

⊙ **상방령尙方令**: 황제가 쓰는 도검刀劍과 좋아하는 각종 기물을 수공으로 만들어 진상하는 일을 관장한다.

⊙ **상서령尙書令**: 진秦나라 제도를 이어받아 설치하였는데 전한 무제가 환관을 임용하며 중서알자령中書謁者令으로 고쳤다가 성제成帝 때에는 환관 대신에 사인士人을 임용하고 예전대로 복구하였다. 관리 선발 및 모든 사무를 상

주와 하달하는 일을 관장한다.

⊙ **상서복야**尙書僕射: 상서의 사무를 대리하고, 상서령이 부재하면 업무를 대신하는 부副상서령이다.

⊙ **상서**尙書: 전한 성제成帝 때 처음으로 상서 4명을 두고 4조曹로 나누었다. 상시조常侍曹 상서는 공경들의 사무를 담당하고, 이천석조二千石曹 상서는 군국郡國의 이천석二千石에 관련된 사무를 담당하고, 민조民曹 상서는 모든 관리들이 상서上書하는 사무를 담당한다. 객조客曹 상서는 이민족들에 관련된 사무를 담당한다.

⊙ **상서좌우승**尙書左右丞: 문서의 기한을 기록하는 일을 담당한다.

⊙ **상서좌승**尙書左丞: 관리와 백성들의 장보章報(상주) 및 추백사騶伯史를 담당한다.

⊙ **상서우승**尙書右丞: 관리들에게 인수印綬를 내리며 서임하는 일 및 지필묵 등의 여러 물품, 창고에 저장된 물품 등을 담당한다.

⊙ **상서시랑**尙書侍郞: 문서의 초안 짓는 일을 담당한다.

⊙ **상서영사**尙書令史: 글 쓰는 일을 담당한다.

⊙ **부절령**符節令: 부절대符節臺의 우두머리이며 부절에 관련된 사무를 관장한다. 사자를 파견할 때 그에게 절節을 주는 일을 관장한다.

⊙ **상부새낭중**尙符璽郞中: 새璽(옥새) 및 호부虎符, 죽부竹符의 절반을 관장한다.

⊙ **부절영사**符節令史: 글 쓰는 일을 담당한다.

⊙ **어사중승**御史中丞: 어사대부御史大夫의 승丞으로서 예전에는 궁전 내에서 따로 어사들을 감독하고 불법행위를 은밀히 밝혀내었다. 훗날 어사대부가 사공으로 바뀌자 어사중승은 따로 남아서 어사대御史臺의 우두머리가 되고

뒤에는 또한 소부少府에 속하게 되었다.

⊙ **치서시어사**治書侍御史: 법률에 밝은 자를 뽑아 임명한다.

⊙ **시어사**侍御史: 불법행위를 규찰하며 공경을 비롯한 관리들의 주사奏事를 받아 허물이 있으면 이를 탄핵하는 일을 관장한다.

⊙ **난대영사**蘭臺令史: 주奏 및 문서를 찍거나 만드는 일을 관장한다.

집금오　　**집금오**執金吾: 궁 바깥에서 비상사태를 경계하는 일과 수재와 화재에 관련된 사무를 관장한다. 매달 세 번 궁 바깥을 순찰하며 또한 병기를 관장한다.

⊙ **무고령**武庫令: 무기고의 병기를 관장한다.

태자태부　　**태자태부**太子太傅: 태자를 보좌하며 인도하는 일을 관장한다. 관속들을 거느리지는 않는다.

대장추　　**대장추**大長秋: 환관이 임용되고, 중궁(황후)의 명을 받들어 선포하는 일을 관장한다. 종친들에게 하사하는 일과 황후를 알현하려는 종친을 연결해주는 일을 맡고 황후가 출행하면 뒤따른다. 중궁의 일은 모두 환관이 맡는다.

⊙ **중궁복**中宮僕: 환관이 맡는다. 말 모는 일을 담당한다.

⊙ **중궁상서**中宮尙書: 환관이 맡는다. 중궁의 문서文書를 담당한다.

⊙ **중궁사부령**中宮私府令: 환관이 맡는다. 중궁 소유의 폐백 등 여러 물품을 담당하며 옷과 이불을 만들거나 수선하고 세탁하는 일을 모두 담당한다.

⊙ **중궁영항령**中宮永巷令: 환관이 맡는다. 궁인들을 관장한다.

⊙ **중궁황문용종복야**中宮黃門冗從僕射: 환관이 맡는다. 중황문용종中黃門冗從

을 관장한다.

⊙ 이밖에 **중궁서령**中宮署令, **여기**女騎, **복도승**復道丞, **중궁약장**中宮藥長 등이 있다.

태자소부 **태자소부**太子少傅: 태자태부처럼 태자를 보좌하고 인도하는 일을 직무로 삼고 태자의 관속들을 모두 관장한다.

⊙ **태자솔경령**太子率更令: 태자서자太子庶子와 태자사인太子舍人이 교대로 당직을 서는 일을 담당한다.

⊙ **태자가령**太子家令: 창고의 곡식과 음식을 담당한다.

⊙ **태자창령**太子倉令: 창고의 곡식을 담당한다.

⊙ **태자식관령**太子食官令: 음식을 담당한다.

⊙ **태자복**太子僕: 수레와 말을 담당한다.

⊙ **태자구장**太子廄長: 거마를 담당한다.

⊙ **태자문대부**太子門大夫: 직무가 낭장과 비슷하다.

⊙ **태자중서자**太子中庶子: 직무가 시중과 같다.

⊙ **태자세마**太子洗馬: 태자가 출행하면 의식을 인도한다.

⊙ **태자중윤**太子中盾: 궁 주변을 지키고 돌면서 순찰하는 일을 한다.

⊙ **태자위솔**太子衛率: 문의 위사衛士(위병)를 관장한다.

장작대장 **장작대장**將作大匠: 전한 초에는 진秦나라를 이어받아 장작소부將作少府라 하였는데 전한 경제景帝가 장작대장으로 고쳤다. 종묘宗廟, 노침路寢(임금의 정청正廳), 궁실, 능원陵園(임금의 능묘陵墓)을 짓는 토목 사업 및 오동나무, 가래나무 같은 나무를 길가에 심는 일을 관장한다.

성문교위 　　성문교위城門校尉: 낙양의 성문 12곳을 관장한다. 정남쪽의 평성문平城門과 북궁문北宮門은 위위衛尉의 소관이다.

북군중후 　　북군중후北軍中候: 숙위병을 관장하는 둔기교위屯騎校尉, 월기교위越騎校尉, 보병교위步兵校尉, 장수교위長水校尉, 사성교위射聲校尉 등 오영五營을 감독하는 일을 한다.

사례교위 　　사례교위司隸校尉: 전한 무제武帝가 처음 설치하였으며, 부절을 지닌채 백관百官 이하 및 수도와 가까운 군郡의 범법자를 규찰하는 일을 관장하였다.

진한시대의 삼공구경三公九卿

	관직명	진대의 명칭	한대의 명칭	직무
삼공	승상	승상	승상/상국相國/대사도/사도	모든 정사를 총괄
	태위	태위	태위/대사마/사마	병부
	어사대부	어사대부	어사대부/대사공/사공	감찰, 부승상
구경	태상	봉상	봉상奉常/태상	종묘 의례
	광록훈	낭중령	낭중령郎中令/광록훈	궁정 경호
	위위	위위	위위	궁문 수비
	태복	태복	태복	궁정 거마
	정위	정위	정위/대리大理	사법, 감옥
	대홍려	전객	전객典客/대행령大行令/대홍려	제후와 이민족 사무
	종정	종정	종정	황족 사무
	대사농	치속내사	치속내사治粟內史/대사농	전국의 돈과 세금
	소부	소부	소부	산과 강의 세금
	집금오	중위	중위中尉/집금오	수도 치안
	장작대장	장작소부	장작대장	궁정의 토목건축

후한시대의 13주

주州의 이름(장관)	군국郡國의 수	소속 군국郡國
사례司隸(교위校尉)	7군	하남윤河南尹, 하내군河內郡, 하동군河東郡, 홍농군弘農郡, 경조윤京兆尹, 좌풍익左馮翊, 우부풍右扶風
예주豫州(자사)	2군 4국	영천군潁川郡, 여남군汝南郡, 양국梁國, 패국沛國, 진국陳國, 노국魯國
기주冀州(자사)	3군 6국	위군魏郡, 거록군鉅鹿郡, 상산국常山國, 중산국中山國, 안평국安平國, 하간국河間國, 청하국淸河國, 조국趙國, 발해군勃海郡
연주兗州(자사)	5군 3국	진류군陳留郡, 동군東郡, 동평국東平國, 임성국任城國, 태산군泰山郡, 제북국濟北國, 산양군山陽郡, 제음군濟陰郡
서주徐州(자사)	2군 3국	동해군東海郡, 낭야국琅邪國, 팽성국彭城國, 광릉군廣陵郡, 하비국下邳國
청주靑州(자사)	2군 4국	제남국濟南國, 평원군平原郡, 낙안국樂安國, 북해국北海國, 동래군東萊郡, 제국齊國
형주荊州(자사)	7군	남양군南陽郡, 남군南郡, 강하군江夏郡, 영릉군零陵郡, 계양군桂陽郡, 무릉군武陵郡, 장사군長沙郡

양주揚州(자사)	6군	구강군九江郡, 단양군丹陽郡, 여강군廬江郡, 회계군會稽郡, 오군吳郡, 예장군豫章郡
익주益州(자사)	9군 3국	한중군漢中郡, 파군巴郡, 광한군廣漢郡, 탁군蜀郡, 건위군犍爲郡, 장가군牂牁郡, 월군越郡, 익주군益州郡, 영창군永昌郡, 광한속국廣漢屬國, 촉군속국蜀郡屬國, 건위속국犍爲屬國
양주涼州(자사)	10군 2국	농서군隴西郡, 한양군漢陽郡, 무도군武都郡, 금성군金城郡, 안정군安定郡, 북지군北地郡, 무위군武威郡, 장액군張掖郡, 주천군酒泉郡, 돈황군敦煌郡, 장액속국張掖屬國, 장액거연속국張掖居延屬國
병주幷州(자사)	9군	상당군上黨郡, 태원군太原郡, 상군上郡, 서하군西河郡, 오원군五原郡, 운중군雲中郡, 정양군定襄郡, 안문군鴈門郡, 삭방군朔方郡
유주幽州(자사)	10군 1국	탁군涿郡, 광양군廣陽郡, 대군代郡, 상곡군上谷郡, 어양군漁陽郡, 우북평군右北平郡, 요서군遼西郡, 요동군遼東郡, 현도군玄菟郡, 낙랑군樂浪郡, 요동속국遼東屬國
교주交州(자사)	7군	남해군南海郡, 창오군蒼梧郡, 울림군鬱林郡, 합포군合浦郡, 교지군交趾郡, 구진군九眞郡, 일남군日南郡

[부록4] 이십팔장의 『후한서』열전 원문*

1. 「등우열전鄧禹列傳」

鄧禹字仲華, 南陽新野人也. 年十三, 能誦詩, 受業長安. 時光武亦游學京師, 禹年雖幼, 而見光武知非常人, 遂相親附. 數年歸家. 及漢兵起, 更始立, 豪桀多薦擧禹, 禹不肯從. 及聞光武安集河北, 卽杖策北渡, 追及於鄴. 光武見之甚歡, 謂曰: "我得專封拜, 生遠來, 寧欲仕乎?" 禹曰: "不願也." 光武曰: "卽如是, 何欲爲?" 禹曰: "但願明公威德加於四海, 禹得效其尺寸, 垂功名於竹帛耳." 光武笑, 因留宿閒語. 禹進說曰: "更始雖都關西, 今山東未安, 赤眉、靑犢之屬, 動以萬數, 三輔假號, 往往群聚. 更始旣未有所挫, 而不自聽斷, 諸將皆庸人屈起, 志在財幣, 爭用威力, 朝夕自快而已, 非有忠良明智, 深慮遠圖, 欲尊主安民者也. 四方分崩離析, 形埶可見. 明公雖建藩輔之功, 猶恐無所成立. 於今之計, 莫如延攬英雄, 務悅民心, 立高祖之業, 救萬民之命. 以公而慮天下, 不足定也." 光武大悅, 因令左右號禹曰鄧將軍. 常宿止於中, 與定計議.

及王郎起兵, 光武自薊至信都, 使禹發奔命, 得數千人, 令自將之, 別攻拔樂陽. 從至廣阿, 光武舍城樓上, 披輿地圖, 指示禹曰: "天下郡國如是, 今始乃得其一. 子前言以吾慮天下不足定, 何也?" 禹曰: "方今海內殽亂, 人思明君, 猶赤子之慕慈母. 古之興者, 在德薄厚, 不以大小." 光武悅. 時任使諸將, 多訪於禹, 禹每有所擧者, 皆當其才, 光武以爲知人. 使別將騎, 與蓋延等擊銅馬於淸陽. 延等先至, 戰不利, 還保城, 爲賊所圍. 禹遂進與戰, 破之, 生獲其大將. 從光武

* 北京 中華書局點校本에 의함.

追賊至(滿)[蒲]陽, 連大克獲, 北州略定.

及赤眉西入關, 更始使定國上公王匡、襄邑王成丹、抗威將軍劉均及諸將, 分據河東、弘農以拒之. 赤眉衆大集, 王匡等莫能當. 光武籌赤眉必破長安, 欲乘釁并關中, 而方自事山東, 未知所寄, 以禹沈深有大度, 故授以西討之略. 乃拜爲前將軍持節, 中分麾下精兵二萬人, 遣西入關, 令自選偏裨以下可與俱者. 於是以韓歆爲軍師, 李文、李春、程慮爲祭酒, 馮愔爲積弩將軍, 樊崇爲驍騎將軍, 宗歆爲車騎將軍, 鄧尋爲建威將軍, 耿訢爲赤眉將軍, 左于爲軍師將軍, 引而西.

建武元年正月, 禹自箕關將入河東, 河東都尉守關不開, 禹攻十日, 破之, 獲輜重千餘乘. 進圍安邑, 數月未能下. 更始大將軍樊參將數萬人, 度大陽欲攻禹, 禹遣諸將逆擊於解南, 大破之, 斬參首. 於是王匡、成丹、劉均等合軍十餘萬, 復共擊禹, 禹軍不利, 樊崇戰死. 會日暮, 戰罷, 軍師韓歆及諸將見兵執已摧, 皆勸禹夜去, 禹不聽. 明日癸亥, 匡等以六甲窮日不出, 禹因得更理兵勒衆. 明旦, 匡悉軍出攻禹, 禹令軍中無得妄動; 既至營下, 因傳發諸將鼓而並進, 大破之. 匡等皆棄軍亡走, 禹率輕騎急追, 獲劉均及河東太守楊寶、持節中郎將弨彊, 皆斬之, 收得節六, 印綬五百, 兵器不可勝數, 遂定河東. 承制拜李文爲河東太守, 悉更置屬縣令長以鎮撫之. 是月, 光武卽位於鄗, 使使者持節拜禹爲大司徒. 策曰: "制詔前將軍禹: 深執忠孝, 與朕謀謨帷幄, 決勝千里. 孔子曰: '自吾有回, 門人日親.' 斬將破軍, 平定山西, 功效尤著. 百姓不親, 五品不訓, 汝作司徒, 敬敷五教, 五教在寬. 今遣奉車都尉授印綬, 封爲酇侯, 食邑萬戶. 敬之哉!" 禹時年二十四.

遂渡汾陰河, 入夏陽. 更始中郎將左輔都尉公乘歙, 引其衆十萬, 與左馮翊兵共拒禹於衙, 禹復破走之, 而赤眉遂入長安. 是時三輔連覆敗, 赤眉所過殘賊, 百姓不知所歸. 聞禹乘勝獨剋而師行有紀, 皆望風相攜負以迎軍, 降者日以千數, 衆號百萬. 禹所止輒停車住節, 以勞來之, 父老童稚, 垂髮戴白, 滿其車下, 莫不感悅, 於是名震關西. 帝嘉之, 數賜書褒美.

諸將豪傑皆勸禹徑攻長安. 禹曰: "不然. 今吾衆雖多, 能戰者少, 前無可仰之積, 後無轉饋之資. 赤眉新拔長安, 財富充實, 鋒銳未可當也. 夫盜賊群居, 無終日之計, 財穀雖多, 變故萬端, 寧能堅守者也? 上郡、北地、安定三郡, 土廣人稀, 饒穀多畜, 吾且休兵北道, 就糧養士, 以觀其弊, 乃可圖也." 於是引軍北至栒邑. 禹所到, 擊破赤眉別將諸營保, 郡邑皆開門歸附. 西河太守宗育遣子奉檄降, 禹遣詣京師.

帝以關中未定, 而禹久不進兵, 下敕曰: "司徒, 堯也; 亡賊, 桀也. 長安吏人, 遑遑無所依歸. 宜以時進討, 鎮慰西京, 繫百姓之心." 禹猶執前意, 乃分遣將軍別攻上郡諸縣, 更徵兵引穀, 歸至大要. 遣馮愔、宗歆守栒邑. 二人爭權相攻, 愔遂殺歆, 因反擊禹, 禹遣使以聞(帝). 帝問使人: "愔所親愛爲誰", 對曰: "護軍黃防." 帝度愔、防不能久和, 執必相忤, 因報禹曰: "縛馮愔者, 必黃防也." 乃遣尚書宗廣持節降之. 後月餘, 防果執愔, 將其衆歸罪. 更始諸將王匡、胡殷(成丹) 等皆詣廣降, 與共東歸. 至安邑, 道欲亡, 廣悉斬之. 愔至洛陽, 赦不誅.

二年春, 遣使者更封禹爲梁侯, 食四縣. 時赤眉西走扶風, 禹乃南至長安, 軍昆明池, 大饗士卒. 率諸將齋戒, 擇吉日, 修禮謁祠高廟, 收十一帝神主, 遣使奉詣洛陽, 因循行園陵, 爲置吏士奉守焉.

禹引兵與延岑戰於藍田, 不克, 復就穀雲陽. 漢中王劉嘉詣禹降. 嘉相李寶倨慢無禮, 禹斬之. 寶弟收寶部曲擊禹, 殺將軍耿訢. 自馮愔反後, 禹威稍損, 又乏食, 歸附者離散. 而赤眉復還入長安, 禹與戰, 敗走, 至高陵, 軍士飢餓(者), 皆食棗菜. 帝乃徵禹還, 敕曰: "赤眉無穀, 自當來東, 吾折捶笞之, 非諸將憂也. 無得復妄進兵." 禹慚於受任而功不遂, 數以飢卒徼戰, 輒不利. 三年春, 與車騎將軍鄧弘擊赤眉, 遂爲所敗, 衆皆死散. 事在馮異傳. 獨與二十四騎還詣宜陽, 謝上大司徒、梁侯印綬. 有詔歸侯印綬. 數月, 拜右將軍.

延岑自敗於東陽, 遂與秦豐合. 四年春, 復寇順陽閒. 遣禹護復漢將軍鄧曄、輔漢將軍于匡, 擊破岑於鄧; 追至武當, 復破之. 岑奔漢中, 餘黨悉降.

十三年, 天下平定, 諸功臣皆增戶邑, 定封禹爲高密侯, 食高密、昌安、夷安、淳于四縣. 帝以禹功高, 封弟寬爲明親侯. 其後左右將軍官罷, 以特進奉朝請. 禹內文明, 篤行淳備, 事母至孝. 天下既定, 常欲遠名埶. 有子十三人, 各使守一藝. 修整閨門, 敎養子孫, 皆可以爲後世法. 資用國邑, 不修産利. 帝益重之. 中元元年, 復行司徒事. 從東巡狩, 封岱宗.

顯宗即位, 以禹先帝元功, 拜爲太傅, 進見東向, 甚見尊寵. 居歲餘, 寢疾. 帝數自臨問, 以子男二人爲郎. 永平元年, 年五十七薨, 諡曰元侯.

帝分禹封爲三國: 長子震爲高密侯, 襲爲昌安侯, 珍爲夷安侯.

禹少子鴻, 好籌策. 永平中, 以爲小侯. 引入與議邊事, 帝以爲能, 拜將兵長史, 率五營士屯鴈門. 肅宗時, 爲度遼將軍. 永元中, 與大將軍竇憲俱出擊匈奴, 有功, 徵行車騎將軍. 出塞追畔胡逢侯, 坐逗留, 下獄死. (『후한서』 권16)

2. 「마성열전馬成列傳」

馬成字君遷, 南陽棘陽人也. 少爲縣吏. 世祖徇潁川, 以成爲安集掾, 調守郟令. 及世祖討河北, 成卽棄官步負, 追及於(滿)[蒲]陽, 以成爲期門, 從征伐. 世祖卽位, 再遷護軍都尉.

建武四年, 拜揚武將軍, 督誅虜將軍劉隆、振威將軍宋登、射聲校尉王賞, 發會稽、丹陽、九江、六安四郡兵擊李憲, 時帝幸壽春, 設壇場, 祖禮遣之. 進圍憲於舒, 令諸軍各深溝高壘. 憲數挑戰, 成堅壁不出, 守之歲餘, 至六年春, 城中食盡, 乃攻之, 遂屠舒, 斬李憲, 追擊其黨與, 盡平江淮地.

七年夏, 封平舒侯. 八年, 從征破隗囂, 以成爲天水太守, 將軍如故. 冬, 徵還京師. 九年, 代來歙守中郞將, 率武威將軍劉尙等破河池, 遂平武都. 明年, 大司空李通罷, 以成行大司空事, 居府如眞, 數月復拜揚武將軍.

十四年, 屯常山、中山以備北邊, 幷領建義大將軍朱祐營. 又代驃騎大將軍杜茂繕治障塞, 自西河至渭橋, 河上至安邑, 太原至井陘, 中山至鄴, 皆築保壁, 起烽燧, 十里一候. 在事五六年, 帝以成勤勞, 徵還京師. 邊人多上書求請者, 復遣成還屯. 及南單于保塞, 北方無事, 拜爲中山太守, 上將軍印綬, 領屯兵如故. 二十四年, 南擊武谿蠻賊, 無功, 上太守印綬.

二十七年, 定封全椒侯, 就國. 三十二年卒.

子衛嗣. 衛卒, 子香嗣, 徙封棘陵侯. 香卒, 子豐嗣. 豐卒, 子玄嗣. 玄卒, 子邑嗣. 邑卒, 子醜嗣, 桓帝時以罪失國. 延熹二年, 帝復封成玄孫昌爲益陽亭侯. (『후한서』권22)

3. 「오한열전吳漢列傳」

吳漢字子顏, 南陽宛人也. 家貧, 給事縣爲亭長. 王莽末, 以賓客犯法, 乃亡命至漁陽. 資用乏, 以販馬自業, 往來燕、薊閒, 所至皆交結豪傑. 更始立, 使使者韓鴻徇河北. 或謂鴻曰: "吳子顏, 奇士也, 可與計事." 鴻召見漢, 甚悅之, 遂承制拜爲安樂令.

會王郎起, 北州擾惑. 漢素聞光武長者, 獨欲歸心. 乃說太守彭寵曰: "漁陽、上谷突騎, 天下所聞也. 君何不合二郡精銳, 附劉公擊邯鄲, 此一時之功也." 寵以爲然, 而官屬皆欲附王郎, 寵不能奪. 漢乃辭出, 止外亭, 念所以譎衆, 未知所出. 望見道中有一人似儒生者, 漢使人召之, 爲具食, 問以所聞. 生因言劉公所過, 爲郡縣所歸; 邯鄲擧尊號者, 實非劉氏. 漢大喜, 即詐爲光武書, 移檄漁陽, 使生齎以詣寵, 令具以所聞說之, 漢復隨後入. 寵甚然之. 於是遣漢將兵與上谷諸將并軍而南, 所至擊斬王郎將帥. 及光武於廣阿, 拜漢爲偏將軍. 既拔邯鄲, 賜號建策侯.

漢爲人質厚少文, 造次不能以辭自達. 鄧禹及諸將多知之, 數相薦擧, 及得召見, 遂見親信, 常居門下.

光武將發幽州兵, 夜召鄧禹, 問可使行者. 禹曰: "閒數與吳漢言, 其人勇鷙有智謀, 諸將鮮能及者." 即拜漢大將軍, 持節北發十郡突騎. 更始幽州牧苗曾聞之, 陰勒兵, 敕諸郡不肯應調. 漢乃將二十騎先馳至無終. 曾以漢無備, 出迎於路, 漢即搆兵騎, 收曾斬之, 而奪其軍. 北州震駭, 城邑莫不望風弭從. 遂悉發其兵, 引而南, 與光武會清陽. 諸將望見漢還, 士馬甚盛, 皆曰: "是寧肯分兵與人邪?" 及漢至莫府, 上兵簿, 諸將人人多請之. 光武曰: "屬者恐不與人, 今所請又何多也?" 諸將皆慚.

初, 更始遣尙書令謝躬率六將軍攻王郎, 不能下. 會光武至, 共定邯鄲, 而躬裨將虜掠不相承稟, 光武深忌之. 雖俱在邯鄲, 遂分城而處, 然每有以慰安之. 躬勤於職事, 光武常稱曰"謝尙書眞吏也", 故不自疑. 躬旣而率其兵數萬, 還屯於鄴. 時光武南擊靑犢, 謂躬曰: "我追賊於射犬, 必破之. 尤來在山陽者, 執必當驚走. 若以君威力, 擊此散虜, 必成禽也." 躬曰: "善." 及靑犢破, 而尤來果北走隆慮山, 躬乃留大將軍劉慶、魏郡太守陳康守鄴, 自率諸將軍擊之. 窮寇死戰, 其鋒不可當, 躬遂大敗, 死者數千人. 光武因躬在外, 乃使漢與岑彭襲其城. 漢先令辯士說陳康曰: "蓋聞上智不處危以僥倖, 中智能因危以爲功, 下愚安於危以自亡. 危亡之至, 在人所由, 不可不察. 今京師敗亂, 四方雲擾, 公所聞也. 蕭王兵彊士附, 河北歸命, 公所見也. 謝躬內背蕭王, 外失衆心, 公所知也. 公今據孤危之城, 待滅亡之禍, 義無所立, 節無所成. 不若開門內軍, 轉禍爲福, 免下愚之敗, 收中智之功, 此計之至者也." 康然之. 於是康收劉慶及躬妻子, 開門內漢等. 及躬從隆慮歸鄴, 不知康已反之, 乃與數百騎輕入城. 漢伏兵收之, 手擊殺躬, 其衆悉降. 躬字子張, 南陽人. 初, 其妻知光武不平之, 常戒躬曰: "君與劉公積不相能, 而信其虛談, 不爲之備, 終受制矣." 躬不納, 故及於難.

光武北擊群賊, 漢常將突騎五千爲軍鋒, 數先登陷陳. 及河北平, 漢與諸將奉圖書, 上尊號. 光武卽位, 拜爲大司馬, 更封舞陽侯.

建武二年春, 漢率大司空王梁, 建義大將軍朱祐, 大將軍杜茂, 執金吾賈復, 揚化將軍堅鐔, 偏將軍王霸, 騎都尉劉隆、馬武、陰識, 共擊檀鄉賊於鄴東漳水上, 大破之, 降者十餘萬人. 帝使使者璽書定封漢爲廣平侯, 食廣平、斥漳、曲周、廣年, 凡四縣. 復率諸將擊鄴西山賊黎伯卿等, 及河內脩武, 悉破諸屯聚. 車駕親幸撫勞. 復遣漢進兵南陽, 擊宛、涅陽、酈、穰、新野諸城, 皆下之.
引兵南, 與秦豐戰黃郵水上, 破之. 又與偏將軍馮異擊昌城五樓賊張文等, 又
攻銅馬、五幡於新安, 皆破之.

明年春, 率建威大將軍耿弇、虎牙大將軍蓋延, 擊青犢於軹西, 大破降之.
又率驃騎大將軍杜茂、彊弩將軍陳俊等, 圍蘇茂於廣樂. 劉永將周建別招聚
收集得十餘萬人, 救廣樂. 漢將輕騎迎與之戰, 不利, 墮馬傷膝, 還營, 建等遂
連兵入城. 諸將謂漢曰: "大敵在前而公傷臥, 衆心懼矣." 漢乃勃然裹創而起,
椎牛饗士, 令軍中曰: "賊衆雖多, 皆劫掠群盜, '勝不相讓, 敗不相救', 非有仗節
死義者也. 今日封侯之秋, 諸君勉之!" 於是軍士激怒, 人倍其氣. 旦日, 建、茂出
兵圍漢. 漢選四部精兵黃頭吳河等, 及烏桓突騎三千餘人, 齊鼓而進. 建軍大
潰, 反還奔城. 漢長驅追擊, 爭門並入, 大破之, 茂、建突走. 漢留杜茂、陳俊等
守廣樂, 自將兵助蓋延圍劉永於睢陽. 永旣死, 二城皆降.

明年, 又率陳俊及前將軍王梁, 擊破五校賊於臨平, 追至東郡箕山, 大破之.
北擊清河長直及平原五里賊, 皆平之. 時鬲縣五姓共逐守長, 據城而反. 諸將
爭欲攻之, 漢不聽, 曰: "使鬲反者, 皆守長罪也. 敢輕冒進兵者斬." 乃移檄告郡,
使收守長, 而使人謝城中. 五姓大喜, 卽相率歸降. 諸將乃服, 曰: "不戰而下城,
非衆所及也."

冬, 漢率建威大將軍耿弇、漢(中)[忠]將軍王常等, 擊富平、獲索二賊於平
原. 明年春, 賊率五萬餘人夜攻漢營, 軍中驚亂, 漢堅臥不動, 有頃乃定. 卽夜
發精兵出營突擊, 大破其衆. 因追討餘黨, 遂至無鹽, 進擊勃海, 皆平之. 又從
征董憲, 圍朐城. 明年春, 拔朐, 斬憲. 事(以)[已]見劉永傳. 東方悉定, 振旅還
京師.

會隗囂畔, 夏, 復遣漢西屯長安. 八年, 從車駕上隴, 遂圍隗囂於西城. 帝敕漢曰: "諸郡甲卒但坐費糧食, 若有逃亡, 則沮敗衆心, 宜悉罷之." 漢等貪并力攻囂, 遂不能遣, 糧食日少, 吏士疲役, 逃亡者多, 及公孫述救至, 漢遂退敗.

十一年春, 率征南大將軍岑彭等伐公孫述. 及彭破荊門, 長驅入江關, 漢留夷陵, 裝露橈船, 將南陽兵及弛刑募士三萬人泝江而上. 會岑彭爲刺客所殺, 漢并將其軍. 十二年春, 與公孫述將魏黨、公孫永戰於魚涪津, 大破之, 遂圍武陽. 述遣子婿史興將五千人救之. 漢迎擊興, 盡殄其衆, 因入犍爲界. 諸縣皆城守. 漢乃進軍攻廣都, 拔之. 遣輕騎燒成都市橋, 武陽以東諸小城皆降.

帝戒漢曰: "成都十餘萬衆, 不可輕也. 但堅據廣都, 待其來攻, 勿與爭鋒. 若不敢來, 公轉營迫之, 須其力疲, 乃可擊也." 漢乘利, 遂自將步騎二萬餘人進逼成都, 去城十餘里, 阻江北爲營, 作浮橋, 使副將武威將軍劉尙將萬餘人屯於江南, 相去二十餘里. 帝聞大驚, 讓漢曰: "比敕公千條萬端, 何意臨事勃亂! 旣輕敵深入, 又與尙別營, 事有緩急, 不復相及. 賊若出兵綴公, 以大衆攻尙, 尙破, 公卽敗矣. 幸無它者, 急引兵還廣都." 詔書未到, 述果使其將謝豐、袁吉將衆十許萬, 分爲二十餘營, 并出攻漢. 使別將[將]萬餘人劫劉尙, 令不得相救. 漢與大戰一日, 兵敗, 走入壁, 豐因圍之. 漢乃召諸將屬之曰: "吾共諸君踰越險阻, 轉戰千里, 所在斬獲, 遂深入敵地, 至其城下. 而今與劉尙二處受圍, 埶旣不接, 其禍難量. 欲潛師就尙於江南, 并兵禦之. 若能同心一力, 人自爲戰, 大功可立; 如其不然, 敗必無餘. 成敗之機, 在此一舉." 諸將皆曰"諾". 於是饗士秣馬, 閉營三日不出, 乃多樹幡旗, 使煙火不絕, 夜銜枚引兵與劉尙合軍. 豐等不覺, 明日, 乃分兵拒江北, 自將攻江南. 漢悉兵迎戰, 自旦至晡, 遂大破之, 斬謝豐、袁吉, 獲甲首五千餘級. 於是引還廣都, 留劉尙拒述, 具以狀上, 而深自譴責. 帝報曰: "公還廣都, 甚得其宜, 述必不敢略尚而擊公也. 若先攻尚, 公從廣都五十里悉步騎赴之, 適當值其危困, 破之必矣." 自是漢與述戰於廣都、成都之閒, 八戰八剋, 遂軍于其郭中. 述自將數萬人出城大戰, 漢使護軍高午、唐邯將數萬銳卒擊之. 述兵敗走, 高午奔陳刺述, 殺之. 事已見述傳. 旦日城降, 斬述首傳送洛陽. 明年正月, 漢振旅浮江而下. 至宛, 詔令過家上冢, 賜穀二萬斛.

十五年, 復率揚武將軍馬成、捕虜將軍馬武北擊匈奴, 徙鴈門、代郡、上谷吏人六萬餘口, 置居庸、常[山]關以東.

十八年, 蜀郡守將史歆反於成都, 自稱大司馬, 攻太守張穆, 穆踰城走廣都, 歆遂移檄郡縣, 而宕渠楊偉、朐䏰徐容等, 起兵各數千人以應之. 帝以歆昔爲岑彭護軍, 曉習兵事, 故遣漢率劉尚及太中大夫臧宮將萬餘人討之. 漢入武都, 乃發廣漢、巴、蜀三郡兵圍成都, 百餘日城破, 誅歆等. 漢乃乘桴沿江下巴郡, 楊偉、徐容等惶恐解散, 漢誅其渠帥二百餘人, 徙其黨與數百家於南郡、長沙而還.

漢性彊力, 每從征伐, 帝未安, 恆側足而立. 諸將見戰陳不利, 或多惶懼, 失其常度. 漢意氣自若, 方整厲器械, 激揚士吏. 帝時遣人觀大司馬何爲, 還言方脩戰攻之具, 乃歎曰: "吳公差彊人意, 隱若一敵國矣!" 每當出師, 朝受詔, 夕即引道, 初無辦嚴之日. 故能常任職, 以功名終. 及在朝廷, 斤斤謹質, 形於體貌. 漢嘗出征, 妻子在後買田業. 漢還, 讓之曰: "軍師在外, 吏士不足, 何多買田宅乎!" 遂盡以分與昆弟外家.

二十年, 漢病篤. 車駕親臨, 問所欲言. 對曰: "臣愚無所知識, 唯願陛下慎無赦而已." 及薨, 有詔悼愍, 賜諡曰忠侯. 發北軍五校、輕車、介士送葬, 如大將軍霍光故事.

子哀侯成嗣, 爲奴所殺. 二十八年, 分漢封爲三國: 成子旦爲濯陽侯, 以奉漢嗣; 旦弟盱 爲筑陽侯; 成弟國爲新蔡侯. 旦卒, 無子, 國除. 建初八年, 徙封盱爲平春侯, 以奉漢後. 盱卒, 子勝嗣. 初, 漢兄尉爲將軍, 從征戰死, 封尉子彤爲安陽侯. 帝以漢功大, 復封弟翕爲褒親侯. 吳氏侯者凡五國.

初, 漁陽都尉嚴宣, 與漢俱會光武於廣阿, 光武以爲偏將軍, 封建信侯. (『후한서』권18)

4. 「왕량열전王梁列傳」

王梁字君嚴, 漁陽(安)[要]陽人也. 爲郡吏, 太守彭寵以梁守狐奴令, 與蓋延、吳漢俱將兵南及世祖於廣阿, 拜偏將軍. 旣拔邯鄲, 賜爵關內侯. 從平河北, 拜野王令, 與河內太守寇恂南拒洛陽, 北守天井關, 朱鮪等不敢出兵, 世祖以爲梁功. 及卽位, 議選大司空, 而赤伏符日"王梁主衛作玄武", 帝以野王衛之所徙, 玄武水神之名, 司空水土之官也, 於是擢拜梁爲大司空, 封武强侯.

建武二年, 與大司馬吳漢等俱擊檀鄕, 有詔軍事一屬大司馬, 而梁輒發野王兵, 帝以其不奉詔敕, 令止在所縣, 而梁復以便宜進軍. 帝以梁前後違命, 大怒, 遣尙書宗廣持節軍中斬梁. 廣不忍, 乃檻車送京師. 旣至, 赦之. 月餘, 以爲中郎將, 行執金吾事. 北守箕關, 擊赤眉別校, 降之. 三年春, 轉擊五校, 追至信都、趙國, 破之, 悉平諸屯聚. 冬, 遣使者持節拜梁前將軍. 四年春, 擊肥城、文陽, 拔之. 進與驃騎大將軍杜茂擊佼彊、蘇茂於楚、沛閒, 拔大梁、齧桑, 而捕虜將軍馬武、偏將軍王霸亦分道並進, 歲餘悉平之. 五年, 從救桃城, 破龐萌等,梁戰尤力, 拜山陽太守, 鎭撫新附, 將兵如故.

數月徵入, 代歐陽歙爲河南尹. 梁穿渠引穀水注洛陽城下, 東寫鞏川, 及渠成而水不流. 七年, 有司劾奏之, 梁慚懼, 上書乞骸骨. 乃下詔曰: "梁前將兵征伐, 衆人稱賢, 故擢典京師. 建議開渠, 爲人興利, 旅力旣愆, 迄無成功, 百姓怨讟, 談者讙譁. 雖蒙寬宥, 猶執謙退, '君子成人之美', 其以梁爲濟南太守." 十三年, 增邑, 定封(封)阜成侯. 十四年, 卒官.

子禹嗣. 禹卒, 子堅石嗣. 堅石追坐父禹及弟平與楚王英謀反, 棄市, 國除. (『후한서』 권22)

5. 「가복열전賈復列傳」

賈復字君文, 南陽冠軍人也. 少好學, 習尙書. 事舞陰李生, 李生奇之, 謂門人曰: "賈君之容貌志氣如此, 而勤於學, 將相之器也." 王莽末, 爲縣掾, 迎鹽河東, 會遇盜賊, 等比十餘人皆放散其鹽, 復獨完以還縣, 縣中稱其信. 時下江、新市兵起, 復亦聚衆數百人於羽山, 自號將軍. 更始立, 乃將其衆歸漢中王劉嘉, 以爲校尉. 復見更始政亂, 諸將放縱, 乃說嘉曰: "臣聞圖堯舜之事而不能至者, 湯武是也; 圖湯武之事而不能至者, 桓文是也; 圖桓文[之]事而不能至者, 六國是也; 定六國之規, 欲安守之而不能至者, 亡六國是也. 今漢室中興, 大王以親戚爲藩輔, 天下未定而安守所保, 所保得無不可保乎?" 嘉曰: "卿言大, 非吾任也. 大司馬劉公在河北, 必能相施, 第持我書往." 復遂辭嘉, 受書北度河, 及光武於柏人, 因鄧禹得召見. 光武奇之, 禹亦稱有將帥節, 於是署復破虜將軍督盜賊. 復馬羸, 光武解左驂以賜之. 官屬以復後來而好陵折等輩, 調補鄃尉, 光武曰: "賈督有折衝千里之威, 方任以職, 勿得擅除."

光武至信都, 以復爲偏將軍. 及拔邯鄲, 遷都護將軍. 從擊靑犢於射犬, 大戰至日中, 賊陳堅不卻. 光武傳召復曰: "吏士皆飢, 可且朝飯." 復曰; "先破之, 然後食耳." 於是被羽先登, 所向皆靡, 賊乃敗走. 諸將咸服其勇. 又北與五校戰於眞定, 大破之. 復傷創甚. 光武大驚曰: "我所以不令賈復別將者, 爲其輕敵也. 果然, 失吾名將. 聞其婦有孕, 生女邪, 我子娶之, 生男邪, 我女嫁之, 不令其憂妻子也." 復病尋愈, 追及光武於薊, 相見甚懽, 大饗士卒, 令復居前, 擊鄴賊, 破之.

光武卽位, 拜爲執金吾, 封冠軍侯. 先度河攻朱鮪於洛陽, 與白虎公陳僑戰, 連破降之. 建武二年, 益封穰、朝陽二縣. 更始郾王尹尊及諸大將在南方未降者尙多, 帝召諸將議兵事, 未有言, 沈吟久之, 乃以檄叩地曰: "郾最彊, 宛爲次, 誰當擊之?" 復率然對曰: "臣請擊郾." 帝笑曰: "執金吾擊郾, 吾復何憂! 大司馬當擊宛." 遂遣復與騎都尉陰識、驍騎將軍劉植南度五社津擊郾, 連破之. 月餘, 尹尊降, 盡定其地. 引東擊更始淮陽太守暴汜, 汜降, 屬縣悉定. 其秋, 南擊召陵、新息, 平定之. 明年春, 遷左將軍, 別擊赤眉於新城、澠池閒, 連破之. 與帝會宜陽, 降赤眉.

復從征伐, 未嘗喪敗, 數與諸將潰圍解急, 身被十二創. 帝以復敢深入, 希令遠征, 而壯其勇節, 常自從之, 故復少方面之勳. 諸將每論功自伐, 復未嘗有言. 帝輒曰: "賈君之功, 我自知之."

十三年, 定封膠東侯, 食郁秩、壯武、下密、卽墨、梃(胡)、觀陽, 凡六縣. 復知帝欲偃干戈, 修文德, 不欲功臣擁衆京師, 乃與高密侯鄧禹並剽甲兵, 敦儒學. 帝深然之, 遂罷左右將軍. 復以列侯就第, 加位特進. 復爲人剛毅方直, 多大節. 旣還私第, 闔門養威重. 朱祐等薦復宜爲宰相, 帝方以吏事責三公, 故功臣並不用. 是時列侯唯高密、固始、膠東三侯與公卿參議國家大事, 恩遇甚厚. 三十一年卒, 諡曰剛侯.

子忠嗣. 忠卒, 子敏嗣. 建初元年, 坐誣告母殺人, 國除. 肅宗更封復小子邯爲膠東侯, 邯弟宗爲卽墨侯, 各一縣. 邯卒, 子育嗣. 育卒, 子長嗣.(『후한서』 권17)

6.「진준열전陳俊列傳」

陳俊字子昭, 南陽西鄂人也. 少爲郡吏. 更始立, 以宗室劉嘉爲太常將軍, 俊爲長史. 光武徇河北, 嘉遣書薦俊, 光武以爲安集掾.

從擊銅馬於淸陽, 進至(滿)[蒲]陽, 拜彊弩將軍. 與五校戰於安次, 俊下馬, 手接短兵, 所向必破, 追奔二十餘里, 斬其渠帥而還. 光武望而歎曰: “戰將盡如是, 豈有憂哉!” 五校引退入漁陽, 所過虜掠. 俊言於光武曰: “宜令輕騎出賊前, 使百姓各自堅壁, 以絶其食, 可不戰而殄也.” 光武然之, 遣俊將輕騎馳出賊前. 視人保壁堅完者, 敕令固守; 放散在野者, 因掠取之. 賊至無所得, 遂散敗. 及軍還, 光武謂俊曰: “困此虜者, 將軍策也.” 及卽位, 封俊爲列侯.

建武二年春, 攻匡賊, 下四縣, 更封新處侯. 引擊頓丘, 降三城. 其秋, 大司馬吳漢承制拜俊爲彊弩大將軍, 別擊金門、白馬賊於河內, 皆破之. 四年, 轉徇汝陽及項, 又拔南武陽. 是時太山豪傑多擁衆與張步連兵, 吳漢言於帝曰: “非陳俊莫能定此郡.” 於是拜俊太山太守, 行大將軍事. 張步聞之, 遣其將擊俊, 戰於嬴下, 俊大破之, 追至濟南, 收得印綬九十餘, 稍攻下諸縣, 遂定太山.

五年, 與建威大將軍耿弇共破張步. 事在弇傳.

時琅邪未平, 乃徒俊爲琅邪太守, 領將軍如故. 齊地素聞俊名, 入界, 盜賊皆解散. 俊將兵擊董憲於贛榆, 進破朐賊孫陽, 平之. 八年, 張步畔, 還琅邪, 俊追討, 斬之. 帝美其功, 詔俊得專征靑、徐. 俊撫貧弱, 表有義, 檢制軍吏, 不得與郡縣相干, 百姓歌之. 數上書自請, 願奮擊隴、蜀. 詔報曰: "東州新平, 大將軍之功也. 負海猾夏, 盜賊之處, 國家以爲重憂, 且勉鎭撫之."

十三年, 增邑, 定封祝阿侯. 明年, 徵奉朝請. 二十三年卒.

子浮嗣, 徒封蘄春侯. 浮卒, 子專諸嗣. 專諸卒, 子篤嗣. (『후한서』 권18)

7. 「경감열전耿弇列傳」

耿弇字伯昭, 扶風茂陵人也. 其先武帝時, 以吏二千石自鉅鹿徒焉. 父況, 字俠游, 以明經爲郎, 與王莽從弟伋共學老子於安丘先生, 後爲朔調連率. 弇少好學, 習父業. 常見郡尉試騎士, 建旗鼓, 肄馳射, 由是好將帥之事,

及王莽敗, 更始立, 諸將略地者, 前後多擅威權, 輒改易守、令. 況自以莽之所置, 懷不自安. 時弇年二十一, 乃辭況奉奏詣更始, 因齎貢獻, 以求自固之宜. 及至宋子, 會王郎詐稱成帝子子輿, 起兵邯鄲, 弇從吏孫倉、衛包於道共謀曰: "劉子輿成帝正統, 捨此不歸, 遠行安之?" 弇按劍曰: "子輿弊賊, 卒爲降虜耳. 我至長安, 與國家陳漁陽、上谷兵馬之用, 還出太原、代郡, 反覆數十日, 歸發突騎以轔烏合之衆, 如摧枯折腐耳. 觀公等不識去就, 族滅不久也." 倉、包不從, 遂亡降王郎.

弇道聞光武在盧奴, 乃馳北上謁, 光武留署門下吏. 弇因說護軍朱祐, 求歸發兵, 以定邯鄲. 光武笑曰: "小兒曹乃有大意哉!" 因數召見加恩慰. 弇因從光

武北至薊. 聞邯鄲兵方到, 光武將欲南歸, 召官屬計議. 弇曰: "今兵從南來, 不可南行. 漁陽太守彭寵, 公之邑人; 上谷太守, 即弇父也. 發此兩郡, 控弦萬騎, 邯鄲不足慮也." 光武官屬腹心皆不肯, 曰: "死尚南首, 奈何北行入囊中?" 光武指弇曰: "是我北道主人也." 會薊中亂, 光武遂南馳, 官屬各分散. 弇走昌平就況, 因說況使寇恂東約彭寵, 各發突騎二千匹, 步兵千人. 弇與景丹、寇恂及漁陽兵合軍而南, 所過擊斬王郎大將、九卿、校尉以下四百餘級, 得印綬百二十五, 節二, 斬首三萬級, 定涿郡、中山、鉅鹿、清河、河閒凡二十二縣, 遂及光武於廣阿. 是時光武方攻王郎, 傳言二郡兵爲邯鄲來, 衆皆恐. 既而悉詣營上謁. 光武見弇等, 說, 曰: "當與漁陽、上谷士大夫共此大功." 乃皆以爲偏將軍, 使還領其兵. 加況大將軍、興義侯, 得自置偏裨. 弇等遂從拔邯鄲.

時更始徵代郡太守趙永, 而況勸永不應召, 令詣于光武. 光武遣永復郡. 永北還, 而代令張曄據城反畔, 乃招迎匈奴, 烏桓以爲援助. 光武以弇弟舒爲復胡將軍, 使擊曄, 破之. 永乃得復郡. 時五校賊二十餘萬北寇上谷, 況與舒連擊破之, 賊皆退走.

更始見光武威聲日盛, 君臣疑慮, 乃遣使立光武爲蕭王, 令罷兵與諸將有功者還長安; 遣苗曾爲幽州牧, 韋順爲上谷太守, 蔡充爲漁陽太守, 並北之部. 時光武居邯鄲宮, 晝臥溫明殿. 弇入造床下請閒, 因說曰: "今更始失政, 君臣淫亂, 諸將擅命於畿內, 貴戚縱橫於都內. 天子之命, 不出城門, 所在牧守, 輒自遷易, 百姓不知所從, 士人莫敢自安. 虜掠財物, 劫掠婦女, 懷金玉者, 至不生歸. 元元叩心, 更思莽朝. 又銅馬、赤眉之屬數十輩, 輩數十百萬, 聖公不能辦也. 其敗不久. 公首事南陽, 破百萬之軍; 今定河北, (北)據天府之地. 以義征伐, 發號響應, 天下可傳檄而定. 天下至重, 不可令它姓得之. 聞使者從西方來, 欲

罷兵, 不可從也. 今吏士死亡者多, 弇願歸幽州, 益發精兵, 以集(其)大計." 光
武大說, 乃拜弇爲大將軍, 與吳漢北發幽州十郡兵. 弇到上谷, 收韋順、蔡充
斬之; 漢亦誅苗曾. 於是悉發幽州兵, 引而南, 從光武擊破銅馬、高湖、赤眉、
青犢, 又追尤來、大槍、五幡於元氏, 弇常將精騎爲軍鋒, 輒破走之. 光武乘勝
戰(愼)[順]水上, 虜危急, 殊死戰. 時軍士疲弊, 遂大敗奔還, 壁范陽, 數日乃振,
賊亦退去, 從追至容城、小廣陽、安次, 連戰破之. 光武還薊, 復遣弇與吳漢、
景丹、蓋延、朱祐、邳彤、耿純、劉植、岑彭、祭遵、堅鐔、王霸、陳俊、馬武
十三將軍, 追賊至潞東, 及平谷, 再戰, 斬首萬三千餘級, 遂窮追於右北平無
終、土垠之閒, 至(浚)[俊]靡而還. 賊散入遼西、遼東, 或爲烏桓、貊人所鈔擊,
略盡.

光武卽位, 拜弇爲建威大將軍. 與驃騎大將軍景丹、彊弩將軍陳俊攻厭新
賊於敖倉, 皆破降之. 建武二年, 更封好畤侯. 食好畤、美陽二縣. 三年, 延岑自
武關出攻南陽, 下數城. 穰人杜弘率其衆以從岑. 弇與岑等戰於穰, 大破之, 斬
首三千餘級, 生獲其將士五千餘人, 得印綬三百. 杜弘降, 岑與數騎遁走東陽.
弇從幸春陵, 因見自請北收上谷兵未發者, 定彭寵於漁陽, 取張豐於涿郡, 還
收富平、獲索, 東攻張步, 以平齊地. 帝壯其意, 乃許之. 四年, 詔弇進攻漁陽,
弇以父據上谷, 本與彭寵同功, 又兄弟無在京師者, 自疑, 不敢獨進, 上書求詣
洛陽. 詔報曰: "將軍出身擧宗爲國, 所向陷敵, 功效尤著, 何嫌何疑, 而欲求徵?
且與王常共屯涿郡, 勉思方略." 況聞弇求徵, 亦不自安, 遣舒弟國入侍. 帝善之,
進封況爲隃麋侯. 乃命弇與建義大將軍朱祐、漢忠將軍王常等擊望都、故安
西山賊十餘營, 皆破之. 時征虜將軍祭遵屯良鄕, 驍騎將軍劉喜屯陽鄕, 以拒
彭寵. 寵遣弟純將匈奴二千餘騎, 寵自引兵數萬, 分爲兩道以擊遵、喜. 胡騎經

軍都, 舒襲破其衆, 斬匈奴兩王, 寵乃退走. 況復與舒攻寵, 取軍都. 五年, 寵死, 天子嘉況功, 使光祿大夫持節迎況, 賜甲第, 奉朝請. 封[舒爲]牟平侯. 遣弇與吳漢擊富平、獲索賊於平原, 大破之, 降者四萬餘人.

因詔弇進討張步. 弇悉收集降卒, 結部曲, 置將吏, 率騎都尉劉歆、太山太守陳俊引兵而東, 從朝陽橋濟河以度. 張步聞之, 乃使其大將軍費邑軍歷下, 又分兵屯祝阿, 別於太山鐘城列營數十以待弇. 弇度河先擊祝阿, 自旦攻城, [日]未中而拔之, 故開圍一角, 令其衆得奔歸鐘城. 鐘城人聞祝阿已潰, 大恐懼, 遂空壁亡去. 費邑分遣弟敢守巨里. 弇進兵先脅巨里, 使多伐樹木, 揚言以塡塞阬塹. 數日, 有降者言邑聞弇欲攻巨里, 謀來救之. 弇乃嚴令軍中趣修攻具, 宣敕諸部, 後三日當悉力攻巨里城. 陰緩生口, 令得亡歸. 歸者以弇期告邑, 邑至日果自將精兵三萬餘人來救之. 弇喜, 謂諸將曰: "吾所以修攻具者, 欲誘致邑耳. 今來, 適其所求也." 卽分三千人守巨里, 自行精兵上岡阪, 乘高合戰, 大破之, 臨陳斬邑. 旣而收首級以示巨里城中, 城中兇懼, 費敢悉衆亡歸張步. 弇復收其積聚, 縱兵擊諸未下者, 平四十餘營, 遂定濟南.

時張步都劇, 使其弟藍將精兵二萬守西安, 諸郡太守合萬餘人守臨淄, 相去四十里. 弇進軍畫中, 居二城之閒. 弇視西安城小而堅, 且藍兵又精, 臨淄名雖大而實易攻, 乃敕諸校會, 後五日攻西安. 藍聞之, 晨夜儆守. 至期夜半, 弇敕諸將皆蓐食, 會明至臨淄城. 護軍荀梁等爭之, 以爲宜速攻西安. 弇曰: "不然. 西安聞吾欲攻之, 日夜爲備; 臨淄出不意而至, 必驚擾, 吾攻之一日必拔. 拔臨淄卽西安孤, 張藍與步隔絕, 必復亡去, 所謂擊一而得二者也. 若先攻西安, 不卒下, 頓兵堅城, 死傷必多. 縱能拔之, 藍引軍還奔臨淄, 幷兵合執, 觀人虛實, 吾深入敵地, 後無轉輸, 旬(月)[日]之閒, 不戰而困. 諸君之言, 未見其宜." 遂攻臨淄, 半日拔之, 入據其城. 張藍聞[之大]懼, 遂將其衆亡歸劇.

弇乃令軍中無得妄掠劇下, 須張步至乃取之, 以激怒步. 步聞大笑曰: "以尤來、大肜十餘萬衆, 吾皆卽其營而破之. 今大耿兵少於彼, 又皆疲勞, 何足懼乎!" 乃與三弟藍、弘、壽及故大肜渠帥重異等兵 號二十萬, 至臨淄大城東, 將攻弇. 弇先出淄水上, 與重異遇, 突騎欲縱, 弇恐挫其鋒, 令步不敢進, 故示弱以盛其氣, 乃引歸小城, 陳兵於內. 步氣盛, 直攻弇營, 與劉歆等合戰, 弇升王宮壞臺望之, 視歆等鋒交, 乃自引精兵以橫突步陳於東城下, 大破之. 飛矢中弇股, 以佩刀截之, 左右無知者. 至暮罷. 弇明旦復勒兵出. 是時帝在魯, 聞弇爲步所攻, 自往救之, 未至. 陳俊謂弇曰: "劇虜兵盛, 可且閉營休士, 以須上來." 弇曰: "乘輿且到, 臣子當擊牛釃酒以待百官, 反欲以賊虜遺君父邪?" 乃出兵大戰, 自旦及昏, 復大破之, 殺傷無數, 城中溝塹皆滿. 弇知步困將退, 豫置左右翼爲伏以待之. 人定時, 步果引去, 伏兵起縱擊, 追至鉅昧水上, 八九十里僵尸相屬, 收得輜重二千餘兩. 步還劇, 兄弟各分兵散去.

後數日, 車駕至臨淄自勞軍, 群臣大會. 帝謂弇曰: "昔韓信破歷下以開基, 今將軍攻祝阿以發跡, 此皆齊之西界, 功足相方. 而韓信襲擊已降, 將軍獨拔勍敵, 其功乃難於信也. 又田橫亨酈生, 及田橫降, 高帝詔衛尉不聽爲仇. 張步前亦殺伏隆, 若步來歸命, 吾當詔大司徒釋其怨, 又事尤相類也. 將軍前在南陽建此大策, 常以爲落落難合, 有志者事竟成也!" 弇因復追步, 步奔平壽, 乃肉袒負斧鑕於軍門. 弇傳步詣行在所, 而勒兵入據其城. 樹十二郡旗鼓, 令步兵各以郡人詣旗下, 衆尙十餘萬, 輜重七千餘兩, 皆罷遣歸鄉里. 弇復引兵至城陽, 降五校餘黨, 齊地悉平. 振旅還京師.

六年, 西拒隗囂, 屯兵於漆. 八年, 從上隴. 明年, 與中郎將來歙分部徇安定、北地諸營保, 皆下之.

弇凡所平郡四十六, 屠城三百, 未(常)[嘗]挫折.

十二年, 況疾病, 乘輿數自臨幸. 復以國弟廣、擧並爲中郎將. 弇兄弟六人皆垂靑紫, 省侍醫藥, 當代以爲榮. 及況卒, 諡烈侯, 少子霸襲況爵.

十三年, 增弇戶邑, 上大將軍印綬, 罷, 以列侯奉朝請. 每有四方異議, 輒召入問籌策. 年五十六, 永平元年卒, 諡曰愍侯.

子忠嗣. 忠以騎都尉擊匈奴於天山, 有功. 忠卒, 子馮嗣. 馮卒, 子良嗣, 一名無禁. 延光中, 尙安帝妹濮陽長公主, 位至侍中. 良卒, 子協嗣.(『후한서』권19)

8. 「두무열전杜茂列傳」

杜茂字諸公, 南陽冠軍人也. 初歸光武於河北, 爲中堅將軍, 常從征伐. 世祖卽位, 拜大將軍, 封樂鄕侯. 北擊五校於眞定, 進降廣平. 建武二年, 更封苦陘侯. 與中郎將王梁擊五校賊於魏郡、淸河、東郡, 悉平諸營保, 降其持節大將三十餘人, 三郡淸靜, 道路流通. 明年, 遣使持節拜茂爲驃騎大將軍, 擊沛郡, 拔芒. 時西防復反, 迎佼彊. 五年春, 茂率捕虜將軍馬武進攻西防, 數月拔之, 彊奔董憲.

東方旣平, 七年, 詔茂引兵北屯田晉陽、廣武, 以備胡寇. 九年, 與鴈門太守郭涼擊盧芳將尹由於繁時, 芳將賈覽率胡騎萬餘救之, 茂戰, 軍敗, 引入樓煩城. 時盧芳據高柳, 與匈奴連兵, 數寇邊民, 帝患之. 十二年, 遣謁者段忠將衆郡弛刑配茂, 鎭守北邊, 因發邊卒築亭候, 修烽火, 又發委輸金帛繒絮供給軍士, 并賜邊民, 冠蓋相望. 茂亦建屯田, 驢車轉運. 先是, 鴈門人賈丹、霍匡、解勝等爲尹由所略, 由以爲將帥, 與共守平城. 丹等聞芳敗, 遂共殺由詣郭涼; 涼上狀, 皆封爲列侯, 詔送委輸金帛賜茂、涼軍吏及平城降民. 自是盧芳城邑稍稍來降, 涼誅其豪右郇氏之屬, 鎭撫羸弱, 旬月閒鴈門且平, 芳遂亡入匈奴. 帝擢涼子爲中郞, 宿衛左右.

涼字公文, 右北平人也. 身長八尺, 氣力壯猛, 雖武將, 然通經書, 多智略, 尤曉邊事, 有名北方. 初, 幽州牧朱浮辟爲兵曹掾, 擊彭寵有功, 封廣武侯.

十三年, 增茂邑, 更封脩侯. 十五年, 坐斷兵馬稟縑, 使軍吏殺人, 免官, 削戶邑, 定封參遽鄕侯. 十九年, 卒.

子元嗣, 永平十四年, 坐與東平王等謀反, 減死一等, 國除. 永初七年, 鄧太后紹封茂孫奉爲安樂亭侯. (『후한서』 권22)

9.「구순열전寇恂列傳」

寇恂字子翼, 上谷昌平人也, 世爲著姓. 恂初爲郡功曹, 太守耿況甚重之.

王莽敗, 更始立, 使使者徇郡國, 曰"先降者復爵位". 恂從耿況迎使者於界上, 況上印綬, 使者納之, 一宿無還意. 恂勒兵入見使者, 就請之. 使者不與, 曰: "天王使者, 功曹欲脅之邪?" 恂曰: "非敢脅使君, 竊傷計之不詳也. 今天下初定, 國信未宣, 使君建節銜命, 以臨四方, 郡國莫不延頸傾耳, 望風歸命. 今始至上谷而先墮大信, 沮向化之心, 生離畔之隙, 將復何以號令它郡乎? 且耿府君在上谷, 久爲吏人所親, 今易之, 得賢則造次未安, 不賢則祇更生亂. 爲使君計, 莫若復之以安百姓." 使者不應, 恂叱左右以使者命召況. 況至, 恂進取印綬帶況. 使者不得已, 乃承制詔之, 況受而歸.

及王郎起, 遣將徇上谷, 急況發兵. 恂與門下掾閔業共說況曰: "邯鄲拔起, 難可信向. 昔王莽時, 所難獨有劉伯升耳. 今聞大司馬劉公, 伯升母弟, 尊賢下士, 士多歸之, 可攀附也." 況曰: "邯鄲方盛, 力不能獨拒, 如何?" 恂對曰: "今上谷完實, 控弦萬騎, 舉大郡之資, 可以詳擇去就. 恂請東約漁陽, 齊心合衆, 邯鄲不足圖也." 況然之, 乃遣恂到漁陽, 結謀彭寵. 恂還, 至昌平, 襲擊邯鄲使者, 殺之, 奪其軍, 遂與況子弇等俱南及光武於廣阿. 拜恂爲偏將軍, 號承義侯, 從破群賊. 數與鄧禹謀議, 禹奇之, 因奉牛酒共交歡.

光武南定河內, 而更始大司馬朱鮪等盛兵據洛陽. 又并州未安, 光武難其守, 問於鄧禹曰: "諸將誰可使守河內者?" 禹曰: "昔高祖任蕭何於關中, 無復西顧之憂, 所以得專精山東, 終成大業. 今河內帶河爲固, 戶口殷實, 北通上黨, 南迫洛陽. 寇恂文武備足, 有牧人御衆之才, 非此子莫可使也." 乃拜恂河內太守, 行大將軍事. 光武謂恂曰: "河內完富, 吾將因是而起. 昔高祖留蕭何鎮關中, 吾今委公以河內, 堅守轉運, 給足軍糧, 率厲士馬, 防遏它兵, 勿令北度而已." 光武於是復北征燕、代. 恂移書屬縣, 講兵肄射, 伐淇園之竹, 爲矢百餘萬, 養馬二千匹, 收租四百萬斛, 轉以給軍.

朱鮪聞光武北而河內孤, 使討難將軍蘇茂、副將賈彊將兵三萬餘人, 度鞏河攻溫. 檄書至, 恂卽勒軍馳出, 並移告屬縣, 發兵會於溫下. 軍吏皆諫曰: "今洛陽兵度河, 前後不絕, 宜待衆軍畢集, 乃可出也." 恂曰: "溫, 郡之藩蔽, 失溫則郡不可守." 遂馳赴之. 旦日合戰, 而偏將軍馮異遣救及諸縣兵適至, 士馬四集, 幡旗蔽野. 恂乃令士卒乘城鼓噪, 大呼言曰: "劉公兵到!" 蘇茂軍聞之, 陳動, 恂因奔擊, 大破之, 追至洛陽, 遂斬賈彊. 茂兵自投河死者數千, 生獲萬餘人. 恂與馮異過河而還. 自是洛陽震恐, 城門晝閉. 時光武傳聞朱鮪破河內, 有頃恂檄至, 大喜曰: "吾知寇子翼可任也!" 諸將軍賀, 因上尊號, 於是卽位.

時軍食急乏, 恂以輦車驪駕轉輪, 前後不絕, 尚書升斗以稟百官. 帝數策書勞問恂, 同門生茂陵董崇說恂曰: "上新卽位, 四方未定, 而君侯以此時據大郡, 內得人心, 外破蘇茂, 威震鄰敵, 功名發聞, 此讒人側目怨禍之時也. 昔蕭何守關中, 悟鮑生之言而高祖悅. 今君所將, 皆宗族昆弟也, 無乃當以前人爲鏡戒." 恂然其言, 稱疾不視事. 帝將攻洛陽, 先至河內, 恂求從軍. 帝曰: "河內未可離也." 數固請, 不聽, 乃遣兄子寇張、姊子谷崇將突騎願爲軍鋒. 帝善之, 皆以爲偏將軍.

建武二年, 恂坐繫考上書者免. 是時潁川人嚴終、趙敦聚衆萬餘, 與密人賈期連兵爲寇. 恂免數月, 復拜潁川太守, 與破姦將軍侯進俱擊之. 數月, 斬期首, 郡中悉平定. 封恂雍奴侯, 邑萬戶.

執金吾賈復在汝南, 部將殺人於潁川, 恂捕得繫獄. 時尚草創, 軍營犯法, 率多相容, 恂乃戮之於市. 復以爲恥, 歎. 還過潁川, 謂左右曰: "吾與寇恂並列將帥, 而今爲其所陷, 大丈夫豈有懷侵怨而不決之者乎? 今見恂, 必手劍之!" 恂知其謀, 不欲與相見. 谷崇曰: "崇, 將也, 得帶劍侍側. 卒有變, 足以相當." 恂曰: "不然. 昔藺相如不畏秦王而屈於廉頗者, 爲國也. 區區之趙, 尚有此義, 吾安可以忘之乎?" 乃敕屬縣盛供具, 儲酒醪, 執金吾軍入界, 一人皆兼二人之饌. 恂乃出迎於道, 稱疾而還. 賈復勒兵欲追之, 而吏士皆醉, 遂過去. 恂遣谷崇以狀聞, 帝乃徵恂. 恂至引見, 時復先在坐, 欲起相避. 帝曰: "天下未定, 兩虎安得私鬥? 今日朕分之." 於是並坐極歡, 遂共車同出, 結友而去.

恂歸潁川. 三年, 遣使者卽拜爲汝南太守, 又使驃騎將軍杜茂將兵助恂討盜賊. 盜賊清靜, 郡中無事. 恂素好學, 乃修鄉校, 敎生徒, 聘能爲左氏春秋者, 親受學焉. 七年, 代朱浮爲執金吾. 明年, 從車駕擊隗囂, 而潁川盜賊群起, 帝乃引軍還, 謂恂曰: "潁川迫近京師, 當以時定. 惟念獨卿能平之耳, 從九卿復出, 以憂國可(知)也." 恂對曰: "潁川剽輕, 聞陛下遠踰阻險, 有事隴、蜀, 故狂狡乘閒相註誤耳. 如聞乘輿南向, 賊必惶怖歸死, 臣願執銳前驅." 卽日車駕南征, 恂從至潁川, 盜賊悉降, 而竟不拜郡. 百姓遮道曰: "願從陛下復借寇君一年." 乃留恂長社, 鎭撫吏人, 受納餘降.

初, 隗囂將安定高峻, 擁兵萬人, 據高平第一, 帝使待詔馬援招降峻, 由是河西道開. 中郎將來歙承制拜峻通路將軍, 封關內侯, 後屬大司馬吳漢, 共圍囂於冀. 及漢軍退, 峻亡歸故營, 復助囂拒隴阺. 及囂死, 峻據高平, 畏誅堅守. 建威大將軍耿弇奉太中大夫竇士、武威太守梁統等圍之, 一歲不拔. 十年, 帝入關, 將自征之, 恂時從駕, 諫曰: "長安道里居中, 應接近便, 安定、隴西必懷震懼, 此從容一處可以制四方也. 今士馬疲倦, 方履險阻, 非萬乘之固, 前年潁川, 可爲至戒." 帝不從. 進軍及汧, 峻猶不下, 帝議遣使降之, 乃謂恂曰: "卿前止吾此舉, 今爲吾行也. 若峻不卽降, 引耿弇等五營擊之." 恂奉璽書至第一, 峻遣軍師皇甫文出謁, 辭禮不屈. 恂怒, 將誅文. 諸將諫曰: "高峻精兵萬人, 率多彊弩, 西遮隴道, 連年不下. 今欲降之而反戮其使, 無乃不可乎?" 恂不應, 遂斬之. 遣其副歸告峻曰: "軍師無禮, 已戮之矣. 欲降, 急降; 不欲, 固守." 峻惶恐, 卽日開城門降. 諸將皆賀, 因曰: "敢問殺其使而降其城, 何也?" 恂曰: "皇甫文, 峻之腹心, 其所取計者也. 今來, 辭意不屈, 必無降心. 全之則文得其計, 殺之則峻亡其膽, 是以降耳." 諸將皆曰: "非所及也." 遂傳峻還洛陽.

恂經明行修, 名重朝廷, 所得秩奉, 厚施朋友、故人及從吏士. 常曰: "吾因士大夫以致此, 其可獨享之乎!" 時人歸其長者, 以爲有宰相器. 十二年卒, 諡曰威侯. 子損嗣. 恂同産弟及兄子、姊子以軍功封列侯者凡八人, 終其身, 不傳於後.

初所與謀閔業者, 恂數爲帝言其忠, 賜爵關內侯, 官至遼西太守.

十三年, 復封損庶兄壽爲洨侯. 後徙封損扶柳侯. 損卒, 子釐嗣, 徙封商鄕侯. 釐卒, 子襲嗣. (『후한서』권16)

10. 「부준열전傅俊列傳」

傅俊字子衛, 潁川襄城人也. 世祖徇襄城, 俊以縣亭長迎軍, 拜爲校尉, 襄城收其母弟宗族, 皆滅之. 從破王尋等, 以爲偏將軍. 別擊京、密, 破之, 遣歸潁川, 收葬家屬.

及世祖討河北, 俊與賓客十餘人北追, 及於邯鄲, 上謁, 世祖使將潁川兵, 常從征伐. 世祖卽位, 以俊爲侍中. 建武二年, 封昆陽侯. 三年, 拜俊積弩將軍, 與征南大將軍岑彭擊破秦豐, 因將兵徇江東, 揚州悉定. 七年, 卒, 諡曰威侯.

子昌嗣, 徙封蕪湖侯. 建初中, 遭母憂, 因上書, 以國貧不願之封, 乞錢五十萬, 爲關內侯. 肅宗怒, 貶爲關內侯, 竟不賜錢. 永初七年, 鄧太后復封昌子鐵爲高置亭侯. (『후한서』권22)

11. 「잠팽열전岑彭列傳」

岑彭字君然, 南陽棘陽人也. 王莽時, 守本縣長. 漢兵起, 攻拔棘陽, 彭將家屬奔前隊大夫甄阜. 阜怒彭不能固守, 拘彭母妻, 令效功自補. 彭將賓客戰鬥甚力. 及甄阜死, 彭被創, 亡歸宛, 與前隊貳嚴說共城守. 漢兵攻之數月, 城中糧盡, 人相食, 彭乃與說舉城降.

計嚴尤爲大司馬, 又非貳師, 與此不同. 諸將欲誅之, 大司徒伯升曰: "彭, 郡之大吏, 執心堅守, 是其節也. 今擧大事, 當表義士, 不如封之, 以勸其後." 更始乃封彭爲歸德侯, 令屬伯升. 及伯升遇害, 彭復爲大司馬朱鮪校尉, 從鮪擊王莽楊州牧李聖, 殺之, 定淮陽城. 鮪薦彭爲淮陽都尉. 更始遣立威王張卬與將軍徭偉鎮淮陽. 偉反, 擊走卬. 彭引兵攻偉, 破之. 遷潁川太守.

會春陵劉茂起兵, 略下潁川, 彭不得之官, 乃與麾下數百人從河內太守邑人韓歆. 會光武徇河內, 歆議欲城守, 彭止不聽. 旣而光武至懷, 歆迫急迎降. 光武知其謀, 大怒, 收歆置鼓下, 將斬之. 召見彭, 彭因進說曰: "今赤眉入關, 更始危殆, 權臣放縱, 矯稱詔制, 道路阻塞, 四方蜂起, 群雄競逐, 百姓無所歸命. 竊聞大王平河北, 開王業, 此誠皇天祐漢, 士人之福也. 彭幸蒙司徒公所見全濟, 未有報德, 旋被禍難, 永恨於心. 今復遭遇, 願出身自效." 光武深接納之. 彭因言韓歆南陽大人, 可以爲用. 乃貰歆, 以爲鄧禹軍師.

更始大將軍呂植將兵屯淇園, 彭說降之, 於是拜彭爲刺姦大將軍, 使督察衆營, 授以常所持節, 從平河北. 光武卽位, 拜彭廷尉, 歸德侯如故, 行大將軍事. 與大司馬吳漢, 大司空王梁, 建義大將軍朱祐, 右將軍萬脩, 執金吾賈復, 驍騎將軍劉植, 揚化將軍堅鐔, 積射將軍侯進, 偏將軍馮異、祭遵、王霸等, 圍洛陽數月. 朱鮪等堅守不肯下. 帝以彭嘗爲鮪校尉, 令往說之. 鮪在城上, 彭在城下, 相勞苦歡語如平生. 彭因曰: "彭往者得執鞭侍從, 蒙薦擧拔擢, 常思有以報恩. 今赤眉已得長安, 更始爲三王所反, 皇帝受命, 平定燕、趙, 盡有幽、冀之地, 百姓歸心, 賢俊雲集, 親率大兵, 來攻洛陽. 天下之事, 逝其去矣. 公雖嬰城固守, 將何待乎?" 鮪曰: "大司徒被害時, 鮪與其謀, 又諫更始無遣蕭王北伐, 誠自知罪深." 彭還, 具言於帝. 帝曰: "夫建大事者, 不忌小怨. 鮪今若降, 官爵可保, 況誅罰乎? 河水在此, 吾不食言." 彭復往告鮪, 鮪從城上下索曰: "必信, 可乘此上." 彭趣索欲上. 鮪見其誠, 卽許降. 後五日, 鮪將輕騎詣彭. 顧敕諸部將曰: "堅守待我. 我若不還, 諸君徑將大兵上輾轅, 歸郾王." 乃面縛, 與彭俱詣河陽. 帝卽解其縛, 召見之, 復令彭夜送鮪歸城. 明旦, 悉其衆出降, 拜鮪爲平狄將軍, 封扶溝侯. 鮪, 淮陽人, 後爲少府, 傳封累代.

建武二年, 使彭擊荊州, 下犨、葉等十餘城. 是時南方尤亂. 南郡人秦豐據黎丘, 自稱楚黎王, 略(十)有[十]二縣; 董訢起堵鄉; 許邯起杏; 又更始諸將各擁兵據南陽諸城. 帝遣吳漢伐之, 漢軍所過多侵暴. 時破虜將軍鄧奉謁歸新野, 怒吳漢掠其鄉里, 遂(返)[反], 擊破漢軍, 獲其輜重, 屯據淯陽, 與諸賊合從. 秋, 彭破杏, 降許邯, 遷征南大將軍. 復遣朱祐、賈復及建威大將軍耿弇, 漢(中)[忠]將軍王常, 武威將軍郭守, 越騎將軍劉宏, 偏將軍劉嘉、耿植等, 與彭并力討鄧奉. 先擊堵鄉, 而奉將萬餘人救董訢. 訢、奉皆南陽精兵, 彭等攻之, 連月不剋. 三年夏, 帝自將南征, 至葉, 董訢別將數千人遮道, 車騎不可得前. 彭奔擊, 大破之. 帝至堵陽, 鄧奉夜逃歸淯陽, 董訢降. 彭復與耿弇、賈復及積弩將軍傅俊、騎都尉臧宮等從追鄧奉於小長安. 帝率諸將親戰, 大破之. 奉迫急, 乃降. 帝憐奉舊功臣, 且驚起吳漢, 欲全宥之. 彭與耿弇諫曰: "鄧奉背恩反逆, 暴師經年, 致賈復傷痍, 朱祐見獲. 陛下旣至, 不知悔善, 而親在行陳, 兵敗乃降. 若不誅奉, 無以懲惡." 於是斬之. 奉者, 西華侯鄧晨之兄子也.

車駕引還, 令彭率傅俊、臧宮、劉宏等三萬餘人南擊秦豐, 拔黃郵, 豐與其大將蔡宏拒彭等於鄧, 數月不得進. 帝怪以讓彭. 彭懼, 於是夜勒兵馬, 申令軍中, 使明旦西擊山都. 乃緩所獲虜, 令得逃亡, 歸以告豐, 豐卽悉其軍西邀彭. 彭乃潛兵度沔水, 擊其將張楊於阿頭山, 大破之. 從川谷開伐木開道, 直襲黎丘, 擊破諸屯兵. 豐聞大驚, 馳歸救之. 彭與諸將依東山爲營, 豐與蔡宏夜攻彭, 彭豫爲之備, 出兵逆擊之, 豐敗走, 追斬蔡宏. 更封彭爲舞陰侯.

秦豐相趙京舉宜城降, 拜爲成漢將軍, 與彭共圍豐於黎丘. 時田戎擁衆夷陵, 聞秦豐被圍, 懼大兵方至, 欲降. 而妻兄辛臣諫戎曰: "今四方豪傑各據郡國, 洛陽地如掌耳, 不如按甲以觀其變." 戎曰: "以秦王之彊, 猶爲征南所圍, 豈況吾邪?降計決矣." 四年春, 戎乃留辛臣守夷陵, 自將兵沿江泝沔止黎丘, 刻期日當降, 而辛臣於後盜戎珍寶, 從閒道先降於彭, 而以書招戎. 戎疑必賣己, 遂不敢降, 而反與秦豐合. 彭出兵攻戎, 數月, 大破之, 其大將伍公詣彭降, 戎亡歸夷陵. 帝幸黎丘勞軍, 封彭吏士有功者百餘人. 彭攻秦豐三歲, 斬首九萬餘級, 豐餘兵裁千人, 又城中食且盡. 帝以豐轉弱, 令朱祐代彭守之, 使彭與傅俊南擊田戎, 大破之, 遂拔夷陵, 追至秭歸. 戎與數十騎亡入蜀, 盡獲其妻子士衆數萬人.

彭以將伐蜀漢, 而夾川穀少, 水險難漕運, 留威虜將軍馮駿軍江州, 都尉田鴻軍夷陵, 領軍李玄軍夷道, 自引兵還屯津鄉, 當荊州要會, 喻告諸蠻夷, 降者奏封其君長. 初, 彭與交阯牧鄧讓厚善, 與讓書陳國家威德, 又遣偏將軍屈充移檄江南, 班行詔命, 於是讓與江夏太守侯登、武陵太守王堂、長沙相韓福、桂陽太守張隆、零陵太守田翁、蒼梧太守杜穆、交阯太守錫光等, 相率遣使貢獻, 悉封爲列侯. 或遣子將兵助彭征伐. 於是江南之珍始流通焉.

六年冬, 徵彭詣京師, 數召讌見, 厚加賞賜. 復南還津鄉, 有詔過家上冢, 大長秋以朔望問太夫人起居.

八年, 彭引兵從車駕破天水, 與吳漢圍隗囂於西城. 時公孫述將李育將兵救囂, 守上邽, 帝留蓋延、耿弇圍之, 而車駕東歸. 敕彭書曰: "兩城若下, 便可將兵南擊蜀虜. 人苦不知足, 既平隴, 復望蜀. 每一發兵, 頭鬚爲白." 彭遂壅谷水灌西城, 城未沒丈餘, 囂將行巡、周宗將蜀救兵到, 囂得出還冀. 漢軍食盡, 燒輜重, 引兵下隴, 延、弇亦相隨而退. 囂出兵尾擊諸營, 彭殿爲後拒, 故諸將能全師東歸. 彭還津鄉.

九年, 公孫述遣其將任滿、田戎、程汎, 將數萬人乘枋箄下江關, 擊破馮駿及田鴻、李玄等. 遂拔夷道、夷陵, 據荊門、虎牙. 橫江水起浮橋、鬥樓, 立欑柱絶水道, 結營山上, 以拒漢兵. 彭數攻之, 不利, 於是裝直進樓船、冒突露橈數千艘.

十一年春, 彭與吳漢及誅虜將軍劉隆、輔威將軍臧宮、驍騎將軍劉歆, 發南陽、武陵、南郡兵, 又發桂陽、零陵、長沙委輸棹卒, 凡六萬餘人, 騎五千匹, 皆會荊門. 吳漢以三郡棹卒多費糧穀, 欲罷之. 彭以蜀兵盛, 不可遣, 上書言狀. 帝報彭曰: "大司馬習用步騎, 不曉水戰, 荊門之事, 一由征南公爲重而已." 彭乃令軍中募攻浮橋, 先登者上賞. 於是偏將軍魯奇應募而前. 時天風狂急, (彭)奇船逆流而上, 直衝浮橋, 而欑柱鉤不得去, 奇等乘埶殊死戰, 因飛炬焚之, 風怒火盛, 橋樓崩燒. 彭復悉軍順風並進, 所向無前. 蜀兵大亂, 溺死者數千人. 斬任滿, 生獲程汎, 而田戎亡保江州. 彭上劉隆爲南郡太守, 自率臧宮、劉歆長驅入江關, 令軍中無得虜掠. 所過, 百姓皆奉牛酒迎勞. 彭見諸耆老, 爲言大漢哀愍巴蜀久見虜役, 故興師遠伐, 以討有罪, 爲人除害. 讓不受其牛酒. 百姓皆大喜悅, 爭開門降. 詔彭守益州牧, 所下郡, 輒行太守事.

彭到江州, 以田戎食多, 難卒拔, 留馮駿守之, 自引兵乘利直指墊江, 攻破平曲, 收其米數十萬石. 公孫述使其將延岑、呂鮪、王元及其弟恢悉兵拒廣漢及資中, 又遣將侯丹率二萬餘人拒黃石. 彭乃多張疑兵, 使護軍楊翕與臧宮拒延

岑等, 自分兵浮江下還江州, 泝都江而上, 襲擊侯丹, 大破之. 因晨夜倍道兼行
二千餘里, 徑拔武陽. 使精騎馳廣都, 去成都數十里, 埶若風雨, 所至皆奔散.
初, 述聞漢兵在平曲, 故遣大兵逆之. 及彭至武陽, 繞出延岑軍後, 蜀地震駭.
述大驚, 以杖擊地曰: "是何神也!"

彭所營地名彭亡, 聞而惡之, 欲徙, 會日暮, 蜀刺客詐爲亡奴降, 夜刺殺彭.

彭首破荊門, 長驅武陽, 持軍整齊, 秋豪無犯. 邛縠王任貴聞彭威信, 數千里
遣使迎降. 會彭已薨, 帝盡以任貴所獻賜彭妻子, 謚曰壯侯. 蜀人憐之, 爲立廟
武陽, 歲時祠焉.

子遵嗣, 徙封細陽侯. 十三年, 帝思彭功, 復封遵弟淮爲縠陽侯. 遵永平中爲
屯騎校尉. 遵卒, 子伉嗣. 伉卒, 子杞嗣, 元初三年, 坐事失國. 建光元年, 安帝
復封杞細陽侯, 順帝時爲光祿勳. (『후한서』 권17)

12. 「견담열전堅鐔列傳」

堅鐔字子伋, 潁川襄城人也. 爲郡縣吏. 世祖討河北, 或薦鐔者, 因得召見.
以其吏能, 署主簿. 又拜偏將軍, 從平河北, 別擊破大槍於盧奴. 世祖卽位, 拜
鐔揚化將軍, 封湼强侯.

與諸將攻洛陽, 而朱鮪別將守東城者爲反間, 私約鐔晨開上東門. 鐔與建義
大將軍朱祐乘朝而入, 與鮪大戰武庫下, 殺傷甚衆, 至旦食乃罷, 朱鮪由是遂
降. 又別擊內黃, 平之. 建武二年, 與右將軍萬脩徇南陽諸縣, 而堵鄉人董訢反
宛城, 獲南陽太守劉驎. 鐔乃引軍赴宛, 選敢死士夜自登城, 斬關而入, 訢遂棄
城走還堵鄉. 鄧奉復反新野, 攻破吳漢. 時萬脩病卒, 鐔獨孤絕, 南拒鄧奉, 北

當董訢, 一年閒道路隔塞, 糧饋不至, 鐔食蔬菜, 與士卒共勞苦. 每急, 輒先當
矢石, 身被三創, 以此能全其衆. 及帝征南陽, 擊破訢、奉, 以鐔爲左曹, 常從征
伐. 六年, 定封合肥侯. 二十六年, 卒.

子鴻嗣. 鴻卒, 子浮嗣. 浮卒, 子雅嗣. (『후한서』권22)

13.「풍이열전馮異列傳」

馮異字公孫, 潁川父城人也. 好讀書, 通『左氏春秋』、『孫子兵法』.

漢兵起, 異以郡掾監五縣, 與父城長苗萌共城守, 爲王莽拒漢. 光武略地潁
川, 攻父城不下, 屯兵巾車鄉. 異閒出行屬縣, 爲漢兵所執. 時異從兄孝及同郡
丁綝、呂晏, 並從光武, 因共薦異, 得召見. 異曰: “異一夫之用, 不足爲彊弱. 有
老母在城中, 願歸據五城, 以效功報德.” 光武曰“善”. 異歸, 謂苗萌曰: “今諸將
皆壯士屈起, 多暴橫, 獨有劉將軍所到不虜掠. 觀其言語擧止, 非庸人也, 可以
歸身.” 苗萌曰: “死生同命, 敬從子計.” 光武南還宛, 更始諸將攻父城者前後十
餘輩, 異堅守不下; 及光武爲司隸校尉, 道經父城, 異等卽開門奉牛酒迎. 光武
署異爲主簿, 苗萌爲從事. 異因薦邑子銚期、叔壽、段建、左隆等, 光武皆以爲
掾史, 從至洛陽.

更始數欲遣光武徇河北, 諸將皆以爲不可. 是時左丞相曹竟子詡爲尙書, 父
子用事, 異勸光武厚結納之. 及度河北, 詡有力焉.

自伯升之敗, 光武不敢顯其悲戚, 每獨居, 輒不御酒肉, 枕席有涕泣處. 異獨
叩頭寬譬哀情. 光武止之曰: “卿勿妄言.” 異復因閒進說曰: “天下同苦王氏, 思
漢久矣. 今更始諸將從橫暴虐, 所至虜掠, 百姓失望, 無所依戴. 今公專命方

面, 施行恩德. 夫有桀紂之亂, 乃見湯武之功; 人久飢渴, 易爲充飽. 宜急分遣官屬, 徇行郡縣, 理冤結, 布惠澤.” 光武納之. 至邯鄲, 遣異與銚期乘傳撫循屬縣, 錄囚徒, 存鰥寡, 亡命自詣者除其罪, 陰條二千石長吏同心及不附者上之.

及王郎起, 光武自薊東南馳, 晨夜草舍, 至饒陽無蔞亭. 時天寒烈, 衆皆飢疲, 異上豆粥. 明旦, 光武謂諸將曰: “昨得公孫豆粥, 飢寒俱解.” 及至南宮, 遇大風雨, 光武引車入道傍空舍, 異抱薪, 鄧禹熱火, 光武對灶燎衣. 異復進麥飯菟肩, 因復度虖沱河至信都, 使異別收河閒兵. 還, 拜偏將軍. 從破王郎, 封應侯.

異爲人謙退不伐, 行與諸將相逢, 輒引車避道. 進止皆有表識, 軍中號爲整齊. 每所止舍, 諸將並坐論功, 異常獨屏樹下, 軍中號曰“大樹將軍”. 及破邯鄲, 乃更部分諸將, 各有配隸. 軍士皆言願屬大樹將軍, 光武以此多之. 別擊破鐵脛於北平, 又降匈奴于林闟頓王, 因從平河北.

時更始遣舞陰王李軼、廩丘王田立、大司馬朱鮪、白虎公陳僑將兵號三十萬, 與河南太守武勃共守洛陽. 光武將北徇燕、趙, 以魏郡、河內獨不逢兵, 而城邑完, 倉廩實, 乃拜寇恂爲河內太守, 異爲孟津將軍, 統二郡軍河上, 與恂合執, 以拒朱鮪等.

異乃遺李軼書曰: “愚聞明鏡所以照形, 往事所以知今. 昔微子去殷而入周, 項伯畔楚而歸漢, 周勃迎代王而黜少帝, 霍光尊孝宣而廢昌邑. 彼皆畏天知命, 睹存亡之符, 見廢興之事, 故能成功於一時, 垂業於萬世也. 苟令長安尚可扶助, 延期歲月, 疏不閒親, 遠不踰近, 季文豈能居一隅哉? 今長安壞亂, 赤眉臨郊, 王侯搆難, 大臣乖離, 綱紀已絕, 四方分崩, 異姓並起, 是故蕭王跋涉霜雪, 經營河北. 方今英俊雲集, 百姓風靡, 雖邠岐慕周, 不足以喻. 季文誠能覺悟成敗, 亟定大計, 論功古人, 轉禍爲福, 在此時矣. 如猛將長驅, 嚴兵圍城, 雖有悔恨, 亦無及已." 初, 軼與光武首結謀約, 加相親愛, 及更始立, 反共陷伯升. 雖知長安已危, 欲降又不自安. 乃報異書曰: "軼本與蕭王首謀造漢, 結死生之約, 同榮枯之計. 今軼守洛陽, 將軍鎮孟津, 俱據機軸, 千載一會, 思成斷金. 唯深達蕭王, 願進愚策, 以佐國安人." 軼自通書之後, 不復與異爭鋒, 故異因此得北攻天井關, 拔上黨兩城, 又南下河南成皐已東十三縣, 及諸屯聚, 皆平之, 降者十餘萬. 武勃將萬餘人攻諸畔者, 異引軍度河, 與勃戰於士鄉下, 大破斬勃, 獲首五千餘級, 軼又閉門不救. 異見其信效, 具以奏聞. 光武故宣露軼書, 令朱鮪知之. 鮪怒, 遂使人刺殺軼. 由是城中乖離, 多有降者. 鮪乃遣討難將軍蘇茂將數萬人攻溫, 鮪自將數萬人攻平陰以綴異. 異遣校尉護軍(將軍) 將兵, 與寇恂合擊茂, 破之. 異因度河擊鮪, 鮪走; 異追至洛陽, 環城一匝而歸.

移檄上狀, 諸將皆入賀, 并勸光武卽帝位. 光武乃召異詣鄗, 問四方動靜. 異曰: "三王反畔, 更始敗亡, 天下無主, 宗廟之憂, 在於大王. 宜從衆議, 上爲社稷, 下爲百姓." 光武曰: "我昨夜夢乘赤龍上天, 覺悟, 心中動悸." 異因下席再拜賀曰: "此天命發於精神. 心中動悸, 大王重愼之性也." 異遂與諸將定議上尊號.

建武二年春, 定封異陽夏侯. 引擊陽翟賊嚴終, 趙根, 破之. 詔異歸家上冢, 使太中大夫齎牛酒, 令二百里內太守, 都尉已下及宗族會焉.

時赤眉, 延岑暴亂三輔, 郡縣大姓各擁兵衆, 大司徒鄧禹不能定, 乃遣異代禹討之. 車駕送至河南, 賜以乘輿七尺具劍. 敕異曰: "三輔遭王莽, 更始之亂, 重以赤眉, 延岑之酷, 元元塗炭, 無所依訴. 今之征伐, 非必略地屠城, 要在平定安集之耳. 諸將非不健鬥, 然好虜掠. 卿本能御吏士, 念自修敕, 無爲郡縣所苦." 異頓首受命, 引而西, 所至皆布威信. 弘農群盜稱將軍者十餘輩, 皆率衆降異.

異與赤眉遇於華陰, 相拒六十餘日, 戰數十合, 降其將劉始、王宣等 五千餘人. 三年春, 遣使者卽拜異爲征西大將軍. 會鄧禹率車騎將軍鄧弘等引歸, 與異相遇, 禹、弘要異共攻赤眉. 異曰: "異與賊相拒且數十日, 雖屢獲雄將, 餘衆尚多, 可稍以恩信傾誘, 難卒用兵破也. 上今使諸將屯黽池要其東, 而異擊其西, 一擧取之, 此萬成計也." 禹、弘不從. 弘遂大戰移日, 赤眉陽敗, 棄輜重走. 車皆載土, 以豆覆其上, 兵士飢, 爭取之. 赤眉引還擊弘, 弘軍潰亂. 異與禹合兵救之, 赤眉小卻. 異以士卒飢倦, 可且休, 禹不聽, 復戰, 大爲所敗, 死傷者三千餘人. 禹得脫歸宜陽. 異棄馬步走上回谿阪, 與麾下數人歸營. 復堅壁, 收其散卒, 招集諸營保衆數萬人, 與賊約期會戰. 使壯士變服與赤眉同, 伏於道側. 旦日, 赤眉使萬人攻異前部, 異裁出兵以救之. 賊見執弱, 遂悉衆攻異, 異乃縱兵大戰. 日昃, 賊氣衰, 伏兵卒起, 衣服相亂, 赤眉不復識別, 衆遂驚潰. 追擊, 大破於崤底, 降男女八萬人. 餘衆尚十餘萬, 東走宜陽降. 璽書勞異曰: "赤眉破平, 士吏勞苦, 始雖垂翅回谿, 終能奮翼黽池, 可謂失之東隅, 收之桑榆. 方論功賞, 以答大勳."

時赤眉雖降, 衆寇猶盛: 延岑據藍田, 王歆據下邽, 芳丹據新豐, 蔣震據霸陵, 張邯據長安, 公孫守據長陵, 楊周據谷口, 呂鮪據陳倉, 角閎據汧, 駱(蓋)延據盩厔, 任良據鄠, 汝章據槐里, 各稱將軍, 擁兵多者萬餘, 少者數千人, 轉相攻擊. 異且戰且行, 屯軍上林苑中. 延岑旣破赤眉, 自稱武安王, 拜置牧守, 欲據關中, 引張邯、任良共攻異. 異擊破之, 斬首千餘級, 諸營保守附岑者皆來降歸異. 岑走攻析, 異遣復漢將軍鄧曄、輔漢將軍于匡要擊岑, 大破之, 降其將蘇臣等八千餘人. 岑遂自武關走南陽. 時百姓飢餓, 人相食, 黃金一斤易豆五升. 道路斷隔, 委輸不至, 軍士悉以果實爲糧. 詔拜南陽趙匡爲右扶風, 將兵助異, 并送縑穀, 軍中皆稱萬歲. 異兵食漸盛, 乃稍誅擊豪傑不從令者, 襃賞降附有功勞者, 悉遣其渠帥詣京師, 散其衆歸本業. 威行關中. 唯呂鮪、張邯、蔣震遣使降蜀, 其餘悉平.

明年, 公孫述遣將程焉, 將數萬人就呂鮪出屯陳倉. 異與趙匡迎擊, 大破之, 焉退走漢川. 異追戰於箕谷, 復破之, 還擊破呂鮪, 營保降者甚衆. 其後蜀復數遣將閒出, 異輒摧挫之. 懷來百姓, 申理枉結, 出入三歲, 上林成都.

異自以久在外, 不自安, 上書思慕闕廷, 願親帷幄, 帝不許. 後人有章言異專制關中, 斬長安令, 威權至重, 百姓歸心, 號爲"咸陽王". 帝使以章示異. 異惶懼, 上書謝曰: "臣本諸生, 遭遇受命之會, 充備行伍, 過蒙恩私, 位大將, 爵通侯, 受任方面, 以立微功, 皆自國家謀慮, 愚臣無所能及. 臣伏自思惟: 以詔敕戰攻, 每輒如意; 時以私心斷決, 未嘗不有悔. 國家獨見之明, 久而益遠, 乃知'性與天道, 不可得而聞也'. 當兵革始起, 擾擾之時, 豪傑競逐, 迷惑千數. 臣以遭遇, 託身聖明, 在傾危溷殽之中, 尚不敢過差, 而況天下平定, 上尊下卑, 而臣爵位所蒙, 巍巍不測乎? 誠冀以謹敕, 遂自終始. 見所示臣章, 戰慄怖懼. 伏念明主知臣愚性, 固敢因緣自陳." 詔報曰: "將軍之於國家, 義爲君臣, 恩猶父子. 何嫌何疑, 而有懼意?"

六年春, 異朝京師. 引見, 帝謂公卿曰: "是我起兵時主簿也. 爲吾披荊棘, 定關中." 既罷, 使中黃門賜以珍寶、衣服、錢帛. 詔曰: "倉卒無蔞亭豆粥, 滹沱河麥飯, 厚意久不報." 異稽首謝曰: "臣聞管仲謂桓公曰: '願君無忘射鉤, 臣無忘檻車.'齊國賴之. 臣今亦願國家無忘河北之難, 小臣不敢忘巾車之恩." 後數引讌見, 定議圖蜀, 留十餘日, 令異妻子隨異還西.

夏, 遣諸將上隴, 爲隗囂所敗, 乃詔異軍栒邑. 未及至, 隗囂乘勝使其將王元、行巡將二萬餘人下隴, 因分遣巡取栒邑. 異即馳兵, 欲先據之. 諸將皆曰: "虜兵盛而新乘勝, 不可與爭. 宜止軍便地, 徐思方略." 異曰: "虜兵臨境, 忕(忄+犬)[忕]小利, 遂欲深入. 若得栒邑, 三輔動搖, 是吾憂也. 夫'攻者不足, 守者有餘'. 今先據城, 以逸待勞, 非所以爭也." 潛往閉城, 偃旗鼓. 行巡不知, 馳赴之. 異乘其不意, 卒擊鼓建旗而出. 巡軍驚亂奔走, 追擊數十里, 大破之. 祭遵亦破王元於汧. 於是北地諸豪長耿定等, 悉畔隗囂降. 異上書言狀, 不敢自伐. 諸將或欲分其功, 帝患之. 乃下璽書曰: "制詔大司馬, 虎牙、建威、漢(中)[忠]、捕虜、武威將軍: 虜兵猥下, 三輔驚恐. 栒邑危亡, 在於旦夕. 北地營保, 按兵觀望. 今偏城獲全, 虜兵挫折, 使耿定之屬, 復念君臣之義. 征西功若丘山, 猶自以爲不足. 孟之反奔而殿, 亦何異哉? 今遣太中大夫賜征西吏士死傷者醫藥、棺斂, 大司馬已下親弔死問疾, 以崇謙讓." 於是使異進軍義渠, 并領北地太守事.

青山胡率萬餘人降異. 異又擊盧芳將賈覽、匈奴奧鞬日逐王, 破之. 上郡、安定皆降, 異復領安定太守事. 九年春, 祭遵卒, 詔異守征虜將軍, 并將其營. 及隗囂死, 其將王元、周宗等復立囂子純, 猶總兵據冀, 公孫述遣將趙匡等救之, 帝復令異行天水太守事. 攻匡等且一年, 皆斬之. 諸將共攻冀, 不能拔, 欲且還休兵, 異固持不動, 常爲衆軍鋒.

明年夏, 與諸將攻落門, 未拔, 病發, 薨于軍, 諡曰節侯.

長子彰嗣. 明年, 帝思異功, 復封彰弟訢爲析鄉侯. 十三年, 更封彰東緹侯, 食三縣. 永平中, 徙封平鄉侯. 彰卒, 子普嗣, 有罪, 國除.

永初六年, 安帝下詔曰: "夫仁不遺親, 義不忘勞, 興滅繼絕, 善善及子孫, 古之典也. 昔我光武受命中興, 恢弘聖緒, 橫被四表, 昭假上下, 光耀萬世, 祉祚流衍, 垂於罔極. 予末小子, 夙夜永思, 追惟勳烈, 披圖案籍, 建武元功二十八將,

佐命虎臣, 讖記有徵. 蓋蕭、曹紹封, 傳繼於今; 況此未遠, 而或至乏祀, 朕甚愍之. 其條二十八將無嗣絕世, 若犯罪奪國, 其子孫應當統後者, 分別署狀上. 將及景風, 章敍舊德, 顯玆遺功焉." 於是紹封普子晨爲平鄕侯. 明年, 二十八將絕國者, 皆紹封焉. (『후한서』권17)

14. 「왕패열전王霸列傳」

王霸字元伯, 潁川潁陽人也. 世好文法, 父爲郡決曹掾, 霸亦少爲獄吏. 常慷慨不樂吏職, 其父奇之. 遣西學長安. 漢兵起, 光武過潁陽, 霸率賓客上謁, 曰: "將軍興義兵, 竊不自知量, 貪慕威德, 願充行伍." 光武曰: "夢想賢士, 共成功業, 豈有二哉!" 遂從擊破王尋、王邑於昆陽, 還休鄕里.

及光武爲司隷校尉, 道過潁陽, 霸請其父, 願從. 父曰: "吾老矣, 不任軍旅, 汝往, 勉之!" 霸從至洛陽. 及光武爲大司馬, 以霸爲功曹令史, 從度河北. 賓客從霸者數十人, 稍稍引去. 光武謂霸曰: "潁川從我者皆逝, 而子獨留. 努力!疾風知勁草."

及王郎起, 光武在薊, 郎移檄購光武. 光武令霸至市中募人, 將以擊郎. 市人皆大笑, 舉手邪揄之, 霸慚懅而還. 光武卽南馳至下曲陽. 傳聞王郎兵在後, 從者皆恐. 及至滹沱河, 候吏還白河水流澌, 無船, 不可濟. 官屬大懼. 光武令霸往視之. 霸恐驚衆, 欲且前, 阻水, 還卽詭曰: "冰堅可度." 官屬皆喜. 光武笑曰: "候吏果妄語也." 遂前. 比至河, 河冰亦合, 乃令霸護度, 未畢數騎而冰解. 光武謂霸曰: "安吾衆得濟免者, 卿之力也." 霸謝曰: "此明公至德, 神靈之祐, 雖武王白魚之應, 無以加此." 武光謂官屬曰: "王霸權以濟事, 殆天瑞也." 以爲軍正, 爵關內侯. 旣至信都, 發兵攻拔邯鄲. 霸追斬王郎, 得其璽綬. 封王鄕侯.

從平河北, 常與臧宮、傅俊共營, 霸獨善撫士卒, 死者脫衣以斂之, 傷者躬親以養之. 光武即位, 以霸曉兵愛士, 可獨任, 拜爲偏將軍, 并將臧宮、傅俊兵, 而以宮、俊爲騎都尉. 建武二年, 更封富波侯.

四年秋, 帝幸譙, 使霸與捕虜將軍馬武東討周建於垂惠. 蘇茂將五校兵四千餘人救建, 而先遣精騎遮擊馬武軍糧, 武往救之. 建從城中出兵夾擊武, 武恃霸之援, 戰不甚力, 爲茂、建所敗. 武軍奔過霸營, 大呼求救. 霸曰: "賊兵盛, 出必兩敗, 努力而已." 乃閉營堅壁. 軍吏皆爭之. 霸曰: "茂兵精銳, 其衆又多, 吾吏士心恐, 而捕虜與吾相恃, 兩軍不一, 此敗道也. 今閉營固守, 示不相援, 賊必乘勝輕進; 捕虜無救, 其戰自倍. 如此, 茂衆疲勞, 吾承其弊, 乃可剋也." 茂、建果悉出攻武. 合戰良久, 霸軍中壯士路潤等數十人斷髮請戰. 霸知士心銳, 乃開營後, 出精騎襲其背. 茂、建前後受敵, 驚亂敗走, 霸、武各歸營. 賊復聚衆挑戰, 霸堅臥不出, 方饗士作倡樂. 茂雨射營中, 中霸前酒樽, 霸安坐不動. 軍吏皆曰: "茂前日已破; 今易擊也." 霸曰: "不然. 蘇茂客兵遠來, 糧食不足, 故數挑戰, 以僥一切之勝. 今閉營休士, 所謂不戰而屈人之兵, 善之善者也." 茂、建既不得戰, 乃引還營. 其夜, 建兄子誦反, 閉城拒之, 茂、建遁去, 誦以城降.

五年春, 帝使太中大夫持節拜霸爲討虜將軍. 六年, 屯田新安. 八年, 屯[田]函谷關. 擊滎陽、中牟盜賊, 皆平之.

九年, 霸與吳漢及橫野大將軍王常、建義大將軍朱祐、破姦將軍侯進等五萬餘人, 擊盧芳將賈覽、閔堪於高柳. 匈奴遣騎助芳, 漢車遇雨, 戰不利. 吳漢還洛陽, 令朱祐屯常山, 王常屯涿郡, 侯進屯漁陽. 璽書拜霸上谷太守, 領屯兵如故, 捕擊胡虜, 無拘郡界. 明年, 霸復與吳漢等四將軍六萬人出高柳擊賈覽, 詔霸與漁陽太守陳訢將兵爲諸軍鋒. 匈奴左南將軍將數千騎救覽, 霸等連戰於平城下, 破之, 追出塞, 斬首數百級. 霸及諸將還入鴈門, 與驃騎大將軍杜茂會攻盧芳將尹由於崞、繁畤, 不剋.

十三年, 增邑戸, 更封向侯. 是時, 盧芳與匈奴、烏桓連兵, 寇盜尤數, 緣邊愁苦. 詔霸將弛刑徒六千餘人, 與杜茂治飛狐道, 堆石布土, 築起亭障, 自代至平城三百餘里. 凡與匈奴、烏桓大小數十百戰, 頗識邊事, 數上書言宜與匈奴結和親, 又陳委輸可從溫水漕, 以省陸轉輸之勞, 事皆施行. 後南單于、烏桓降服, 北邊無事. 霸在上谷二十餘歲. 三十年, 定封淮陵侯. 永平二年, 以病免, 後數月卒.

子符嗣, 徙封軑侯. 符卒, 子度嗣. 度尚顯宗女浚儀長公主, 爲黃門郎. 度卒, 子歆嗣. (『후한서』권20)

15.「주우열전朱祐列傳」

朱祐字仲先, 南陽宛人也. 少孤, 歸外家復陽劉氏, 往來舂陵, 世祖與伯升皆親愛之. 伯升拜大司徒, 以祐爲護軍. 及世祖爲大司馬, 討河北, 復以祐爲護軍, 常見親幸, 舍止於中. 祐侍讌, 從容曰: "長安政亂, 公有日角之相, 此天命也." 世祖曰: "召刺姦收護軍!" 祐乃不敢復言. 從征河北, 常力戰陷陣, 以爲偏將軍, 封安陽侯. 世祖卽位, 拜爲建義大將軍. 建武二年, 更封堵陽侯. 冬, 與諸將擊鄧奉於淯陽, 祐軍敗, 爲奉所獲. 明年, 奉破, 乃肉袒因祐降. 帝復祐位而厚加慰賜. 遣擊新野、隨, 皆平之.

延岑自敗於穰, 遂與秦豐將張成合, 祐率征虜將軍祭遵與戰於東陽, 大破之, 臨陣斬成, 延岑敗走歸豐. 祐收得印綬九十七. 進擊黃郵, 降之, 賜祐黃金三十斤. 四年, 率破姦將軍侯進、輔威將軍耿植代征南大將軍岑彭圍秦豐於黎丘, 破其將張康於蔡陽, 斬之. 帝自至黎丘, 使御史中丞李由持璽書招豐, 豐出惡言, 不肯降. 車駕引還, 敕祐方略, 祐盡力攻之. 明年夏, 城中窮困, 豐乃將其母妻子九人肉袒降. 祐轞車傳豐送洛陽, 斬之. 大司馬吳漢劾奏祐廢詔受降, 違將帥之任, 帝不加罪. 祐還, 與騎都尉臧宮會擊延岑餘黨陰、酇、筑陽三縣賊, 悉平之.

祐爲人質直, 尙儒學. 將兵率衆, 多受降, 以克定城邑爲本, 不存首級之功. 又禁制士卒不得虜掠百姓, 軍人樂放縱, 多以此怨之. 九年, 屯南行唐拒匈奴. 十三年, 增邑, 定封鬲侯, 食邑七千三百戶.

十五年, 朝京師, 上大將軍印綬, 因留奉朝請. 祐奏古者人臣受封, 不加王爵, 可改諸王爲公. 帝卽施行, 又奏宜令三公並去'大'名, 以法經典. 後遂從其議.

祐初學長安, 帝往候之, 祐不時相勞苦, 而先升講舍. 後車駕幸其第, 帝因笑曰: "主人得無捨我講乎?" 以有舊恩, 數蒙賞賚. 二十四年, 卒.

子商嗣. 商卒, 子演嗣, 永元十四年, 坐從兄伯爲外孫陰皇后巫蠱事, 免爲庶人. 永初七年, 鄧太后紹封演子沖爲鬲侯.(『후한서』 권22)

16. 「임광열전任光列傳」

任光字伯卿, 南陽宛人也. 少忠厚, 爲鄕里所愛. 初爲鄕嗇夫, 郡縣吏. 漢兵至宛, 軍人見光冠服鮮明, 令解衣, 將殺而奪之. 會光祿勳劉賜適至, 視光容貌長者, 乃救全之. 光因率黨與從賜, 爲安集掾, 拜偏將軍, 與世祖破王尋、王邑.

更始至洛陽, 以光爲信都太守. 及王郎起, 郡國皆降之, 光獨不肯, 遂與都尉李忠、令萬脩 、功曹阮況、五官掾郭唐等 同心固守. 廷掾持王郎檄 詣府白光, 光斬之於市, 以徇百姓, 發精兵四千人城守. 更始二年春, 世祖自薊還, 狼狽不知所向, 傳聞信都獨爲漢拒邯鄲, 卽馳赴之. 光等孤城獨守, 恐不能全, 聞世祖至, 大喜, 吏民皆稱萬歲, 卽時開門, 與李忠、萬脩率官屬迎謁. 世祖入傳舍, 謂光曰: "伯卿. 今執力虛弱, 欲俱入城頭子路、力子都兵中, 何如邪?" 光曰: "不可." 世祖曰: "卿兵少, 何如?" 光曰: "可募發奔命, 出攻傍縣, 若不降者, 恣聽掠之. 人貪財物, 則兵可招而致也." 世祖從之. 拜光爲左大將軍, 封武成侯, 留南陽宗廣領信都太守事, 使光將兵從. 光乃多作檄文曰: "大司馬劉公將城頭子路、力子都兵百萬衆從東方來, 擊諸反虜." 遣騎馳至鉅鹿界中. 吏民得檄, 傳相告語. 世祖遂與光等投暮入堂陽界, 使騎各持炬火, 彌滿澤中, 光炎燭天地, 擧城莫不震驚惶怖, 其夜卽降. 旬日之閒, 兵衆大盛, 因攻城邑, 遂屠邯鄲, 迺遣光歸郡.

城頭子路者, 東平人, 姓爰, 名曾, 字子路, 與肥城劉詡起兵盧城頭, 故號其兵爲"城頭子路". 曾自稱"都從事", 詡稱"校三老", 寇掠河、濟閒, 衆至二十餘萬. 更始立, 曾遣使降, 拜曾東萊郡太守, 詡濟南太守, 皆行大將軍事. 是歲, 曾爲其將所殺, 衆推詡爲主, 更始封詡助國侯, 令罷兵歸本郡.

力子都者, 東海人也. 起兵鄕里, 鈔擊徐、兗界, 衆有六七萬. 更始立, 遣使降, 拜子都徐州牧. 爲其部曲所殺, 餘黨復相聚, 與諸賊會於檀鄕, 因號爲檀鄕. 檀鄕渠帥董次仲始起茌平, 遂渡河入魏郡清河, 與五校合, 衆十餘萬. 建武元年, 世祖入洛陽, 遣大司馬吳漢等擊檀鄕, 明年春, 大破降之.

是歲, 更封光阿陵侯, 食邑萬戶. 五年, 徵詣京師, 奉朝請. 其冬卒. 子隤嗣. (『후한서』 권21)

17. 「체준열전祭遵列傳」

祭遵字弟孫, 潁川潁陽人也. 少好經書. 家富給, 而遵恭儉, 惡衣服. 喪母, 負土起墳. 嘗爲部吏所侵, 結客殺之. 初, 縣中以其柔也, 旣而皆憚焉.

及光武破王尋等, 還過潁陽, 遵以縣吏數進見, 光武愛其容儀, 署爲門下史. 從征河北, 爲軍市令. 舍中兒犯法, 遵格殺之. 光武怒, 命收遵. 時主簿陳副諫曰: "明公常欲衆軍整齊, 今遵奉法不避, 是敎令所行也." 光武乃貰之, 以爲刺姦將軍. 謂諸將曰: "當備祭遵! 吾舍中兒犯法尙殺之, 必不私諸卿也." 尋拜爲偏將軍, 從平河北, 以功封列侯.

建武二年春, 拜征虜將軍, 定封潁陽侯. 與驃騎大將軍景丹、建義大將軍朱祐、漢忠將軍王常、騎都尉王梁、臧宮等入箕關, 南擊弘農、厭新、柏華蠻中賊. 弩中遵口, 洞出流血, 衆見遵傷, 稍引退, 遵呼叱止之, 士卒戰皆自倍, 遂大破之. 時新城蠻中山賊張滿, 屯結險隘爲人害, 詔遵攻之. 遵絶其糧道, 滿數挑戰, 遵堅壁不出. 而厭新、柏華餘賊復與滿合, 遂攻得霍陽聚, 遵乃分兵擊破降之. 明年春, 張滿飢困, 城拔, 生獲之. 初, 滿祭祀天地, 自云當王, 旣執, 歎曰: "讖文誤我!" 乃斬之, 夷其妻子. 遵引兵南擊鄧奉弟終於杜衍, 破之.

時涿郡太守張豐執使者擧兵反, 自稱無上大將軍, 與彭寵連兵. 四年, 遵與朱祐及建威大將軍耿弇、驍騎將軍劉喜俱擊之. 遵兵先至, 急攻豐, 豐功曹孟厷執豐降. 初, 豐好方術, 有道士言豐當爲天子, 以五綵囊裹石繫豐肘, 云石中有玉璽. 豐信之, 遂反. 旣執當斬, 猶曰: "肘石有玉璽." 遵爲椎破之, 豐乃知被詐, 仰天歎曰: "當死無所恨!" 諸將皆引還, 遵受詔留屯良鄕拒彭寵. 因遣護軍傅玄襲擊寵將李豪於潞, 大破之, 斬首千餘級. 相拒歲餘, 數挫其鋒, 黨與多降者. 及寵死, 遵進定其地.

六年春, 詔遵與建威大將軍耿弇、虎牙大將軍蓋延、漢忠將軍王常、捕虜將軍馬武、驍騎將軍劉歆、武威將軍劉尚等從天水伐公孫述. 師次長安, 時車駕亦至, 而隗囂不欲漢兵上隴, 辭說解故. 帝召諸將議. 皆曰: "可且延囂日月之期, 益封其將帥, 以消散之." 遵曰: "囂挾姦久矣. 今若按甲引時, 則使其詐謀益深, 而蜀警增備, 固不如遂進." 帝從之, 乃遣遵爲前行. 隗囂使其將王元拒隴坻, 遵進擊, 破之, 追至新關. 及諸將到, 與囂戰, 並敗, 引退下隴. 乃詔遵軍汧, 耿弇軍漆, 征西大將軍馮異軍栒邑, 大司馬吳漢等還屯長安. 自是後遵數挫隗囂. 事已見馮異傳.

八年秋, 復從車駕上隴. 及囂破, 帝東歸過汧, 幸遵營, 勞饗士卒, 作黃門武樂, 良夜乃罷. 時遵有疾, 詔賜重茵, 覆以御蓋. 復令進屯隴下. 及公孫述遣兵救囂, 吳漢、耿弇等悉奔還, 遵獨留不卻. 九年春, 卒於軍.

遵爲人廉約小心, 克己奉公, 賞賜輒盡與士卒, 家無私財, 身衣韋絝, 布被, 夫人裳不加緣, 帝以是重焉. 及卒, 愍悼之尤甚. 遵喪至河南縣, 詔遣百官先會喪所, 車駕素服臨之, 望哭哀慟. 還幸城門, 過其車騎, 涕泣不能已. 喪禮成, 復親祠以太牢, 如宣帝臨霍光故事. 詔大長秋、謁者、河南尹護喪事, 大司農給費. 博士范升上疏, 追稱遵曰: "臣聞先王崇政, 尊美屏惡. 昔高祖大聖, 深見遠慮, 班爵割地, 與下分功, 著錄勳臣, 頌其德美. 生則寵以殊禮, 奏事不名, 入門不趨. 死則疇其爵邑, 世無絕嗣, 丹書鐵券, 傳於無窮. 斯誠大漢厚下安人長久之德, 所以累世十餘, 歷載數百, 廢而復興, 絕而復續者也. 陛下以至德受命, 先明漢道, 襃序輔佐, 封賞功臣, 同符祖宗. 征虜將軍潁陽侯遵, 不幸早薨. 陛下仁恩, 爲之感傷, 遠迎河南, 惻怛之慟, 形於聖躬, 喪事用度, 仰給縣官, 重賜妻子, 不可勝數. 迨死有以加生, 厚亡有以過存, 矯俗厲化, 卓如日月. 古者臣疾君視, 臣卒君弔, 德之厚者也. 陵遲已來久矣. 及至陛下, 復興斯禮, 群下感動, 莫不自勵. 臣竊見遵修行積善, 竭忠於國, 北平漁陽, 西拒隴、蜀, 先登坻上, 深取略陽. 衆兵旣退, 獨守衝難[1]. 制御士心, 不越法度. 所在吏人, 不知有軍. 淸名聞於海內, 廉白著於當世. 所得賞賜, 輒盡與吏士, 身無奇衣, 家無私財. 同産兄午以遵無子, 娶妾送之, 遵乃使人逆而不受, 自以身任於國, 不敢圖生慮繼嗣之計. 臨死遺誡牛車載喪, 薄葬洛陽. 問以家事, 終無所言. 任重道遠, 死而後已. 遵爲將軍, 取士皆用儒術, 對酒設樂, 必雅歌投壺. 又建爲孔子立後, 奏置五經大夫. 雖在軍旅, 不忘俎豆, 可(爲)[謂]好禮悅樂, 守死善道者也. 禮, 生有爵, 死有謚, 爵以殊尊卑, 謚以明善惡. 臣愚以爲宜因遵薨, 論敍衆功, 詳案謚法, 以禮成之. 顯章國家篤古之制, 爲後嗣法." 帝乃下升章以示公卿. 至葬, 車駕復臨, 贈以將軍、侯印綬, 朱輪容車, 介士軍陳送葬[1], 謚曰成侯. 旣葬, 車駕復臨其墳, 存見夫人室家. 其後會朝, 帝每歎曰: "安得憂國奉公之臣如祭征虜者乎!" 遵之見思若此.

無子, 國除. 兄午, 官至酒泉太守. 從弟肜. (『후한서』 권20)

18. 「이충열전李忠列傳」

李忠字仲都, 東萊黃人也. 父爲高密都尉. 忠元始中以父任爲郎, 署中數十人, 而忠獨以好禮修整稱. 王莽時爲新博屬長, 郡中咸敬信之.

更始立, 使使者行郡國, 卽拜忠都尉官. 忠遂與任光同奉世祖, 以爲右大將軍, 封武固侯. 時世祖自解所佩綬以帶忠, 因從攻下屬縣. 至苦陘, 世祖會諸將, 問所得財物, 唯忠獨無所掠. 世祖曰: "我欲特賜李忠, 諸卿得無望乎?" 卽以所乘大驪馬及繡被衣物賜之.

進圍鉅鹿, 未下, 王郎遣將攻信都, 信都大姓馬寵等開城內之, 收太守宗廣及忠母妻, 而令親屬招呼忠. 時寵弟從忠爲校尉, 忠卽時召見, 責數以背恩反城, 因格殺之. 諸將皆驚曰: "家屬在人手中, 殺其弟, 何猛也!" 忠曰: "若縱賊不誅, 則二心也." 世祖聞而美之, 謂忠曰: "今吾兵已成矣, 將軍可歸救老母妻子, 宜自募吏民能得家屬者, 賜錢千萬, 來從我取." 忠曰: "蒙明公大恩, 思得效命, 誠不敢內顧宗親." 世祖迺使任光將兵救信都, 光兵於道散降王郎, 無功而還. 會更始遣將攻破信都, 忠家屬得全. 世祖因使忠還, 行太守事, 收郡中大姓附邯鄲者, 誅殺數百人. 及任光歸郡, 忠迺還復爲都尉. 建武二年, 更封中水侯, 食邑三千戶. 其年, 徵拜五官中郎將, 從平龐萌、董憲等.

六年, 遷丹陽太守. 是時海內新定, 南方海濱江淮, 多擁兵據土. 忠到郡, 招懷降附, 其不服者悉誅之, 旬月皆平. 忠以丹陽越俗不好學, 嫁娶禮儀, 衰於中國, 乃爲起學校, 習禮容, 春秋鄉飮, 選用明經, 郡中向慕之. 墾田增多, 三歲閒流民占著者五萬餘口. 十四年, 三公奏課爲天下第一, 遷豫章太守. 病去官, 徵詣京師. 十九年, 卒.

子威嗣, 威卒, 子純嗣, 永平九年, 坐母殺純叔父, 國除. 永初七年, 鄧太后復封純琴亭侯. 純卒, 子廣嗣. (『후한서』 권21)

19.「경단열전景丹列傳」

景丹字孫卿, 馮翊櫟陽人也. 少學長安. 王莽時擧四科: 丹以言語爲固德侯相, 有幹事稱, 遷朔調連率副貳.

更始立, 遺使者徇上谷, 丹與連率耿況降, 復爲上谷長史. 王郎起, 丹與況共謀拒之. 況使丹與子弇及寇恂等將兵南歸世祖, 世祖引見丹等, 笑曰: "邯鄲將帥數言我發漁陽、上谷兵, 吾聊應言然, 何意二郡良爲吾來! 方與士大夫共此功名耳." 拜丹爲偏將軍, 號奉義侯. 從擊王郎將兒宏等於南䜌, 郎兵迎戰, 漢軍退卻, 丹等縱突騎擊, 大破之, 追奔十餘里, 死傷者從橫. 丹還, 世祖謂曰: "吾聞突騎天下精兵, 今乃見其戰, 樂可言邪?" 遂從征河北.

世祖即位, 以讖文用平狄將軍孫咸行大司馬, 衆咸不悅. 詔擧可爲大司馬者, 群臣所推唯吳漢及丹. 帝曰: "景將軍北州大將, 是其人也. 然吳將軍有建大策之勳, 又誅苗幽州、謝尙書, 其功大. 舊制驃騎將軍官與大司馬相兼也." 乃以吳漢爲大司馬, 而拜丹爲驃騎大將軍.

建武二年, 定封丹櫟陽侯. 帝謂丹曰: "今關東故王國, 雖數縣, 不過櫟陽萬戶邑. 夫'富貴不歸故鄕, 如衣繡夜行', 故以封卿耳." 丹頓首謝. 秋, 與吳漢、建威大將軍耿弇、建義大將軍朱祐、執金吾賈復、偏將軍馮異、强弩將軍陳俊、左曹王常、騎都尉臧宮等從擊破五校於羛陽, 降其衆五萬人. 會陝賊蘇況攻破弘農, 生獲郡守. 丹時病, 帝以其舊將, 欲令强起領郡事, 乃夜召入, 謂曰: "賊迫近京師, 但得將軍威重, 臥以鎭之足矣." 丹不敢辭, 乃力疾拜命, 將營到郡, 十餘日薨.

子尙嗣, 徙封余吾侯. 尙卒, 子苞嗣. 苞卒, 子臨嗣, 無子, 國絕. 永初七年, 鄧太后紹封苞弟遽爲監亭侯. (『후한서』 권22)

20.「만수열전萬脩列傳」

萬脩字君游, 扶風茂陵人也. 更始時, 爲信都令, 與太守任光、都尉李忠共城守, 迎世祖, 拜爲偏將軍, 封造義侯. 及破邯鄲, 拜右將軍, 從平河北. 建武二年, 更封槐里侯. 與揚化將軍堅鐔俱擊南陽, 未剋而病, 卒于軍.

子普嗣, 徙封泫氏侯. 普卒, 子親嗣, 徙封扶柳侯. 親卒, 無子, 國除. 永初七年, 鄧太后紹封脩曾孫豐爲曲平亭侯. 豐卒, 子燬嗣. 永建元年, 燬卒, 無子, 國除. 延熹二年, 桓帝紹封脩玄孫恭爲門德亭侯. (『후한서』권21)

21.「갑연열전蓋延列傳」

蓋延字巨卿, 漁陽要陽人也. 身長八尺, 彎弓三百斤. 邊俗尙勇力, 而延以氣聞. 歷郡列掾、州從事, 所在職辦. 彭寵爲太守, 召延署營尉, 行護軍.

漁陽屬幽州.『東觀記』云延爲幽州從事.

及王郞起, 延與吳漢同謀歸光武. 延至廣阿, 拜偏將軍, 號建功侯, 從平河北. 光武卽位, 以延爲虎牙將軍.

建武二年, 更封安平侯. 遣南擊敖倉, 轉攻酸棗、封丘, 皆拔. 其夏, 督駙馬都尉馬武、騎都尉劉隆、護軍都尉馬成、偏將軍王霸等南伐劉永, 先攻拔襄邑, 進取麻鄉, 遂圍永於睢陽. 數月, 盡收野麥, 夜梯其城入. 永驚懼, 引兵走出東門, 延追擊, 大破之. 永棄軍走譙, 延進攻, 拔薛, 斬其魯郡太守, 而彭城、扶陽、杼秋、蕭皆降. 又破永沛郡太守, 斬之. 永將蘇茂、佼彊、周建等三萬餘人救永, 共攻延, 延與戰於沛西, 大破之. 永軍亂, 遁沒溺死者太半. 永棄城走湖陵, 蘇茂奔廣樂. 延遂定沛、楚、臨淮, 修高祖廟, 置嗇夫、祝宰、樂人.

三年, 睢陽復反城迎劉永, 延復率諸將圍之百日, 收其野穀. 永乏食, 突走, 延追擊, 盡得輜重. 永爲其將所殺, 永弟防擧城降.

四年春, 延又擊蘇茂、周建於蘄, 進與董憲戰留下, 皆破之. 因率平(敵)[狄]將軍龐萌攻西防, 拔之. 復追敗周建、蘇茂於彭城, 茂、建亡奔董憲, [董憲]將賁休擧蘭陵城降. 憲聞之, 自郯圍休, 時延及龐萌在楚, 請往救之, 帝敕曰: "可直往擣郯, 則蘭陵必自解." 延等以賁休城危, 遂先赴之. 憲逆戰而陽敗, 延等(遂)逐退, 因拔圍入城. 明日, 憲大出兵合圍, 延等懼, 遽出突走, 因往攻郯. 帝讓之曰: "閒欲先赴郯者, 以其不意故耳. 今旣奔走, 賊計已立, 圍豈可解乎!" 延等至郯, 果不能克, 而董憲遂拔蘭陵, 殺賁休. 延等往來要擊憲別將於彭城、郯、邳之閒, 戰或日數合, 頗有剋獲. 帝以延輕敵深入, 數以書誡之. 及龐萌反, 攻殺楚郡太守, 引軍襲敗延, 延走, 北度泗水, 破舟楫, 壞津梁, 僅而得免. 帝自將而東, 徵延與大司馬吳漢、漢忠將軍王常、前將軍王梁、捕虜將軍馬武、討虜將軍王霸等會任城, 討龐萌於桃鄉, 又並從征董憲於昌慮, 皆破平之. 六年春, 遣屯長安.

九年, 隗囂死, 延西擊街泉、略陽、清水諸屯聚, 皆定.

十一年, 與中郎將來歙攻河池, 未剋, 以病引還, 拜爲左馮翊, 將軍如故. 十三年, 增封定食萬戶. 十五年, 薨於位.

子扶嗣. 扶卒, 子側嗣. 永平十三年, 坐與舅王平謀反, 伏誅, 國除. 永初七年, 鄧太后紹封延曾孫恢爲蘆亭侯. 恢卒, 子遂嗣. (『후한서』 권18)

22.「비동열전邳彤列傳」

邳彤字偉君, 信都人也. 父吉, 爲遼西太守. 彤初爲王莽和成卒正. 世祖徇河北, 至下曲陽, 彤擧城降, 復以爲太守, 留止數日. 世祖北至薊, 會王郞兵起, 使其將徇地, 所到縣莫不奉迎, 唯和成、信都堅守不下. 彤聞世祖從薊還, 失軍, 欲至信都, 乃先使五官掾張萬、督郵尹綏, 選精騎二千餘匹, 掾路迎世祖軍. 彤尋與世祖會信都. 世祖雖得二郡之助, 而兵衆未合, 議者多言可因信都兵自送, 西還長安. 彤廷對曰: "議者之言皆非也. 吏民歌吟思漢久矣, 故更始擧尊號而天下響應, 三輔淸宮除道以迎之. 一夫荷戟大呼, 則千里之將無不捐城遁逃, 虜伏請降. 自上古以來, 亦未有感物動民其如此者也. 又卜者王郞, 假名因埶, 驅集烏合之衆, 遂震燕、趙之地; 況明公奮二郡之兵, 揚響應之威, 以攻則何城不克, 以戰則何軍不服! 今釋此而歸, 豈徒空失河北, 必更驚動三輔, 墮損威重, 非計之得者也. 若明公無復征伐之意, 則雖信都之兵猶難會也. 何者? 明公旣西, 卽邯鄲城民不肯捐父母, 背城主, 而千里送公, 其離散亡逃可必也." 世祖善其言而止. 卽日拜彤爲後大將軍, 和成太守如故, 使將兵居前. 比至堂陽, 堂陽已反屬王郞, 彤使張萬、尹綏先曉譬吏民, 世祖夜至, 卽開門出迎. 引兵擊破白奢賊於中山. 自此常從戰攻.

信都復反爲王郞, 郞所置信都王捕繫彤父弟及妻子, 使爲手書呼彤曰: "降者封爵, 不降族滅." 彤涕泣報曰: "事君者不得顧家. 彤親屬所以至今得安於信都者, 劉公之恩也. 公方爭國事, 彤不得復念私也." 會更始所遣將攻拔信都, 郞兵敗走, 彤家屬得免.

及拔邯鄲, 封武義侯. 建武元年, 更封靈壽侯, 行大司空事. 帝入洛陽, 拜彤太常, 月餘日轉少府, 是年免. 復爲左曹侍中, 常從征伐. 六年, 就國.

彤卒, 子湯嗣, 九年, 徙封樂陵侯. 十九年, 湯卒, 子某嗣; 無子, 國除. 元初元年, 鄧太后紹封彤孫音爲平亭侯. 音卒, 子柴嗣.

初, 張萬、尹綏與彤俱迎世祖, 皆拜偏將軍, 亦從征伐. 萬封重平侯, 綏封平臺侯. (『후한서』권21)

23.「요기열전銚期列傳」

銚期字次況, 潁川郟人也. 長八尺二寸, 容貌絶異, 矜嚴有威. 父猛, 爲桂陽太守, 卒, 期服喪三年, 鄉里稱之. 光武略地潁川, 聞期志義, 召署賊曹掾, 從徇薊. 時王郎檄書到薊, 薊中起兵應郎. 光武趨駕出, 百姓聚觀, 諠呼滿道, 遮路不得行, 期騎馬奮戟, 瞋目大呼左右曰"趣", 衆皆披靡. 及至城門, 門已閉, 攻之得出. 行至信都, 以期爲禆將, 與傅寬、呂晏俱屬鄧禹. 徇傍縣, 又發房子兵. 禹以期爲能, 獨拜偏將軍, 授兵二千人, 寬、晏各數百人. 還言其狀, 光武甚善之. 使期別徇眞定宋子, 攻拔樂陽、槀、肥纍.

從擊王郎將兒宏、劉奉於鉅鹿下, 期先登陷陳, 手殺五十餘人, 被創中額, 攝(幘)[幘]復戰, 遂大破之. 王郎滅, 拜期虎牙大將軍. 乃因閒說光武曰: "河北之地, 界接邊塞, 人習兵戰, 號爲精勇. 今更始失政, 大統危殆, 海內無所歸往. 明公據河山之固, 擁精銳之衆, 以順萬人思漢之心, 則天下誰敢不從?" 光武笑曰: "卿欲遂前趣邪?" 時銅馬數十萬衆入淸陽、博平, 期與諸將迎擊之, 連戰不利, 期乃更背水而戰, 所殺傷甚多. 會光武救至, 遂大破之, 追至館陶, 皆降之. 從擊靑犢、赤眉於射犬, 賊襲期輜重, 期還擊之, 手殺傷數十人, 身被三創, 而戰方力, 遂破走之.

光武卽位, 封安成侯, 食邑五千戸. 時檀鄕、五樓賊入繁陽、內黃, 又魏郡大姓數反覆, 而更始將卓京 謀欲相率反鄴城. 帝以期爲魏郡太守, 行大將軍事. 期發郡兵擊卓京, 破之, 斬首六百餘級. 京亡入山, 追斬其將校數十人, 獲京妻子. 進擊繁陽、內黃, 復斬數百級, 郡界淸平. 督盜賊李熊, 鄴中之豪, 而熊弟陸謀欲反城迎檀鄕. 或以告期, 期不應, 告者三四, 期乃召問熊. 熊叩頭首服, 願與老母俱就死. 期曰: "爲吏儻不若爲賊樂者, 可歸與老母往就陸也." 使吏送出城. 熊行求得陸, 將詣鄴城西門. 陸不勝愧感, 自殺以謝期. 期嗟歎, 以禮葬之, 而還熊故職. 於是郡中服其威信.

建武五年, 行幸魏郡, 以期爲太中大夫. 從還洛陽, 又拜衞尉.

期重於信義, 自爲將, 有所降下, 未嘗虜掠. 及在朝廷, 憂國愛主, 其有不得於心, 必犯顏諫諍. 帝嘗輕與期門近出, 期頓首車前曰: "臣聞古今之戒, 變生不意, 誠不願陛下微行數出." 帝爲之回輿而還. 十年卒, 帝親臨襚斂, 贈以衞尉、安成侯印綬, 諡曰忠侯.

子丹嗣. 復封丹弟統爲建平侯. 後徙封丹葛陵侯. 丹卒, 子舒嗣. 舒卒, 子羽嗣. 羽卒, 子蔡嗣. (『후한서』 권20)

24.「유식열전劉植列傳」

劉植字伯先, 鉅鹿昌城人也. 王郞起, 植與弟喜、從兄歆 率宗族賓客, 聚兵數千人據昌城. 聞世祖從薊還, 迺開門迎世祖, 以植爲驍騎將軍, 喜、歆偏將軍, 皆爲列侯. 時眞定王劉揚起兵以附王郞, 衆十餘萬, 世祖遣植說揚, 揚迺降. 世祖因留眞定, 納郭后, 后卽揚之甥也, 故以此結之. 迺與揚及諸將置酒郭氏漆里舍, 揚擊筑爲歡, 因得進兵拔邯鄲, 從平河北.

建武二年, 更封植爲昌城侯. 討密縣賊, 戰歿. 子向嗣. 帝使喜代將植營, 復爲驍騎將軍, 封觀津侯. 喜卒, 復以歆爲驍騎將軍, 封浮陽侯. 喜、歆從征伐, 皆傳國于後. 向徙封東武陽侯, 卒, 子述嗣, 永平十五年, 坐與楚王英謀反, 國除. (『후한서』 권21)

25. 「경순열전耿純列傳」

耿純字伯山, 鉅鹿宋子人也. 父艾, 爲王莽濟平尹. 純學於長安, 因除爲納言士.

王莽敗, 更始立, 使舞陰王李軼降諸郡國, 純父艾降, 還爲濟南太守. 時李軼兄弟用事, 專制方面, 賓客游說者甚衆. 純連求謁不得通, 久之迺得見, 因說軼曰: "大王以龍虎之姿, 遭風雲之時, 奮迅拔起, 期月之閒兄弟稱王, 而德信不聞於士民, 功勞未施於百姓, 寵祿暴興, 此智者之所忌也. 兢兢自危, 猶懼不終, 而況沛然自足, 可以成功者乎?" 軼奇之, 且以其鉅鹿大姓, 迺承制拜爲騎都尉, 授以節, 令安集趙、魏.

會世祖度河至邯鄲, 純卽謁見, 世祖深接之. 純退, 見官屬將兵法度不與它將同, 遂求自結納, 獻馬及縑帛數百匹. 世祖北至中山, 留純邯鄲. 會王郎反, 世祖自薊東南馳, 純與從昆弟訢、宿、植共率宗族賓客二千餘人, 老病者皆載木自隨, 奉迎於育. 拜純爲前將軍, 封耿鄕侯, 訢、宿、植皆偏將軍, 使與純居前, 降宋子, 從攻下曲陽及中山.

是時郡國多降邯鄲者, 純恐宗家懷異心, 迺使訢、宿歸燒其廬舍. 世祖問純故, 對曰: "竊見明公單車臨河北, 非有府臧之蓄, 重賞甘餌, 可以聚人者也, 徒以恩德懷之, 是故士衆樂附. 今邯鄲自立, 北州疑惑, 純雖舉族歸命, 老弱在行, 猶恐宗人賓客半有不同心者, 故爓燒屋室, 絕其反顧之望." 世祖歎息. 及至鄗, 世祖止傳舍, 鄗大姓蘇公反城開門內王郎將李惲. 純先覺知, 將兵逆與惲戰, 大破斬之. 從平邯鄲, 又破銅馬.

時赤眉、靑犢、上江、大彤、鐵脛、五幡十餘萬衆並在射犬, 世祖引兵將擊之. 純軍在前, 去衆營數里, 賊忽夜攻純, 雨射營中, 士多死傷. 純勒部曲, 堅守不動. 選敢死二千人, 俱持彊弩, 各傳三矢, 使銜枚閒行, 繞出賊後, 齊聲呼譟, 彊弩並發, 賊衆驚走, 追擊, 遂破之. 馳騎白世祖. 世祖明旦與諸將俱至營, 勞純曰: "昨夜困乎?" 純曰: "賴明公威德, 幸而獲全." 世祖曰: "大兵不可夜動, 故不相救耳. 軍營進退無常, 卿宗族不可悉居軍中." 迺以純族人耿伋爲蒲吾長, 悉令將親屬居焉.

世祖卽位, 封純高陽侯. 擊劉永於濟陰, 下定陶. 初, 純從攻王郎, 墮馬折肩, 時疾發, 迺還詣懷宮. 帝問"卿兄弟誰可使者", 純舉從弟植, 於是使植將純營, 純猶以前將軍從.

時眞定王劉揚復造作讖記云: "赤九之後, 瘤揚爲主." 揚病瘤, 欲以惑衆, 與綿曼賊交通. 建武二年春, 遣騎都尉陳副、游擊將軍鄧隆徵揚, 揚閉城門, 不內副等. 乃復遣純持節, 行赦令於幽、冀, 所過並使勞慰王侯. 密敕純曰: "劉揚若見, 因而收之." 純從吏士百餘騎與副、隆會元氏, 俱至眞定, 止傳舍. 揚稱病不謁, 以純眞定宗室之出, 遣使與純書, 欲相見. 純報曰: "奉使見王侯牧守, 不得先詣, 如欲面會, 宜出傳舍." 時揚弟(林)[臨]邑侯讓及從兄細各擁兵萬餘人,揚自恃衆强而純意安靜, 卽從官屬詣之, 兄弟並將輕兵在門外. 揚入見純, 純接以禮敬, 因延請其兄弟, 皆入, 酒閉閣悉誅之, 因勒兵而出. 眞定震怖, 無敢動者. 帝憐揚˙讓謀未發, 並封其子, 復故國.

純還京師, 因自請曰: "臣本吏家子孫, 幸遭大漢復興, 聖帝受命, 備位列將, 爵爲通侯. 天下略定, 臣無所用志, 願試治一郡, 盡力自效." 帝笑曰: "卿旣治武, 復欲修文邪?" 酒拜純爲東郡太守. 時東郡未平, 純視事數月, 盜賊淸寧. 四年, 詔純將兵擊更始東平太守范荊, 荊降. 進擊太山濟南及平原賊, 皆平之. 居東郡四歲, 時發干長有罪, 純案奏, 圍守之, 奏未下, 長自殺. 純坐免, 以列侯奉朝請. 從擊董憲, 道過東郡, 百姓老小數千隨車駕涕泣. 云"願復得耿君". 帝謂公卿曰: "純年少被甲冑爲軍吏耳. 治郡酒能見思若是乎?"

六年, 定封爲東光侯. 純辭就國, 帝曰: "文帝謂周勃'丞相吾所重, 君爲我率諸侯就國', 今亦然也." 純受詔而去. 至鄴, 賜穀萬斛. 到國, 弔死問病, 民愛敬之. 八年, 東郡、濟陰盜賊群起, 遣大司空李通、橫野大將軍王常擊之. 帝以純威信著於衛地, 遣使拜太中大夫, 使與大兵會東郡. 東郡聞純入界, 盜賊九千餘人皆詣純降, 大兵不戰而還. 璽書復以爲東郡太守, 吏民悅服. 十三年, 卒官, 謚曰成侯. 子阜嗣.

植後爲輔威將軍, 封武邑侯. 宿至代郡太守, 封遫鄉侯. 訴爲赤眉將軍, 封著武侯, 從鄧禹西征, 戰死雲陽. 凡宗族封列侯者四人, 關內侯者三人, 爲二千石者九人.

阜徙封莒鄉侯, 永平十四年, 坐同族耿歙與楚人顔忠辭語相連, 國除. 建初二年, 肅宗追思純功, 紹封阜子盰爲高亭侯. 盰卒, 無嗣, 帝復封盰弟騰. 卒, 子忠嗣. 忠卒, 孫緒嗣. (『후한서』 권21)

26.「장궁열전臧宮列傳」

臧宮字君翁, 潁川郟人也. 少爲縣亭長、游徼, 後率賓客入下江兵中爲校尉, 因從光武征戰, 諸將多稱其勇. 光武察宮勤力少言, 甚親納之. 及至河北, 以爲偏將軍, 從破群賊, 數陷陳卻敵.

光武卽位, 以爲侍中、騎都尉. 建武二年, 封成安侯. 明年, 將突騎與征虜將軍祭遵擊更始將左防、韋顏於(沮)[涅]陽、酈, 悉降之. 五年, 將兵徇江夏, 擊代鄉、鐘武、竹里, 皆下之. 帝使太中大夫持節拜宮爲輔威將軍.

七年, 更封期思侯. 擊梁郡、濟陰, 皆平之.

十一年, 將兵至中盧, 屯駱越. 是時公孫述將田戎、任滿與征南大將軍岑彭相拒於荊門, 彭等戰數不利, 越人謀畔從蜀. 宮兵少, 力不能制. 會屬縣送委輸車數百乘至, 宮夜使鋸斷城門限. 令車聲回轉出入至旦. 越人候伺者聞車聲不絕, 而門限斷, 相告以漢兵大至. 其渠帥乃奉牛酒以勞軍營. 宮陳兵大會, 擊牛釃酒, 饗賜慰納之, 越人由是遂安.

宮與岑彭等破荊門, 別至垂鵲山, 通道出秭歸, 至江州. 岑彭下巴郡, 使宮將降卒五萬, 從涪水上平曲. 公孫述將延岑盛兵於(沅)[沈]水, 時宮衆多食少, 轉輸不至, 而降者皆欲散畔, 郡邑復更保聚, 觀望成敗. 宮欲引還, 恐爲所反. 會帝遣謁者將兵詣岑彭, 有馬七百匹, 宮矯制取以自益, 晨夜進兵, 多張旗幟, 登山鼓噪, 右步左騎, 挾船而引, 呼聲動山谷. 岑不意漢軍卒至, 登山望之, 大震恐. 宮因從擊, 大破之. 斬首溺死者萬餘人, 水爲之濁流. 延岑奔成都, 其衆悉降, 盡獲其兵馬珍寶. 自是乘勝追北, 降者以十萬數.

軍至平陽鄉, 蜀將王元舉衆降. 進拔綿竹, 破涪城, 斬公孫述弟恢, 復攻拔繁、郫. 前後收得節五, 印綬千八百. 是時大司馬吳漢亦乘勝進營逼成都. 宮連屠大城, 兵馬旌旗甚盛, 乃乘兵入小雒郭門, 歷成都城下, 至吳漢營, 飲酒高會. 漢見之甚歡, 謂宮曰: "將軍向者經虜城下, 震揚威靈, 風行電照. 然窮寇難量, 還營願從它道矣." 宮不從, 復路而歸, 賊亦不敢近之. 進軍咸門, 與吳漢並滅公孫述.

帝以蜀地新定, 拜宮爲廣漢太守. 十三年, 增邑, 更封�侯. 十五年, 徵還京師, 以列侯奉朝請, 定封朗陵侯. 十八年, 拜太中大夫.

十九年, 妖巫維汜弟子單臣、傅鎮等, 復妖言相聚, 入原武城, 劫吏人, 自稱將軍. 於是遣宮將北軍及黎陽營數千人圍之. 賊穀食多, 數攻不下, 士卒死傷. 帝召公卿諸侯王問方略, 皆曰"宜重其購賞". 時顯宗爲東海王, 獨對曰: "妖巫相劫, 勢無久立, 其中必有悔欲亡者. 但外圍急, 不得走耳. 宜小挺緩, 令得逃亡, 逃亡則一亭長足以禽矣." 帝然之, 即敕宮徹圍緩賊, 賊衆分散, 遂斬臣、鎮等. 宮還, 遷城門校尉, 復轉左中郎將. 擊武谿賊, 至江陵, 降之.

宮以謹信質樸, 故常見任用. 後匈奴飢疫, 自相分爭, 帝以問宮, 宮曰: "願得五千騎以立功." 帝笑曰: "常勝之家, 難與慮敵, 吾方自思之." 二十七人, 宮乃與楊虛侯馬武上書曰: "匈奴貪利, 無有禮信, 窮則稽首, 安則侵盜, 緣邊被其毒痛, 中國憂其抵突. 虜今人畜疫死, 旱蝗赤地, 疫困之力, 不當中國一郡. 萬里死命, 縣在陛下. 福不再來, 時或易失, 豈宜固守文德而墮武事乎?今命將臨塞, 厚縣購賞, 喻告高句驪、烏桓、鮮卑攻其左, 發河西四郡、天水、隴西羌胡擊其右. 如此, 北虜之滅, 不過數年. 臣恐陛下仁恩不忍, 謀臣狐疑, 令萬世刻石之功不立於聖世." 詔報曰: "『黃石公記』曰, '柔能制剛, 弱能制彊'. 柔者德也, 剛者賊也, 弱者仁之助也, 彊者怨之歸也. 故曰有德之君, 以所樂樂人; 無德之君, 以所樂樂身. 樂人者其樂長, 樂身者不久而亡. 舍近謀遠者, 勞而無功; 舍遠謀近者, 逸而有終. 逸政多忠臣, 勞政多亂人. 故曰務廣地者荒, 務廣德者彊. 有其有者安, 貪人有者殘. 殘滅之政, 雖成必敗. 今國無善政, 災變不息, 百姓驚惶, 人不自保, 而復欲遠事邊外乎? 孔子曰: ‘吾恐季孫之憂, 不在顓臾.’ 且北狄尙彊, 而屯田警備傳聞之事, 恆多失實. 誠能擧天下之半以滅大寇, 豈非至願; 苟非其時, 不如息人." 自是諸將莫敢言兵事者.

宮永平元年卒, 謚曰愍侯. 子信嗣. 信卒, 子震嗣. 震卒, 子松嗣. 元初四年, 與母別居, 國除. 永寧元年, 鄧太后紹封松弟由爲朗陵侯. (『후한서』 권18)

27.「마무열전馬武列傳」

馬武字子張, 南陽湖陽人也. 少時避讎, 客居江夏. 王莽末, 竟陵、西陽三老起兵於郡界, 武往從之, 後入綠林中, 遂與漢軍合. 更始立, 以武爲侍郞, 與世祖破王尋等, 拜爲振威將軍, 與尙書令謝躬共攻王郞. 及世祖拔邯鄲, 請躬及武等置酒高會, 因欲以圖躬, 不剋. 旣罷, 獨與武登叢臺, 從容謂武曰: "吾得漁陽、上谷突騎, 欲令將軍將之, 何如?" 武曰: "駑怯無方略." 世祖曰: "將軍久將, 習兵, 豈與我椽史同哉!" 武由是歸心.

及謝躬誅死, 武馳至射犬降, 世祖見之甚悅, 引置左右, 每勞饗諸將, 武輒起斟酌於前, 世祖以爲歡. 復使將其部曲至鄴, 武叩頭辭以不願, 世祖愈美其意, 因從擊群賊. 世祖擊尤來、五幡等, 敗於愼水, 武獨殿, 還陷陣, 故賊不得迫及. 進至安(定)次、小廣陽, 武常爲軍鋒, 力戰無前, 諸將皆引而隨之, 故遂破賊, 窮追至平谷、浚靡而還.

世祖卽位, 以武爲侍中、騎都尉, 封山都侯. 建武四年, 與虎牙將軍蓋延等討劉永, 武別擊濟陰, 下成武、楚丘, 拜捕虜將軍. 明年, 龐萌反, 攻桃城, 武先與戰, 破之; 會車駕至, 萌遂敗走. 六年夏, 與建威大將軍耿弇西擊隗囂, 漢軍不利, 引下隴. 囂追急, 武選精騎還爲後拒, 身被甲持戟奔擊, 殺數千人, 囂兵乃退, 諸軍得還長安.

十三年, 增邑, 更封鄃侯. 將兵北屯下曲陽, 備匈奴. 坐殺軍吏, 受詔將妻子就國. 武徑詣洛陽, 上將軍印綬, 削戶五百, 定封爲楊虛侯, 因留奉朝請.

帝後與功臣諸侯讌語, 從容言曰: "諸卿不遭際會, 自度爵祿何所至乎?" 高密侯鄧禹先對曰: "臣少嘗學問, 可郡文學博士." 帝曰: "何言之謙乎? 卿鄧氏子, 志行脩整, 何爲不掾功曹?" 餘各以次對, 至武, 曰: "臣以武勇, 可守尉督盜賊." 帝笑曰: "且勿爲盜賊, 自致亭長, 斯可矣." 武爲人嗜酒, 闊達敢言, 時醉在御前面折同列, 言其短長, 無所避忌. 帝故縱之, 以爲笑樂. 帝雖制御功臣, 而每能回容, 宥其小失. 遠方貢珍甘, 必先遍賜列侯, 而太官無餘. 有功, 輒增邑賞, 不任以吏職, 故皆保其福祿, 終無誅譴者.

二十五, 武以中郎將將兵擊武陵蠻夷, 還, 上印綬. 顯宗初, 西羌寇隴右, 覆軍殺將, 朝廷患之, 復拜武捕虜將軍, 以中郎將王豐副, 與監軍使者竇固、右輔都尉陳訢, 將烏桓、黎陽營、三輔募士、涼州諸郡羌胡兵及弛刑, 合四萬人擊之. 到金城浩亹, 與羌戰, 斬首六百級. 又戰於洛都谷, 爲羌所敗, 死者千餘人. 羌乃率衆引出塞, 武復追擊到東、西邯, 大破之, 斬首四千六百級, 獲生口千六百人, 餘皆降散. 武振旅還京師, 增邑七百戶, 并前千八百戶. 永平四年, 卒.

子檀嗣, 坐兄伯濟與楚王英黨顔忠謀反, 國除. 永初七年, 鄧太后紹封武孫震爲潊亭侯. 震卒, 子側嗣. (『후한서』권22)

28. 「유릉열전劉隆列傳」

劉隆字元伯, 南陽安衆侯宗室也. 王莽居攝中, 隆父禮與安衆侯崇起兵誅莽, 事泄, 隆以年未七歲, 故得免. 及壯, 學於長安, 更始拜爲騎都尉. 謁歸, 迎妻子置洛陽. 聞世祖在河內, 卽追及於射犬, 以爲騎都尉, 與馮異共拒朱鮪、李軼等, 軼遂殺隆妻子. 建武二年, 封亢父侯. 四年, 拜誅虜將軍, 討李憲. 憲平, 遣隆屯田武當.

十一年, 守南郡太守, 歲餘, 上將軍印綬. 十三年, 增邑, 更封竟陵侯. 是時, 天下墾田多不以實, 又戶口年紀互有增減. 十五年, 詔下州郡檢覈其事, 而刺史太守多不平均, 或優饒豪右, 侵刻羸弱, 百姓嗟怨, 遮道號呼. 時諸郡各遣使奏事, 帝見陳留吏牘上有書, 視之, 云“潁川、弘農可問, 河南、南陽不可問”. 帝詰吏由趣, 吏不肯服, 抵言於長壽街上得之. 帝怒. 時顯宗爲東海公, 年十二, 在幄後言曰: “吏受郡敕, 當欲以墾田相方耳.” 帝曰: “卽如此, 何故言河南、南陽不可問?” 對曰: “河南帝城, 多近臣, 南陽帝鄕, 多近親, 田宅踰制, 不可爲準.” 帝令虎賁將詰問吏, 吏乃實首服, 如顯宗對. 於是遣謁者考實, 具知姦狀. 明年, 隆坐徵下獄, 其疇輩十餘人皆死. 帝以隆功臣, 特免爲庶人.

明年, 復封爲扶樂鄕侯, 以中郎將副伏波將軍馬援擊交阯蠻夷徵側等, 隆別於禁谿口破之, 獲其帥徵貳, 斬首千餘級, 降者二萬餘人. 還, 更封大國, 爲長平侯. 及大司馬吳漢薨, 隆爲驃騎將軍, 行大司馬事.

隆奉法自守, 視事八歲, 上將軍印綬, 罷, 賜養牛, 上樽酒十斛, 以列侯奉朝請. 三十年, 定封愼侯. 中元二年, 卒, 諡曰靖侯. 子安嗣. (『후한서』 권22)

▣ 후기 ▣

　수년 전에 필자는 재직하고 있는 연구소에서 이십팔장과 이십사장에 대한 연구를 의뢰받았다. 이 방면에 지식이 많지 않은 필자는 처음에 좀 막막하다는 느낌이 없지 않았으나, 나중에 이것이 후한 왕조의 운대이십팔장과 당 왕조의 능연각이십사공신이라는 역사인물을 가리키는 것임을 알고는, 역사인물에 대한 연구라면 전혀 손을 못 댈 것도 없다는 판단이 섰다. 그러나 결과적으로 이 무모한 판단이 그렇게 오랫동안 필자를 괴롭힐 줄을 누가 알았으랴.

　이 중에서 먼저 이십팔장에 대해서 알기 위하여 정사正史인『후한서後漢書』를 바탕으로 해서 이들의 행적을 살펴보기로 했다. 이러한 서술 작업은 두 가지 방향으로 진행시킬 수 있다고 생각했다. 하나는 28명의 인물별로 살펴보는 것인데, 이는『후한서』열전에 수록된 내용을 바탕으로 해서 인물별로 번역하되 지금은 너무도 생소한 지명이나 관직명 또는 기타 어려운 어휘에 대해서 설명을 덧붙이는 것이다.

　또 하나는 전한 말엽의 혼란된 시기부터 시작하여『삼국연의』처럼 연의체演義體로 해서 후한 명제가 운대에 이십팔장의 도상을 그리는 시점까지를 시간순으로 서술하는 것이다. 그런데 후자의 경우 당시의 역사를 종횡으로 꿰고 있어야 서술이 가능하다는 부담이 있다. 시작 단계에서는 힘든 작업임이 분명하다. 그래서 자연스럽게 전자의 방향으로 작업을 하기로 결정이 되었다.

옛날 선비들은 주경야사晝經夜史 즉 정신이 맑은 아침이나 낮에는 사서오경 같은 심오한 유가의 경전을 공부하고, 몸이 피로한 저녁에는 내용이 비교적 쉽고 재미있는 『통감절요』 같은 역사서를 공부하였다. 역사서가 경전에 비해서 이해하기 쉽고 재미있는 것은 사실이지만, 그렇다고 해서 현대인을 위해 쉽고 재미있게 고문헌 속의 역사 인물을 서술하는 작업이 쉬운 것은 결코 아니다. 물론 해당 역사를 전공하는 학자는 다르겠지만 말이다.

일단 당시의 시대상황을 명확하게 이해하는 것부터가 시간이 걸렸고, 본격적으로 정사를 읽을 때에는 생소한 인물은 말할 것도 없고, 관직이나 지명 등이 전체적으로 영 현실감 있게 다가오지 않았다. 그러다 보니 전체를 그리기가 쉽지 않았고, 작업 중에 잘못 이해하여 엉뚱한 내용을 쓴 경우도 적지 않았다. 대부분은 시간이 흐르면서 바로잡혔지만, 어떤 것은 편집이 다 끝난 후에 잘못이 발견된 것도 있다.

상황이 이럴진대, 나름대로 최선을 다한다고 했으나 학식의 부족으로 인해 아직도 찾지 못한 오류가 있을 수 있음은 불을 보듯 뻔하다. 독자의 정성어린 충고를 기대한다.

작업이 일단락 되고 나니, 앞으로 좀 더 자료를 모으고 시간이 주어진다면 후자의 서술 방식 즉 이십팔장을 시간순으로 역사이야기를 하듯이 새롭게 구성해보고 싶은 엉뚱한 생각이 새록새록 생겨나지 않는 것은 아니지만 아직은 요원한 일이다.

난삽한 원고를 이렇게 멋지게 만들어준 상생출판사 편집부원들의 노고를 잊을 수 없다. 또 소제목을 달아주면서 좋은 의견을 제시한 김철수 연구실장님과 원고 전체를 꼼꼼히 수정하면서 고견을 제시해준 부산가톨릭대학교 이상원 교수님에게 깊은 감사를 드린다. 특히 전재우 총무부장님은 편집을 진두지휘했을 뿐 아니라 이만큼 풍부한 내용이 될 수 있도록 한 달 이상 밤잠을 설쳐가며 헌신적인 모습을 보여주었다. 수많은 이미지 자료의 제시와 오류의 수정, 그리고 독자의 이해를 돕는 부록 작성까지 손이 안 간 곳이 없다. 이 책이 조금이라도 독자에게 도움이 되었다면 그 공은 전재우님에게 돌려야 할 것이다.